U0817137

中华人民共和国
新法规汇编

2021
第10辑

司 法 部 编

中国法制出版社

编辑说明

一、《中华人民共和国新法规汇编》是国家出版的法律、行政法规汇编正式版本，是刊登报国务院备案并予以登记的部门规章的指定出版物。

二、本汇编收集的内容包括：上一个月内由全国人民代表大会及其常务委员会通过的法律和有关法律问题的决定，国务院公布的行政法规和国务院文件，报国务院备案并予以登记的部门规章，最高人民法院和最高人民检察院公布的司法解释。另外，还收入了上一个月内报国务院备案并予以登记的地方性法规和地方政府规章目录。

三、本汇编所收的内容，按下列分类顺序编排：法律，行政法规，国务院文件，国务院部门规章，司法解释。每类中按公布的时间顺序排列。报国务院备案并予以登记的地方性法规和地方政府规章目录按 1987 年国务院批准的行政区划顺序排列；同一行政区域报备两件以上者，按公布时间顺序排列。

四、本汇编每年出版 12 辑，每月出版 1 辑。本辑为 2021 年度第 10 辑，收入 2021 年 9 月份内公布的行政法规 1 件、国务院文件 3 件、报国务院备案并经审查予以登记编号的部门规章 28 件、司法解释 5 件，共计 37 件。

五、本汇编在编辑出版过程中，得到了国务院有关部门和有关方面以及广大读者的大力支持和协助，在此谨致谢意。

司法部

2021 年 10 月

目　录

行政法规

国务院文件

国务院部门规章

司法解释

附：

行政法规

国务院关于废止部分行政法规的决定

（2021 年 9 月 9 日中华人民共和国国务院令第 747 号公布　自公布之日起施行）

为了适应我国人口与经济社会发展的新形势，优化生育政策，促进人口长期均衡发展，根据 2021 年 8 月 20 日第十三届全国人民代表大会常务委员会第三十次会议通过的关于修改人口与计划生育法的决定，国务院决定废止以下行政法规：

一、计划生育技术服务管理条例（2001 年 6 月 13 日中华人民共和国国务院令第 309 号公布　根据 2004 年 12 月 10 日《国务院关于修改〈计划生育技术服务管理条例〉的决定》修订）

二、社会抚养费征收管理办法（2002 年 8 月 2 日中华人民共和国国务院令第 357 号公布）

三、流动人口计划生育工作条例（2009 年 5 月 11 日中华人民共和国国务院令第 555 号公布）

本决定自公布之日起施行。

国务院文件

国务院关于印发中国妇女发展纲要和中国儿童发展纲要的通知

(2021 年 9 月 8 日　国发〔2021〕16 号)

现将《中国妇女发展纲要(2021—2030 年)》和《中国儿童发展纲要(2021—2030 年)》印发给你们,请认真贯彻执行。

中国妇女发展纲要(2021—2030 年)

前　言

追求男女平等的事业是伟大的。妇女是人类文明的开创者、社会进步的推动者,是全面建设社会主义现代化国家的重要力量。男女平等和妇女全面发展程度,是衡量社会文明进步的重要标志。党和国家高度重视妇女事业发展,先后制定实施了三个周期的中国妇女发展纲要,为优化妇女发展环境、保障妇女合法权益提供了重要保障。

党的十八大以来,以习近平同志为核心的党中央将"坚持男女平等基本国策,保障妇女儿童合法权益"写入党的施政纲领,作为治国理政的重要内容,不断完善党委领导、政府主责、妇女儿童工作委员会(以下简称妇儿工委)协调、多部门合作、全社会参与的妇女工作机制,在出台法律、制定政策、编制规划、部署工作时充分考虑两性的现实差异和妇女的特殊利益,支持妇女充分发挥"半边天"作用,为促进妇女全面发展加速行动。妇女参与经济社会发展的能力和贡献率明显提升,社会地位显著提高,合法权益得到有效保障,健康状况得到极大改善,受教育程度不断提高,参与决策和管理的途径更加多元,社会保障水平稳步提升,在家庭生活中的重要作用进一步彰显,发展环境日益优化。妇女事业和男女平等发展取得了历史性新成就。

进入新时代，我国社会主要矛盾发生历史性变化，妇女群众对美好生活的需要日益广泛，妇女发展的不平衡不充分问题仍然突出。城乡、区域和群体之间妇女发展存在差距，农村特别是欠发达地区妇女民生保障力度还需加大。妇女在就业、人身财产、婚姻家庭等方面平等权利的保障仍面临现实困难。妇女参与国家和经济文化社会事务管理的水平有待全面提升。针对妇女各种形式的歧视不同程度存在，性别平等观念有待进一步普及，妇女发展的社会环境需要进一步优化。让性别平等落到实处、推动妇女走在时代前列，使命艰巨、任重道远。

当前，我国正处于实现“两个一百年”奋斗目标的历史交汇期。统筹推进“五位一体”总体布局，协调推进“四个全面”战略布局，推进国家治理体系和治理能力现代化，为更高水平促进男女平等和妇女全面发展提供了重大机遇。贯彻以人民为中心的发展思想，坚持新发展理念，坚持系统观念，对充分发挥妇女在社会生活和家庭生活中的独特作用，显著增强妇女的获得感、幸福感、安全感提出了更高要求。世界百年未有之大变局加速演进，推动构建人类命运共同体，建设一个妇女免于歧视的世界，打造一个包容发展的社会，对推动全球性别平等事业发展提出了新的要求。必须在把握新发展阶段、贯彻新发展理念、构建新发展格局中，科学规划妇女全面发展的新目标新任务，健全完善制度机制，团结引领妇女建功新时代、奋进新征程。

依照宪法和民法典、妇女权益保障法等有关法律法规，按照国家经济社会发展的总体目标要求以及男女平等和妇女发展实际，参照联合国《消除对妇女一切形式歧视公约》和2030年可持续发展议程等国际公约和文件宗旨，制定本纲要。

一、指导思想、基本原则和总体目标

（一）指导思想。

高举中国特色社会主义伟大旗帜，深入贯彻党的十九大和十九届二中、三中、四中、五中全会精神，坚持以马克思列宁主义、毛泽东思想、邓小平理论、“三个代表”重要思想、科学发展观、习近平新时代中国特色社会主义思想为指导，坚定不移贯彻新发展理念，坚持以人民为中心的发展思想，坚持走中国特色社会主义妇女发展道路，贯彻落实男女平等基本国策，不断完善促进男女平等和妇女全面发展的制度机制，推动性别平等成为全社会共同遵循的行为规范和价值标准，充分发挥妇女在全面建设社会主义现代化国家中的“半边天”作用，保障妇女平等依法行使民主权利、平等参与经济社会发展、平等享有改革发展成果，推动妇女走在时代前列。

（二）基本原则。

1. 坚持党的全面领导。坚持妇女事业发展的正确政治方向，贯彻落实党中央关于妇女事业发展的决策部署，切实把党的领导贯穿到妇女事业发展的全过程和各方面。

2. 坚持妇女事业与经济社会同步协调发展。将促进妇女全面发展目标任务纳入国家和地方经济社会发展总体规划，纳入专项规划，纳入民生实事项目，同部署、同落实，让经济社会发展成果更多更公平惠及广大妇女。

3. 坚持男女两性平等发展。贯彻落实男女平等基本国策，在出台法律、制定政策、编制规划、部署工作时充分考虑两性的现实差异和妇女的特殊利益，营造更加平等、包容、可持续的发展环境，缩小男女两性发展差距。

4. 坚持促进妇女全面发展。统筹兼顾妇女在政治、经济、文化、社会和家庭各方面的发展利益，有效解决制约妇女发展的重点难点问题，统筹推进城乡、区域、群体之间妇女的均衡发展，协调推进妇女在各领域的全面发展。

5. 坚持共建共治共享。在统筹推进"五位一体"总体布局、协调推进"四个全面"战略布局中充分发挥妇女的重要作用，促进妇女积极投身高质量发展，踊跃参与国家治理体系和治理能力现代化进程，共享经济社会发展成果。

（三）总体目标。

男女平等基本国策得到深入贯彻落实，促进男女平等和妇女全面发展的制度机制创新完善。妇女平等享有全方位全生命周期健康服务，健康水平持续提升。妇女平等享有受教育权利，素质能力持续提高。妇女平等享有经济权益，经济地位稳步提升。妇女平等享有政治权利，参与国家和经济文化社会事务管理的水平逐步提高。妇女平等享有多层次可持续的社会保障，待遇水平稳步提高。支持家庭发展的法规政策体系更加完善，社会主义家庭文明新风尚广泛弘扬。男女平等理念更加深入人心，妇女发展环境更为优化。法治体系更加健全，妇女合法权益得到切实保障。妇女的获得感、幸福感、安全感显著提升。展望2035年，与国家基本实现社会主义现代化相适应，男女平等和妇女全面发展取得更为明显的实质性进展，妇女更好地担负起新时代赋予的光荣使命，为实现中华民族伟大复兴的中国梦而不懈奋斗。

二、发展领域、主要目标和策略措施

（一）妇女与健康。

主要目标：

1. 妇女全生命周期享有良好的卫生健康服务，妇女人均预期寿命延长，人均健康预期寿命提高。

2. 孕产妇死亡率下降到12/10万以下，城乡、区域差距缩小。

3. 妇女的宫颈癌和乳腺癌防治意识明显提高。宫颈癌和乳腺癌综合防治能力不断增强。适龄妇女宫颈癌人群筛查率达到70%以上,乳腺癌人群筛查率逐步提高。

4. 生殖健康和优生优育知识全面普及,促进健康孕育,减少非意愿妊娠。

5. 减少艾滋病、梅毒和乙肝母婴传播,艾滋病母婴传播率下降到2%以下。

6. 妇女心理健康素养水平不断提升。妇女焦虑障碍、抑郁症患病率上升趋势减缓。

7. 普及健康知识,提高妇女健康素养水平。

8. 改善妇女营养状况。预防和减少孕产妇贫血。

9. 提高妇女经常参加体育锻炼的人数比例,提高妇女体质测定标准合格比例。

10. 健全妇幼健康服务体系,提升妇幼健康服务能力,妇女健康水平不断提高。

策略措施:

1. 完善保障妇女健康的制度机制。全面推进健康中国建设,把保障人民健康放在优先发展的战略位置,坚持预防为主,深入实施“健康中国行动”和“健康中国母亲行动”,健全政府主导、部门协同、社会参与、行业监管、科技支撑的妇女健康保障工作机制。深入推进医疗、医保、医药联动改革,统筹改革监管体制,保障妇女获得高质量、有效率、可负担的医疗和保健服务。多渠道支持妇女健康事业发展。完善公共卫生应急管理体系,关注妇女的特殊需求。

2. 加强妇幼健康服务体系建设。健全以妇幼保健机构为核心、以基层医疗卫生机构为基础、以大中型医院和教学科研机构为支撑的妇幼健康服务网络,提升妇幼健康服务供给能力和水平。省、市、县级充分利用现有资源,加强政府举办、标准化的妇幼保健机构建设,全面开展妇幼保健机构绩效考核,强化考核结果应用,保障妇女儿童享有高质量的医疗保健服务。省、市、县级依托现有医疗机构,全面加强危重孕产妇救治中心建设,强化危重孕产妇救治保障。强化县、乡、村三级妇幼卫生服务网络建设,完善基层网底和转诊网络。加强复合型妇幼健康人才和产科、助产等岗位急需紧缺人才的培养使用。

3. 建立完善妇女全生命周期健康管理模式。针对青春期、育龄期、孕产期、更年期和老年期妇女的健康需求,提供全方位健康管理服务。坚持保健与临床结合,预防为主、关口前移,发挥多学科协作优势,积极发挥中医药在妇幼保健和疾病防治中的作用。为妇女提供宣传教育、咨询指导、筛查评估、综合干预和应急救治等全方位卫生健康服务,提高妇女健康水平和人均健康预期寿命。加强监管,促进妇幼健康新业态规范发展。

4. 保障孕产妇安全分娩。提倡科学备孕和适龄怀孕，保持适宜生育间隔，合理控制剖宫产率。完善医疗机构产科质量规范化管理体系。提供生育全程基本医疗保健服务，将孕产妇健康管理纳入基本公共卫生服务范围，孕产妇系统管理率达到90%以上。加强对流动孕产妇的管理服务。为低收入孕产妇住院分娩和危重孕产妇救治提供必要救助。持续推进高龄孕产妇等重点人群的分类管理和服务。全面落实妊娠风险筛查与评估、高危孕产妇专案管理、危急重症救治、孕产妇死亡个案报告和约谈通报制度。有效运行危重孕产妇救治网络，提高危急重症救治能力。

5. 完善宫颈癌和乳腺癌综合防治体系和救助政策。提高妇女的宫颈癌和乳腺癌防治意识和能力，宫颈癌和乳腺癌防治知识知晓率达到90%以上。推进适龄妇女人乳头瘤病毒疫苗接种试点工作。落实基本公共卫生服务中农村妇女宫颈癌和乳腺癌检查项目，促进70%的妇女在35—45岁接受高效宫颈癌筛查，督促用人单位落实女职工保健工作规定，定期进行女职工宫颈癌和乳腺癌筛查，提高人群筛查率。加强宫颈癌和乳腺癌筛查和诊断技术创新应用，提高筛查和服务能力，加强监测评估。强化筛查和后续诊治服务的衔接，促进早诊早治，宫颈癌患者治疗率达到90%以上。加强对困难患者的救助。

6. 提高妇女生殖健康水平。普及生殖道感染、性传播疾病等疾病防控知识。在学校教育不同阶段以多种形式开展科学、实用的健康教育，促进学生掌握生殖健康知识，提高自我保护能力。增强男女两性性道德、性健康、性安全意识，倡导共担避孕责任。将生殖健康服务融入妇女健康管理全过程，保障妇女享有避孕节育知情自主选择权。落实基本避孕服务项目，加强产后和流产后避孕节育服务，提高服务可及性，预防非意愿妊娠。推进婚前医学检查、孕前优生健康检查、增补叶酸等婚前孕前保健服务更加公平可及。减少非医学需要的人工流产。加强对女性健康安全用品产品的质量保障。规范不孕不育症诊疗服务。规范人类辅助生殖技术应用。

7. 加强艾滋病梅毒乙肝母婴传播防治。全面落实预防艾滋病、梅毒和乙肝母婴传播综合干预措施，提高孕早期检测率，孕产妇艾滋病、梅毒和乙肝检测率达到98%以上，艾滋病、梅毒孕产妇感染者治疗率达到95%以上。加大艾滋病防控力度，加强艾滋病防治知识和相关政策宣传教育，提高妇女的防范意识和能力。加强对妇女感染者特别是流动和欠发达地区妇女感染者的医疗服务，提高随访率。为孕产妇感染者及其家庭提供多种形式的健康咨询、心理和社会支持等服务。

8. 促进妇女心理健康。加强心理健康相关知识宣传，根据妇女需要开展心理咨询、评估和指导，促进妇女掌握基本的心理调适方法，预防抑郁、焦虑等心理问题。在心理健康和精神卫生服务体系建设中,重点关注青春期、孕产期、更年期和老年期妇女的心理健康。强化心理咨询和治疗技术在妇女保健和疾病防治中的应用。加大应用型心理健康和社会工作人员培养力度,促进医疗机构、心理健康和社会工作服务机构提供规范服务。鼓励社区为有需要的妇女提供心理健康服务支持。

9. 提升妇女健康素养。实施健康知识普及行动,加大妇女健康知识普及力度,建立完善健康科普专家库和资源库,持续深入开展健康科普宣传教育,规范发布妇女健康信息,引导妇女树立科学的健康理念,学习健康知识,掌握身心健康、预防疾病、科学就医、合理用药等知识技能。提高妇女参与传染病防控、应急避险的意识和能力。面向妇女开展控制烟草危害、拒绝酗酒、远离毒品宣传教育。引导妇女积极投身爱国卫生运动,养成文明健康生活方式。

10. 提高妇女营养水平。持续开展营养健康科普宣传教育,因地制宜开展营养和膳食指导,提高妇女对营养标签的知晓率,促进妇女学习掌握营养知识,均衡饮食、吃动平衡,预防控制营养不良和肥胖。面向不同年龄阶段妇女群体开发营养健康宣传信息和产品,提供有针对性的服务。开展孕产妇营养监测和定期评估,预防和减少孕产妇缺铁性贫血。预防控制老年妇女低体重和贫血。

11. 引导妇女积极参与全民健身行动。完善全民健身公共服务体系。引导妇女有效利用全民健身场地设施,积极参与全民健身赛事活动,加入各类健身组织。提倡机关、企事业单位开展工间操。鼓励支持工会组织、社区开展妇女健身活动,不断提高妇女的体育活动意识,培养运动习惯。

12. 强化妇女健康服务科技支撑。推进“互联网+妇幼健康”,促进大数据、云计算、人工智能、计算机仿真技术等在妇女健康领域的创新应用。实施妇女人群健康管理和健康风险预警。促进信息技术在妇女健康领域专科医联体建设中的应用,加强医疗机构间的协作,促进分级诊疗和上下联动。促进妇女身心健康领域的科学研究和成果转化。发挥妇产疾病领域国家临床医学研究中心的作用。

(二)妇女与教育。

主要目标:

1. 加强思想政治教育,增进妇女对习近平新时代中国特色社会主义思想的政治认同、思想认同、情感认同,引领妇女做伟大事业的建设者、文明风尚的倡导者、敢于追梦的奋斗者。

2. 教育工作全面贯彻男女平等基本国策。

3. 大中小学性别平等教育全面推进,教师和学生的男女平等意识明显增强。

4. 女童平等接受义务教育，九年义务教育巩固率提高到96%以上。

5. 女性平等接受高中阶段教育，高中阶段教育毛入学率达到并保持在92%以上。

6. 女性接受职业教育的水平逐步提高。

7. 高校在校生中男女比例保持均衡，高等教育学科专业的性别结构逐步趋于平衡。

8. 大力培养女性科技人才。男女两性的科学素质水平差距不断缩小。

9. 促进女性树立终身学习意识，女性接受终身教育水平不断提高。

10. 女性青壮年文盲基本消除。女性平均受教育年限不断提高。

策略措施：

1. 面向妇女广泛开展思想政治教育。深入开展习近平新时代中国特色社会主义思想学习教育，加强党史、新中国史、改革开放史、社会主义发展史教育，加强爱国主义、集体主义、社会主义教育，促进妇女更加坚定理想信念，不断厚植爱国情怀，把个人理想追求融入党和国家事业大局，为全面建设社会主义现代化国家贡献力量。深化民族团结进步教育，铸牢中华民族共同体意识。充分发挥学校教育主阵地作用，将思想价值引领贯穿于教育教学及管理全过程和校园生活各方面，融入学校党组织、共青团、少先队各类主题教育和实践活动。充分发挥爱国主义教育基地和国防教育基地的思想政治教育作用。

2. 将贯彻落实男女平等基本国策体现在教育工作全过程。增强教育工作者自觉贯彻男女平等基本国策的主动性和能动性。将男女平等基本国策落实到教育法规政策和规划制定、修订、执行和评估中，落实到各级各类教育内容、教学过程、学校管理中。加强对教材编制、课程设置、教学过程的性别平等评估。在师范类院校课程设置和教学、各级各类师资培训中加入性别平等内容。

3. 推动各级各类学校广泛开展性别平等教育。适时出台性别平等教育工作指导意见。推动因地制宜开发性别平等课程，加强专题师资培训。促进性别平等教育融入学校教学内容、校园文化、社团活动和社会实践活动。探索构建学校教育、家庭教育、社会教育相结合的性别平等教育模式。

4. 保障女童平等接受义务教育的权利和机会。深化教育教学改革，加快城乡义务教育一体化发展，均衡配置教育资源，确保女童平等接受公平优质的义务教育。健全精准控辍保学长效机制，加强分类指导，督促法定监护人依法保障女童接受义务教育，切实解决义务教育女童失学辍学问题。保障欠发达地区女童、留守女童、农业转移人口随迁子女以及残疾女童的受教育权利和机会。支持学业困难女童完成义务教育，提高女童义务教育巩固率。

5. 提高女性接受普通高中教育的比例。保障女性特别是欠发达地区和农村低收入家庭女性平等接受普通高中教育的权利和机会。鼓励普通高中多样化有特色发展，满足女性全面发展和个性化发展需求。有针对性地开展学科选择和职业生涯规划指导，提高女性自主选择能力，破除性别因素对女性学业和职业发展的影响。

6. 促进女性接受高质量职业教育。完善学历教育与培训并重的现代职业教育体系，优化专业设置，提供多种学习方式，支持女性获得职业技能等级证书，培养复合型技术技能女性人才和能工巧匠、大国工匠。鼓励职业院校面向高校女毕业生、女农民工、去产能分流女职工等重点人群开展就业创业和职业技能培训。

7. 保障女性平等接受高等教育的权利和机会。严格控制招生过程中的特殊专业范围，强化监管，建立约谈、处罚机制。保持高校在校生中男女比例的均衡。采取激励措施，提高女性在科学、技术、工程、数学等学科学生中的比例，支持数理化生等基础学科基地和前沿科学中心建设，加强对基础学科拔尖女生的培养。

8. 大力提高女性科学素质。开展全民科学素质行动，利用现代信息化手段，加大面向女性的科学知识教育、传播与普及力度。开展女科学家进校园活动，发挥优秀女科技人才的榜样引领作用。引导中小学女生参加各类科普活动和科技竞赛，培养科学兴趣、创新精神和实践能力。鼓励女大学生积极参与项目设计、社会实践、创新创业、科技竞赛等活动。深入实施农村妇女素质提升计划，支持农村妇女参与农业农村现代化建设。

9. 大力加强女性科技人才培养。探索建立多层次女性科技人才培养体系，培养具有国际竞争力的女性科技人才。关注培养义务教育阶段女生爱科学、学科学的兴趣和志向。引导高中阶段女生养成科学兴趣和钻研精神，支持有意愿的女生报考理工类院校。加大女性创新型、应用型人才培养力度，鼓励女大学生参与科研项目，在实践中培养科学精神和创新能力。引导女性从事科学和技术相关工作，增加女性科技人才参与继续教育和专业培训的机会。

10. 为女性终身学习提供支持。建立完善更加开放灵活的终身学习体系，完善注册学习、弹性学习和继续教育制度，拓宽学历教育渠道，满足女性多样化学习需求，关注因生育中断学业和职业女性的发展需求。建立健全国家学分银行和学习成果认定制度。扩大教育资源供给，为女性提供便捷的社区和在线教育，为进城务工女性、女性新市民、待业女性等提供有针对性的职业技能培训。

11. 持续巩固女性青壮年扫盲成果，加大普通话推广力度。完善扫盲工作机制，加强国家通用语言文字教育，消除女童辍学现象，杜绝产生女性青壮年新文盲。普通话培训及各类职业培训向欠发达地区妇女和残疾妇女等群体倾斜。深化扫盲后的继续教育。提高妇女平均受教育年限。

12. 加强女性学研究和人才培养。加强女子高校建设，推动有条件的高校开设妇女研究及性别平等相关课程。培养具有跨学科知识基础和性别平等意识的专业人才。加大对妇女理论研究的支持力度，加强跨学科研究，提高国家社科基金项目等重大研究项目中妇女或性别研究相关选题的立项比例。

13. 构建平等尊重和安全友善的校园环境。促进建立相互尊重、平等和睦的师生、同学关系，鼓励学校设置生命教育、心理健康教育和防性侵、防性骚扰的相关课程，提高学生的自我保护意识和能力。中小学校建立完善预防性侵未成年人工作机制，高校建立完善预防性侵和性骚扰工作机制，加强日常管理、预防排查、投诉受理和调查处置。加强师德师风建设，履行查询法定义务，对不符合条件的教职人员进行处置。

（三）妇女与经济。

主要目标：

1. 鼓励支持妇女为推动经济高质量发展贡献力量，妇女平等参与经济发展的权利和机会得到保障。

2. 促进平等就业，消除就业性别歧视。就业人员中的女性比例保持在45%左右。促进女大学生充分就业。

3. 优化妇女就业结构。城镇单位就业人员中的女性比例达到40%左右。

4. 促进女性人才发展。高级专业技术人员中的女性比例达到40%，促进女性劳动者提升职业技能水平。

5. 保障妇女获得公平的劳动报酬，男女收入差距明显缩小。

6. 保障女性劳动者劳动安全和健康。女职工职业病发病率明显降低。

7. 保障农村妇女平等享有土地承包经营权、宅基地使用权等权益，平等享有农村集体经济组织收益分配、土地征收或征用安置补偿权益。

8. 巩固拓展脱贫攻坚成果，增强农村低收入妇女群体的可持续发展能力。

9. 妇女在实施乡村振兴战略中的作用充分发挥。

策略措施：

1. 完善保障妇女平等获得经济资源、参与经济建设、享有经济发展成果的法律法规政策。制定实施支持女性科技人才在创新发展中发挥更大作用的政策措施。创新制度机制，保障妇女在就业创业、职业发展、劳动报酬、职业健康与安全、职业退出、土地等方面的权益，保障新业态从业人员劳动权益，为妇女充分参与经济高质量发展创造有利条件。

2. 加大消除就业性别歧视工作力度。全面落实消除就业性别歧视的法律法规政策，创造性别平等的就业机制和市场环境。对招聘、录用环节涉嫌性别歧视的用人单位进行联合约谈，依法惩处。督促用人单位加强就业性别歧视自查自纠。发挥劳动保障法律监督作用，对涉嫌就业性别歧视的用人单位提出纠正意见，或者向相关行政部门提出处理建议。依法受理涉及就业性别歧视的诉讼。发挥行业协会、商会协调监督作用，提高行业自律意识。党政机关、国有企事业单位在招录（聘）和职工晋职晋级、评定专业技术职称等方面发挥男女平等的示范引领作用。

3. 促进妇女就业创业。健全公共就业服务体系，深化就业服务专项活动，促进妇女就业的人岗对接。充分发挥现代服务业和新业态吸纳妇女就业的功能，支持妇女参与新业态新模式从业人员技能培训。加大帮扶力度，多渠道帮助就业困难妇女实现就业。扶持民族传统手工艺品产业发展，提高组织化程度，促进各族妇女就地就近就业。支持女性科技人才投身科技创业，发展农村电子商务，鼓励外出务工妇女返乡创业，支持有意愿的妇女下乡创业。创新金融、保险产品和服务模式，拓宽妇女创业融资渠道。

4. 促进女大学生就业创业。加强职业生涯规划指导服务，引导女大学生树立正确的择业就业观，提升就业能力。完善落实就业创业支持政策，高校和属地政府提供不断线的就业服务，拓宽女大学生市场化社会化就业渠道。鼓励女大学生到基层、中小微企业或新经济领域就业。推广女大学生创业导师制，开展女大学生创新创业大赛，支持女大学生创业。对有就业意愿的离校未就业女毕业生提供就业帮扶。

5. 改善妇女就业结构。完善终身职业技能培训制度，提升妇女职业技能水平，大力培育知识型、技能型、创新型女性劳动者。不断提高妇女在高新技术产业、战略性新兴产业和现代服务业从业人员中的比例。逐步消除职业性别隔离，提高城镇单位就业人员中的女性比例。扩大农村妇女转移就业规模，缩小男女转移就业差距。

6. 加强女性专业技术和技能人才队伍建设。制定相关政策，强化制度保障，支持女性科技人才承担科技计划项目、参与科技决策咨询、拓展科研学术网络、提升国际影响力和活跃度，完善女性科技人才评价激励机制，培养高层次女性科技人才。实施科技创新巾帼行动，搭建平台、提供服务，激励女性科技人才、技术技能人才立足岗位锐意创新。加强对女性专业技术和技能人才专业知识、科研管理、创新创业等的培训。加强典型宣传，发挥榜样引领作用。

7. 缩小男女两性收入差距。全面落实男女同工同酬，保障收入公平。促进女性对知识、技术、管理、数据等生产要素的掌握和应用，提高女性职业竞争力。督促用人单位制定实施男女平等的人力资源制度，畅通女性职业发展和职务职级晋升通道。探索开展薪酬调查，加强对收入的分性别统计，动态掌握男女两性收入状况。

8. 改善女性劳动者劳动安全状况。广泛开展劳动安全和健康宣传教育，加大《女职工劳动保护特别规定》宣传执行力度，提高用人单位和女性劳动者的劳动保护和安全生产意识。将女职工劳动保护纳入职业健康和安全生产监督管理范围，加强对用人单位的劳动保障监察以及劳动安全和职业健康监督。督促用人单位加强对女职工经期、孕期、哺乳期的特殊保护，落实哺乳时间和产假制度。督促用人单位加强职业防护和职业健康监督保护，保障女职工在工作中免受有毒有害物质和危险生产工艺的危害。

9. 保障女职工劳动权益。督促用人单位规范用工行为，依法与女职工签订劳动合同，推动签订女职工权益保护专项集体合同。加强劳动保障法律监督。指导用人单位建立预防和制止性骚扰工作机制，完善相关执法措施。加强劳动用工领域信用建设，加大对侵犯女职工劳动权益行为的失信惩戒力度。推动有条件的劳动人事争议仲裁机构设立女职工维权仲裁庭，依法处理女职工劳动争议案件。

10. 为女性生育后的职业发展创造有利条件。禁止用人单位因女职工怀孕、生育、哺乳而降低工资、恶意调岗、予以辞退、解除劳动（聘用）合同，推动落实生育奖励假期间的工资待遇，定期开展女职工生育权益保障专项督查。为女性生育后回归岗位或再就业提供培训等支持。高校、研究机构等用人单位探索设立女性科研人员生育后科研回归基金。推动用人单位根据女职工需要建立女职工哺乳室、孕妇休息室等设施。支持有条件的用人单位为职工提供福利性托育托管服务。

11. 保障农村妇女平等享有各项经济权益。在农村土地承包工作中，依法保障农村妇女权益。在宅基地使用权确权登记颁证工作中保障农村妇女权益，确保应登尽登。建立健全农村集体资产管理制度，规范农村集体经济组织成员身份确认办法，完善包括征地补偿安置在内的农村集体经济组织资产收益内部分配机制，保障妇女在农村集体经济组织资产股权量化、权益流转和继承等各环节，作为农村集体经济组织成员和家庭成员平等享有知情权、参与决策权和收益权。保障进城落户女农民的经济权益。畅通经济权益受侵害农村妇女的维权渠道。

12. 支持脱贫妇女稳定增加收入。建立农村低收入人口和欠发达地区帮扶机制。健全防止返贫监测和帮扶机制。扶持发展适合城乡低收入妇女自主发展的手工编织、农村电商等特色产业项目。通过致富带头人培育、帮扶车间建设和以工代赈等方式，支持农村妇女就地就近就业、实现增收致富。

13. 支持妇女积极参与乡村振兴。积极发挥妇女在农村一二三产业融合发展和农业农村现代化建设中的作用。大力开展现代农业示范基地建设，深入实施乡村振兴巾帼行动。发挥农村创业创新园区（基地）等平台作用，鼓励支持妇女创办领办新型农业经营主体和农业社会化服务组织。加强高素质女农民培育，引导女农民争做乡村工匠、文化能人、手工艺人、农技协领办人和新型农业经营管理能手。

（四）妇女参与决策和管理。

主要目标：

1. 保障妇女参与社会主义民主政治建设和社会治理，提升参与水平。

2. 中国共产党女党员保持合理比例。中国共产党各级党员代表大会中女党员代表比例一般不低于本地区党员总数中女性比例。

3. 各级人大代表和常委会委员中的女性比例逐步提高。各级政协委员和常委中的女性比例逐步提高。

4. 县级以上地方政府领导班子中的女干部比例逐步提高，担任正职的女干部占同级正职干部的比例逐步提高。

5. 国家机关部委和县级以上地方政府部门领导班子中的女干部比例逐步提高，担任正职的女干部占同级正职干部的比例逐步提高。

6. 各级各类事业单位领导班子成员中的女性比例逐步提高。

7. 企业董事会、监事会成员及管理层中的女性比例逐步提高。企事业单位职工代表大会中女性比例与女职工比例相适应。

8. 村党组织成员、村党组织书记中女性比例逐步提高。村委会成员中女性比例达到30%以上，村委会主任中女性比例逐步提高。

9. 社区党组织成员、社区党组织书记中女性比例逐步提高。社区居委会成员中女性比例保持在50%左右，社区居委会主任中女性比例达到40%以上。

10. 鼓励支持女性参加社会组织、担任社会组织负责人。

策略措施：

1. 加大对妇女参与决策和管理的支持力度。充分发挥妇女参与国家和社会事务管理的重要作用，破除制约妇女参与决策和管理的障碍，促进妇女参与决策和管理水平与妇女地位作用相适应。加大培训力度，提高各级领导干部贯彻落实男女平等基本国策的意识，把推动妇女参政纳入重要议程，提出目标举措。采取有效措施，提升各级党委、人大、政府、政协、党政工作部门以及企事业单位、基层群众自治组织和社会组织中的女性比例。

2. 提高妇女参与社会事务和民主管理的意识和能力。开展女性领导干部政治素质和领导能力培训。鼓励高校开设领导力相关课程,培养年轻女性的政治素养及参与决策和管理的意识。加大基层妇女骨干培训力度,提高妇女在自治、法治、德治中的参与意识和能力,鼓励妇女积极参与村(居)民议事会、理事会等自治组织,推进城乡社区妇女议事会实现全覆盖并有效运行,发挥妇女在城乡基层治理中的积极作用。探索打造妇女网上议事平台,引导妇女积极、有序参与基层民主管理和基层民主协商。

3. 重视发展中国共产党女党员。面向妇女深入开展思想政治工作,扩大党的妇女群众基础,培养对党的感情,深化对党的认识,引导拥护党的主张,激发妇女入党的政治意愿。加强对入党积极分子的培养教育。注重从各行各业青年女性中发展党员。在党代表候选人酝酿过程中,充分关注政治过硬、作风优良、敢于担当、实绩突出的优秀妇女,确保党员代表大会中女党员代表保持合理比例。

4. 提高人大女代表、政协女委员比例。落实人大代表选举规则和程序,在选区划分、代表名额分配、候选人推荐、选举等环节,保障妇女享有平等权利和机会。重视从基层、生产一线推荐人大代表女性候选人,候选人中应当有适当数量的妇女代表,并逐步提高妇女代表的比例。提名推荐、协商确定政协委员建议名单时,保障提名一定比例的妇女。充分发挥人大女代表、政协女委员在发展社会主义民主政治和男女平等事业中的积极作用。

5. 加大培养选拔女干部工作力度。培养忠诚干净担当的高素质专业化女干部,促进女干部不断增强学习本领、政治领导本领、改革创新本领、科学发展本领、依法执政本领、群众工作本领、狠抓落实本领、驾驭风险本领。优化女干部成长路径,注重日常培养和战略培养,为女干部参加教育培训、交流任职、挂职锻炼创造条件和机会。注重从基层、生产一线培养选拔女干部,注重选拔女干部到重要部门、关键岗位担任领导职务。注重保持优秀年轻干部队伍中女干部的合理比例。落实女干部选拔配备的目标任务,在保证质量的前提下实现应配尽配。保障妇女在干部录用、选拔、任(聘)用、晋升、退休各环节不因性别受到歧视。

6. 推动妇女积极参与事业单位决策管理。培养选拔优秀女性专业技术人员进入决策管理层。重视在卫生、教育、文化等女性集中的行业提高决策管理层中的女性比例,鼓励妇女积极参与本单位党建和群团组织建设,促进事业单位职工代表大会中的女职工代表比例与事业单位女职工比例相适应。在深化事业单位改革进程中,确保妇女在岗位晋升、职员晋级、职称评聘等方面享有平等的权利和机会。

7. 推动妇女广泛参与企业决策管理。将女干部选拔配备纳入国有企业领导班子和干部队伍建设规划，加大培养、选拔、使用力度。在深化企业人事制度改革进程中，采用组织推荐、公开招聘、民主推荐等方式，促进优秀妇女进入企业董事会、监事会和管理层。完善企业民主管理制度，促进企业职工代表大会中女职工代表比例与企业女职工比例相适应，支持女职工通过职工代表大会等形式参与企业民主决策、民主管理和民主监督。企业制定相关规章制度，对涉及女职工权益的事项，听取工会女职工委员会的意见，依法经职工代表大会审议通过。

8. 推动妇女有序参与城乡基层社会治理。注重从女致富能手、经商务工女性、乡村女教师女医生、女社会工作者、女大学生村官、女退休干部职工等群体中培养选拔村（社区）干部。在村（社区）“两委”换届工作中，通过提名确定女性候选人、女性委员专职专选、女性成员缺位增补等措施，提高村（居）委会成员、村（居）委会主任中的女性比例。组织妇女积极参与村规民约、居民公约的制定修订，开展协商议事活动。促进新社会阶层、社会工作者和志愿者中的女性积极参与社会治理。

9. 支持引导妇女参加社会组织。优化社会组织发展的制度环境，加大对以女性为成员主体或以女性为主要从业人员的社会组织的培育力度，加强支持和指导服务，促进其健康有序发展并积极参与社会组织协商。鼓励支持更多女性成为社会组织成员或从业人员，加强对社会组织女性专业人才和管理人才的培养，注重发现培养社会组织女性负责人。

10. 发挥妇联组织在推进国家治理体系和治理能力现代化进程中的作用。支持妇联组织履行代表妇女参与管理国家事务、经济文化事业和社会事务的职责，强化妇联组织参与民主决策、民主管理、民主监督，参与制定有关法律、法规、规章和政策，参与社会治理和公共服务的制度保障。在制定有关促进男女平等和保障妇女合法权益的法律法规政策以及培养选拔女干部工作中，充分听取妇联组织意见和建议。

（五）妇女与社会保障。

主要目标：

1. 妇女平等享有社会保障权益，保障水平不断提高。

2. 完善生育保障制度。提高生育保险参保率。

3. 完善医疗保障体系。妇女基本医疗保险参保率稳定在95%以上，待遇保障公平适度。

4. 完善养老保险制度体系。妇女基本养老保险参保率提高到95%，待遇水平稳步提高。

5. 完善失业保险和工伤保险制度。提高妇女失业保险和工伤保险参保人数，落实相关待遇保障。

6. 健全分层分类社会救助体系。困难妇女的生活得到基本保障。

7. 妇女福利待遇水平持续提高，重点向老年妇女、残疾妇女等群体倾斜。

8. 建立完善多层次养老服务和长期照护保障制度。保障老年妇女享有均等可及的基本养老服务，对失能妇女的照护服务水平不断提高。

9. 加强对妇女的关爱服务，重点为有困难、有需求的妇女提供帮扶。

策略措施：

1. 完善惠及妇女群体的社会保障体系。在制定修订社会救助、社会保险等相关法律法规以及健全覆盖全民的社会保障体系工作中，关切和保障妇女的特殊利益和需求。持续推动社会保险参保扩面，支持灵活就业女性参加相应社会保险，实现应保尽保，缩小社会保障的性别差距。建立国家级社会保险全民参保登记信息库，加强社会保障分性别统计、信息动态监测和管理。

2. 完善覆盖城乡妇女的生育保障制度。巩固提高生育保险覆盖率，完善生育保险生育医疗费用支付及生育津贴政策。妥善解决妇女在就业和领取失业金期间生育保障问题。提高生育保险与职工基本医疗保险合并实施成效。加强城乡居民生育医疗费用保障。

3. 不断提高妇女医疗保障水平。推动女职工和城乡女性居民持续参加基本医疗保险，满足妇女基本医疗保障需求。统筹发挥基本医保、大病保险、医疗救助三重制度综合保障作用，促进多层次医疗保障互补衔接，做好符合条件的低收入妇女医疗救助。推进建立女职工医疗互助，充分发挥商业保险对宫颈癌、乳腺癌等重大疾病的保障作用。

4. 促进妇女享有可持续多层次养老保险。建立完善基本养老保险全国统筹制度。督促用人单位依法为包括女职工在内的全体职工及时足额缴纳基本养老保险费，不断增加妇女参加基本养老保险的人数，促进妇女依法公平享有基本养老保险权益。鼓励有条件的用人单位为包括女职工在内的全体职工建立企业年金，丰富商业养老保险产品，提高妇女养老保险水平。

5. 保障女性失业保险权益。督促用人单位依法为女职工办理失业保险，提高女职工特别是女农民工的参保率。保障符合条件的失业女职工按时享受失业保险待遇。强化失业保险促就业防失业功能，支持女职工稳定就业。适时制定特殊时期失业保障政策，为包括女职工在内的劳动者提供失业保障。

6. 扩大妇女工伤保险覆盖面。增强工伤保险预防工伤、保障生活、促进康复的功能，推进新就业形态人员职业伤害保障试点，将新业态就业妇女纳入保障范围。督促用人单位特别是高风险行业单位依法为女职工办理工伤保险，确保落实工伤保险待遇。

7. 强化社会救助对生活困难妇女的兜底保障。推进法律实施，强化政策衔接，健全基本生活救助制度和医疗救助、教育救助、住房救助、就业救助、受灾人员救助等专项救助制度，健全临时救助政策措施，强化急难社会救助功能，积极发展服务类社会救助，推进政府购买社会救助服务，确保符合条件的妇女应救尽救。鼓励、支持慈善组织依法依规为生活困难妇女提供救助帮扶。推动建立统一的救助信息平台，加强社会救助分性别统计，精准识别救助对象。

8. 更好满足妇女群体的社会福利需求。完善经济困难高龄失能老年人补贴制度，落实各项补贴待遇，逐步提升老年妇女福利水平。完善残疾人补贴制度，动态调整、合理确定困难残疾人生活补贴和重度残疾人护理补贴标准，扩大适合残疾妇女特殊需求的公共服务供给。

9. 保障妇女享有基本养老服务。加快建设居家社区机构相协调、医养康养相结合的养老服务体系，大力发展普惠型养老服务。完善社区居家养老服务网络，推进公共设施适老化改造，推动专业机构服务向社区和家庭延伸。提升公办养老机构服务能力和水平，完善公建民营管理机制，结合服务能力适当拓展服务对象，重点为经济困难的失能失智、计划生育特殊家庭老年人提供托养服务。促进养老机构提供多元化、便利化、个性化服务，提高老年妇女生活照料、紧急救援、精神慰藉等服务水平。支持社会力量扩大普惠型养老服务供给，支持邻里之间的互助性养老。加大养老护理型人才培养力度，建设高素质、专业化的养老服务队伍。

10. 探索建立多层次长期照护保障制度。稳步建立长期护理保险制度，将符合条件的失能妇女按规定纳入保障范围，妥善解决其护理保障问题。加强长期护理保险制度与长期照护服务体系有机衔接。探索建立相关保险、福利、救助相衔接的长期照护保障制度，扩大养老机构护理型床位供给，提高护理服务质量。为家庭照料者提供照护培训、心理疏导等支持。

11. 提高对妇女的关爱服务水平。开展农村留守妇女关爱行动。对农村留守妇女进行摸底排查，建立完善以县级为单位的信息台账。积极为农村留守妇女创业发展搭建平台、提供服务。支持农村留守妇女参与乡村振兴和家庭文明建设，在乡村治理、邻里互助、留守老人儿童关爱服务中发挥积极作用。完善特殊困难失能留守老年人探访关爱制度，不断拓展对妇女群体的关爱服务，支持社会力量参与，重点为生活困难、残疾、重病等妇女群体提供权益保护、生活帮扶、精神抚慰等关爱服务。

（六）妇女与家庭建设。

主要目标：

1. 树立新时代家庭观，弘扬爱国爱家、相亲相爱、向上向善、共建共享的社会主义家庭文明新风尚，推动社会主义核心价值观在家庭落地生根。

2. 建立完善促进男女平等和妇女全面发展的家庭政策体系，增强家庭功能，提升家庭发展能力。

3. 拓展支持家庭与妇女全面发展的公共服务。

4. 注重发挥家庭家教家风在基层社会治理中的重要作用。

5. 充分发挥妇女在家庭生活中的独特作用，弘扬中华民族家庭美德、树立良好家风，支持妇女成为幸福安康家庭的建设者、倡导者。

6. 倡导构建男女平等、和睦、文明的婚姻家庭关系，降低婚姻家庭纠纷对妇女发展的不利影响。

7. 倡导和支持男女共担家务，缩小两性家务劳动时间差距。

8. 支持家庭承担赡养老人责任，不断提升老年妇女家庭生活质量。

9. 促进夫妻共同承担未成年子女的抚养、教育、保护责任，为未成年子女身心发展创造良好家庭环境。

策略措施：

1. 促进家庭成员践行社会主义核心价值观。加强教育引导、舆论宣传、文化熏陶、实践养成，宣传尊老爱幼、男女平等、夫妻和睦、勤俭持家、邻里团结等家庭美德，弘扬中华民族优秀传统家风、革命前辈红色家风、践行社会主义核心价值观的现代家风，营造平等、文明、和谐、稳定的家庭环境，实现共建共享的家庭追求，引导妇女和家庭成员自觉把家庭梦融入中国梦。

2. 制定出台促进男女平等和妇女全面发展的家庭政策。完善人口生育相关法律法规政策，推动生育政策与经济社会政策配套衔接。研究推动将 3 岁以下婴幼儿照护服务费用纳入个人所得税专项附加扣除、住房等方面支持政策，减轻家庭生育、养育、教育负担。完善幼儿养育、青少年发展、老人赡养、病残照料等政策，形成支持完善家庭基本功能、促进男女平等和妇女全面发展的家庭政策体系，增强家庭发展能力。完善产假制度，探索实施父母育儿假。建立促进家庭发展的政策评估机制。

3. 大力发展家庭公共服务。发展普惠托育服务体系，综合运用土地、住房、财政、金融、人才等支持政策，扩大托育服务供给。加快完善养老、家政等服务标准，推动婚姻家庭辅导服务、家庭教育指导服务普惠享有，提升面向家庭的公共服务水平。通过政府购买服务等方式，引导社会力量开展家庭服务，满足家庭日益增长的个性化、多元化需求。重点为经济困难、住房困难、临时遭遇困难家庭和残疾人家庭等提供支持，加大对计划生育特殊家庭的帮扶保障力度，加强对退役军人家庭的支持和保障。城市社区综合服务设施实现全覆盖。加强社区托育服务设施建设，完善社区养老托育、家政物业等服务网络。发展数字家庭。

4.推动家庭家教家风在基层社会治理中发挥重要作用。构建党委领导、政府主导、部门合作、家庭尽责、社会参与的家庭建设工作格局。将建设好家庭、实施好家教、弘扬好家风纳入基层社会治理体系以及基层社会治理评价考核内容。鼓励家庭成员履行家庭和社会责任。增进政府治理和社会调节、居民自治良性互动，以千千万万家庭的好家风支撑起全社会的好风气。

5.鼓励支持妇女在家庭生活中发挥独特作用。深化实施“家家幸福安康工程”，鼓励妇女带领家庭成员积极参与文明家庭、五好家庭、最美家庭等群众性精神文明建设活动，参与绿色家庭创建，提升健康素养，践行绿色、低碳、循环、可持续的生活方式，养成勤俭节约的好习惯，杜绝浪费。推进平安家庭、无烟家庭建设。

6.促进婚姻家庭关系健康发展。面向家庭开展有关法律法规政策宣传，促进男女平等观念在婚姻家庭关系建设中落实落地，倡导夫妻平等参与家庭事务决策，反对一切形式的家庭暴力。开展恋爱、婚姻家庭观念教育，为适龄男女青年婚恋交友、组建家庭搭建平台，推广婚姻登记、婚育健康宣传教育、婚姻家庭关系辅导等“一站式”服务。广泛开展生育政策宣传。推进移风易俗，保障各民族妇女的婚姻自由，抵制早婚早育、高价彩礼等现象，选树宣传婚事新办典型，引导改变生男偏好，构建新型婚育文化。加强对广播电视、网络等婚恋活动和服务的规范管理。

7.加强婚姻家庭纠纷预防化解工作。健全婚姻家庭纠纷预防化解工作机制，发挥综治中心和网格化服务管理作用，强化衔接联动，加强婚姻家庭纠纷预测预防预警，健全纠纷排查调处制度。推进县（市、区、旗）建立健全婚姻家庭纠纷人民调解委员会，建设人民调解员队伍，搭建“互联网+”纠纷预防化解工作平台，支持社会力量参与，提供多元便捷服务。推进家事审判制度改革，加强诉调对接平台建设，构建新型家事纠纷综合协调解决模式。

8.促进男女平等分担家务。倡导夫妻在家务劳动中分工配合，共同承担照料陪伴子女老人、教育子女、料理家务等家庭责任，缩小两性家务劳动时间差距。促进照料、保洁、烹饪等家务劳动社会化，持续推动家政服务业提质扩容增效，发展婴幼儿照护服务和失能失智老年人长期照护服务，增强家庭照护能力，研发家务劳动便利化产品。督促用人单位落实探亲假、职工带薪休假、配偶陪产假等制度，鼓励用人单位实施灵活休假和弹性工作制度，创造生育友好的工作环境，支持男女职工共同履行家庭责任。

9.提高老年妇女的家庭生活质量。倡导养老、孝老、敬老的家庭美德，支持家庭履行赡养老人的主体责任。鼓励子女与老年人共同生活或就近居住，为长期照护老年人的家庭成员提供“喘息服务”。督促用人单位保障赡养义务人的探亲休假权利，推动建立子女护理假制度。建立完善社区老年人关爱服务机制。发展银发经济，推进智慧健康养老，满足老年妇女生活需要。依法保障老年妇女婚姻自由和家庭财产权利。

10. 增强父母共同承担家庭教育责任的意识和能力。推进家庭教育立法及实施，促进父母共同落实家庭教育主体责任，创造有利于未成年子女健康成长和发展的家庭环境。开展宣传培训，帮助父母树立科学家庭教育理念，摒弃“重智轻德”等观念，掌握科学知识和方法，注重言传身教，关注未成年子女身心健康，提高家庭科学育儿能力。鼓励父母加强亲子交流，共同陪伴未成年子女成长。

（七）妇女与环境。

主要目标：

1. 提高妇女的思想政治意识，引导妇女积极践行社会主义核心价值观。

2. 提升全社会的性别平等意识，推进男女平等基本国策宣传教育进机关、进学校、进企业、进城乡社区、进家庭。

3. 健全文化与传媒领域的性别平等评估和监管机制。

4. 全面提升妇女的媒介素养，提高妇女利用信息技术参与新时代经济社会高质量发展的能力。

5. 提高妇女的生态文明意识，促进妇女践行绿色发展理念，做生态文明建设的推动者和践行者。

6. 减少环境污染对妇女健康的危害。农村自来水普及率达到90%，提升城市集中式饮用水水源水质。

7. 稳步提高农村卫生厕所普及率，城镇公共厕所男女厕位比例标准化建设与实际需求相适应。

8. 妇女应对突发事件能力不断提高，作用得到发挥，特殊需求得到满足。

9. 广泛参与妇女领域的国际交流与合作，全面提升我国在国际妇女事务中的影响力。

策略措施：

1. 加强对妇女的思想政治引领。坚持用习近平新时代中国特色社会主义思想引领妇女，持续开展中国特色社会主义和中国梦宣传教育，发挥新时代文明实践中心、主流媒体、妇女之家等阵地作用，推动理想信念教育常态化制度化，弘扬党和人民在各个历史时期奋斗中形成的伟大精神，激发妇女的历史责任感和主人翁精神，引导妇女听党话、跟党走，增强“四个意识”、坚定“四个自信”、做到“两个维护”。通过教育联系服务，凝聚青年女性、知识女性、新兴产业从业女性和活跃在网络空间中的女性。通过培养、评选、表彰、宣传妇女先进集体和个人，激励妇女崇尚先进、学习先进、争当先进。通过深化东中部地区与西部民族地区对口支援和交流合作，促进各族妇女广泛交往深度交融。

2. 开展以男女平等为核心的先进性别文化宣传教育。将构建先进性别文化纳入繁荣社会主义先进文化制度体系。大力宣传新时代妇女在社会生活和家庭生活中的独特作用，宣传优秀妇女典型和性别平等优秀案例。推动各级干部学习习近平总书记关于妇女和妇女工作的重要论述以及马克思主义妇女观、男女平等基本国策。在机关、学校、企业、城乡社区、家庭以多种形式开展男女平等基本国策宣传教育，让性别平等成为全社会共同遵循的行为规范和价值标准。

3. 促进妇女共建共享精神文明创建和城乡人居环境改善成果。丰富优质文化产品和公共文化服务供给，满足妇女精神文化需求。鼓励妇女积极参与城市文明建设，将妇女参与程度和满意度纳入文明城市评选内容。引导妇女在文明单位创建中爱岗敬业，争做文明职工。促进妇女参与文明村镇创建，主动参与农村人居环境整治提升、农村文化发展、文明乡风培育和乡村社会治理。推进城乡公共文化服务体系一体建设，创新实施文化惠民工程，惠及城乡妇女。

4. 加强文化与传媒领域的性别平等培训、评估和监管。开展对文化传媒工作者和传媒相关专业学生的性别平等培训，提升文化与传媒领域性别平等传播能力。加强对公共文化产品和传媒涉及性别平等内容的监测和监管，吸纳性别专家参与相关评估，消除网络媒体、影视产品、公共出版物等中出现的歧视贬抑妇女、侮辱妇女人格尊严、物化妇女形象等不良现象，规范网络名人和公众账号传播行为。完善违规行为警示记录系统，优化线上舆情预警和线下评估处置机制。

5. 引导妇女提高媒介素养。利用妇女之家、图书馆、网络课堂等开展面向妇女的媒介素养培训和指导，加强妇女网络素养教育，提升妇女对媒介信息选择、判断和有效利用的能力，提升妇女网络安全意识和能力，消除性别数字鸿沟。加强学生网络素养教育，引导女生合理安全使用网络，提升自我保护能力，防止网络沉迷。重点帮助老年妇女、困难妇女和残疾妇女群体掌握网络基本知识技能。开展争做“巾帼好网民”活动，推动妇女弘扬网上正能量。

6. 充分发挥妇女在生态文明建设中的重要作用。广泛开展生态文化宣传教育和实践活动，引导妇女树立生态文明意识，提高环境科学素养，掌握环境科学知识，提升妇女生态环境保护意识和能力。鼓励妇女引领绿色生产生活，养成节约适度、绿色低碳、文明健康的生活方式和消费模式，杜绝浪费。支持妇女参与生态环境治理。

7. 持续改善妇女生活的环境质量。加强生态环境监测和健康监测，开展环境污染因素影响研究，监测分析评估环境政策、基础设施项目、生产生活学习环境等对妇女健康的影响。推进城乡生活环境治理，推进城镇污水管网全覆盖，开发利用清洁能源，推行垃圾分类和减量化、资源化，推广使用节能环保产品。

8. 为城乡妇女享有安全饮水提供保障。引导妇女积极参与水源保护。推进城市集中式饮用水水源地规范化建设，加强水源保护和水质监测，守护饮水安全命脉。加强水利基础设施建设，实施农村供水保障工程，提升水资源优化配置能力，为妇女取水、用水提供便利。

9. 加强符合妇女需求的卫生厕所建设。推进城镇公共厕所改造，完善落实城镇公共厕所设计标准，推动将男女厕位比例规范化建设和达标率纳入文明城市、文明社区、文明村镇、文明单位、文明校园的评选标准。分类有序推进农村厕所革命，稳步提高卫生厕所普及率，加强厕所粪污无害化处理与资源化利用。推动旅游景区、商场、客运枢纽和服务区等公共场所建设第三卫生间。

10. 在突发事件应对中关切妇女特别是孕期、哺乳期妇女及困难妇女群体的特殊需求。在突发事件应急体系建设、预防和应急处置机制建设、相关应急预案和规划制订中统筹考虑妇女特殊需求，优先保障女性卫生用品、孕产妇用品和重要医用物资供给。面向妇女开展突发事件预防应对知识和自救互救技能指导培训，提高妇女的防灾减灾意识和自救互救能力。在应对突发事件中加强对有需求妇女群体的救助服务和心理疏导。引导妇女积极参与防灾减灾工作。

11. 积极促进国际妇女事务交流与合作。认真履行关于促进男女平等与妇女全面发展的国际公约和文件，积极落实联合国 2030 年可持续发展议程涉及性别平等相关目标。参与全球促进性别平等事业，提升我国的话语权和影响力，开展国际交流合作，促进妇女发展交流互鉴，讲好中国妇女发展故事，宣传中国妇女事业发展成就。积极主办和参与涉及妇女议题的各类国际会议，推动发展妇女民间外交，持续打造我国妇女人文交流品牌，在国际舞台上展现中国形象。支持妇女投身“一带一路”建设，为推动构建人类命运共同体发挥重要作用。

12. 发挥妇联组织在营造男女平等和妇女全面发展环境中的积极作用。健全完善引领服务联系妇女的工作机制，发挥桥梁纽带作用，凝聚妇女人心。联合中央主流媒体，依托妇联全媒体，大力宣传习近平总书记关于妇女和妇女工作的重要论述，宣传马克思主义妇女观和男女平等基本国策，宣传妇女“半边天”作用。加强妇女舆情尤其是网络舆情监测，对错误观点言论及时发声，协调督促处置，正面引导舆论，优化有利于妇女全面发展的社会舆论环境。

(八)妇女与法律。

主要目标：

1. 全面贯彻落实男女平等宪法原则和基本国策，健全完善保障妇女合法权益的法律体系。

2. 促进法规政策性别平等评估机制规范化建设和有效运行。

3. 提高妇女尊法学法守法用法的意识和能力。充分发挥妇女在法治中国建设中的作用。

4. 深入实施反家庭暴力法，预防和制止针对妇女一切形式的家庭暴力。

5. 严厉打击拐卖妇女、性侵害妇女等违法犯罪行为。

6. 提升预防和制止性骚扰的法治意识，有效遏制针对妇女的性骚扰。

7. 严厉打击利用网络对妇女实施的违法犯罪行为。

8. 保障妇女在家庭关系中的财产所有权、继承权，保障妇女对婚姻家庭关系中共同财产享有知情权和平等处理权。

9. 依法为妇女提供公共法律服务。保障遭受侵害妇女获得及时有效的司法救助。

策略措施：

1. 推进男女平等宪法原则和基本国策贯彻落实到法治中国建设全过程。适时修订妇女权益保障法、刑法、社会保险法、女职工劳动保护特别规定等法律法规，完善保障妇女合法权益的法律体系。加大民法典、妇女权益保障法等法律法规的实施力度，加强执法检查和督查督办，保障侵害妇女权益案件获得公平公正处理。促进开展妇女权益保障领域的公益诉讼。将保障妇女权益相关内容纳入基层社会治理，纳入法治队伍建设、全民普法规划和群众性法治文化活动，增强全社会的男女平等法治意识和法治素养。

2. 加强法规政策性别平等评估工作。健全国家、省(自治区、直辖市)、市(地、州、盟)法规政策性别平等评估机制和县(市、区、旗)政策性别平等评估机制，明确评估范围，规范评估流程，细化评估指标。加强法规政策制定前研判、决策中贯彻、实施后评估的制度化建设。开展性别平等评估相关培训，加强专业化队伍建设，将男女平等基本国策落实到法规、规章、政策制定实施全过程各环节。

3. 提升妇女法治意识和参与法治中国建设的能力。深入开展民法典等专项普法活动，面向妇女提供法律咨询等服务，引导妇女自觉学习宪法和法律知识，增强法治观念，养成办事依法、遇事找法、解决问题用法、化解矛盾靠法的法治思维和行为习惯。鼓励妇女多途径参与立法、司法和普法活动。充分发挥女人大代表、女政协委员、妇联组织、以女性为成员主体或者以女性为主要服务对象的社会组织等在科学立法、民主立法和立法协商中的作用。

4. 加大反家庭暴力法的实施力度。健全完善预防和制止家庭暴力多部门合作机制，适时出台落实反家庭暴力法的司法解释、指导意见或实施细则，发布反家庭暴力的典型案例或指导性案例。推动省（自治区、直辖市）、市（地、州、盟）出台反家庭暴力地方性法规。加强宣传教育、预防排查，建立社区网格化家庭暴力重点监控机制。完善落实家庭暴力发现、报告、处置机制，强化相关主体强制报告意识，履行强制报告义务。加大接处警工作力度，开展家庭暴力警情、出具告诫书情况统计。对构成犯罪的施暴人依法追究刑事责任，从严处理重大恶性案件。及时签发人身保护令，提高审核签发率，加大执行力度。加强紧急庇护场所管理，提升庇护服务水平。加强对家庭暴力受害妇女的心理抚慰和生活救助，帮助其身心康复。加强对施暴者的教育警示、心理辅导和行为矫治。开展家庭暴力案件跟踪回访。加强反家庭暴力业务培训和统计。

5. 坚决打击拐卖妇女犯罪。完善落实集预防、打击、救助、安置、康复于一体的反拐工作长效机制。坚持预防为主、防治结合，提高全社会的反拐意识以及妇女的防范意识和能力。深入实施反对拐卖人口行动计划，打击拐卖妇女犯罪团伙。整治“买方市场”，及时解救被拐妇女并帮助其正常融入社会。打击跨国跨区域拐卖妇女犯罪。

6. 加大对组织、强迫、引诱、容留、介绍卖淫等犯罪行为的打击力度。加强网络治理，利用大数据完善违法信息过滤、举报等功能，严厉打击利用网络组织、强迫、引诱、容留、介绍妇女卖淫。依法加大对强迫、引诱幼女和智力残疾妇女卖淫的打击力度。加强社会治安综合治理，建立常态化整治机制，鼓励群众监督和举报涉黄违法犯罪行为。

7. 有效控制和严厉惩处强奸、猥亵、侮辱妇女特别是女童和智力、精神残疾妇女的违法犯罪行为。加强防性侵教育，提高妇女尤其是女童的防性侵意识和能力。建立完善重点人群和家庭关爱服务机制、侵权案件发现报告机制、多部门联防联动机制和侵权案件推进工作督查制度。完善立案侦查制度，及时、全面、一次性收集固定证据，避免受害妇女遭受“二次伤害”。建立性侵害违法犯罪人员信息查询系统，完善和落实从业禁止制度。加强对受害妇女的隐私保护、心理疏导和干预。

8. 预防和制止针对妇女的性骚扰。推动完善防治性骚扰相关立法。多形式多渠道传播防治性骚扰知识，提升妇女防范和制止性骚扰的意识和能力。

建立健全预防和制止性骚扰工作机制，加强联防联控，发挥典型案例示范指引作用。预防和制止公共场所和工作、学习等场所发生的性骚扰，在机关、企业、学校等单位建立相关工作机制，预防和制止利用职权、从属关系等实施性骚扰。畅通救济途径。

9. 保障妇女免遭利用网络实施违法犯罪行为的侵害。加强网络信息内容生态治理，加强对网络淫秽色情信息的监管和查处，依法打击网络信息服务平台、生产者和使用者对妇女实施猥亵、侮辱、诽谤、性骚扰、散布谣言、侵犯隐私等违法犯罪行为。加强对网络平台的规范管理，保护妇女个人信息安全。依法惩治利用网络非法收集、使用、加工、传输、买卖、提供或者公开妇女个人信息的违法犯罪行为。提高妇女防范电信网络诈骗的意识和能力，严厉打击采取非法网络贷款、虚假投资、咨询服务等手段骗取妇女钱财的违法犯罪行为。

10. 在婚姻家庭和继承案件处理中依法保障妇女的财产权益。保障妇女平等享有家庭财产的占有、使用、收益和处分权利。保障妇女依法享有夫妻互相继承遗产、子女平等继承遗产的权利。保障夫妻对共同财产享有平等的知情权、处理权，认定和分割夫妻共同财产、认定和清偿夫妻共同债务时，切实保障妇女合法权益。离婚时，保障妇女依法获得土地、房屋、股份等权益，保障负担较多家庭义务的妇女获得补偿、生活困难妇女获得经济帮助、无过错妇女依法获得损害赔偿。

11. 为妇女提供优质高效的公共法律服务。推进公共法律服务实体、网络、热线三大平台融合发展，为妇女特别是低收入妇女、老年妇女、残疾妇女、单亲困难母亲等提供便捷高效、均等普惠的公共法律服务。落实法律法规对妇女申请法律援助的相关规定，保障妇女在刑事、民事、行政案件中享有诉讼代理和维权指导服务。加强维护妇女合法权益的法律援助类社会组织和专业律师、基层法务工作者队伍建设。保障特定案件中生活困难妇女能够获得司法救助。

12. 发挥妇联组织代表和维护妇女合法权益的职能作用。支持妇联组织健全联合约谈、联席会议、信息通报、调研督查、发布案例等工作制度，推动保障妇女权益法律政策的制定实施。加强"12338"妇女维权热线建设，畅通妇女有序表达诉求的渠道。及时发现报告侵权问题，依法建议查处性别歧视事件或协助办理侵害妇女权益案件，配合打击侵害妇女合法权益的违法犯罪行为，为受侵害妇女提供帮助。

三、组织实施

（一）坚持党的全面领导。坚持以习近平新时代中国特色社会主义思想为指导，坚持以人民为中心的发展思想，坚持走中国特色社会主义妇女发展道路，把党的领导贯穿于纲要组织实施全过程。贯彻党中央关于妇女事业发展的决策部署，坚持和完善促进男女平等和妇女全面发展的制度机制，在统筹推进“五位一体”总体布局、协调推进“四个全面”战略布局中推进纲要实施。

（二）落实纲要实施责任。完善落实党委领导、政府主责、妇儿工委协调、多部门合作、全社会参与的纲要实施工作机制。国务院及地方各级人民政府负责纲要实施工作，各级妇儿工委负责组织、协调、指导、督促工作，各级妇儿工委办公室负责具体工作。有关部门、相关机构和人民团体结合职责，承担纲要相关目标任务落实工作。在出台法律、制定政策、编制规划、部署工作时贯彻落实男女平等基本国策，切实保障妇女合法权益，促进妇女全面发展。

（三）加强纲要与国民经济和社会发展规划的衔接。在经济社会发展总体规划及相关专项规划中贯彻落实男女平等基本国策，将纲要实施以及妇女事业发展纳入经济社会发展总体规划及相关专项规划，结合经济社会发展总体规划部署要求推进纲要实施，实现妇女事业发展与经济社会发展同步规划、同步部署、同步推进、同步落实。

（四）制定地方妇女发展规划和部门实施方案。省级人民政府依据本纲要，结合实际制定本级妇女发展规划。市、县级人民政府依据本纲要以及上一级妇女发展规划，结合实际制定本级妇女发展规划。省、市、县级规划颁布后1个月内报送上一级妇儿工委办公室。中央及地方承担纲要（规划）目标任务的有关部门、相关机构和人民团体结合职责，按照任务分工，制定实施方案并报送同级妇儿工委办公室。

（五）完善实施纲要的工作制度机制。健全目标管理责任制，将纲要实施纳入政府议事日程和考核内容，将纲要目标分解到责任单位并纳入目标管理和考核内容。健全督导检查制度，定期对纲要实施情况开展督查。健全报告制度，责任单位每年向同级妇儿工委报告纲要实施情况和下一年工作安排，下级妇儿工委每年向上一级妇儿工委报告本地区规划实施情况和下一年工作安排。健全议事协调制度，定期召开妇女儿童工作会议和妇儿工委全体会议、联络员会议等，总结交流情况，研究解决问题，部署工作任务。健全纲要实施示范制度，充分发挥示范单位以点带面、示范带动作用。健全表彰制度，对实施纲要先进集体和先进个人按照有关规定进行表彰。

（六）加强妇女发展经费支持。各级人民政府将实施纲要所需工作经费纳入财政预算，实现妇女事业和经济社会同步发展。重点支持革命老区、民族地区、边疆地区、欠发达地区妇女发展，支持特殊困难妇女群体发展。动员社会力量，多渠道筹集资源，共同发展妇女事业。

（七）坚持和创新实施纲要的有效做法。贯彻新发展理念，坚持问题导向、目标导向，构建促进妇女发展的法律法规政策体系，完善妇女合法权益保障机制，实施促进妇女发展的民生项目。通过分类指导、示范先行，总结推广好做法好经验。通过政府购买服务等方式，发挥社会力量推动纲要实施的作用。开展国际交流合作，交流互鉴经验做法，讲好中国妇女发展故事。

（八）加强纲要实施能力建设。将习近平总书记关于妇女和妇女工作的重要论述以及男女平等基本国策有关内容、相关法律法规政策纳入各级干部学习内容，将实施纲要所需知识纳入培训计划，举办多层次、多形式培训，增强政府有关部门、相关机构和人员实施纲要的责任意识和能力。以政治建设为统领，加强各级妇儿工委及其办公室能力建设，促进机构职能优化高效，为更好履职尽责提供必要的人力物力财力支持，为纲要实施提供组织保障。

（九）加大纲要宣传力度。大力宣传习近平总书记关于妇女和妇女工作的重要论述，宣传在党的坚强领导下妇女事业发展的成就，宣传男女平等基本国策和保障妇女合法权益、促进妇女发展的法律法规政策，宣传纲要内容和纲要实施的经验、成效，努力营造有利于妇女发展的社会氛围。

（十）加强妇女发展调查研究。充分发挥各级妇儿工委及其办公室作用，加强妇女发展专家队伍建设，依托高校、研究机构、社会组织等建设妇女发展研究基地，培育专业研究力量，广泛深入开展理论与实践研究，为制定完善相关法律法规政策提供参考。

（十一）鼓励社会各界广泛参与纲要实施。鼓励企事业单位、社会组织、慈善机构和公益人士参与保障妇女合法权益、促进妇女发展等工作。鼓励妇女参与纲要实施，提高妇女在参与纲要实施中实现自身全面发展的意识和能力。

四、监测评估

（一）加强监测评估制度建设。对纲要实施情况进行年度监测、中期评估、终期评估。落实并逐步完善性别统计监测方案。各级统计部门牵头组织开展年度监测，各级妇儿工委成员单位、有关部门、相关机构向同级统计部门报送年度监测数据，及时收集、分析反映妇女发展状况的相关数据和信息。各级妇儿工委组织开展中期和终期评估，各级妇儿工委成员单位、有关部门、相关机构向同级妇儿工委提交中期和终期评估报告。通过评估，了解掌握纲要实施进展和妇女发展状况，系统分析评价纲要目标任务完成情况，评判纲要策略措施的实施效果，总结经验做法，找出突出问题，预测发展趋势，提出对策建议。监测评估工作所需经费纳入财政预算。

（二）加强监测评估工作组织领导。各级妇儿工委设立监测评估领导小组，由同级妇儿工委及相关部门负责同志组成，负责监测评估工作的组织领导、监测评估方案的审批、监测评估报告的审核等。领导小组下设监测组和评估组。

监测组由各级统计部门牵头，相关部门负责纲要实施情况统计监测的人员参加，负责监测工作的组织、指导和培训，制定监测方案和指标体系，收集、分析数据信息，向同级妇儿工委提交年度、中期和终期监测报告，编辑出版年度妇女儿童统计资料等。监测组成员负责统筹协调本部门纲要实施监测、分析、数据上报、分性别分年龄指标完善等工作。

评估组由各级妇儿工委办公室牵头，相关部门负责纲要实施的人员参加，负责评估工作的组织、指导和培训，制定评估方案，组织开展评估工作，向同级妇儿工委提交中期和终期评估报告。评估组成员负责统筹协调本部门纲要实施自我评估工作，参加妇儿工委组织的评估工作。支持评估组相关部门就妇女保护与发展中的突出问题开展专项调查、评估，结果可供中期和终期评估参考。

（三）加强分性别统计监测。规范完善性别统计监测指标体系，根据需要调整扩充妇女发展统计指标，推动纳入国家和部门常规统计以及统计调查制度，加强部门分性别统计工作，推进分性别统计监测制度化建设。国家、省、市三级建立完善妇女发展统计监测数据库，支持县级妇女发展统计监测数据库建设。鼓励支持相关部门对妇女发展缺项数据开展专项统计调查。

（四）提升监测评估工作能力和水平。加强监测评估工作培训和部门协作，规范监测数据收集渠道、报送方式，提高数据质量。运用互联网和大数据等，丰富分性别统计信息。科学设计监测评估方案和方法，探索开展第三方评估。提升监测评估工作科学化、标准化、专业化水平。

（五）有效利用监测评估成果。发挥监测评估结果服务决策的作用，定期向同级人民政府及相关部门报送监测评估情况，为决策提供依据。建立监测评估报告交流、反馈和发布机制。加强对监测评估结果的研判和运用，对预计完成困难、波动较大的监测指标及时预警，对评估发现的突出问题和薄弱环节及时提出对策建议。运用监测评估结果指导下一阶段纲要实施，实现纲要实施的常态化监测、动态化预警、精准化干预、高质量推进。

中国儿童发展纲要（2021—2030年）

前　言

儿童是国家的未来、民族的希望。当代中国少年儿童既是实现第一个百年奋斗目标的经历者、见证者,更是实现第二个百年奋斗目标、建设社会主义现代化强国的生力军。促进儿童健康成长,能够为国家可持续发展提供宝贵资源和不竭动力,是建设社会主义现代化强国、实现中华民族伟大复兴中国梦的必然要求。党和国家始终高度重视儿童事业发展,先后制定实施三个周期的中国儿童发展纲要,为儿童生存、发展、受保护和参与权利的实现提供了重要保障。

党的十八大以来,以习近平同志为核心的党中央把培养好少年儿童作为一项战略性、基础性工作,坚持儿童优先原则,大力发展儿童事业,保障儿童权利的法律法规政策体系进一步完善,党委领导、政府主责、妇女儿童工作委员会(以下简称妇儿工委)协调、多部门合作、全社会参与的儿童工作机制进一步巩固,儿童发展环境进一步优化。截至 2020 年底,婴儿、5 岁以下儿童死亡率分别从 2010 年的 13. 1‰、16. 4‰下降到 5. 4‰、7. 5‰;学前教育毛入园率从 2010 年的 56. 6%上升到 85. 2%,九年义务教育巩固率从 2010 年的 91. 1%上升到 95. 2%,高中阶段毛入学率从 2010 年的 82. 5%上升到 91. 2%;农村留守儿童、困境儿童等弱势群体得到更多关爱和保护。儿童发展和儿童事业取得了历史性新成就。

受经济社会发展水平制约,我国儿童事业发展仍然存在不平衡不充分问题。贯彻儿童优先原则的力度需要进一步加大,儿童思想引领需要进一步增强,保障儿童权利的法治建设需要持续推进,儿童发展的城乡、区域和群体之间差距需要进一步缩小,基层儿童保护和服务机制需要进一步健全,科技进步和生活方式变革给做好儿童工作带来新挑战,儿童事业发展使命艰巨、任重道远。

当前,我国正处于实现"两个一百年"奋斗目标的历史交汇期。坚持党的全面领导,坚持以人民为中心,坚持新发展理念,统筹推进"五位一体"总体布局,协调推进"四个全面"战略布局,推进国家治理体系和治理能力现代化,构建人类命运共同体,为儿童事业发展提供了重大机遇、擘画了美好前景。站在新的历史起点上,需要进一步落实儿童优先原则,全面提高儿童综合素质,培养造就德智体美劳全面发展的社会主义建设者和接班人,引领亿万儿童勇担新使命、建功新时代。

依据宪法和未成年人保护法等有关法律法规,按照国家经济社会发展的总体目标和要求,结合我国儿童发展的实际情况,参照联合国《儿童权利公约》和 2030 年可持续发展议程等国际公约和文件宗旨,制定本纲要。

一、指导思想、基本原则和总体目标

（一）指导思想。

高举中国特色社会主义伟大旗帜，深入贯彻党的十九大和十九届二中、三中、四中、五中全会精神，坚持以马克思列宁主义、毛泽东思想、邓小平理论、“三个代表”重要思想、科学发展观、习近平新时代中国特色社会主义思想为指导，坚定不移贯彻新发展理念，坚持以人民为中心的发展思想，坚持走中国特色社会主义儿童发展道路，坚持和完善最有利于儿童、促进儿童全面发展的制度机制，落实立德树人根本任务，优化儿童发展环境，保障儿童生存、发展、受保护和参与权利，全面提升儿童综合素质，为实现第二个百年奋斗目标、建设社会主义现代化强国奠定坚实的人才基础。

（二）基本原则。

1. 坚持党的全面领导。把握儿童事业发展的政治方向，贯彻落实党中央关于儿童事业发展的决策部署，切实把党的领导贯彻到儿童事业发展的全过程和各方面。

2. 坚持对儿童发展的优先保障。在出台法律、制定政策、编制规划、部署工作时优先考虑儿童的利益和发展需求。

3. 坚持促进儿童全面发展。尊重儿童的人格尊严，遵循儿童身心发展特点和规律，保障儿童身心健康，促进儿童在德智体美劳各方面全面发展。

4. 坚持保障儿童平等发展。创造公平社会环境，消除对儿童一切形式的歧视，保障所有儿童平等享有发展权利和机会。

5. 坚持鼓励儿童参与。尊重儿童主体地位，鼓励和支持儿童参与家庭、社会和文化生活，创造有利于儿童参与的社会环境。

（三）总体目标。

保障儿童权利的法律法规政策体系更加健全，促进儿童发展的工作机制更加完善，儿童优先的社会风尚普遍形成，城乡、区域、群体之间的儿童发展差距明显缩小。儿童享有更加均等和可及的基本公共服务，享有更加普惠和优越的福利保障，享有更加和谐友好的家庭和社会环境。儿童在健康、安全、教育、福利、家庭、环境、法律保护等领域的权利进一步实现，思想道德素养和全面发展水平显著提升，获得感、幸福感、安全感明显增强。展望2035年，与国家基本实现社会主义现代化相适应，儿童优先原则全面贯彻，儿童全面发展取得更为明显的实质性进展，广大儿童成长为建设社会主义现代化强国、担当民族复兴大任的时代新人。

二、发展领域、主要目标和策略措施

（一）儿童与健康。

主要目标：

1. 覆盖城乡的儿童健康服务体系更加完善，儿童医疗保健服务能力明显增强，儿童健康水平不断提高。

2. 普及儿童健康生活方式，提高儿童及其照护人健康素养。

3. 新生儿、婴儿和5岁以下儿童死亡率分别降至3.0‰、5.0‰和6.0‰以下，地区和城乡差距逐步缩小。

4. 构建完善覆盖婚前、孕前、孕期、新生儿和儿童各阶段的出生缺陷防治体系，预防和控制出生缺陷。

5. 儿童常见疾病和恶性肿瘤等严重危害儿童健康的疾病得到有效防治。

6. 适龄儿童免疫规划疫苗接种率以乡（镇、街道）为单位保持在90%以上。

7. 促进城乡儿童早期发展服务供给，普及儿童早期发展的知识、方法和技能。

8. 5岁以下儿童贫血率和生长迟缓率分别控制在10%和5%以下，儿童超重、肥胖上升趋势得到有效控制。

9. 儿童新发近视率明显下降，小学生近视率降至38%以下，初中生近视率降至60%以下，高中阶段学生近视率降至70%以下。0—6岁儿童眼保健和视力检查覆盖率达到90%以上。

10. 增强儿童体质，中小学生国家学生体质健康标准达标优良率达到60%以上。

11. 增强儿童心理健康服务能力，提升儿童心理健康水平。

12. 适龄儿童普遍接受性教育，儿童性健康服务可及性明显提高。

策略措施：

1. 优先保障儿童健康。将儿童健康理念融入经济社会发展政策，儿童健康主要指标纳入政府目标和责任考核。完善涵盖儿童的基本医疗卫生制度，加强儿童医疗保障政策与公共卫生政策衔接。加大对儿童医疗卫生与健康事业的投入力度，支持革命老区、民族地区、边疆地区和欠发达地区的儿童健康事业发展，逐步实现基本妇幼健康服务均等化。建设统一的妇幼健康信息平台，推动妇幼健康信息平台与电子健康档案的互联互通和信息共享，完善妇幼健康统计调查制度，推行“互联网+妇幼健康”服务模式，完善妇幼健康大数据，加强信息互联共享，实现儿童健康全周期全过程管理和服务的信息化、智能化。开展“儿童健康综合发展示范县”创建活动。

2. 完善儿童健康服务体系。构建国家、区域、省、市、县级儿童医疗保健服务网络，以妇幼保健机构、儿童医院和综合医院儿科为重点，统筹规划和配置区域内儿童健康服务资源。省、市、县级均各设置1所政府举办、标准化的妇幼保健机构，每千名儿童拥有儿科执业（助理）医生达到1.12名、床位增至3.17张。建立完善以区县妇幼保健机构为龙头，乡镇卫生院、社区卫生服务中心为枢纽，村卫生室为基础的基层儿童保健服务网络，每所乡镇卫生院、社区卫生服务中心至少配备1名提供规范儿童基本医疗服务的全科医生，至少配备2名专业从事儿童保健的医生。完善儿童急救体系。加快儿童医学人才培养，提高全科医生的儿科和儿童保健专业技能，提高儿科医务人员薪酬待遇。

3. 加大儿童健康知识宣传普及力度。强化父母或其他监护人是儿童健康第一责任人的理念，依托家庭、社区、学校、幼儿园、托育机构，加大科学育儿、预防疾病、及时就医、合理用药、合理膳食、应急避险、心理健康等知识和技能宣传普及力度，促进儿童养成健康行为习惯。构建全媒体健康知识传播机制。发挥健康科普专家库和资源库作用。推进医疗机构规范设置"孕妇学校"和家长课堂，鼓励医疗机构、医务人员、相关社会组织等开展健康科普活动。预防和制止儿童吸烟（含电子烟）、酗酒，保护儿童远离毒品。

4. 保障新生儿安全与健康。深入实施危重新生儿筛查与评估、高危新生儿专案管理、危急重症救治、新生儿死亡评审等制度。加强新生儿规范化访视工作，新生儿访视率保持在90%以上。完善医疗机构产科、新生儿科质量规范化管理体系，加强新生儿保健专科建设。依托现有机构加强危重新生儿救治中心建设，强化危重新生儿救治保障。

5. 加强出生缺陷综合防治。建立多部门联动防治出生缺陷的工作机制，落实出生缺陷三级防治措施，加强知识普及和出生缺陷防控咨询，推广婚姻登记、婚育健康宣传教育、生育指导"一站式"服务。强化婚前孕前保健，提升产前筛查和诊断能力，推动围孕期、产前产后一体化和多学科诊疗协作，规范服务与质量监管。扩大新生儿疾病筛查病种范围，建立筛查、阳性病例召回、诊断、治疗和随访一体化服务模式，促进早筛早诊早治。加强地中海贫血防治。健全出生缺陷防治网络，加强出生缺陷监测，促进出生缺陷防治领域科技创新和成果转化。

6. 加强儿童保健服务和管理。加强儿童保健门诊标准化、规范化建设，提升儿童保健服务质量。扎实开展0—6岁儿童健康管理工作，3岁以下儿童系统管理率和7岁以下儿童健康管理率保持在90%以上。推进以视力、听力、肢体、智力及孤独症等五类残疾为重点的0—6岁儿童残疾筛查，完善筛查、诊断、康复、救助相衔接的工作机制。提高儿童康复服务能力和水平。增强学校、幼儿园、托育机构的常见病预防保健能力，按标准配备校医、幼儿园及托育机构卫生保健人员和必要保健设备。加强对孤儿、流动儿童、留守儿童和困境儿童等重点人群的健康管理。

7. 强化儿童疾病防治。以早产、低出生体重、贫血、肥胖、心理行为异常、视力不良、龋齿等儿童健康问题为重点,推广儿童疾病防治适宜技术,建立早期筛查、诊断和干预服务机制。加强儿童口腔保健,12 岁儿童龋患率控制在25%以内。加强儿童重大传染性疾病、新发传染病管理以及艾滋病、梅毒、乙肝母婴阻断工作。完善儿童血液病、恶性肿瘤等重病诊疗体系、药品供应制度、综合保障制度,开发治疗恶性肿瘤等疾病的特效药。科学合理制定罕见病目录,加强罕见病管理。推广应用中医儿科适宜技术。

8. 加强儿童免疫规划疫苗管理和预防接种。扩大国家免疫规划,维持较高水平的国家免疫规划疫苗接种率。支持多联多价等新型疫苗研制。加强疫苗研制、生产、流通和预防接种管理。完善预防接种异常反应补偿相关政策。

9. 加强儿童早期发展服务。建立健全多部门协作的儿童早期发展工作机制,开展涵盖良好健康、充足营养、回应性照护、早期学习、安全保障等多维度的儿童早期发展综合服务。加强对家庭和托育机构的婴幼儿早期发展指导服务。促进儿童早期发展服务进农村、进社区、进家庭,探索推广入户家访指导等适合农村边远地区儿童、困境儿童的早期发展服务模式。

10. 改善儿童营养状况。关注儿童生命早期 1000 天营养,开展孕前、孕产期营养与膳食评价指导。实施母乳喂养促进行动,强化爱婴医院管理,加强公共场所和工作场所母婴设施建设,6 个月内婴儿纯母乳喂养率达到 50%以上。普及为 6 月龄以上儿童合理添加辅食的知识技能。开展儿童生长发育监测和评价,加强个性化营养指导,保障儿童营养充足。加强食育教育,引导科学均衡饮食、吃动平衡,预防控制儿童超重和肥胖。加强学校、幼儿园、托育机构的营养健康教育和膳食指导。加大碘缺乏病防治知识宣传普及力度。完善食品标签体系。

11. 有效控制儿童近视。加强 0—6 岁儿童眼保健和视力检查工作,推动建立儿童视力电子档案。减轻学生学业负担,指导监督学生做好眼保健操,纠正不良读写姿势。保障学校、幼儿园、托育机构室内采光、照明和课桌椅、黑板等达到规定标准。指导家长掌握科学用眼护眼知识并引导儿童科学用眼护眼。教育儿童按需科学规范合理使用电子产品。确保儿童每天接触户外自然光不少于 1 小时。

12. 增强儿童身体素质。推进阳光体育运动,开足开齐体育与健康课。保障儿童每天至少 1 小时中等及以上强度的运动,培养儿童良好运动习惯。全面实施《国家学生体质健康标准》,完善学生健康体检和体质监测制度。鼓励公共体育场馆设施免费或优惠向周边学校和儿童开放，落实学校体育场馆设施在课余和节假日向学生开放政策，支持学校向体育类社会组织购买课后体育服务。进一步加大户外运动、健身休闲等配套公共基础设施建设力度。合理安排儿童作息，保证每天睡眠时间小学生达到10小时、初中生达到9小时、高中生达到8小时。

13. 加强儿童心理健康服务。构建儿童心理健康教育、咨询服务、评估治疗、危机干预和心理援助公共服务网络。中小学校配备心理健康教育教师。积极开展生命教育和挫折教育，培养儿童珍爱生命意识和自我情绪调适能力。关注和满足孤儿、事实无人抚养儿童、留守儿童和困境儿童心理发展需要。提高教师、家长预防和识别儿童心理行为异常的能力，加强儿童医院、精神专科医院和妇幼保健机构儿童心理咨询及专科门诊建设。大力培养儿童心理健康服务人才。

14. 为儿童提供性教育和性健康服务。引导儿童树立正确的性别观念和道德观念，正确认识两性关系。将性教育纳入基础教育体系和质量监测体系，增强教育效果。引导父母或其他监护人根据儿童年龄阶段和发展特点开展性教育，加强防范性侵害教育，提高儿童自我保护意识和能力。促进学校与医疗机构密切协作，提供适宜儿童的性健康服务，保护就诊儿童隐私。设立儿童性健康保护热线。

15. 加强儿童健康领域科研创新。围绕儿童重大疾病的预防、诊断、治疗、康复和健康管理开展基础研究和应用研究。加强儿科科技创新基地、平台建设，发挥儿科医学领域国家临床医学研究中心重要作用。鼓励儿童用药研发生产，加快儿童用药申报审批工作。完善儿童临床用药规范，药品说明书明确表述儿童用药信息。扩大国家基本药物目录中儿科用药品种和剂型范围，探索制定国家儿童基本药物目录，及时更新儿童禁用药品目录。推动儿童健康科技国际交流合作。

(二)儿童与安全。

主要目标：

1. 减少儿童伤害所致死亡和残疾。儿童伤害死亡率以2020年数据为基数下降20%。

2. 排查消除溺水隐患，儿童溺水死亡率持续下降。

3. 推广使用儿童安全座椅、安全头盔，儿童出行安全得到有效保障。

4. 减少儿童跌倒、跌落、烧烫伤和中毒等伤害的发生、致残和死亡。

5. 儿童食品安全得到有效保障。

6. 提升儿童用品质量安全水平。

7. 预防和制止针对儿童一切形式的暴力。

8. 提高对学生欺凌的综合治理能力，预防和有效处置学生欺凌。

9. 预防和干预儿童沉迷网络，有效治理不良信息、泄露隐私等问题。

10. 儿童遭受意外和暴力伤害的监测报告系统进一步完善。

策略措施：

1. 创建儿童安全环境。树立儿童伤害可防可控意识，通过宣传教育、改善环境、加强执法、使用安全产品、开展评估等策略，创建有利于儿童成长的家庭、学校、社区安全环境。开展安全自护教育，提高儿童及其看护人的安全意识，帮助其掌握安全知识技能，培养儿童安全行为习惯。落实学校、幼儿园、托育机构等安全管理主体责任，开展儿童防伤害、防暴力、避灾险、会自救等教育活动。

2. 建立健全儿童伤害防控工作体系。加大儿童伤害防控领域立法和执法力度。构建完善多部门合作的儿童伤害防控工作机制，鼓励社会力量参与儿童伤害防控。制定实施国家、地方儿童伤害防控行动计划，探索创新并大力推广儿童伤害防控适宜技术，优先制定实施针对流动儿童、留守儿童、困境儿童的伤害防控措施。

3. 预防和控制儿童溺水。加强看护，保证儿童远离危险水体。隔离、消除家庭及校园环境的溺水隐患，加强农村地区相关水体的防护隔离和安全巡查，加强开放性水域、水上游乐场所、船只等安全管理并配置适用于儿童的应急救援装备。加强预防溺水和应急救援知识技能教育，普及儿童游泳及水上安全技能，引导儿童使用安全游泳场所。

4. 预防和控制儿童道路交通伤害。完善交通安全立法。提高儿童看护人看护能力，培养儿童养成良好交通行为习惯。推广使用儿童安全座椅、安全头盔和儿童步行及骑乘非机动车反光标识。完善儿童道路安全防护用品标准，加强生产和销售监管。道路规划建设充分考虑儿童年龄特点，完善校园周边安全设施，严查严处交通违法行为。落实校车安全管理条例。

5. 预防和控制儿童跌倒、跌落、烧烫伤、中毒等伤害。消除环境危险因素，推广使用窗户护栏、窗口限位器等防护用品，减少儿童跌倒、跌落。教育儿童远离火源，引导家庭分隔热源，安全使用家用电器，推广使用具有儿童保护功能的家用电器，预防儿童烧烫伤。推广使用儿童安全包装，提升儿童看护人对农药、药物、日用化学品等的识别及保管能力，避免儿童中毒。预防婴幼儿窒息，提升看护人对婴幼儿有效照护能力。规范犬类管理及宠物饲养，预防动物咬伤。加强防灾减灾教育，提高儿童及其看护人针对地震、火灾、踩踏等的防灾避险技能。

6. 加强儿童食品安全监管。完善儿童食品安全标准体系。强化婴幼儿配方食品和婴幼儿辅助食品安全监管，加大婴幼儿配方乳粉产品抽检监测及不合格食品处罚力度。落实学校、幼儿园、托育机构食品安全管理主体责任，消除儿童集体用餐各环节食品安全隐患，加强校内及周边食品安全监管。严肃查处食品安全违法违规行为。

7. 预防和减少产品引发的儿童伤害。强化产品质量安全监管。健全儿童用品强制性国家标准体系，完善产品安全警示标识。建立健全儿童玩具强制性国家标准，加强儿童用品行业自律，鼓励制定技术先进的团体标准。对部分儿童用品依法实施强制性产品认证管理。持续开展儿童用品质量安全守护行动，严厉查处制售假冒伪劣产品的违法行为，鼓励消费者依法投诉举报产品安全问题。加强对产品造成儿童伤害的信息监测、分析、监督检查和缺陷产品召回工作。杜绝"毒跑道"、"毒校服"，保障游戏游艺设备及大型游乐设施安全，引导儿童安全使用电动扶梯、旋转门等设施设备。

8. 预防和控制针对儿童的暴力伤害。宣传倡导对儿童暴力零容忍理念，提升公众的法治意识和儿童保护意识，增强儿童的安全意识和自我保护能力。强化国家、社会、学校、家庭保护责任，建立防控针对儿童暴力伤害的部门合作工作机制，健全各级未成年人保护工作平台，落实针对儿童暴力伤害的发现、报告、干预机制。落实密切接触未成年人的机构和人员的强制报告责任。鼓励公众依法劝阻、制止、检举、控告针对儿童的暴力行为。依法严惩针对儿童的暴力违法犯罪行为。

9. 加强对学生欺凌的综合治理。完善落实学生欺凌综合治理的部门合作工作机制。营造文明安全校园环境，加强思想道德教育、法治教育和心理健康教育，培养学生的健全人格和社会交往能力。严格学校日常安全管理，健全学生欺凌早期预警、事中处理、事后干预等工作机制，提高教职员工、家长、学生对欺凌的预防和处置能力。依法依规调查和处置欺凌事件，发挥教育惩戒作用。强化校园周边综合治理，将学生欺凌专项治理纳入社会治安综合治理工作。

10. 加强未成年人网络保护。落实政府、企业、学校、家庭、社会保护责任，为儿童提供安全、健康的网络环境，保障儿童在网络空间中的合法权益。加强网络监管和治理，完善和落实网络信息监测、识别、举报、处置制度，依法惩处利用网络散布价值导向不良信息、从事危害未成年人身心健康的行为。网络游戏、网络直播、网络音视频、网络社交等网络服务提供者，针对未成年人使用其服务依法设置相应的时间管理、权限管理、消费管理等功能，不得为未满十六周岁儿童提供网络直播发布者账号注册服务。加强网络语言文明教育，坚决遏阻庸俗暴戾网络语言传播。实施国家统一的未成年人网络游戏电子身份认证，完善游戏产品分类、内容审核、时长限制等措施。加强儿童个人信息和隐私保护。

11. 提高对儿童遭受意外和暴力伤害的紧急救援、医疗救治、康复服务水平。广泛宣传儿童紧急救援知识，提升看护人、教师紧急救援技能。完善公共场所急救设施配备。完善国家紧急医学救援网络，加强儿童伤害院前急救设施设备配备，实现院前急救与院内急诊的有效衔接，加强康复机构能力建设，提高儿童医学救治以及康复服务的效率和水平。

12. 完善监测机制。建立健全国家和地方儿童遭受意外和暴力伤害监测体系，通过医疗机构、学校、幼儿园、托育机构、社区、司法机关等多渠道收集儿童伤害数据，促进数据规范化。建立多部门、多专业参与的数据共享、分析、评估和利用工作机制。

（三）儿童与教育。

主要目标：

1. 全面落实立德树人根本任务，培养德智体美劳全面发展的社会主义建设者和接班人。

2. 适龄儿童普遍接受有质量的学前教育，学前教育毛入园率达到并保持在90%以上。

3. 促进义务教育优质均衡发展和城乡一体化，九年义务教育巩固率提高到96%以上。

4. 巩固提高高中阶段教育普及水平，高中阶段教育毛入学率达到并保持在92%以上。

5. 孤儿、事实无人抚养儿童、残疾儿童、农业转移人口随迁子女、留守儿童、困境儿童等特殊群体受教育权利得到根本保障。残疾儿童义务教育巩固水平进一步提高。

6. 儿童科学素质全面提升，科学兴趣、创新意识、实践能力不断提高。

7. 以提高儿童综合素质为导向的教育评价体系更加完善。

8. 加强校园文化建设，营造友善、平等、相互尊重的师生关系和同学关系。

9. 学校家庭社会协同育人机制进一步完善。

策略措施：

1. 全面贯彻党的教育方针。坚持社会主义办学方向，健全立德树人落实机制，实施素质教育，完善德智体美劳全面培养的教育体系。提高思想道德素质，引领学生坚定理想信念，热爱祖国、热爱人民、热爱中国共产党、热爱社会主义，培育和践行社会主义核心价值观。提升智育水平，发展学生终身学习能力，促进思维发展，激发创新意识。坚持健康第一，深化体教融合，帮助学生磨练坚强意志、锻炼强健体魄。改进美育教学，提升学生审美和人文素养。加强劳动教育，引导学生树立正确的劳动观，形成良好劳动习惯，培养勤俭、奋斗、创新、奉献的劳动精神。

2. 全面落实教育优先发展战略。经济社会发展规划上优先安排教育，财政资金投入上优先保障教育，公共资源配置上优先满足教育。优化教育经费支出结构，把义务教育作为教育投入重中之重。依法落实各级政府教育支出责任，完善各教育阶段财政补助政策。支持和规范社会力量办学。

3. 培养儿童良好思想道德素质、法治意识和行为习惯。加强理想教育、道德教育、法治教育、劳动教育，养成良好道德品质、法治意识和行为习惯，形成积极健康的人格和良好心理品质。中小学、幼儿园广泛开展性别平等教育。完善德育工作体系，深化课程育人、文化育人、活动育人、实践育人、管理育人、协同育人。创新德育工作形式，丰富德育内容，增强德育工作吸引力、感染力和实效性。

4. 全面推进教育理念、体系、制度、内容、方法创新。严格落实课程方案和课程标准，提高教学质量。完善教材编写、修订、审查、选用、退出机制。遵循教育规律和学生身心发展规律，尊重个体差异，因材施教，推行启发式、探究式、参与式、合作式教学。探索具有特殊才能学生的培养体系。提升校园智能化水平，提高信息化服务教育教学和管理的能力水平，推动优质教育资源在线辐射农村和边远地区薄弱学校，加快发展适合不同学生的信息化自主学习方式，满足个性化发展需求。提高民族地区教育质量和水平，加大国家通用语言文字推广力度。深化民族团结进步教育。

5. 逐步推进学前教育全面普及。继续实施学前教育行动计划，重点补齐人口集中流入地、农村地区、欠发达地区、民族地区以及城市薄弱地区的普惠性资源短板，基本实现学前教育公共服务体系全覆盖。加强学前幼儿普通话教育，推进学前学会普通话。严格落实城镇小区配套幼儿园政策，鼓励国有企事业单位、街道、村集体举办公办幼儿园。健全普惠性学前教育成本分担机制，建立公办园收费标准动态调整机制，加强非营利性民办园收费监管，遏制过度逐利行为。注重科学保教，建立健全幼儿园保教质量监测体系，坚决克服和纠正“小学化”倾向，全面提升保教质量。

6. 推进城乡义务教育一体化发展。科学规划布局城乡学校建设，落实新建居住区配套建设学校规定，合理有序扩大城镇学校学位供给，解决城镇大班额问题。全面加强乡村小规模学校和乡镇寄宿制学校建设，进一步改善农村学校办学条件，加强乡村教师队伍建设，提升农村义务教育质量，推进义务教育优质均衡发展。健全精准控辍保学长效机制，提高义务教育巩固水平。保障女童平等接受义务教育。推进义务教育学校免试就近入学全覆盖，全面实行义务教育公办民办学校同步招生，支持和规范民办义务教育发展。

7. 进一步普及高中阶段教育。加快普通高中育人方式改革，推动高中阶段学校多样化有特色发展，满足学生个性化、多样化发展需要。推进中等职业教育和普通高中教育协调发展，建立中等职业教育和普通高中统一招生平台，深化职普融通。大力发展中等职业教育，建设一批优秀中职学校和优质专业，放宽中职招生地域限制。完善高中阶段学生资助政策。

8. 保障特殊儿童群体受教育权利。完善特殊教育保障机制，推进适龄残疾儿童教育全覆盖，提高特殊教育质量。坚持以普通学校随班就读为主体，以特殊教育学校为骨干，以送教上门和远程教育为补充，全面推进融合教育。大力发展残疾儿童学前教育，进一步提高残疾儿童义务教育巩固水平，加快发展以职业教育为重点的残疾人高中阶段教育。推进孤独症儿童教育工作。保障农业转移人口随迁子女平等享有基本公共教育服务。加强家庭经济困难学生精准资助，完善奖学金、助学金和助学贷款政策。加强对留守儿童和困境儿童的法治教育、安全教育和心理健康教育，优先满足留守儿童寄宿需求。在特殊教育学校大力推广国家通用手语和国家通用盲文。

9. 提高儿童科学素质。实施未成年人科学素质提升行动。将弘扬科学精神贯穿教育全过程，开展学前科学启蒙教育，提高学校科学教育质量，完善课程标准和课程体系，丰富课程资源，激发学生求知欲和想象力，培养儿童的创新精神和实践能力，鼓励有创新潜质的学生个性化发展。加强社会协同，注重利用科技馆、儿童中心、青少年宫、博物馆等校外场所开展校外科学学习和实践活动。广泛开展社区科普活动。加强专兼职科学教师和科技辅导员队伍建设。完善科学教育质量和未成年人科学素质监测评估。

10. 建立健全科学的教育评价制度体系。树立科学的教育质量观，建立健全以发展素质教育为导向的科学评价体系。落实县域义务教育质量、学校办学质量和学生发展质量评价标准。针对不同主体和不同学段、不同类型教育特点，改进结果评价，强化过程评价，探索增值评价，健全综合评价，克服唯分数、唯升学倾向。完善初高中学生学业水平考试和综合素质评价制度。高中阶段学校实行基于初中学业水平考试成绩、结合综合素质评价的招生录取模式，落实优质普通高中招生指标分配到初中政策，健全分类考试、综合评价、多元录取的高校招生机制。

11. 加强教师队伍建设。完善师德师风建设长效机制，引导教师自觉践行社会主义核心价值观，提升职业道德修养，坚守教书育人职责。完善教师资格准入制度，着力解决教师结构性、阶段性、区域性短缺问题。加强教师进修培训，提高基本功和专业能力。弘扬尊师重教的社会风尚。培养造就一支有理想信念、有道德情操、有扎实学识、有仁爱之心的高素质专业化创新型教师队伍。

12. 开展民主、文明、和谐、平等的友好型学校建设。加强校风、教风、学风建设，开展文明校园创建，构建尊师爱生的师生关系和团结友爱的同学关系。保障学生参与学校事务的权利。美化校园环境，优化学生学习、生活条件，推进校园无障碍环境建设和改造，为学生提供安全饮用水、卫生厕所和适合身高的课桌椅，改善学校用餐和学生寄宿条件。培育和丰富积极向上、健康文明的校园文化。

13. 坚持学校教育与家庭教育、社会教育相结合。加强家园、家校协作，推动教师家访制度化、常态化。加强中小学、幼儿园、社区家长学校、家长委员会建设，普及家庭教育知识，推广家庭教育经验。统筹社会教育各类场地、设施和队伍等资源，丰富校外教育内容和形式，鼓励儿童积极参与科技、文化、体育、艺术、劳动等实践活动，参与日常生活劳动、生产劳动和服务性劳动，帮助学生深入了解国情、社情、民情。增强校外教育公益性。加强校外教育理论研究。规范校外培训，切实减轻学生课外培训负担，严格监管面向低龄儿童的校外网络教育培训。充分发挥中小学校课后服务主渠道作用，完善中小学课后服务保障机制和措施，课后服务结束时间原则上不早于当地正常下班时间。发挥共青团、少先队、妇联、科协、关工委等组织的育人作用，形成学校、家庭、社会协同育人合力。

（四）儿童与福利。

主要目标：

1. 提升儿童福利水平，基本建成与经济社会发展水平相适应的适度普惠型儿童福利制度体系。

2. 面向儿童的基本公共服务均等化水平明显提高，城乡、区域和不同群体儿童的公共服务需求得到公平满足。

3. 巩固提高基本医疗保障水平，保障儿童基本医疗权益。

4. 构建连续完整的儿童营养改善项目支持体系。

5. 加快普惠托育服务体系建设，托育机构和托位数量持续增加。

6. 孤儿、事实无人抚养儿童、残疾儿童、流浪儿童生存、发展和安全权益得到有效保障。

7. 留守儿童关爱服务体系不断完善，流动儿童服务机制更加健全。

8. 城乡社区儿童之家覆盖率进一步巩固提高，服务能力持续提升。

9. 监测预防、强制报告、应急处置、评估帮扶、监护干预“五位一体”的基层儿童保护机制有效运行。县级以上人民政府开通并有效运行全国统一的儿童保护热线。

10. 基层儿童福利工作阵地和队伍建设进一步加强。

11. 为儿童服务的社会组织和儿童社会工作专业队伍明显壮大。

策略措施：

1. 完善儿童福利保障和救助制度体系。积极推进儿童福利立法。逐步建成与国家经济社会发展水平相适应、与相关福利制度相衔接的适度普惠型儿童福利制度体系。完善困境儿童分类保障政策，加大困境儿童保障力度。完善儿童福利政策，合理提高儿童福利标准。合理制定低保标准和特困人员救助供养标准并建立动态调整机制，提升儿童生活质量。

2. 提高面向儿童的公共服务供给水平。提高基本公共服务均等化和可及性水平，将儿童教育、医疗卫生、福利保障事项优先纳入基本公共服务清单，提高服务智慧化水平。完善面向儿童的基本公共服务标准体系，推动基本公共服务向欠发达地区、薄弱环节、特殊儿童群体倾斜。扩大公共服务覆盖面，全面落实儿童乘坐公共交通工具和游览参观票价优惠政策，推进采取年龄标准优先、身高标准补充的儿童票价优待政策。

3. 做好儿童医疗保障工作。强化基本医疗保险、大病保险、医疗救助三重保障功能，巩固提高儿童参加城乡居民基本医疗保险覆盖率。健全基本医疗保险筹资和待遇调整机制，完善医保目录动态调整机制。做好低收入家庭儿童城乡居民医保参保工作。做好符合条件的家庭经济困难患儿医疗救助。促进各类医疗保障互补衔接，支持商业保险机构开发并推广适宜不同年龄阶段儿童的大病和意外伤害险产品，统筹调动慈善医疗救助力量，支持医疗互助有序发展，合力降低患儿家庭医疗费用负担。

4. 推进实施儿童营养改善项目。巩固脱贫地区儿童营养改善项目实施成果。稳妥推进农村义务教育学生营养改善计划，完善膳食费用分摊机制。加强3—5岁学龄前儿童营养改善工作，实施学龄前儿童营养改善计划，构建从婴儿期到学龄期连续完整的儿童营养改善项目支持体系。

5. 发展普惠托育服务体系。将婴幼儿照护服务纳入经济社会发展规划，研究编制托育服务发展专项规划，强化政策引导，综合运用土地、住房、财政、金融、人才等支持政策，扩大托育服务供给。大力发展多种形式的普惠托育服务，推动建设一批承担指导功能的示范托育服务机构和社区托育服务设施，支持有条件的用人单位为职工提供托育服务，鼓励国有企业等主体积极参与各级政府推动的普惠托育服务体系建设，支持和引导社会力量依托社区提供普惠托育服务,鼓励和支持有条件的幼儿园招收2—3岁幼儿,制定家庭托育点管理办法。加大专业人才培养培训力度,依法逐步实行从业人员职业资格准入制度。制定完善托育服务的标准规范,加强综合监管,推动托育服务规范健康发展。

6. 加强孤儿和事实无人抚养儿童保障。落实孤儿和事实无人抚养儿童保障政策,明确保障对象,规范认定流程,合理确定保障标准。畅通亲属抚养、家庭寄养、机构养育和依法收养孤儿安置渠道。落实社会散居孤儿、事实无人抚养儿童监护责任。完善儿童收养相关法规政策,引导鼓励国内家庭收养病残儿童。健全收养评估制度,建立收养状况回访监督制度,加强收养登记信息化建设。推动收养工作高质量发展。

7. 落实残疾儿童康复救助制度。完善儿童残疾筛查、诊断、治疗、康复一体化工作机制,建立残疾报告和信息共享制度。提高残疾儿童康复服务覆盖率,为有需求的残疾儿童提供康复医疗、康复辅助器具、康复训练等基本康复服务,促进康复辅助器具提质升级。完善残疾儿童康复服务标准,增强残疾儿童康复服务供给能力,规范残疾儿童康复机构管理。支持儿童福利机构面向社会残疾儿童开展替代照料、养育教育辅导、康复训练等服务。

8. 加强流浪儿童救助保护工作。落实流浪儿童街面巡查和转介处置职责,依法依规为流浪儿童提供生活照料、身份查询、接送返回等服务。流出地县级政府建立源头治理和回归稳固机制,落实流浪儿童相关社会保障和义务教育等政策,教育督促流浪儿童父母或其他监护人履行抚养义务。依法严厉打击遗弃、虐待未成年人违法犯罪行为。

9. 加强留守儿童关爱保护。进一步完善留守儿童关爱保护工作体系。强化家庭监护主体责任,提高监护能力。强化县、乡级政府属地责任,落实关爱帮扶政策措施。常态化开展寒暑假特别关爱行动,充分发挥群团组织以及社会组织、社会工作者、志愿者等作用,加强对留守儿童心理、情感、行为和安全自护的指导服务。积极倡导企业履行社会责任,为务工人员加强与留守未成年子女的联系沟通提供支持。落实支持农民工返乡就业创业相关政策措施,从源头上减少留守儿童现象。

10. 完善流动儿童服务机制。深化户籍制度改革,健全以居住证为载体、与居住年限等条件挂钩的基本公共服务提供机制,推进城镇常住人口基本公共服务均等化,保障儿童平等享有教育、医疗卫生等基本公共服务。健全以社区为依托、面向流动儿童家庭的管理和服务网络,提升专业服务能力,促进流动儿童及其家庭融入社区。

11. 提高儿童之家建设、管理和服务水平。健全政府主导、部门统筹、多方参与、共同建设儿童之家的工作格局，巩固提高儿童之家覆盖率。完善儿童之家建设标准、工作制度和管理规范，配备专兼职工作人员，发挥社区儿童主任和妇联执委作用，提升管理和使用效能。保证儿童之家服务时长，拓展服务内容，确保服务安全，通过购买服务、项目合作等方式引入有资质的相关社会组织为儿童提供专业化、精细化服务，充分发挥儿童之家在基层社会治理和儿童保护中的作用。

12. 建立健全基层儿童保护机制。完善县（市、区、旗）、乡镇（街道）、村（社区）三级儿童保护机制。督促学校、幼儿园、托育机构、医疗机构、儿童福利机构、未成年人救助保护机构、村（居）民委员会等主体强化主动报告意识，履行困境儿童和受暴力伤害儿童强制报告义务。开通全国统一的儿童保护热线，及时受理、转介侵犯儿童合法权益的投诉、举报，探索完善接报、评估、处置、帮扶等一体化工作流程，明确相关部门工作职责和协作程序，形成“一门受理、协同办理”的工作机制。

13. 提升未成年人救助保护机构、儿童福利机构和基层儿童工作队伍服务能力。推进承担集中养育职能的儿童福利机构优化提质，推进儿童养育、康复、教育、医疗、社会工作一体化发展。整合县级儿童福利机构和未成年人救助保护相关机构职能，为临时监护情形未成年人、社会散居孤儿、留守儿童和困境儿童等提供服务。加强未成年人救助保护中心建设，制定完善未成年人救助保护机构工作标准。进一步落实未成年人救助保护机构、儿童督导员、儿童主任的工作职责，加大儿童督导员、儿童主任等基层儿童工作者培训力度，提高服务能力。

14. 支持引导社会力量参与儿童保护和服务工作。通过政府委托、项目合作、重点推介、孵化扶持等方式，积极培育为儿童服务的社会组织和志愿服务组织。将更多符合条件的儿童保护和服务事项纳入政府购买服务指导性目录，积极引导为儿童服务的社会组织面向城乡社区、家庭和学校提供服务。加强儿童社会工作专业队伍建设，提高服务技能水平。引导社会资源向欠发达地区倾斜，扶持欠发达地区为儿童服务的社会组织发展。

（五）儿童与家庭。

主要目标：

1. 发挥家庭立德树人第一所学校作用，培养儿童的好思想、好品行、好习惯。

2. 尊重儿童主体地位，保障儿童平等参与自身和家庭事务的权利。

3. 教育引导父母或其他监护人落实抚养、教育、保护责任，树立科学育儿理念，掌握运用科学育儿方法。

4. 培养儿童成为好家风的践行者和传承者。

5. 增强亲子互动，建立平等和谐的亲子关系。

6. 覆盖城乡的家庭教育指导服务体系基本建成，指导服务能力进一步提升。95%的城市社区和85%的农村社区（村）建立家长学校或家庭教育指导服务站点。

7. 支持家庭生育养育教育的法律法规政策体系基本形成。

8. 提升家庭领域理论和实践研究水平，促进成果转化应用。

策略措施：

1. 将立德树人落实到家庭教育各方面。父母或其他监护人应将立德树人作为家庭教育的首要任务，将思想品德教育融入日常生活，帮助儿童开拓视野、认识社会，通过身边人、身边事，培养儿童的好思想、好品德、好习惯，引导儿童树立正确的世界观、人生观、价值观。教育引导儿童践行社会主义核心价值观，学习中华民族优秀传统文化，厚植爱党爱祖国爱社会主义情怀。增强法治意识和社会责任感，从小学会做人、学会做事、学会学习，扣好人生第一粒扣子。

2. 尊重儿童主体地位和权利。引导父母或其他监护人以儿童为本，尊重儿童的身心发展规律和特点，保障儿童休息、锻炼、闲暇和娱乐的权利，合理安排儿童的学习和生活，增加体育锻炼、劳动实践、休息娱乐、社会实践、同伴交往、亲子活动等时间。尊重儿童的知情权、参与权，重视听取并采纳儿童的合理意见。教育引导儿童增强家庭和社会责任意识，鼓励儿童自主选择、自我管理、自我服务，参与力所能及的家务劳动，培养劳动习惯，提高劳动技能。

3. 增强监护责任意识和能力。创造良好家庭环境，满足儿童身心发展需要，培养儿童良好行为习惯和健康生活方式，提高安全意识和自救自护能力。加强宣传教育培训，帮助父母或其他监护人学习家庭教育知识，树立科学育儿理念和正确成才观，掌握科学育儿方法，尊重个体差异，因材施教。禁止对儿童殴打、虐待等一切形式的家庭暴力。加强对家庭落实监护责任的支持、监督和干预，根据不同需求为家庭提供分类指导和福利保障。

4. 用好家风培养熏陶儿童。发挥父母榜样和示范作用，教育引导儿童传承尊老爱幼、男女平等、夫妻和睦、勤俭持家、亲子平等、邻里团结的家庭美德，践行爱国爱家、相亲相爱、向上向善、共建共享的社会主义家庭文明新风尚。广泛开展内容丰富、形式新颖、富有教育意义的好家风宣传弘扬活动，推出系列家风文化服务产品。引领儿童养成文明健康的生活方式和消费模式，杜绝浪费。

5. 培育良好亲子关系。引导家庭建立有效的亲子沟通方式，加强亲子交流，增加陪伴时间，提高陪伴质量。鼓励支持家庭开展亲子游戏、亲子阅读、亲子运动、亲子出游等活动。指导帮助家庭调适亲子关系，缓解育儿焦虑，化解亲子矛盾。鼓励支持各类教育、科技、文化、体育、娱乐等公益性设施和场所以及城乡社区儿童之家等为开展家庭亲子活动提供条件。加强亲子阅读指导，培养儿童良好阅读习惯。分年龄段推荐优秀儿童书目，完善儿童社区阅读场所和功能，鼓励社区图书室设立亲子阅读区。

6. 构建覆盖城乡的家庭教育指导服务体系。依托现有机构设立家庭教育指导服务中心，统筹家庭教育指导服务工作，依托家长学校、城乡社区公共服务设施、妇女之家、儿童之家等设立家庭教育指导服务站点。建设家庭教育信息化共享平台，开设网上家长学校和家庭教育指导课程。中小学、幼儿园健全家庭教育指导服务工作制度，将家庭教育指导服务纳入学校工作计划和教师业务培训。社区（村）支持协助家庭教育指导服务站点开展家庭教育指导服务。鼓励支持公共文化服务场所开展家庭教育指导活动，利用多种媒体开展家庭教育知识宣传。

7. 强化对家庭教育指导服务的支持保障。推进实施家庭教育工作规划，推动家庭教育指导服务普惠享有，并纳入政府购买服务指导性目录，培育家庭教育服务机构。加强对家庭教育服务机构和从业人员的管理，规范家庭教育服务市场。加强家庭教育服务行业自律，研究制定服务质量标准，建立行业认证体系。鼓励机关、企事业单位和社会组织面向本单位职工开展家庭教育指导服务。支持社会工作机构、志愿服务组织和专业工作者依法依规开展家庭教育指导服务。

8. 完善支持家庭生育养育教育的法律法规政策。推进家庭教育立法及实施。完善三孩生育政策配套措施。促进出生人口性别比趋于正常。提高优生优育服务水平，增加优质普惠托育服务供给，推进教育公平与优质教育资源供给，落实产假制度和生育津贴，探索实施父母育儿假。推动将 3 岁以下婴幼儿照护服务费用纳入个人所得税专项附加扣除，加强住房等支持政策，减轻生育养育教育负担。将困境儿童及其家庭支持与保障作为家庭支持政策的优先领域。加快完善家政服务标准，提高家庭服务智慧化和数字化水平。鼓励用人单位创办母婴室和托育托管服务设施，实施弹性工时、居家办公等灵活的家庭友好措施。

9. 加强家庭领域理论和实践研究。充分发挥学术型社会组织作用，鼓励有条件的高校和科研机构开设家庭教育专业和课程，建立家庭领域研究基地，培养壮大家庭领域研究队伍，提升研究水平。坚持问题导向，聚焦家庭建设、家庭教育、家风培树等开展研究，及时推进研究成果转化，为家庭领域相关工作提供理论支撑。

（六）儿童与环境。

主要目标：

1. 将儿童优先理念落实到公共政策制定、公共设施建设、公共服务供给各方面，尊重、爱护儿童的社会环境进一步形成。

2. 提供更多有益于儿童全面发展的高质量精神文化产品。

3. 保护儿童免受各类传媒不良信息影响。提升儿童媒介素养。

4. 儿童参与家庭、学校和社会事务的权利得到充分保障。

5. 建设儿童友好城市和儿童友好社区。

6. 增加公益性儿童教育、科技、文化、体育、娱乐等校外活动场所，提高利用率和服务质量。

7. 减少环境污染对儿童的伤害。农村自来水普及率达到90%，稳步提高农村卫生厕所普及率。

8. 提高儿童生态环境保护意识，帮助养成绿色低碳生活习惯。

9. 预防和应对突发事件时充分考虑儿童的身心特点，优先满足儿童的特殊需求。

10. 儿童事务国际交流与合作广泛开展，在促进全球儿童事业发展中的作用进一步彰显。

策略措施：

1. 全面贯彻儿童优先原则。建立和完善促进儿童优先发展的制度体系，提高政府部门和社会公众对儿童权利的认识，增强保障儿童权利的自觉性。在出台法律、制定政策、编制规划、部署工作时优先考虑儿童利益和需求。鼓励企事业单位、各类公共服务机构和社会组织参与儿童发展和权利保护服务。在城乡建设规划和城市改造中提供更多适合儿童的公共设施和活动场所。

2. 提升面向儿童的公共文化服务水平。制作和传播体现社会主义核心价值观、适合儿童的图书、电影、歌曲、游戏、广播电视节目、动画片等精神文化产品，培育儿童文化品牌。支持儿童参与民族优秀传统文化的保护、传承和创新。探索在网络空间开展儿童思想道德教育的新途径、新方法，增强知识性、趣味性和时代性。支持儿童题材作品参加国家舞台艺术精品创作扶持工程等重大项目和重要展演节庆活动。鼓励社会组织、文化艺术机构为儿童文化艺术活动提供专业指导和场地支持。公共图书馆单设儿童阅览区，公共图书馆盲人阅览区为盲童阅读提供便利，鼓励社区图书室设立儿童图书专区。

3. 加强新闻出版、文化等领域市场监管和执法。加强对儿童出版物的审读、鉴定和处置，深化"扫黄打非"工作，清除淫秽色情低俗、暴力恐怖迷信等有害出版物及信息。清理校园周边非法销售出版物和涉及低俗内容的儿童文化用品、玩具。严格网络出版、文化市场管理与执法，及时整治网络游戏、视频、直播、社交、学习类移动应用软件传播危害未成年人身心健康的有害信息。严格管控诱导未成年人无底线追星、拜金炫富等存在价值导向问题的不良信息和行为。加强互联网营业场所和娱乐场所执法，查处违规接纳未成年人、提供含有禁止内容的曲目和游戏游艺设备等违规行为。落实互联网企业主体责任，在产品开发、内容审核、用户管理、保护措施、举报处置等环节完善治理手段。

4. 规范与儿童相关的广告和商业性活动。规范与儿童有关的产品（服务）广告播出。在针对儿童的大众传播媒介上不得发布医疗、药品、医疗器械、保健食品、化妆品、酒类、美容广告，以及不利于儿童身心健康的网络游戏广告。禁止在大众传播媒介、公共场所发布声称全部或部分替代母乳的婴儿乳制品、饮料和其他食品广告。加大对相关虚假违法广告案件的查处力度。规范和限制安排儿童参加商业性展演活动。

5. 加强儿童媒介素养教育。保障儿童利用和参与媒介的权利。丰富儿童数字生活体验，提高数字生活质量。通过学校、幼儿园、家庭和社会等多种渠道，提升儿童及其监护人媒介素养，加强对不同年龄阶段儿童使用网络的分类教育指导，帮助儿童掌握网络基本知识技能，提高学习交流的能力，养成良好用网习惯，引导儿童抵制网络不文明行为，增强信息识别和网上自我保护能力，防止沉迷网络。为欠发达地区儿童、残疾儿童、困境儿童安全合理参与网络提供条件。

6. 保障儿童参与和表达的权利。尊重儿童参与自身和家庭事务的权利，培养儿童参与意识和能力。涉及儿童的法规政策制定、实施和评估以及重大事项决策，听取儿童意见。将儿童参与纳入学校、校外教育机构、社区工作计划。支持共青团、少先队、妇联等组织开展社会实践及体验活动。加强学校班委会和学生会建设，畅通学生参与学校事务的渠道。广泛开展儿童参与的宣传、教育和培训活动。

7. 开展儿童友好城市和儿童友好社区创建工作。鼓励创建社会政策友好、公共服务友好、权利保障友好、成长空间友好、发展环境友好的中国特色儿童友好城市。建立多部门合作工作机制，制定适合我国国情的儿童友好城市和儿童友好社区标准体系和建设指南，建设一批国家儿童友好城市。积极参与国际儿童友好城市建设交流活动。

8. 加大儿童校外活动场所建设和管理力度。将儿童活动场所建设纳入地方经济社会发展规划，加强各类爱国主义教育基地、党史国史教育基地、民族团结进步教育基地、科普教育基地、中小学生研学实践教育基地等的建设，加大对农村地区儿童活动场所建设和运行的扶持力度，推进儿童活动场所无障碍建设和改造。规范儿童校外活动场所管理，各类公益性教育、科技、文化、体育、娱乐场所对儿童免费或优惠开放，根据条件开辟儿童活动专区。在具备条件的校外活动场所普遍建立少先队组织。发挥校外活动场所的育人优势，打造特色鲜明、参与面广的儿童主题活动品牌。

9. 优化儿童健康成长的自然环境和人居环境。控制和治理大气、水、土壤等环境污染以及工业、生活和农村面源污染，加强水源保护和水质监测。加强铅等重金属污染防治和监测。推进城市饮用水水源地规范化建设。实施农村供水保障工程，提高农村集中供水率、自来水普及率、水质达标率和供水保证率。深入开展爱国卫生运动，持续改善村容村貌和人居环境，分类有序推进农村厕所革命，统筹农村改厕和污水、黑臭水体治理，因地制宜建设污水处理设施。

10. 创新开展面向儿童的生态文明宣传教育活动。把生态文明教育纳入国民教育体系，融入课堂教学、校园活动、社会实践等环节。推进生态环境科普基地和中小学环境教育社会实践基地建设，在世界环境日、全国低碳日、全国科技活动周等节点开展丰富的儿童环保主题活动，依托自然保护地等建设儿童自然教育保护基地，开展儿童自然教育。培养儿童生态文明意识，树立珍惜资源、保护自然、珍爱生命、与自然和谐相处的观念，自觉养成健康文明、绿色低碳、垃圾分类的良好生活习惯。

11. 在突发事件预防和应对中加强对儿童的保护。在制定突发事件应急预案时统筹考虑儿童的特殊需求。制定儿童防护用品标准，应急处置期间，优先保证儿童食品、药品、用品供给。学校、幼儿园、托育机构、校外教育机构和社区开展形式多样的安全教育和应急演练活动，提高教职工、儿童及其监护人识别灾害事故风险和应对灾害事故的能力。公共场所发生突发事件时，应优先救护儿童。在灾后恢复与重建阶段，针对儿童特点采取优先救助和康复措施，将灾害事故对儿童的伤害降到最低程度。

12. 开展促进儿童发展的国际交流与合作。认真履行联合国《儿童权利公约》等国际公约和文件，落实与儿童发展相关的可持续发展目标，扩大多边、双边特别是与共建“一带一路”国家的交流与合作，吸收借鉴国际社会在儿童领域的有益经验，积极宣介促进儿童发展的“中国故事”，在推动构建人类命运共同体、促进全球儿童事业发展中贡献中国智慧、彰显中国担当。

（七）儿童与法律保护。

主要目标：

1. 完善保障儿童权益的法律体系。

2. 加强保障儿童权益的执法工作。

3. 完善司法保护制度,司法工作体系满足儿童身心发展特殊需要。

4. 儿童法治素养和自我保护意识进一步提升,社会公众保护儿童的意识和能力进一步提高。

5. 依法保障儿童的民事权益。

6. 落实儿童监护制度,保障儿童获得有效监护。

7. 禁止使用童工,禁止对儿童的经济剥削,严格监管安排儿童参与商业性活动的行为。

8. 依法严惩性侵害、家庭暴力、拐卖、遗弃等侵犯儿童人身权利的违法犯罪行为。

9. 依法严惩利用网络侵犯儿童合法权益的违法犯罪行为。

10. 预防未成年人违法犯罪,对未成年人违法犯罪实行分级干预。降低未成年人犯罪人数占未成年人人口数量的比重。

策略措施:

1. 完善落实保障儿童权益的法律法规。健全保障儿童生存权、发展权、受保护权、参与权的法律法规体系。推动加快家庭教育、学前教育、儿童福利、网络保护等立法进程,适时修订相关法律法规、出台司法解释。增强立法工作的科学性和可操作性。加强未成年人保护法实施,落实法律监督、司法建议和法治督察制度。加强保障儿童权益的法学理论与实践研究。

2. 严格保障儿童权益执法。全面落实保障儿童权益主体责任。加大行政执法力度,及时发现和处置监护侵害、家庭暴力、校园及周边安全隐患、食品药品安全隐患等问题。探索建立保障儿童权益多部门综合执法制度,探索建立儿童救助协作制度,强化部门间信息沟通和工作衔接,形成执法、保护、服务合力。

3. 健全未成年人司法工作体系。公安机关、人民检察院、人民法院和司法行政部门应当确定专门机构或者指定专门人员负责办理涉及未成年人案件。完善未成年人司法保护工作评价考核标准。加强专业化办案与社会化保护配合衔接,加强司法机关与政府部门、人民团体、社会组织和社会工作者等的合作,共同做好未成年人心理干预、社会观护、教育矫治、社区矫正等工作。

4. 加强对未成年人的特殊司法保护。依法保障涉案未成年人的隐私权、名誉权以及知情权、参与权等诉讼权利。落实未成年人犯罪案件特别程序关于严格限制适用逮捕措施、法律援助、社会调查、心理评估、法定代理人或合适成年人到场、附条件不起诉、不公开审理、犯罪记录封存等规定。增强未成年人社区矫正实施效果。落实涉案未成年人与成年人分别关押、分别管理、分别教育制度。

5. 依法为儿童提供法律援助和司法救助。依托公共法律服务平台，为儿童提供法律咨询等法律援助服务，推进法律援助标准化、规范化建设，推进专业化儿童法律援助队伍建设。保障符合司法救助条件的儿童获得有针对性的经济救助、身心康复、生活安置、复学就业等多元综合救助。

6. 加强儿童保护的法治宣传教育。完善学校、家庭、社会共同参与的儿童法治教育工作机制，提高儿童法治素养。扎实推进青少年法治教育实践基地、法治资源教室和网络平台建设，运用法治副校长、以案释法、模拟法庭等多样化方式深入开展法治教育和法治实践活动。提高社会公众的法治意识，推动形成依法保障儿童权益的良好氛围。引导媒体客观、审慎、适度采访和报道涉未成年人案件。

7. 全面保障儿童的民事权益。依法保障儿童的人身权利、财产权利和其他合法权益。开展涉及儿童权益纠纷调解工作，探索父母婚内分居期间未成年子女权益保护措施，依法保障父母离婚后未成年子女获得探望、抚养、教育、保护的权利。依法保障儿童和胎儿的继承权和受遗赠权。依法保护儿童名誉、隐私和个人信息等人格权。完善支持起诉制度。对食品药品安全、产品质量、烟酒销售、文化宣传、网络传播等领域侵害儿童合法权益的行为，开展公益诉讼工作。

8. 完善落实监护制度。强化父母或其他监护人履行对未成年子女的抚养、教育和保护职责，依法规范父母或其他监护人委托他人照护未成年子女的行为。督促落实监护责任，禁止早婚早育和早婚辍学行为。加强对监护的监督、指导和帮助，落实强制家庭教育制度。强化村(居)民委员会对父母或其他监护人监护和委托照护的监督责任，村(居)儿童主任切实做好儿童面临监护风险或受到监护侵害情况发现、核实、报告工作。探索建立监护风险及异常状况评估制度。依法纠正和处理监护人侵害儿童权益事件。符合法定情形的儿童由县级以上民政部门代表国家进行监护。确保突发事件情况下无人照料儿童及时获得临时监护。

9. 严厉查处使用童工等违法犯罪行为。加强对使用童工行为的日常巡视监察和专项执法检查。严格落实儿童参加演出、节目制作等方面国家有关规定。加强对企业、其他经营组织或个人、网络平台等吸纳儿童参与广告拍摄、商业代言、演出、赛事、节目制作、网络直播等的监督管理。严格执行未成年工特殊保护规定，用人单位定期对未成年工进行健康检查，不得安排其从事过重、有毒、有害等危害儿童身心健康的劳动或者危险作业。

10. 预防和依法严惩性侵害儿童违法犯罪行为。加强儿童预防性侵害教育，提高儿童、家庭、学校、社区识别防范性侵害和发现报告的意识和能力，落实强制报告制度。建立全国统一的性侵害、虐待、拐卖、暴力伤害等违法犯罪人员信息查询系统，完善落实入职查询、从业禁止制度。探索建立性侵害儿童犯罪人员信息公开制度，严格落实外籍教师无犯罪证明备案制度。加强立案和立案监督，完善立案标准和定罪量刑标准。依法严惩对儿童负有特殊职责人员实施的性侵害行为，依法严惩组织、强迫、引诱、容留、介绍未成年人卖淫犯罪。建立未成年被害人"一站式"取证机制，保护未成年被害人免受"二次伤害"。探索制定性侵害儿童案件特殊证据标准。对遭受性侵害或者暴力伤害的未成年被害人及其家庭实施必要的心理干预、经济救助、法律援助、转学安置等保护措施。

11. 预防和依法严惩对儿童实施家庭暴力的违法犯罪行为。加强反家庭暴力宣传，杜绝针对儿童的家庭暴力以及严重忽视等不利于儿童身心健康的行为。落实强制报告制度，及时受理、调查、立案和转处儿童遭受家庭暴力案件。出台关于反家庭暴力法的司法解释、指导意见或实施细则，充分运用告诫书、人身安全保护令、撤销监护人资格等措施，加强对施暴人的惩戒和教育。对构成犯罪的施暴人依法追究刑事责任，从严处理重大恶性案件。保护未成年被害人的隐私和安全，及时为未成年被害人及目睹家庭暴力的儿童提供心理疏导、医疗救治和临时庇护。

12. 严厉打击拐卖儿童和引诱胁迫儿童涉毒、涉黑涉恶等违法犯罪行为。坚持和完善集预防、打击、救助、安置、康复于一体的反拐工作长效机制，继续实施反对拐卖人口行动计划。有效防范和严厉打击借收养名义买卖儿童、利用网络平台实施拐卖人口等违法犯罪行为，加大对出卖亲生子女犯罪的预防和打击力度，完善孕产妇就医生产身份核实机制，完善亲子鉴定意见书和出生医学证明开具制度，落实儿童出生登记制度。妥善安置查找不到亲生父母和自生自卖类案件的被解救儿童。禁止除公安机关以外的任何组织或者个人收集被拐卖儿童、父母和疑似被拐卖人员 DNA 数据等信息。实施全国青少年毒品预防教育工程，开展对引诱、教唆、欺骗、强迫、容留儿童吸贩毒犯罪专项打击行动。依法严惩胁迫、引诱、教唆儿童参与黑社会性质组织从事违法犯罪活动的行为。

13. 严厉打击侵犯儿童合法权益的网络违法犯罪行为。加强对网络空间涉及儿童违法犯罪的分析研究，以案释法，提高公众对儿童网络保护的意识和能力。禁止制作、复制、发布、传播或者持有有关未成年人的淫秽色情物品和网络信息。依法严惩利用网络性引诱、性侵害儿童的违法犯罪行为。禁止对儿童实施侮辱、诽谤、威胁或者恶意损害形象等网络欺凌行为。严厉打击利用网络诱骗儿童参与赌博以及敲诈勒索、实施金融诈骗等违法犯罪行为。

14. 有效预防未成年人违法犯罪。加强对未成年人的法治和预防犯罪教育。落实未成年人违法犯罪分级干预制度，依法采取教育矫治措施，及时发现、制止、管教未成年人不良行为。及时制止、处理未成年人严重不良行为和未达刑事责任年龄未成年人严重危害他人及社会的行为。完善专门学校入学程序、学生和学籍管理、转回普通学校等制度。对涉罪未成年人坚持依法惩戒与精准帮教相结合，增强教育矫治效果，预防重新犯罪。保障涉罪未成年人免受歧视，依法实现在复学、升学、就业等方面的同等权利。强化预防未成年人犯罪工作的基层基础。

三、组织实施

（一）坚持党的全面领导。坚持以习近平新时代中国特色社会主义思想为指导，坚持以人民为中心的发展思想，坚持走中国特色社会主义儿童发展道路，把党的领导贯穿于纲要组织实施全过程。贯彻党中央关于儿童事业发展的决策部署，在统筹推进“五位一体”总体布局、协调推进“四个全面”战略布局中推进纲要实施。

（二）落实纲要实施责任。完善落实党委领导、政府主责、妇儿工委协调、多部门合作、全社会参与的纲要实施工作机制。国务院及地方各级人民政府负责纲要实施工作，各级妇儿工委负责组织、协调、指导、督促工作，各级妇儿工委办公室负责具体工作。有关部门、相关机构和人民团体结合职责，承担纲要相关目标任务落实工作。在出台法律、制定政策、编制规划、部署工作时贯彻落实儿童优先原则，切实保障儿童权益，促进儿童优先发展。

（三）加强纲要与国民经济和社会发展规划的衔接。在经济社会发展总体规划及相关专项规划中贯彻落实儿童优先原则，将纲要实施以及儿童发展纳入经济社会发展总体规划及相关专项规划，结合经济社会发展总体规划部署要求推进纲要实施，实现儿童事业发展与经济社会发展同步规划、同步部署、同步推进、同步落实。

（四）制定地方儿童发展规划和部门实施方案。省级人民政府依据本纲要，结合实际制定本级儿童发展规划。市、县级人民政府依据本纲要以及上一级儿童发展规划，结合实际制定本级儿童发展规划。省、市、县级规划颁布后1个月内报送上一级妇儿工委办公室。中央及地方承担纲要（规划）目标任务的有关部门、相关机构和人民团体结合职责，按照任务分工，制定实施方案并报送同级妇儿工委办公室。

（五）完善实施纲要的工作制度机制。健全目标管理责任制，将纲要实施纳入政府议事日程和考核内容，将纲要目标分解到责任单位并纳入目标管理和考核内容。健全督导检查制度，定期对纲要实施情况开展督查。健全报告制度，责任单位每年向同级妇儿工委报告纲要实施情况和下一年工作安排，下级妇儿工委每年向上一级妇儿工委报告本地区规划实施情况和下一年工作安排。健全议事协调制度，定期召开妇女儿童工作会议和妇儿工委全体会议、联络员会议等，总结交流情况，研究解决问题，部署工作任务。健全纲要实施示范制度，充分发挥示范单位以点带面、示范带动作用。健全表彰制度，对实施纲要先进集体和先进个人按照有关规定进行表彰。

（六）加强儿童发展经费支持。各级人民政府将实施纲要所需工作经费纳入财政预算，实现儿童事业和经济社会同步发展。重点支持革命老区、民族地区、边疆地区、欠发达地区儿童发展，支持特殊困难儿童群体发展。动员社会力量，多渠道筹集资源，共同发展儿童事业。

（七）坚持和创新实施纲要的有效做法。贯彻新发展理念，坚持问题导向、目标导向，构建促进儿童发展的法律法规政策体系，完善儿童权益保障机制，实施促进儿童发展的民生项目。通过分类指导、示范先行，总结推广好做法好经验。通过政府购买服务等方式，发挥社会力量推动纲要实施的作用。开展国际交流合作，交流互鉴经验做法，讲好中国儿童发展故事。

（八）加强纲要实施能力建设。将习近平总书记关于儿童和儿童工作的重要论述以及儿童优先原则有关内容、相关法律法规政策纳入各级干部学习内容，将实施纲要所需知识纳入培训计划，举办多层次、多形式培训，增强政府有关部门、相关机构和人员实施纲要的责任意识和能力。以政治建设为统领，加强各级妇儿工委及其办公室能力建设，促进机构职能优化高效，为更好履职尽责提供必要的人力物力财力支持，为纲要实施提供组织保障。

（九）加大纲要宣传力度。大力宣传习近平总书记关于儿童和儿童工作的重要论述，宣传在党的坚强领导下儿童事业发展的成就，宣传儿童优先原则和保障儿童权益、促进儿童发展的法律法规政策，宣传纲要内容和纲要实施的经验、成效，努力营造关爱儿童、有利于儿童发展的社会氛围。

（十）加强儿童发展调查研究。充分发挥各级妇儿工委及其办公室作用，加强儿童工作智库建设，依托高校、研究机构、社会组织等建设儿童发展研究基地，培育专业研究力量，广泛深入开展理论与实践研究，为制定完善相关法律法规政策提供参考。

（十一）鼓励社会各界广泛参与纲要实施。健全学校、家庭、社会“三位一体”教育网络，鼓励企事业单位、社会组织、慈善机构和公益人士参与保障儿童权益、促进儿童发展等工作。鼓励儿童参与纲要实施，提高儿童在参与纲要实施中实现自身全面发展的意识和能力。

四、监测评估

（一）加强监测评估制度建设。对纲要实施情况进行年度监测、中期评估、终期评估。落实并逐步完善儿童统计监测方案。各级统计部门牵头组织开展年度监测，各级妇儿工委成员单位、有关部门、相关机构向同级统计部门报送年度监测数据，及时收集、分析反映儿童发展状况的相关数据和信息。各级妇儿工委组织开展中期和终期评估，各级妇儿工委成员单位、有关部门、相关机构向同级妇儿工委提交中期和终期评估报告。通过评估，了解掌握纲要实施进展和儿童发展状况，系统分析评价纲要目标任务完成情况，评判纲要策略措施的实施效果，总结经验做法，找出突出问题，预测发展趋势，提出对策建议。监测评估工作所需经费纳入财政预算。

（二）加强监测评估工作组织领导。各级妇儿工委设立监测评估领导小组，由同级妇儿工委及相关部门负责同志组成，负责监测评估工作的组织领导、监测评估方案的审批、监测评估报告的审核等。领导小组下设监测组和评估组。

监测组由各级统计部门牵头，相关部门负责纲要实施情况统计监测的人员参加，负责监测工作的组织、指导和培训，制定监测方案和指标体系，收集、分析数据信息，向同级妇儿工委提交年度、中期和终期监测报告，编辑出版年度妇女儿童统计资料等。监测组成员负责统筹协调本部门纲要实施监测、分析、数据上报、分性别分年龄指标完善等工作。

评估组由各级妇儿工委办公室牵头，相关部门负责纲要实施的人员参加，负责评估工作的组织、指导和培训，制定评估方案，组织开展评估工作，向同级妇儿工委提交中期和终期评估报告。评估组成员负责统筹协调本部门纲要实施自我评估工作，参加妇儿工委组织的评估工作。支持评估组相关部门就儿童保护与发展中的突出问题开展专项调查、评估，结果可供中期和终期评估参考。

（三）加强儿童发展统计监测。规范完善儿童发展统计监测指标体系，根据需要调整扩充儿童发展统计指标，推动纳入国家和部门常规统计以及统计调查制度，加强部门分年龄统计工作，推进儿童发展统计监测制度化建设。国家、省、市三级建立完善儿童发展统计监测数据库，支持县级儿童发展统计监测数据库建设。鼓励支持相关部门对儿童发展缺项数据开展专项统计调查。

（四）提升监测评估工作能力和水平。加强监测评估工作培训和部门协作，规范监测数据收集渠道、报送方式，提高数据质量。运用互联网和大数据等，丰富儿童发展和分年龄统计信息。科学设计监测评估方案和方法，探索开展第三方评估。提升监测评估工作科学化、标准化、专业化水平。

（五）有效利用监测评估成果。发挥监测评估结果服务决策的作用，定期向同级人民政府及相关部门报送监测评估情况，为决策提供依据。建立监测评估报告交流、反馈和发布机制。加强对监测评估结果的研判和运用，对预计完成困难、波动较大的监测指标及时预警，对评估发现的突出问题和短板弱项及时提出对策建议。运用监测评估结果指导下一阶段纲要实施，实现纲要实施的常态化监测、动态化预警、精准化干预、高质量推进。

国务院办公厅关于进一步支持大学生创新创业的指导意见

（2021年9月22日　国办发〔2021〕35号）

纵深推进大众创业万众创新是深入实施创新驱动发展战略的重要支撑，大学生是大众创业万众创新的生力军，支持大学生创新创业具有重要意义。近年来，越来越多的大学生投身创新创业实践，但也面临融资难、经验少、服务不到位等问题。为提升大学生创新创业能力、增强创新活力，进一步支持大学生创新创业，经国务院同意，现提出以下意见。

一、总体要求

以习近平新时代中国特色社会主义思想为指导，深入贯彻落实党的十九大和十九届二中、三中、四中、五中全会精神，全面贯彻党的教育方针，落实立德树人根本任务，立足新发展阶段、贯彻新发展理念、构建新发展格局，坚持创新引领创业、创业带动就业，支持在校大学生提升创新创业能力，支持高校毕业生创业就业，提升人力资源素质，促进大学生全面发展，实现大学生更加充分更高质量就业。

二、提升大学生创新创业能力

（一）将创新创业教育贯穿人才培养全过程。深化高校创新创业教育改革，健全课堂教学、自主学习、结合实践、指导帮扶、文化引领融为一体的高校创新创业教育体系，增强大学生的创新精神、创业意识和创新创业能力。建立以创新创业为导向的新型人才培养模式，健全校校、校企、校地、校所协同的创新创业人才培养机制，打造一批创新创业教育特色示范课程。（教育部牵头，人力资源社会保障部等按职责分工负责）

（二）提升教师创新创业教育教学能力。强化高校教师创新创业教育教学能力和素养培训，改革教学方法和考核方式，推动教师把国际前沿学术发展、最新研究成果和实践经验融入课堂教学。完善高校双创指导教师到行业企业挂职锻炼的保障激励政策。实施高校双创校外导师专项人才计划，探索实施驻校企业家制度，吸引更多各行各业优秀人才担任双创导师。支持建设一批双创导师培训基地，定期开展培训。（教育部牵头，人力资源社会保障部等按职责分工负责）

（三）加强大学生创新创业培训。打造一批高校创新创业培训活动品牌，创新培训模式，面向大学生开展高质量、有针对性的创新创业培训，提升大学生创新创业能力。组织双创导师深入校园举办创业大讲堂，进行创业政策解读、经验分享、实践指导等。支持各类创新创业大赛对大学生创业者给予倾斜。（人力资源社会保障部、教育部等按职责分工负责）

三、优化大学生创新创业环境

（四）降低大学生创新创业门槛。持续提升企业开办服务能力，为大学生创业提供高效便捷的登记服务。推动众创空间、孵化器、加速器、产业园全链条发展，鼓励各类孵化器面向大学生创新创业团队开放一定比例的免费孵化空间，并将开放情况纳入国家级科技企业孵化器考核评价，降低大学生创新创业团队入驻条件。政府投资开发的孵化器等创业载体应安排30%左右的场地，免费提供给高校毕业生。有条件的地方可对高校毕业生到孵化器创业给予租金补贴。（科技部、教育部、市场监管总局等和地方各级人民政府按职责分工负责）

（五）便利化服务大学生创新创业。完善科技创新资源开放共享平台，强化对大学生的技术创新服务。各地区、各高校和科研院所的实验室以及科研仪器、设施等科技创新资源可以面向大学生开放共享，提供低价、优质的专业服务，支持大学生创新创业。支持行业企业面向大学生发布企业需求清单，引导大学生精准创新创业。鼓励国有大中型企业面向高校和大学生发布技术创新需求，开展“揭榜挂帅”。（科技部、发展改革委、教育部、国资委等按职责分工负责）

（六）落实大学生创新创业保障政策。落实大学生创业帮扶政策，加大对创业失败大学生的扶持力度，按规定提供就业服务、就业援助和社会救助。加强政府支持引导，发挥市场主渠道作用，鼓励有条件的地方探索建立大学生创业风险救助机制，可采取创业风险补贴、商业险保费补助等方式予以支持，积极研究更加精准、有效的帮扶措施，及时总结经验、适时推广。毕业后创业的大学生可按规定缴纳“五险一金”，减少大学生创业的后顾之忧。（人力资源社会保障部、教育部、财政部、民政部、医保局等和地方各级人民政府按职责分工

负责)

四、加强大学生创新创业服务平台建设

(七)建强高校创新创业实践平台。充分发挥大学科技园、大学生创业园、大学生创客空间等校内创新创业实践平台作用,面向在校大学生免费开放,开展专业化孵化服务。结合学校学科专业特色优势,联合有关行业企业建设一批校外大学生双创实践教学基地,深入实施大学生创新创业训练计划。(教育部、科技部、人力资源社会保障部等按职责分工负责)

(八)提升大众创业万众创新示范基地带动作用。加强双创示范基地建设,深入实施创业就业"校企行"专项行动,推动企业示范基地和高校示范基地结对共建、建立稳定合作关系。指导高校示范基地所在城市主动规划和布局高校周边产业,积极承接大学生创新成果和人才等要素,打造"城校共生"的创新创业生态。推动中央企业、科研院所和相关公共服务机构利用自身技术、人才、场地、资本等优势,为大学生建设集研发、孵化、投资等于一体的创业创新培育中心、互联网双创平台、孵化器和科技产业园区。(发展改革委、教育部、科技部、国资委等按职责分工负责)

五、推动落实大学生创新创业财税扶持政策

(九)继续加大对高校创新创业教育的支持力度。在现有基础上,加大教育部中央彩票公益金大学生创新创业教育发展资金支持力度。加大中央高校教育教学改革专项资金支持力度,将创新创业教育和大学生创新创业情况作为资金分配重要因素。(财政部、教育部等按职责分工负责)

(十)落实落细减税降费政策。高校毕业生在毕业年度内从事个体经营,符合规定条件的,在3年内按一定限额依次扣减其当年实际应缴纳的增值税、城市维护建设税、教育费附加、地方教育附加和个人所得税;对月销售额15万元以下的小规模纳税人免征增值税,对小微企业和个体工商户按规定减免所得税。对创业投资企业、天使投资人投资于未上市的中小高新技术企业以及种子期、初创期科技型企业的投资额,按规定抵扣所得税应纳税所得额。对国家级、省级科技企业孵化器和大学科技园以及国家备案众创空间按规定免征增值税、房产税、城镇土地使用税。做好纳税服务,建立对接机制,强化精准支持。(财政部、税务总局等按职责分工负责)

六、加强对大学生创新创业的金融政策支持

(十一)落实普惠金融政策。鼓励金融机构按照市场化、商业可持续原则对大学生创业项目提供金融服务,解决大学生创业融资难题。落实创业担保贷款政策及贴息政策,将高校毕业生个人最高贷款额度提高至20万元,对10万元以下贷款、获得设区的市级以上荣誉的高校毕业生创业者免除反担保要求；对高校毕业生设立的符合条件的小微企业，最高贷款额度提高至300万元；降低贷款利率，简化贷款申报审核流程，提高贷款便利性，支持符合条件的高校毕业生创业就业。鼓励和引导金融机构加快产品和服务创新，为符合条件的大学生创业项目提供金融服务。（财政部、人力资源社会保障部、人民银行、银保监会等按职责分工负责）

（十二）引导社会资本支持大学生创新创业。充分发挥社会资本作用，以市场化机制促进社会资源与大学生创新创业需求更好对接，引导创新创业平台投资基金和社会资本参与大学生创业项目早期投资与投智，助力大学生创新创业项目健康成长。加快发展天使投资，培育一批天使投资人和创业投资机构。发挥财政政策作用，落实税收政策，支持天使投资、创业投资发展，推动大学生创新创业。（发展改革委、财政部、税务总局、证监会等按职责分工负责）

七、促进大学生创新创业成果转化

（十三）完善成果转化机制。研究设立大学生创新创业成果转化服务机构，建立相关成果与行业产业对接长效机制，促进大学生创新创业成果在有关行业企业推广应用。做好大学生创新项目的知识产权确权、保护等工作，强化激励导向，加快落实以增加知识价值为导向的分配政策，落实成果转化奖励和收益分配办法。加强面向大学生的科技成果转化培训课程建设。（科技部、教育部、知识产权局等按职责分工负责）

（十四）强化成果转化服务。推动地方、企业和大学生创新创业团队加强合作对接，拓宽成果转化渠道，为创新成果转化和创业项目落地提供帮助。鼓励国有大中型企业和产教融合型企业利用孵化器、产业园等平台，支持高校科技成果转化，促进高校科技成果和大学生创新创业项目落地发展。汇集政府、企业、高校及社会资源，加强对中国国际“互联网+”大学生创新创业大赛中涌现的优秀创新创业项目的后续跟踪支持，落实科技成果转化相关税收优惠政策，推动一批大赛优秀项目落地，支持获奖项目成果转化，形成大学生创新创业示范效应。（教育部、科技部、发展改革委、财政部、国资委、税务总局等按职责分工负责）

八、办好中国国际“互联网+”大学生创新创业大赛

（十五）完善大赛可持续发展机制。鼓励省级人民政府积极承办大赛，压实主办职责，进一步加强组织领导和综合协调，落实配套支持政策和条件保障。坚持政府引导、公益支持，支持行业企业深化赛事合作，拓宽办赛资金筹措渠道，适当增加大赛冠名赞助经费额度。充分利用市场化方式，研究推动中央企业、社会资本发起成立中国国际“互联网+”大学生创新创业大赛项目专项

发展基金。(教育部、国资委、证监会、建设银行等按职责分工负责)

(十六)打造创新创业大赛品牌。强化大赛创新创业教育实践平台作用，鼓励各学段学生积极参赛。坚持以赛促教、以赛促学、以赛促创，丰富竞赛形式和内容。建立健全中国国际"互联网+"大学生创新创业大赛与各级各类创新创业比赛联动机制，推进大赛国际化进程，搭建全球性创新创业竞赛平台，深化创新创业教育国际交流合作。(教育部等按职责分工负责)

九、加强大学生创新创业信息服务

(十七)建立大学生创新创业信息服务平台。汇集创新创业帮扶政策、产业激励政策和全国创新创业教育优质资源，加强信息资源整合，做好国家和地方的政策发布、解读等工作。及时收集国家、区域、行业需求，为大学生精准推送行业和市场动向等信息。加强对创新创业大学生和项目的跟踪、服务，畅通供需对接渠道，支持各地积极举办大学生创新创业项目需求与投融资对接会。(教育部、发展改革委、人力资源社会保障部等按职责分工负责)

(十八)加强宣传引导。大力宣传加强高校创新创业教育、促进大学生创新创业的必要性、重要性。及时总结推广各地区、各高校的好经验好做法，选树大学生创新创业成功典型，丰富宣传形式，培育创客文化，营造敢为人先、宽容失败的环境，形成支持大学生创新创业的社会氛围。做好政策宣传宣讲，推动大学生用足用好税费减免、企业登记等支持政策。(教育部、中央宣传部牵头，地方各级人民政府、各有关部门按职责分工负责)

各地区、各有关部门要认真贯彻落实党中央、国务院决策部署，抓好本意见的贯彻落实。教育部要会同有关部门加强协调指导，督促支持大学生创新创业各项政策的落实，加强经验交流和推广。地方各级人民政府要加强组织领导，深入了解情况，优化创新创业环境，积极研究制定和落实支持大学生创新创业的政策措施，及时帮助大学生解决实际问题。

国务院办公厅关于印发"十四五"全民医疗保障规划的通知

(2021年9月23日　国办发〔2021〕36号)

《"十四五"全民医疗保障规划》已经国务院同意，现印发给你们，请认真贯彻执行。

“十四五”全民医疗保障规划

医疗保障是减轻群众就医负担、增进民生福祉、维护社会和谐稳定的重大制度安排。习近平总书记指出，要加快建立覆盖全民、城乡统筹、权责清晰、保障适度、可持续的多层次医疗保障体系。新一轮医改以来，贯彻党中央、国务院决策部署，我国已建成全世界最大、覆盖全民的基本医疗保障网，为全面建成小康社会、实现第一个百年奋斗目标作出了积极贡献。为进一步推进医疗保障高质量发展，保障人民健康，促进共同富裕，依据《中华人民共和国国民经济和社会发展第十四个五年规划和2035年远景目标纲要》和《中共中央 国务院关于深化医疗保障制度改革的意见》，制定本规划。

一、发展基础

党中央、国务院高度重视医疗保障工作，“十三五”期间，加强全民医疗保障制度顶层设计，推动医疗保障事业改革发展取得突破性进展，为缓解群众看病难、看病贵问题发挥了重要作用。

制度体系更加完善。以基本医疗保险为主体，医疗救助为托底，补充医疗保险、商业健康保险、慈善捐赠、医疗互助等共同发展的多层次医疗保障制度框架基本形成，更好满足了人民群众多元化医疗保障需求。统一的城乡居民基本医疗保险和大病保险制度全面建成。基本医疗保险统筹层次稳步提高。生育保险与职工基本医疗保险合并实施。长期护理保险制度试点顺利推进。

体制机制日益健全。整合医疗保险、生育保险、药品和医疗服务价格管理、医疗救助等职责，初步建立起集中统一的医疗保障管理体制。医保基金战略性购买作用初步显现，支付方式改革进一步深化，医保药品目录动态调整机制基本建立，定点医药机构协议管理更加规范，对医药体系良性发展的引导和调控作用明显增强。城乡居民高血压、糖尿病（以下统称“两病”）门诊用药保障机制普遍建立。

重点改革成效显著。药品集中带量采购工作实现常态化。高值医用耗材集中带量采购改革破冰。医疗服务价格合理调整机制初步形成。基金监管制度体系改革持续推进，飞行检查形成震慑，举报奖励机制初步建立，打击欺诈骗保专项治理成效显著，综合监管格局基本形成。“互联网+医疗健康”等新模式蓬勃发展，医疗保障支持“互联网+医疗健康”发展的机制初步成型。

基础支撑不断夯实。医疗保障信息化、标准化建设取得突破，医疗保障信息国家平台建成并投入使用，医保信息业务编码标准和医保电子凭证推广应用。制定《医疗保障基金使用监督管理条例》，医疗保障法治基础持续夯实。医疗保障经办管理服务体系初步理顺，政务服务事项实施清单管理，服务智能化、适老化程度显著提高。基金预算和绩效管理持续加强。

疫情应对及时有效。新冠肺炎疫情发生后，第一时间出台应对措施，确保患者不因费用问题影响就医，确保收治医院不因支付政策影响救治。加大医保基金预拨力度，及时结算医疗费用，支持医疗机构平稳运行。积极推行“不见面办”、“及时办”、“便民办”、“延期办”、“放心办”，确保疫情期间群众医保服务不断线。合理降低新冠病毒核酸检测价格，新冠病毒疫苗接种实行全民免费，有力支持疫情防控。

群众获得感持续增强。基本医疗保险覆盖13.6亿人，覆盖率稳定在95%以上，职工和城乡居民基本医疗保险政策范围内住院费用基金支付比例分别稳定在80%左右和70%左右，国家组织药品和高值医用耗材集中带量采购价格平均降幅50%以上。跨省异地就医住院费用直接结算全面推开，门诊费用跨省直接结算稳步试点，异地就医备案服务更加便捷。高质量打赢医疗保障脱贫攻坚战，助力近千万户因病致贫家庭精准脱贫，基本医疗有保障目标全面实现。基本医疗保险（含生育保险）五年累计支出8.7万亿元，2020年个人卫生支出占卫生总费用比例下降到27.7%。

当前，我国社会主要矛盾发生变化，城镇化、人口老龄化、就业方式多样化加快发展，疾病谱变化影响更加复杂，基金运行风险不容忽视，对完善医疗保障制度政策提出更高要求。同时，我国医疗保障发展仍不平衡不充分，多层次医疗保障体系尚不健全，重特大疾病保障能力还有不足，医保、医疗、医药改革协同性需进一步增强，医保服务与群众需求存在差距。但也要看到，我国制度优势显著，治理效能提升，经济长期向好，医疗保障制度框架基本形成，管理服务日趋精细，医疗保障改革共识不断凝聚，推动医疗保障高质量发展具有多方面的优势和条件。

二、总体要求

（一）指导思想。

以习近平新时代中国特色社会主义思想为指导，深入贯彻党的十九大和十九届二中、三中、四中、五中全会精神，按照党中央、国务院关于医疗保障工作的决策部署，立足新发展阶段，完整、准确、全面贯彻新发展理念，构建新发展格局，坚持以人民为中心的发展思想，深入实施健康中国战略，深化医药卫生体制改革，以推动中国特色医疗保障制度更加成熟定型为主线，以体制机制创新为动力，发挥医保基金战略性购买作用，坚持医疗保障需求侧管理和医药服务供给侧改革并重，加快建设覆盖全民、统筹城乡、公平统一、可持续的多层次医疗保障体系，努力为人民群众提供全方位全周期的医疗保障，不断提升人民群众的获得感、幸福感、安全感。

（二）基本原则。

——坚持党的全面领导。始终坚持党对医疗保障工作的领导，完善中国特色医疗保障制度，坚持制度的统一性和规范性，强化顶层设计，增强制度的刚性约束，为医疗保障制度更加成熟定型提供根本保证。

——坚持以人民健康为中心。把维护人民生命安全和身体健康放在首位，提供更加公平、更加充分、更高质量的医疗保障，使改革发展成果更多惠及全体人民，增进民生福祉，促进社会公平，推进共同富裕。

——坚持保障基本、更可持续。坚持实事求是，尽力而为、量力而行，把保基本理念贯穿始终，科学合理确定保障范围和标准，纠正过度保障和保障不足问题，提高基金统筹共济能力，防范和化解基金运行风险。

——坚持系统集成、协同高效。准确把握医疗保障各方面之间、医疗保障领域和相关领域之间改革的联系，建立基本医疗体系、基本医保制度相互适应的机制，统筹谋划，协调推进，汇聚改革合力，推动医疗保障改革取得更大突破。

——坚持精细管理、优质服务。深入推进医保领域“放管服”改革，加强管理服务能力建设，优化定点医药机构管理，健全基金监管长效体制机制。坚持传统服务方式和智能化应用创新并行，为群众提供更贴心、更暖心的服务。

——坚持共享共治、多方参与。促进多层次医疗保障有序衔接、共同发展，形成政府、市场、社会协同保障的格局。强化多主体协商共治，调动各方面积极性，凝聚改革发展共识，提高医疗保障治理水平。

（三）发展目标。

到 2025 年，医疗保障制度更加成熟定型，基本完成待遇保障、筹资运行、医保支付、基金监管等重要机制和医药服务供给、医保管理服务等关键领域的改革任务，医疗保障政策规范化、管理精细化、服务便捷化、改革协同化程度明显提升。

——建设公平医保。基本医疗保障更加公平普惠，各方责任更加均衡，保障范围和标准与经济社会发展水平更加适应，公共服务更加可及，制度间、人群间、区域间差距逐步缩小，医疗保障再分配功能持续强化。

——建设法治医保。医疗保障制度法定化程度明显提升，定点医药机构管理更加透明高效，基金监管制度体系更加完善，行政执法更加规范，全社会医保法治观念明显增强。

——建设安全医保。基金运行更加安全稳健，信息安全管理持续强化，防范和化解因病致贫返贫长效机制基本建立，医疗保障安全网更加密实。

——建设智慧医保。医疗保障信息化水平显著提升，全国统一的医疗保障信息平台全面建成，“互联网+医疗健康”医保服务不断完善，医保大数据和智能监控全面应用，医保电子凭证普遍推广，就医结算更加便捷。

——建设协同医保。医疗保障和医药服务高质量协同发展，医保支付机制更加管用高效，以市场为主导的医药价格和采购机制更加完善，医疗服务价格调整更加灵敏有度。

专栏1 “十四五”时期全民医疗保障发展主要指标

类别	主要指标	2020年	2025年	指标属性
参保覆盖	基本医疗保险参保率(%)	>95	>95①	约束性
基金安全	基本医疗保险(含生育保险)基金收入(万亿元)	2.5	收入规模与经济社会发展水平更加适应	预期性
	基本医疗保险(含生育保险)基金支出(万亿元)	2.1	支出规模与经济社会发展水平、群众基本医疗需求更加适应	预期性
保障程度	职工基本医疗保险政策范围内住院费用基金支付比例(%)	85.2	保持稳定	预期性
	城乡居民基本医疗保险政策范围内住院费用基金支付比例(%)	70	保持稳定	预期性
	重点救助对象符合规定的住院医疗费用救助比例(%)	70	70	预期性
	个人卫生支出占卫生总费用的比例(%)	27.7	27	约束性
精细管理	实行按疾病诊断相关分组付费和按病种付费的住院费用占全部住院费用的比例(%)	—	70	预期性
	公立医疗机构通过省级集中采购平台采购药品金额占全部采购药品(不含中药饮片)金额的比例(%)	75左右	90	预期性
	公立医疗机构通过省级集中采购平台采购高值医用耗材金额占全部采购高值医用耗材金额的比例(%)	—	80	预期性

续表

	药品集中带量采购品种(个)	112	>500②	预期性
	高值医用耗材集中带量采购品种(类)	1	>5③	预期性
优质服务	住院费用跨省直接结算率④(%)	>50	>70	预期性
	医疗保障政务服务事项线上可办率(%)	—	80	预期性
	医疗保障政务服务事项窗口可办率(%)	—	100	约束性

注:①指“十四五”期间基本医疗保险参保率每年保持在95%以上。

②指到2025年各省(自治区、直辖市)国家和省级药品集中带量采购品种达500个以上。

③指到2025年各省(自治区、直辖市)国家和省级高值医用耗材集中带量采购品种达5类以上。

④指住院费用跨省直接结算人次占全部住院跨省异地就医人次的比例。

展望2035年,基本医疗保障制度更加规范统一,多层次医疗保障体系更加完善,医疗保障公共服务体系更加健全,医保、医疗、医药协同治理格局总体形成,中国特色医疗保障制度优越性充分显现,全民医疗保障向全民健康保障积极迈进。

三、健全多层次医疗保障制度体系

坚持公平适度、稳健运行,持续完善基本医疗保障制度。鼓励支持商业健康保险、慈善捐赠、医疗互助等协调发展。

(四)提升基本医疗保险参保质量。

依法依规分类参保。职工基本医疗保险覆盖用人单位及其职工,城乡居民基本医疗保险覆盖除职工基本医疗保险应参保人员以外的其他所有城乡居民。灵活就业人员可根据自身实际,以合适方式参加基本医疗保险。完善灵活就业人员参保缴费方式,放开对灵活就业人员参保的户籍限制。落实困难群众分类资助参保政策。

实施精准参保扩面。建立健全医疗保障部门与教育、公安、民政、人力资源社会保障、卫生健康、税务、市场监管、乡村振兴、残联等部门和单位的数据共享机制,加强数据比对,完善覆盖全民的参保数据库,实现参保信息实时动态查询。落实全民参保计划,积极推动职工和城乡居民在常住地、就业地参保,避免重复参保,巩固提高参保覆盖率。

优化参保缴费服务。深化医疗保险费征收体制改革，提高征缴效率。优化城乡居民参保缴费服务，积极发挥乡镇（街道）在参保征缴中的作用，加强医疗保障、税务部门和商业银行等“线上+线下”合作，丰富参保缴费便民渠道。做好跨统筹地区参保人员基本医疗保险关系转移接续工作。

（五）完善基本医疗保障待遇保障机制。

促进基本医疗保险公平统一。完善职工基本医疗保险与城乡居民基本医疗保险分类保障机制，基金分别建账、分账核算。巩固提高基本医疗保险统筹层次，基本统一全国基本医疗保险用药范围，规范医保支付政策确定办法。坚持保基本定位，建立健全医疗保障待遇清单制度，确定基本保障内涵，厘清待遇支付边界，明确政策调整权限，规范政策制定流程。

合理确定待遇保障水平。根据经济社会发展水平和基金承受能力，稳定基本医疗保险住院待遇，稳步提高门诊待遇，做好门诊待遇和住院待遇的统筹衔接。健全职工基本医疗保险门诊共济保障机制，改革职工基本医疗保险个人账户。完善城乡居民基本医疗保险门诊保障政策，逐步提高保障水平。完善城乡居民“两病”门诊用药保障机制，推进“两病”早诊早治、医防融合。

规范补充医疗保险。完善和规范城乡居民大病保险制度，加强与基本医疗保险和医疗救助的衔接，提高保障能力和精准度。逐步规范职工大额医疗费用补助、企业补充医疗保险等制度。

统一规范医疗救助制度。建立救助对象及时精准识别机制。实施分层分类救助，规范救助费用范围，合理确定救助标准。建立健全防范和化解因病致贫返贫长效机制，协同实施大病专项救治，积极引导慈善等社会力量参与救助保障，强化互联网个人大病求助平台监管，促进医疗救助与其他社会救助制度的衔接。完善疾病应急救助管理运行机制，确保需急救的急重危伤病患者不因费用问题影响及时救治。

专栏2　重大疾病救助工程

1. 建立救助对象及时精准识别机制，加强部门协同，做好各类困难群众身份信息共享，及时将符合条件的困难群众纳入医疗救助范围。

2. 强化高额医疗费用支出预警监测，依申请落实综合保障政策。

3. 引导合理诊疗，促进有序就医，严控不合理医疗费用。

4. 完善基本医疗保险政策，夯实医疗救助托底保障，发展商业健康保险，健全引导社会力量参与机制，促进慈善医疗救助发展，规范发展医疗互助，稳步提高重大疾病患者保障水平，合力防范因病致贫返贫风险。

有效衔接乡村振兴战略。巩固拓展医保脱贫攻坚成果，实现由集中资源支持脱贫攻坚向基本医疗保险、大病保险、医疗救助三重制度常态化保障平稳过渡。分类优化医疗保障综合帮扶政策，坚决治理过度保障，将脱贫攻坚期地方自行开展的其他医疗保障扶贫措施资金逐步统一并入医疗救助基金。综合施策降低农村低收入人口看病就医成本，引导合理诊疗，促进有序就医，整体提升农村医疗保障和健康管理水平。

健全重大疫情医疗保障机制。在突发疫情等紧急情况时，确保医疗机构先救治、后收费，确保患者不因费用问题影响就医。探索建立重大疫情特殊群体、特定疾病医药费豁免制度，有针对性免除医保目录、支付限额、用药量等限制性条款，减轻困难群众就医就诊后顾之忧。统筹医保基金和公共卫生服务资金使用，对基层医疗机构实施差别化支付政策，实现公共卫生服务和医疗服务有效衔接。

完善生育保险政策措施。继续做好生育保险对参保女职工生育医疗费用、生育津贴等待遇的保障，规范生育医疗费用支付管理，推进生育医疗费用支付方式改革，住院分娩按病种支付，产前检查按人头支付，控制生育医疗费用不合理增长，降低生育成本，提高生育保险与职工基本医疗保险合并实施成效。继续做好城乡居民基本医疗保险参保人员生育医疗费用待遇保障。

（六）优化基本医疗保障筹资机制。

完善责任均衡的多元筹资机制。均衡个人、用人单位和政府三方筹资责任。建立基准费率制度，合理确定费率，研究规范缴费基数。提高统筹基金在职工基本医疗保险基金中的比重。完善城乡居民基本医疗保险筹资政策，研究建立缴费与经济社会发展水平和居民人均可支配收入挂钩的机制，优化个人缴费和政府补助结构。拓宽医疗救助筹资渠道，鼓励社会捐赠等多渠道筹资。加强财政对医疗救助的投入。

提高基金统筹层次。按照制度政策统一、基金统收统支、管理服务一体的标准，全面做实基本医疗保险市地级统筹。按照政策统一规范、基金调剂平衡、完善分级管理、强化预算考核、提升管理服务的方向，推动省级统筹。完善提高统筹层次的配套政策，夯实分级管理责任，强化就医管理和医疗服务监管。推动医疗救助统筹层次与基本医疗保险统筹层次相协调。建立健全与医疗保障统筹层次相适应的管理体系，探索推进市地级以下医疗保障部门垂直管理。

提升基金预算管理水平。科学编制医疗保障基金收支预算。加强预算执行监督，全面实施预算绩效管理，强化绩效监控、评价和结果运用。加强基金精算管理，构建收支平衡机制，建立健全基金运行风险评估预警机制，促进基金中长期可持续。探索开展跨区域基金预算试点。

（七）鼓励商业健康保险发展。

鼓励产品创新。鼓励商业保险机构提供医疗、疾病、康复、照护、生育等多领域的综合性健康保险产品和服务，逐步将医疗新技术、新药品、新器械应用纳入商业健康保险保障范围。支持商业保险机构与中医药机构合作开展健康管理服务，开发中医治未病等保险产品。更加注重发挥商业医疗保险作用，引导商业保险机构创新完善保障内容，提高保障水平和服务能力。

完善支持政策。厘清基本医疗保险责任边界，支持商业保险机构开发与基本医疗保险相衔接的商业健康保险产品，更好覆盖基本医保不予支付的费用。按规定探索推进医疗保障信息平台与商业健康保险信息平台信息共享。

加强监督管理。规范商业保险机构承办大病保险业务，建立并完善参与基本医疗保险经办的商业保险机构绩效评价机制。落实行业监管部门责任，加强市场行为监管，突出商业健康保险产品设计、销售、赔付等关键环节监管。

（八）支持医疗互助有序发展。

更好发挥医疗互助低成本、低缴费、广覆盖、广受益的优势，加强制度建设，强化监督管理，规范医疗互助发展。加强医疗互助与职工基本医疗保险的衔接，依托全国统一的医疗保障信息平台，推动医疗保障与医疗互助信息共享，充分发挥医疗保险和医疗互助的协同效应。坚持职工医疗互助的互济性和非营利性，推动科学设计、规范运营，更好减轻职工医疗费用负担，提高服务保障能力。

（九）稳步建立长期护理保险制度。

适应我国经济社会发展水平和老龄化发展趋势，构建长期护理保险制度政策框架，协同促进长期照护服务体系建设。从职工基本医疗保险参保人群起步，重点解决重度失能人员基本护理保障需求。探索建立互助共济、责任共担的多渠道筹资机制，参加长期护理保险的职工筹资以单位和个人缴费为主，形成与经济社会发展和保障水平相适应的筹资动态调整机制。建立公平适度的待遇保障机制，合理确定待遇保障范围和基金支付水平。制定全国统一的长期护理保险失能等级评估标准，建立并完善长期护理保险需求认定、等级评定等标准体系和管理办法，明确长期护理保险基本保障项目。做好与经济困难的高龄、失能老年人补贴以及重度残疾人护理补贴等政策的衔接。健全长期护理保险经办服务体系。完善管理服务机制，引入社会力量参与长期护理保险经办服务。鼓励商业保险机构开发商业长期护理保险产品。

四、优化医疗保障协同治理体系

发挥医保支付、价格管理、基金监管综合功能，促进医疗保障与医疗服务体系良性互动，使人民群众享有高质量、有效率、能负担的医药服务和更加优质便捷的医疗保障。

（十）持续优化医疗保障支付机制。

完善医保药品目录调整机制。立足基金承受能力，适应群众基本医疗需求、临床技术进步需要，建立并完善医保药品目录调整规则及指标体系，动态调整优化医保药品目录，及时将临床价值高、患者获益明显、经济性评价优良的药品按程序纳入医保支付范围。将符合条件的中药按规定纳入医保支付范围。健全医保药品评价机制，加强医保药品目录落地情况监测和创新药评价，支持药品创新，提高谈判药品可及性。2022年实现全国基本医保用药范围基本统一。建立健全医保药品支付标准，从谈判药品、集中带量采购药品和“两病”患者用药支付标准切入，逐步衔接医保药品目录管理和支付标准。

专栏3　医保目录药品监测评估工程
1. 建立评估机制。建立科学的评估框架和指标体系，评估药品使用相关数据，为目录调整和支付标准确定提供依据。 2. 建立医保目录药品评价监测机制。监测药品配备、使用、挂网、医保支付和临床疗效等情况，评价药品安全性、有效性、可及性。 3. 加强创新药信息评价。强化对创新药创新性、经济学评价，及时评估其安全性、有效性情况。

加强医保医用耗材管理。建立医保医用耗材准入制度，制定医保医用耗材目录。探索制定医用耗材医保支付标准，引导规范医疗服务行为，促进医用耗材合理使用。

提升医疗服务项目管理水平。完善医保医疗服务项目范围管理，明确医疗服务项目医保准入、支付、监管政策，规范医疗服务行为。在规范明细、统一内涵的基础上，逐步建立科学、公正、透明的医疗服务项目准入和动态调整机制，促进医疗服务新技术有序发展。支持将符合条件的中医医疗服务项目按规定纳入医保支付范围。

持续深化医保支付方式改革。在全国范围内普遍实施按病种付费为主的多元复合式医保支付方式，推进区域医保基金总额预算点数法改革，引导医疗机构合理诊疗，提高医保资金使用效能。制定医保基金总额预算管理、按床日付费、按人头付费等技术规范。完善紧密型医疗联合体医保支付政策。深化门诊支付方式改革，规范门诊付费基本单元，逐步形成以服务能力、服务项目、服务量为基础的支付方式。引导合理就医，促进基层首诊。探索符合中医药特点的医保支付方式，发布中医优势病种，鼓励实行中西医同病同效同价，引导基层医疗机构提供适宜的中医药服务。制定完善不同支付方式经办规程。探索医疗服务与药品分开支付。

专栏4　多元复合式医保支付方式主要类型及改革方向
1. 医保基金总额预算管理。积极探索将点数法与总额预算管理等相结合，逐步使用区域（或一定范围内）医保基金总额预算代替具体医疗机构总额控制。
2. 按病种付费。重点推进按病种分值付费工作，完善技术规范和病种库，形成本地化的病种库，加强基础数据测算和质量监控，不断提高付费精准度。
3. 按疾病诊断相关分组付费。推广按疾病诊断相关分组付费国家试点经验，不断优化细分组方案。
4. 按床日付费。对于精神疾病、安宁疗护、医疗康复等需要长期住院治疗且日均费用较稳定的疾病，采取按床日付费的方式。
5. 按人头付费。推广基层医疗卫生机构普通门诊按人头付费与家庭医生签约服务相结合的做法，推行糖尿病、高血压、慢性肾功能衰竭等诊疗方案、评估指标明确的慢性病按人头付费，加强慢性病管理。
6. 按项目付费。对不宜打包付费的复杂病例和门诊费用按项目付费。

健全对定点医药机构的预算分配机制。坚持“以收定支、收支平衡、略有结余”的总额预算编制原则，统筹考虑住院与门诊保障、药品（医用耗材）与医疗服务支付、地区内就医与转外就医等情况，完善分项分类预算管理办法，健全预算和结算管理机制。支持有条件的地区医保经办机构按协议约定向医疗机构预付部分医保资金，提高医保基金使用绩效。

加强医保定点管理。全面实施医疗保障定点医疗机构、医疗保障定点零售药店管理办法。优化定点管理流程，扩大定点覆盖面，将更多符合条件的基层医疗机构纳入医保定点范围。加强考核监督，完善定点医药机构绩效考核，制定针对不同支付方式的医疗服务行为监督管理办法，推动定点管理与医疗质量、协议履行相挂钩。

（十一）改革完善医药价格形成机制。

深化药品和医用耗材集中带量采购制度改革。常态化制度化实施国家组织药品集中带量采购，持续扩大国家组织高值医用耗材集中带量采购范围。强化对集中采购机构的统一指导，规范地方开展集中带量采购，形成国家、省级、跨地区联盟采购相互配合、协同推进的工作格局。建立以医保支付为基础，招标、采购、交易、结算、监督一体化的省级集中采购平台。推进并规范医保基金与医药企业直接结算，完善医保支付标准与集中采购价格协同机制。完善与集中带量采购相配套的激励约束机制，落实医保资金结余留用政策，推动集中带量采购成为公立医疗机构医药采购的主导模式，鼓励社会办医疗机构、定点零售药店参与集中带量采购。

完善药品和医用耗材价格治理机制。全面建立公立医疗机构药品和医用耗材采购价格信息监测机制、交易价格信息共享机制，提升对药品和医用耗材价格异常变动的分析预警应对能力。强化药品和医用耗材价格常态化监管，实施全国医药价格监测工程，全面落实医药价格和招采信用评价制度，灵活运用成本调查、函询约谈、信用评价、信息披露、价格指数、挂网规则等管理工具，遏制药品和医用耗材价格虚高，兼顾企业合理利润，促进医药行业高质量发展。

专栏5　全国医药价格监测工程
1. 完善监测体系。强化监测制度保障，注重普遍监测与深度监测相结合，开展多维度、多主体的连续监测。 2. 扩大监测范围和内容。以公立医院为主，逐步向社会办医疗机构、零售药店等延伸。在监测采购价格的同时，向监测服务收费、要素成本等方面拓展。 3. 加强医药价格监测能力建设。升级监测平台，充实监测力量，增加监测哨点，提升价格监测能力。 4. 推广监测信息数据应用。开发价格管理工具，开展价格分析警示，提供相关决策支持；公布价格信息，服务相关部门和社会。

稳妥有序试点医疗服务价格改革。加强医疗服务价格宏观管理，完善定调价规则，改革优化定调价程序，探索适应经济社会发展、更好发挥政府作用、医疗机构充分参与、体现技术劳务价值的医疗服务价格形成机制。开展深化医疗服务价格改革试点，形成可复制的改革经验并有序推广。制定完善医疗服务价格项目编制规范，分类整合现行价格项目，健全医疗服务价格项目进入和退出机制，简化新增医疗服务价格申报流程，加快受理审核，促进医疗技术创新发展和临床应用。探索完善药学类医疗服务价格项目。健全上门提供医疗服务的价格政策。完善公立医疗机构价格监测，编制医疗服务价格指数，探索建立灵敏有度的动态调整机制，发挥价格合理补偿功能，稳定调价预期。加强总量调控、分类管理、考核激励、综合配套，提高医疗服务价格治理的社会化、标准化、智能化水平。

（十二）加快健全基金监管体制机制。

建立健全监督检查制度。建立并完善日常巡查、专项检查、飞行检查、重点检查、专家审查等相结合的多形式检查制度，健全“双随机、一公开”检查机制，规范不同检查形式的对象、内容、工作要求和流程，明确各方权利义务，确保公开、公平、公正。完善部门联动机制，开展联合检查，形成监管合力。引入信息技术服务机构、会计师事务所、商业保险机构等第三方力量参与医保基金监管，提升监管的专业性、精准性、效益性。

专栏6　医保基金监管全覆盖工程
1. 系统监控全覆盖。以智能监控为依托，应用大数据手段，实现全方位、全流程、全环节监控。 2. 现场检查全覆盖。健全常态化日常监管工作机制，每年开展一次全覆盖式现场检查。现场检查由统筹地区医疗保障部门负责，对辖区内全部定点医药机构开展检查。 3. 飞行检查全覆盖。国家和省两级医疗保障部门联合相关部门组织开展飞行检查。飞行检查随机抽查范围覆盖全国所有统筹地区。 4. 社会监督全覆盖。畅通优化电话、网站、微信等举报渠道，完善举报奖励机制，有效举报线索凡接必查，实名举报查实必奖。动员社会力量参与监管，强化社会监督员队伍建设。 5. 监管责任全覆盖。健全基金监管执法体系，强化监管责任，合理调配监管力量。加强医疗保障部门与卫生健康、市场监管、公安、审计等部门以及纪检监察机关的协同配合，健全协同执法、一案多处工作机制。

全面建立智能监控制度。提升医保智能监管能力，积极探索将按疾病诊断相关分组付费、按病种分值付费等新型支付方式、“互联网+医疗健康”等新模式、长期护理保险等纳入智能监控范围，实现智能审核全覆盖，加强对定点医疗机构临床诊疗行为的引导和审核，实现基金监管从人工抽单审核向大数据全方位、全流程、全环节智能监控转变。

专栏7　医保基金监管智能监控
1. 适应医保支付方式改革和长期护理保险、商业健康保险发展需要，不断完善基础信息标准库和临床指南等医学知识库，推进智能监控规则库建设，逐步实现全国统一标准、线上线下一致，并动态更新。 2. 开展药品和医用耗材进销存实时管理。 3. 推广视频监控、生物特征识别等技术应用。 4. 将异地就医、购药即时结算纳入智能监控范围。

建立医疗保障信用管理体系。完善医疗保障信用管理制度，形成信用承诺、信用评价、信息共享、结果公开、结果应用、信用修复等全链条闭环式信用

监管，推动实施分级分类监管。在充分掌握信用信息、综合研判信用状况基础上，根据信用等级高低，对监管对象采取差异化监管措施。以相关处理结果为依据，按程序将性质恶劣、情节严重、社会危害大的医疗保障违法失信行为的责任主体纳入严重失信主体名单，依法依规开展失信联合惩戒。建立药品和医用耗材生产流通企业等信用承诺制度，鼓励行业协会开展自律建设，促进行业规范发展。

健全综合监管制度。适应医疗保障管理服务特点，建立并完善部门间相互配合、协同监管的综合监管制度。大力推进部门联合执法、信息共享和互联互通，促进监管结果协同运用。对查实的欺诈骗保行为，各相关部门按照职责权限对有关单位和个人依规依纪依法严肃处理。加强基金监管行政执法与刑事司法有效衔接，按程序向公安机关移送涉嫌犯罪案件。

完善社会监督制度。广泛动员社会各界参与医疗保障基金监管，协同构建基金安全防线，促进形成社会监督的良好态势，实现政府治理和社会监督、舆论监督良性互动。健全欺诈骗保行为举报投诉奖励机制，完善奖励政策和奖励标准。健全完善要情报告制度，用好基金监管曝光台，做好医保基金监管典型案例的收集遴选和公开通报。医疗保障经办机构定期向社会公布参加基本医疗保险情况以及基金收入、支出、结余和收益情况，接受社会监督。

（十三）协同建设高效的医药服务供给体系。

优化提升医疗卫生服务体系。完善区域卫生规划和医疗机构设置规划，健全城市三级医院、县级医院和基层医疗卫生机构分工协作的现代医疗卫生服务体系，支持整合型医疗卫生服务体系建设，加强分级诊疗体系建设，推进基层医疗卫生机构发展，促进基层医疗卫生服务有效利用和患者有序就医。促进定点医药机构行业行为规范、成本控制和行业自律。支持中医药传承创新发展，强化中医药在疾病预防治疗中的作用，推广中医治未病干预方案。支持儿科、老年医学科、精神心理科和康复、护理等紧缺医疗服务发展。鼓励日间手术、多学科诊疗、无痛诊疗等医疗服务发展。完善检查检验政策，推进医疗机构检查检验结果互认。支持远程医疗服务、互联网诊疗服务、互联网药品配送、上门护理服务等医疗卫生服务新模式新业态有序发展，促进人工智能等新技术的合理运用。

提高医药产品供应和安全保障能力。深化审评审批制度改革，鼓励药品创新发展，加快新药好药上市，促进群众急需的新药和医疗器械研发使用。稳步推进仿制药质量和疗效一致性评价。分步实施医疗器械唯一标识制度，拓展医疗器械唯一标识在卫生健康、医疗保障等领域的衔接应用。严格药品监管，有序推进药品追溯体系建设。健全短缺药品监测预警和分级应对体系，加大对原料药垄断等违法行为的执法力度，进一步做好短缺药品保供稳价。逐步建立中标生产企业应急储备、库存和产能报告制度，保障集中采购药品供应。支持药店连锁化、专业化、数字化发展，更好发挥药店独特优势和药师作用。依托全国统一的医疗保障信息平台，支持电子处方流转。

强化协商共治机制。健全医疗保障部门、参保人代表、医院协会、医师协会、药师协会、护理学会、药品上市许可持有人、药品生产流通企业等参加的协商机制，构建多方利益协调的新格局，推动政策制定更加精准高效。

五、构筑坚实的医疗保障服务支撑体系

聚焦群众就医和医保需求，深入推进"放管服"改革，补短板、堵漏洞、强弱项，着力健全经办管理服务体系，提升医疗保障基础支撑能力，不断增强服务效能。

（十四）健全医疗保障公共服务体系。

加强经办管理服务体系建设。建立统一规范的医疗保障公共服务和稽核监管标准体系。统一经办规程，规范服务标识、窗口设置、服务事项、服务流程、服务时限，推进标准化窗口和示范点建设。建立覆盖省、市、县、乡镇（街道）、村（社区）的医疗保障服务网络。依托乡镇（街道）政务服务中心、村（社区）综合服务中心，加强医疗保障经办力量，大力推进服务下沉。在经办力量配置不足地区，可通过政府购买服务等方式，补齐基层医疗保障公共管理服务能力配置短板。加强医疗保障经办管理服务机构内控机制建设，落实协议管理、费用监控、稽查审核责任。建立绩效评价、考核激励、风险防范机制，提高经办管理服务能力和效率。

专栏8　医疗保障服务示范工程

1. 实现全国区县级以上经办标准化窗口全覆盖，出台全国医疗保障管理服务窗口标准规范，制定示范窗口评定标准。

2. 建成400个区县级以上经办服务示范窗口，重点向区县倾斜。

3. 建设500个医疗保障基层服务示范点，面向乡镇（街道）和村（社区）两级，结合人口分布、人口流动、经济社会发展水平，因地制宜制定评定标准，推动医疗保障经办服务下沉。

4. 建设500个医疗保障定点医疗机构示范点，推动精细化管理，提升参保人就诊体验。

5. 建设100个智慧医保管理服务示范点，提升经办管理服务数字化、智能化水平。

提升服务质量。坚持传统服务方式和新型服务方式"两条腿"走路，为参保群众提供优质服务，推进政务服务事项网上办理，健全多种形式的医疗保障公共管理服务。实现医疗保障热线服务与“12345政务服务便民热线”相衔接，探索实施“视频办”。建立健全跨区域医疗保障管理服务协作机制，推进高频医疗保障政务服务事项“跨省通办”落地实施。健全政务服务“好差评”制度，制定与医疗保障发展相适应的政务服务评价标准体系和评价结果应用管理办法。

专栏9　医疗保障政务服务提升工程

1. 健全政务服务“好差评”制度。建立差评和投诉问题调查核实、督促整改和反馈机制。健全政务服务激励约束机制，及时公开政务服务情况、评价结果及整改情况等政务服务评价信息。

2. 推进“跨省通办”。推进基本医疗保险参保信息变更、城乡居民基本医疗保险参保登记、基本医疗保险关系转移接续、异地就医备案、门诊费用跨省直接结算、医疗保障定点医疗机构基础信息变更、生育保险待遇核定与支付等高频医疗保障政务服务事项“跨省通办”。统一“跨省通办”政务服务事项的业务规则和标准，加强部门数据共享，支持重点区域拓展“跨省通办”政务服务范围。

3. 提升全流程数字化服务水平。推动人工智能、大数据、物联网、云计算、区块链等新技术运用，鼓励发展诊间结算、床边结算、线上结算，推进医疗电子票据使用，鼓励有条件的地区探索建立慢性病互联网诊疗、第三方药品配送上门等服务新模式。

4. 提升适老服务水平。加强经办服务大厅建设和窗口管理，合理布局服务网点，配备引导人员，提供咨询、指引等服务，保留传统服务方式，畅通为老年人代办的线下渠道，优化完善无障碍设施，提供预约服务、应急服务，积极推广“一站式”服务。优化网上办事流程，提供更多智能化适老服务。

完善异地就医直接结算服务。加强国家异地就医结算能力建设，实现全国统一的异地就医备案，扩大异地就医直接结算范围，逐步实现住院、门诊费用线上线下一体化的异地就医结算服务。

专栏10　国家异地就医结算能力建设工程

1. 完善跨省异地就医直接结算制度体系。制定全国统一的跨省异地就医直接结算管理办法和工作规程。指导各省（自治区、直辖市）统一跨省异地就医直接结算相关制度和规程。

2. 健全跨区域医疗保障管理工作体系和协作机制。加强国家、省级异地就医结算中心建设，完善各级异地就医业务管理、基金管理和信息管理岗位职责，保障异地就医直接结算平稳运行。

续表

3. 优化跨省异地就医结算管理服务。完善国家异地就医管理服务平台，扩大跨省直接结算的覆盖范围，提高直接结算率。探索重大公共卫生事件医疗保障费用异地就医直接结算，开展医疗费用手工(零星)报销线上服务，提供住院、普通门诊、门诊慢特病费用线上线下一体化的异地就医结算服务。

健全完善医保协议管理。简化优化定点医药机构专业评估、协商谈判程序，制定并定期修订医疗保障服务协议范本，加强事中事后监管。建立健全跨区域就医协议管理机制。合理确定统筹地区定点医药服务资源配置。

探索经办治理机制创新。推进经办管理服务与各地政务服务、网上政务服务平台衔接，鼓励商业保险机构等社会力量参与经办管理服务。加强定点医疗机构医保职能部门建设，发挥其联结医保服务与医院管理的纽带作用，加强定点医疗机构医保精细化管理，提升医疗卫生服务与医疗保障服务的关联度和协调性。

更好服务重大区域发展战略及高水平对外开放。推动重点区域医疗保障合作，提升区域医疗保障一体化发展水平。开展医疗保障领域对外交流合作，积极宣传医疗保障中国方案，为推动构建人类卫生健康共同体贡献中国智慧。

专栏 11　重点区域医保一体化任务
1. 京津冀：支持北京非首都功能疏解，支持雄安新区与北京定点医疗机构互认、缴费年限互认，支持京津冀药品、医用耗材联合采购。
2. 长三角：加快基本医疗保险一体化发展，逐步统一医保药品、医用耗材、医疗服务项目三个目录，提升异地就医便利化水平。
3. 粤港澳大湾区：支持港澳居民在内地参加基本医疗保险，为港澳参保人员提供高效便利服务。加强广东与香港、澳门医疗保障工作衔接。
4. 海南自由贸易港：支持商业保险机构跨境结算试点。
5. 成渝地区双城经济圈：实现公共服务一体化和异地就医门诊慢特病直接结算，逐步推动基本医疗保障待遇均等化。

(十五)强化法治支撑。

建立健全法律法规体系。推进医疗保障法立法工作，夯实医疗保障事业改革和发展的法治基础。深入实施《医疗保障基金使用监督管理条例》。制定药品价格管理办法等规章，做好相关释义及解释。

规范医疗保障行政执法。完善权责清单、执法事项清单、服务清单，制定全国统一的行政处罚程序规定，规范执法文书样式、行政执法指引，约束行政执法自由裁量权。规范执法行为，改进执法方式，加强执法监督，建立健全医疗保障行政执法公示、执法全过程记录、重大执法决定法制审核等制度。健全行政复议案件处理工作机制。

（十六）推动安全发展。

强化基金管理。全面实施基金运行监控，提高基金管理水平，防范系统性风险，促进基金运行区域平衡。全面开展统筹地区基金运行评价，压实统筹地区管理责任。

确保数据安全。落实数据分级分类管理要求，制定医疗保障数据安全管理办法，规范数据管理和应用，依法保护参保人员基本信息和数据安全。强化医疗保障信息基础设施建设，维护信息平台运行安全。

加强内部控制。梳理医疗保障内部管理和职权运行风险点，建立健全流程控制、风险评估、运行监控、内部监督等内部控制工作机制，及时发现并有效防范化解安全隐患，确保不发生重大安全问题。强化责任追究，促进内控机制有效运行。

（十七）加快医保信息化建设。

全面建成全国统一的医疗保障信息平台。持续优化运行维护体系和安全管理体系，完善平台功能。依托全国统一的医疗保障信息平台，建立救助患者医疗费用信息共享机制。有效发挥国家智慧医保实验室作用。通过全国一体化政务服务平台，实现跨地区、跨部门数据共享，做好医疗保障数据分级分类管理，探索建立医疗保障部门与卫生健康、药监等部门信息共享机制。

专栏12　全国统一的医疗保障信息平台
1. 全面建成全国统一的医疗保障信息平台，重点完成省级平台建设任务，实现数据两级集中、平台分级管理。
2. 动态维护医保药品、医用耗材、医疗服务项目分类与代码等15项医保信息业务编码标准，全面推进医保信息业务编码贯彻应用。
3. 推进数据迁移、清洗等工作，提高数据质量。
4. 持续优化完善信息平台，建立健全物理安全、数据安全、网络安全等安全管理体系和云平台、业务系统、网络等运行维护体系。
5. 深化大数据、区块链等技术在宏观决策分析、医疗电子票据等工作中的应用，更好服务医保科学决策和便民服务。

完善“互联网+医疗健康”医保管理服务。完善“互联网+医疗健康”医保服务定点协议管理，健全“互联网+”医疗服务价格和医保支付政策，将医保管

理服务延伸到“互联网+医疗健康”医疗行为，形成比较完善的“互联网+医疗健康”医保政策体系、服务体系和评价体系。

提升医疗保障大数据综合治理能力。发挥全国统一的医疗保障信息平台优势，加强对医疗保障基础信息数据、结算数据、定点医药机构管理数据的采集、存储、清洗、使用，完善部门数据协同共享机制，探索多维度数据校验，提升精细化治理水平，提高医药资源配置效率。

（十八）健全标准化体系。

完善标准化工作基础。建立上下联动、部门合作、职责分明的标准化工作机制，推进医疗保障部门与人力资源社会保障、卫生健康、银保监、药监等部门的工作衔接。推动医疗保障标准在规范执业行为和促进行业自律等方面更好发挥作用。强化标准实施与监督。向定点医药机构提供标准服务。

加强重点领域标准化工作。统一医疗保障业务标准和技术标准，制定基础共性标准清单、管理工作标准清单、公共服务标准清单、评价监督标准清单，组建各类标准咨询专家团队。

健全标准化工作体制机制。组建全国医疗保障标准化技术委员会，建设高水平医疗保障标准化智库。强化医疗保障标准日常管理维护，完善落地应用长效机制。健全医保信息业务编码信息维护、审核、公示、发布的常态化工作机制。

六、做好规划实施

各地区、各有关部门要始终在思想上政治上行动上同以习近平同志为核心的党中央保持高度一致，增强“四个意识”、坚定“四个自信”、做到“两个维护”，确保医疗保障工作始终坚持正确政治方向，确保本规划各项任务落实到位。

（十九）健全实施机制。

建立健全国家和省两级医疗保障规划体系，加强两级规划衔接，确保全国医疗保障规划“一盘棋”。建立规划实施机制，做好规划重点任务分解，明确责任单位、实施时间表和路线图，提升规划实施效能。组织开展规划实施评估，监测重点任务进展、主要指标完成情况，及时完善优化政策。

（二十）强化能力建设。

加强医疗保障人才队伍建设，培养高素质专业化人才，鼓励高等院校、科研院所等与医疗保障部门开展合作，加强智库建设和人才支撑。实施医疗保障干部全员培训，开展多种形式挂职交流。建立体现医疗保障领域特点的人才评价机制，加大对先进单位和个人的表彰力度。

（二十一）营造良好氛围。

做好政府信息公开和新闻发布，及时准确发布权威信息，引导社会舆论，增进各方共识。开展多种形式的医保普法宣传活动，增强全社会医保法治意识，提高政策知晓度，营造医保、医疗、医药协同改革的良好氛围，为深化医疗保障制度改革创造良好舆论环境。

国务院部门规章

高层民用建筑消防安全管理规定

（2021年6月21日应急管理部令第5号公布　自2021年8月1日起施行　国司备字[2021004674]）

第一章　总　　则

第一条　为了加强高层民用建筑消防安全管理，预防火灾和减少火灾危害，根据《中华人民共和国消防法》等法律、行政法规和国务院有关规定，制定本规定。

第二条　本规定适用于已经建成且依法投入使用的高层民用建筑（包括高层住宅建筑和高层公共建筑）的消防安全管理。

第三条　高层民用建筑消防安全管理贯彻预防为主、防消结合的方针，实行消防安全责任制。

建筑高度超过100米的高层民用建筑应当实行更加严格的消防安全管理。

第二章　消防安全职责

第四条　高层民用建筑的业主、使用人是高层民用建筑消防安全责任主体，对高层民用建筑的消防安全负责。高层民用建筑的业主、使用人是单位的，其法定代表人或者主要负责人是本单位的消防安全责任人。

高层民用建筑的业主、使用人可以委托物业服务企业或者消防技术服务机构等专业服务单位（以下统称消防服务单位）提供消防安全服务，并应当在服务合同中约定消防安全服务的具体内容。

第五条　同一高层民用建筑有两个及以上业主、使用人的，各业主、使用人对其专有部分的消防安全负责，对共有部分的消防安全共同负责。

同一高层民用建筑有两个及以上业主、使用人的，应当共同委托物业服务企业，或者明确一个业主、使用人作为统一管理人，对共有部分的消防安全实行统一管理，协调、指导业主、使用人共同做好整栋建筑的消防安全工作，并通过书面形式约定各方消防安全责任。

第六条　高层民用建筑以承包、租赁或者委托经营、管理等形式交由承包人、承租人、经营管理人使用的，当事人在订立承包、租赁、委托管理等合同时，应当明确各方消防安全责任。委托方、出租方依照法律规定，可以对承包方、承租方、受托方的消防安全工作统一协调、管理。

实行承包、租赁或者委托经营、管理时，业主应当提供符合消防安全要求的建筑物，督促使用人加强消防安全管理。

第七条　高层公共建筑的业主单位、使用单位应当履行下列消防安全职责：

（一）遵守消防法律法规，建立和落实消防安全管理制度；

（二）明确消防安全管理机构或者消防安全管理人员；

（三）组织开展防火巡查、检查，及时消除火灾隐患；

（四）确保疏散通道、安全出口、消防车通道畅通；

（五）对建筑消防设施、器材定期进行检验、维修，确保完好有效；

（六）组织消防宣传教育培训，制定灭火和应急疏散预案，定期组织消防演练；

（七）按照规定建立专职消防队、志愿消防队（微型消防站）等消防组织；

（八）法律、法规规定的其他消防安全职责。

委托物业服务企业，或者明确统一管理人实施消防安全管理的，物业服务企业或者统一管理人应当按照约定履行前款规定的消防安全职责，业主单位、使用单位应当督促并配合物业服务企业或者统一管理人做好消防安全工作。

第八条　高层公共建筑的业主、使用人、物业服务企业或者统一管理人应当明确专人担任消防安全管理人，负责整栋建筑的消防安全管理工作，并在建筑显著位置公示其姓名、联系方式和消防安全管理职责。

高层公共建筑的消防安全管理人应当履行下列消防安全管理职责：

（一）拟订年度消防工作计划，组织实施日常消防安全管理工作；

（二）组织开展防火检查、巡查和火灾隐患整改工作；

（三）组织实施对建筑共用消防设施设备的维护保养；

（四）管理专职消防队、志愿消防队（微型消防站）等消防组织；

（五）组织开展消防安全的宣传教育和培训；

（六）组织编制灭火和应急疏散综合预案并开展演练。

高层公共建筑的消防安全管理人应当具备与其职责相适应的消防安全知

识和管理能力。对建筑高度超过100米的高层公共建筑,鼓励有关单位聘用相应级别的注册消防工程师或者相关工程类中级及以上专业技术职务的人员担任消防安全管理人。

第九条 高层住宅建筑的业主、使用人应当履行下列消防安全义务:

(一)遵守住宅小区防火安全公约和管理规约约定的消防安全事项;

(二)按照不动产权属证书载明的用途使用建筑;

(三)配合消防服务单位做好消防安全工作;

(四)按照法律规定承担消防服务费用以及建筑消防设施维修、更新和改造的相关费用;

(五)维护消防安全,保护消防设施,预防火灾,报告火警,成年人参加有组织的灭火工作;

(六)法律、法规规定的其他消防安全义务。

第十条 接受委托的高层住宅建筑的物业服务企业应当依法履行下列消防安全职责:

(一)落实消防安全责任,制定消防安全制度,拟订年度消防安全工作计划和组织保障方案;

(二)明确具体部门或者人员负责消防安全管理工作;

(三)对管理区域内的共用消防设施、器材和消防标志定期进行检测、维护保养,确保完好有效;

(四)组织开展防火巡查、检查,及时消除火灾隐患;

(五)保障疏散通道、安全出口、消防车通道畅通,对占用、堵塞、封闭疏散通道、安全出口、消防车通道等违规行为予以制止;制止无效的,及时报告消防救援机构等有关行政管理部门依法处理;

(六)督促业主、使用人履行消防安全义务;

(七)定期向所在住宅小区业主委员会和业主、使用人通报消防安全情况,提示消防安全风险;

(八)组织开展经常性的消防宣传教育;

(九)制定灭火和应急疏散预案,并定期组织演练;

(十)法律、法规规定和合同约定的其他消防安全职责。

第十一条 消防救援机构和其他负责消防监督检查的机构依法对高层民用建筑进行消防监督检查,督促业主、使用人、受委托的消防服务单位等落实消防安全责任;对监督检查中发现的火灾隐患,通知有关单位或者个人立即采取措施消除隐患。

消防救援机构应当加强高层民用建筑消防安全法律、法规的宣传,督促、指导有关单位做好高层民用建筑消防安全宣传教育工作。

第十二条 村民委员会、居民委员会应当依法组织制定防火安全公约，对高层民用建筑进行防火安全检查，协助人民政府和有关部门加强消防宣传教育；对老年人、未成年人、残疾人等开展有针对性的消防宣传教育，加强消防安全帮扶。

第十三条 供水、供电、供气、供热、通信、有线电视等专业运营单位依法对高层民用建筑内由其管理的设施设备消防安全负责，并定期进行检查和维护。

第三章 消防安全管理

第十四条 高层民用建筑施工期间，建设单位应当与施工单位明确施工现场的消防安全责任。施工期间应当严格落实现场防范措施，配置消防器材，指定专人监护，采取防火分隔措施，不得影响其他区域的人员安全疏散和建筑消防设施的正常使用。

高层民用建筑的业主、使用人不得擅自变更建筑使用功能、改变防火防烟分区，不得违反消防技术标准使用易燃、可燃装修装饰材料。

第十五条 高层民用建筑的业主、使用人或者物业服务企业、统一管理人应当对动用明火作业实行严格的消防安全管理，不得在具有火灾、爆炸危险的场所使用明火；因施工等特殊情况需要进行电焊、气焊等明火作业的，应当按照规定办理动火审批手续，落实现场监护人，配备消防器材，并在建筑主入口和作业现场显著位置公告。作业人员应当依法持证上岗，严格遵守消防安全规定，清除周围及下方的易燃、可燃物，采取防火隔离措施。作业完毕后，应当进行全面检查，消除遗留火种。

高层公共建筑内的商场、公共娱乐场所不得在营业期间动火施工。

高层公共建筑内应当确定禁火禁烟区域，并设置明显标志。

第十六条 高层民用建筑内电器设备的安装使用及其线路敷设、维护保养和检测应当符合消防技术标准及管理规定。

高层民用建筑业主、使用人或者消防服务单位，应当安排专业机构或者电工定期对管理区域内由其管理的电器设备及线路进行检查；对不符合安全要求的，应当及时维修、更换。

第十七条 高层民用建筑内燃气用具的安装使用及其管路敷设、维护保养和检测应当符合消防技术标准及管理规定。禁止违反燃气安全使用规定，擅自安装、改装、拆除燃气设备和用具。

高层民用建筑使用燃气应当采用管道供气方式。禁止在高层民用建筑地下部分使用液化石油气。

第十八条 禁止在高层民用建筑内违反国家规定生产、储存、经营甲、乙类火灾危险性物品。

第十九条 设有建筑外墙外保温系统的高层民用建筑，其管理单位应当在主入口及周边相关显著位置，设置提示性和警示性标识，标示外墙外保温材料的燃烧性能、防火要求。对高层民用建筑外墙外保温系统破损、开裂和脱落的，应当及时修复。高层民用建筑在进行外墙外保温系统施工时，建设单位应当采取必要的防火隔离以及限制住人和使用的措施，确保建筑内人员安全。

禁止使用易燃、可燃材料作为高层民用建筑外墙外保温材料。禁止在其建筑内及周边禁放区域燃放烟花爆竹；禁止在其外墙周围堆放可燃物。对于使用难燃外墙外保温材料或者采用与基层墙体、装饰层之间有空腔的建筑外墙外保温系统的高层民用建筑，禁止在其外墙动火用电。

第二十条 高层民用建筑的电缆井、管道井等竖向管井和电缆桥架应当在每层楼板处进行防火封堵，管井检查门应当采用防火门。

禁止占用电缆井、管道井，或者在电缆井、管道井等竖向管井堆放杂物。

第二十一条 高层民用建筑的户外广告牌、外装饰不得采用易燃、可燃材料，不得妨碍防烟排烟、逃生和灭火救援，不得改变或者破坏建筑立面防火结构。

禁止在高层民用建筑外窗设置影响逃生和灭火救援的障碍物。

建筑高度超过50米的高层民用建筑外墙上设置的装饰、广告牌应当采用不燃材料并易于破拆。

第二十二条 禁止在消防车通道、消防车登高操作场地设置构筑物、停车泊位、固定隔离桩等障碍物。

禁止在消防车通道上方、登高操作面设置妨碍消防车作业的架空管线、广告牌、装饰物等障碍物。

第二十三条 高层公共建筑内餐饮场所的经营单位应当及时对厨房灶具和排油烟罩设施进行清洗，排油烟管道每季度至少进行一次检查、清洗。

高层住宅建筑的公共排油烟管道应当定期检查，并采取防火措施。

第二十四条 除为满足高层民用建筑的使用功能所设置的自用物品暂存库房、档案室和资料室等附属库房外，禁止在高层民用建筑内设置其他库房。

高层民用建筑的附属库房应当采取相应的防火分隔措施，严格遵守有关消防安全管理规定。

第二十五条 高层民用建筑内的锅炉房、变配电室、空调机房、自备发电机房、储油间、消防水泵房、消防水箱间、防排烟风机房等设备用房应当按照消防技术标准设置,确定为消防安全重点部位,设置明显的防火标志,实行严格管理,并不得占用和堆放杂物。

第二十六条 高层民用建筑消防控制室应当由其管理单位实行24小时值班制度,每班不应少于2名值班人员。

消防控制室值班操作人员应当依法取得相应等级的消防行业特有工种职业资格证书,熟练掌握火警处置程序和要求,按照有关规定检查自动消防设施、联动控制设备运行情况,确保其处于正常工作状态。

消防控制室内应当保存高层民用建筑总平面布局图、平面布置图和消防设施系统图及控制逻辑关系说明、建筑消防设施维修保养记录和检测报告等资料。

第二十七条 高层公共建筑内有关单位、高层住宅建筑所在社区居民委员会或者物业服务企业按照规定建立的专职消防队、志愿消防队(微型消防站)等消防组织,应当配备必要的人员、场所和器材、装备,定期进行消防技能培训和演练,开展防火巡查、消防宣传,及时处置、扑救初起火灾。

第二十八条 高层民用建筑的疏散通道、安全出口应当保持畅通,禁止堆放物品、锁闭出口、设置障碍物。平时需要控制人员出入或者设有门禁系统的疏散门,应当保证发生火灾时易于开启,并在现场显著位置设置醒目的提示和使用标识。

高层民用建筑的常闭式防火门应当保持常闭,闭门器、顺序器等部件应当完好有效;常开式防火门应当保证发生火灾时自动关闭并反馈信号。

禁止圈占、遮挡消火栓,禁止在消火栓箱内堆放杂物,禁止在防火卷帘下堆放物品。

第二十九条 高层民用建筑内应当在显著位置设置标识,指示避难层(间)的位置。

禁止占用高层民用建筑避难层(间)和避难走道或者堆放杂物,禁止锁闭避难层(间)和避难走道出入口。

第三十条 高层公共建筑的业主、使用人应当按照国家标准、行业标准配备灭火器材以及自救呼吸器、逃生缓降器、逃生绳等逃生疏散设施器材。

高层住宅建筑应当在公共区域的显著位置摆放灭火器材,有条件的配置自救呼吸器、逃生绳、救援哨、疏散用手电筒等逃生疏散设施器材。

鼓励高层住宅建筑的居民家庭制定火灾疏散逃生计划,并配置必要的灭火和逃生疏散器材。

第三十一条 高层民用建筑的消防车通道、消防车登高操作场地、灭火救援窗、灭火救援破拆口、消防车取水口、室外消火栓、消防水泵接合器、常闭式防火门等应当设置明显的提示性、警示性标识。消防车通道、消防车登高操作场地、防火卷帘下方还应当在地面标识出禁止占用的区域范围。消火栓箱、灭火器箱上应当张贴使用方法的标识。

高层民用建筑的消防设施配电柜电源开关、消防设备用房内管道阀门等应当标识开、关状态;对需要保持常开或者常闭状态的阀门,应当采取铅封等限位措施。

第三十二条 不具备自主维护保养检测能力的高层民用建筑业主、使用人或者物业服务企业应当聘请具备从业条件的消防技术服务机构或者消防设施施工安装企业对建筑消防设施进行维护保养和检测;存在故障、缺损的,应当立即组织维修、更换,确保完好有效。

因维修等需要停用建筑消防设施的,高层民用建筑的管理单位应当严格履行内部审批手续,制定应急方案,落实防范措施,并在建筑入口处等显著位置公告。

第三十三条 高层公共建筑消防设施的维修、更新、改造的费用,由业主、使用人按照有关法律规定承担,共有部分按照专有部分建筑面积所占比例承担。

高层住宅建筑的消防设施日常运行、维护和维修、更新、改造费用,由业主依照法律规定承担;委托消防服务单位的,消防设施的日常运行、维护和检测费用应当纳入物业服务或者消防技术服务专项费用。共用消防设施的维修、更新、改造费用,可以依法从住宅专项维修资金列支。

第三十四条 高层民用建筑应当进行每日防火巡查,并填写巡查记录。其中,高层公共建筑内公众聚集场所在营业期间应当至少每 2 小时进行一次防火巡查,医院、养老院、寄宿制学校、幼儿园应当进行白天和夜间防火巡查,高层住宅建筑和高层公共建筑内的其他场所可以结合实际确定防火巡查的频次。

防火巡查应当包括下列内容:

(一)用火、用电、用气有无违章情况;

(二)安全出口、疏散通道、消防车通道畅通情况;

(三)消防设施、器材完好情况,常闭式防火门关闭情况;

(四)消防安全重点部位人员在岗在位等情况。

第三十五条 高层住宅建筑应当每月至少开展一次防火检查,高层公共建筑应当每半个月至少开展一次防火检查,并填写检查记录。

防火检查应当包括下列内容:

（一）安全出口和疏散设施情况；

（二）消防车通道、消防车登高操作场地和消防水源情况；

（三）灭火器材配置及有效情况；

（四）用火、用电、用气和危险品管理制度落实情况；

（五）消防控制室值班和消防设施运行情况；

（六）人员教育培训情况；

（七）重点部位管理情况；

（八）火灾隐患整改以及防范措施的落实等情况。

第三十六条 对防火巡查、检查发现的火灾隐患，高层民用建筑的业主、使用人、受委托的消防服务单位，应当立即采取措施予以整改。

对不能当场改正的火灾隐患，应当明确整改责任、期限，落实整改措施，整改期间应当采取临时防范措施，确保消防安全；必要时，应当暂时停止使用危险部位。

第三十七条 禁止在高层民用建筑公共门厅、疏散走道、楼梯间、安全出口停放电动自行车或者为电动自行车充电。

鼓励在高层住宅小区内设置电动自行车集中存放和充电的场所。电动自行车存放、充电场所应当独立设置，并与高层民用建筑保持安全距离；确需设置在高层民用建筑内的，应当与该建筑的其他部分进行防火分隔。

电动自行车存放、充电场所应当配备必要的消防器材，充电设施应当具备充满自动断电功能。

第三十八条 鼓励高层民用建筑推广应用物联网和智能化技术手段对电气、燃气消防安全和消防设施运行等进行监控和预警。

未设置自动消防设施的高层住宅建筑，鼓励因地制宜安装火灾报警和喷水灭火系统、火灾应急广播以及可燃气体探测、无线手动火灾报警、无线声光火灾警报等消防设施。

第三十九条 高层民用建筑的业主、使用人或者消防服务单位、统一管理人应当每年至少组织开展一次整栋建筑的消防安全评估。消防安全评估报告应当包括存在的消防安全问题、火灾隐患以及改进措施等内容。

第四十条 鼓励、引导高层公共建筑的业主、使用人投保火灾公众责任保险。

第四章　消防宣传教育和灭火疏散预案

第四十一条 高层公共建筑内的单位应当每半年至少对员工开展一次消

防安全教育培训。

高层公共建筑内的单位应当对本单位员工进行上岗前消防安全培训，并对消防安全管理人员、消防控制室值班人员和操作人员、电工、保安员等重点岗位人员组织专门培训。

高层住宅建筑的物业服务企业应当每年至少对居住人员进行一次消防安全教育培训，进行一次疏散演练。

第四十二条 高层民用建筑应当在每层的显著位置张贴安全疏散示意图，公共区域电子显示屏应当播放消防安全提示和消防安全知识。

高层公共建筑除遵守本条第一款规定外，还应当在首层显著位置提示公众注意火灾危险，以及安全出口、疏散通道和灭火器材的位置。

高层住宅小区除遵守本条第一款规定外，还应当在显著位置设置消防安全宣传栏，在高层住宅建筑单元入口处提示安全用火、用电、用气，以及电动自行车存放、充电等消防安全常识。

第四十三条 高层民用建筑应当结合场所特点，分级分类编制灭火和应急疏散预案。

规模较大或者功能业态复杂，且有两个及以上业主、使用人或者多个职能部门的高层公共建筑，有关单位应当编制灭火和应急疏散总预案，各单位或者职能部门应当根据场所、功能分区、岗位实际编制专项灭火和应急疏散预案或者现场处置方案（以下统称分预案）。

灭火和应急疏散预案应当明确应急组织机构，确定承担通信联络、灭火、疏散和救护任务的人员及其职责，明确报警、联络、灭火、疏散等处置程序和措施。

第四十四条 高层民用建筑的业主、使用人、受委托的消防服务单位应当结合实际，按照灭火和应急疏散总预案和分预案分别组织实施消防演练。

高层民用建筑应当每年至少进行一次全要素综合演练，建筑高度超过 100 米的高层公共建筑应当每半年至少进行一次全要素综合演练。编制分预案的，有关单位和职能部门应当每季度至少进行一次综合演练或者专项灭火、疏散演练。

演练前，有关单位应当告知演练范围内的人员并进行公告；演练时，应当设置明显标识；演练结束后，应当进行总结评估，并及时对预案进行修订和完善。

第四十五条 高层公共建筑内的人员密集场所应当按照楼层、区域确定疏散引导员，负责在火灾发生时组织、引导在场人员安全疏散。

第四十六条 火灾发生时，发现火灾的人员应当立即拨打 119 电话报警。

火灾发生后，高层民用建筑的业主、使用人、消防服务单位应当迅速启动灭火和应急疏散预案，组织人员疏散，扑救初起火灾。

火灾扑灭后，高层民用建筑的业主、使用人、消防服务单位应当组织保护火灾现场，协助火灾调查。

第五章 法律责任

第四十七条 违反本规定，有下列行为之一的，由消防救援机构责令改正，对经营性单位和个人处2000元以上10000元以下罚款，对非经营性单位和个人处500元以上1000元以下罚款：

（一）在高层民用建筑内进行电焊、气焊等明火作业，未履行动火审批手续、进行公告，或者未落实消防现场监护措施的；

（二）高层民用建筑设置的户外广告牌、外装饰妨碍防烟排烟、逃生和灭火救援，或者改变、破坏建筑立面防火结构的；

（三）未设置外墙外保温材料提示性和警示性标识，或者未及时修复破损、开裂和脱落的外墙外保温系统的；

（四）未按照规定落实消防控制室值班制度，或者安排不具备相应条件的人员值班的；

（五）未按照规定建立专职消防队、志愿消防队等消防组织的；

（六）因维修等需要停用建筑消防设施未进行公告、未制定应急预案或者未落实防范措施的；

（七）在高层民用建筑的公共门厅、疏散走道、楼梯间、安全出口停放电动自行车或者为电动自行车充电，拒不改正的。

第四十八条 违反本规定的其他消防安全违法行为，依照《中华人民共和国消防法》第六十条、第六十一条、第六十四条、第六十五条、第六十六条、第六十七条、第六十八条、第六十九条和有关法律法规予以处罚；构成犯罪的，依法追究刑事责任。

第四十九条 消防救援机构及其工作人员在高层民用建筑消防监督检查中，滥用职权、玩忽职守、徇私舞弊的，对直接负责的主管人员和其他直接责任人员依法给予处分；构成犯罪的，依法追究刑事责任。

第六章 附 则

第五十条 本规定下列用语的含义：

（一）高层住宅建筑，是指建筑高度大于 27 米的住宅建筑。

（二）高层公共建筑，是指建筑高度大于 24 米的非单层公共建筑，包括宿舍建筑、公寓建筑、办公建筑、科研建筑、文化建筑、商业建筑、体育建筑、医疗建筑、交通建筑、旅游建筑、通信建筑等。

（三）业主，是指高层民用建筑的所有权人，包括单位和个人。

（四）使用人，是指高层民用建筑的承租人和其他实际使用人，包括单位和个人。

第五十一条 本规定自 2021 年 8 月 1 日起施行。

工贸企业粉尘防爆安全规定

（2021 年 7 月 25 日应急管理部令第 6 号公布 自 2021 年 9 月 1 日起施行 国司备字[2021004673]）

第一章 总 则

第一条 为了加强工贸企业粉尘防爆安全工作，预防和减少粉尘爆炸事故，保障从业人员生命安全，根据《中华人民共和国安全生产法》等法律法规，制定本规定。

第二条 存在可燃性粉尘爆炸危险的冶金、有色、建材、机械、轻工、纺织、烟草、商贸等工贸企业（以下简称粉尘涉爆企业）的粉尘防爆安全工作及其监督管理，适用本规定。

第三条 本规定所称可燃性粉尘，是指在大气条件下，能与气态氧化剂（主要是空气）发生剧烈氧化反应的粉尘、纤维或者飞絮。

本规定所称粉尘爆炸危险场所，是指存在可燃性粉尘和气态氧化剂（主要是空气）的场所，根据爆炸性环境出现的频率或者持续的时间，可划分为不同危险区域。

第四条 粉尘涉爆企业对粉尘防爆安全工作负主体责任，应当具备有关法律法规、规章、国家标准或者行业标准规定的粉尘防爆安全生产条件，建立健全全员安全生产责任制和相关规章制度，加强安全生产标准化、信息化建设，构建安全风险分级管控和隐患排查治理双重预防机制，健全风险防范化解机制，确保安全生产。

第五条 县级以上地方人民政府负责粉尘涉爆企业安全生产监督管理的部门（以下统称负责粉尘涉爆企业安全监管的部门），根据本级人民政府规定的职责，按照分级属地的原则，对本行政区域内粉尘涉爆企业的粉尘防爆安全工作实施监督管理。

国务院应急管理部门应当加强指导监督。

第二章 安全生产保障

第六条 粉尘涉爆企业主要负责人是粉尘防爆安全工作的第一责任人，其他负责人在各自职责范围内对粉尘防爆安全工作负责。

粉尘涉爆企业应当在本单位安全生产责任制中明确主要负责人、相关部门负责人、生产车间负责人及粉尘作业岗位人员粉尘防爆安全职责。

第七条 粉尘涉爆企业应当结合企业实际情况建立和落实粉尘防爆安全管理制度。粉尘防爆安全管理制度应当包括下列内容：

（一）粉尘爆炸风险辨识评估和管控；

（二）粉尘爆炸事故隐患排查治理；

（三）粉尘作业岗位安全操作规程；

（四）粉尘防爆专项安全生产教育和培训；

（五）粉尘清理和处置；

（六）除尘系统和相关安全设施设备运行、维护及检修、维修管理；

（七）粉尘爆炸事故应急处置和救援。

第八条 粉尘涉爆企业应当组织对涉及粉尘防爆的生产、设备、安全管理等有关负责人和粉尘作业岗位等相关从业人员进行粉尘防爆专项安全生产教育和培训，使其了解作业场所和工作岗位存在的爆炸风险，掌握粉尘爆炸事故防范和应急措施；未经教育培训合格的，不得上岗作业。

粉尘涉爆企业应当如实记录粉尘防爆专项安全生产教育和培训的时间、内容及考核等情况，纳入员工教育和培训档案。

第九条 粉尘涉爆企业应当为粉尘作业岗位从业人员提供符合国家标准或者行业标准的劳动防护用品，并监督、教育从业人员按照使用规则佩戴、使用。

第十条 粉尘涉爆企业应当制定有关粉尘爆炸事故应急救援预案，并依法定期组织演练。发生火灾或者粉尘爆炸事故后，粉尘涉爆企业应当立即启动应急响应并撤离疏散全部作业人员至安全场所，不得采用可能引起扬尘的应急处置措施。

第十一条 粉尘涉爆企业应当定期辨识粉尘云、点燃源等粉尘爆炸危险因素，确定粉尘爆炸危险场所的位置、范围，并根据粉尘爆炸特性和涉粉作业人数等关键要素，评估确定有关危险场所安全风险等级，制定并落实管控措施，明确责任部门和责任人员，建立安全风险清单，及时维护安全风险辨识、评估、管控过程的信息档案。

粉尘涉爆企业应当在粉尘爆炸较大危险因素的工艺、场所、设施设备和岗位，设置安全警示标志。

涉及粉尘爆炸危险的工艺、场所、设施设备等发生变更的，粉尘涉爆企业应当重新进行安全风险辨识评估。

第十二条　粉尘涉爆企业应当根据《粉尘防爆安全规程》等有关国家标准或者行业标准，结合粉尘爆炸风险管控措施，建立事故隐患排查清单，明确和细化排查事项、具体内容、排查周期及责任人员，及时组织开展事故隐患排查治理，如实记录隐患排查治理情况，并向从业人员通报。

构成工贸行业重大事故隐患判定标准规定的重大事故隐患的，应当按照有关规定制定治理方案，落实措施、责任、资金、时限和应急预案，及时消除事故隐患。

第十三条　粉尘涉爆企业新建、改建、扩建涉及粉尘爆炸危险的工程项目安全设施的设计、施工应当按照《粉尘防爆安全规程》等有关国家标准或者行业标准，在安全设施设计文件、施工方案中明确粉尘防爆的相关内容。

设计单位应当对安全设施粉尘防爆相关的设计负责，施工单位应当按照设计进行施工，并对施工质量负责。

第十四条　粉尘涉爆企业存在粉尘爆炸危险场所的建(构)筑物的结构和布局应当符合《粉尘防爆安全规程》等有关国家标准或者行业标准要求，采取防火防爆、防雷等措施，单层厂房屋顶一般应当采用轻型结构，多层厂房应当为框架结构，并设置符合有关标准要求的泄压面积。

粉尘涉爆企业应当严格控制粉尘爆炸危险场所内作业人员数量，在粉尘爆炸危险场所内不得设置员工宿舍、休息室、办公室、会议室等，粉尘爆炸危险场所与其他厂房、仓库、民用建筑的防火间距应当符合《建筑设计防火规范》的规定。

第十五条　粉尘涉爆企业应当按照《粉尘防爆安全规程》等有关国家标准或者行业标准规定，将粉尘爆炸危险场所除尘系统按照不同工艺分区域相对独立设置，可燃性粉尘不得与可燃气体等易加剧爆炸危险的介质共用一套除尘系统，不同防火分区的除尘系统禁止互联互通。存在粉尘爆炸危险的工艺设备应当采用泄爆、隔爆、惰化、抑爆、抗爆等一种或者多种控爆措施，但不得单独采取隔爆措施。禁止采用粉尘沉降室除尘或者采用巷道式构筑物作为除尘风道。铝镁等金属粉尘应当采用负压方式除尘，其他粉尘受工艺条件限制，采用正压方式吹送时，应当采取可靠的防范点燃源的措施。

采用干式除尘系统的粉尘涉爆企业应当按照《粉尘防爆安全规程》等有关国家标准或者行业标准规定，结合工艺实际情况，安装使用锁气卸灰、火花探测熄灭、风压差监测等装置，以及相关安全设备的监测预警信息系统，加强对可能存在点燃源和粉尘云的粉尘爆炸危险场所的实时监控。铝镁等金属粉尘湿式除尘系统应当安装与打磨抛光设备联锁的液位、流速监测报警装置，并保持作业场所和除尘器本体良好通风，防止氢气积聚，及时规范清理沉淀的粉尘泥浆。

第十六条 针对粉碎、研磨、造粒、砂光等易产生机械点燃源的工艺，粉尘涉爆企业应当规范采取杂物去除或者火花探测消除等防范点燃源措施，并定期清理维护，做好相关记录。

第十七条 粉尘防爆相关的泄爆、隔爆、抑爆、惰化、锁气卸灰、除杂、监测、报警、火花探测消除等安全设备的设计、制造、安装、使用、检测、维修、改造和报废，应当符合《粉尘防爆安全规程》等有关国家标准或者行业标准，相关设计、制造、安装单位应当提供相关设备安全性能和使用说明等资料，对安全设备的安全性能负责。

粉尘涉爆企业应当对粉尘防爆安全设备进行经常性维护、保养，并按照《粉尘防爆安全规程》等有关国家标准或者行业标准定期检测或者检查，保证正常运行，做好相关记录，不得关闭、破坏直接关系粉尘防爆安全的监控、报警、防控等设备、设施，或者篡改、隐瞒、销毁其相关数据、信息。粉尘涉爆企业应当规范选用与爆炸危险区域相适应的防爆型电气设备。

第十八条 粉尘涉爆企业应当按照《粉尘防爆安全规程》等有关国家标准或者行业标准，制定并严格落实粉尘爆炸危险场所的粉尘清理制度，明确清理范围、清理周期、清理方式和责任人员，并在相关粉尘爆炸危险场所醒目位置张贴。相关责任人员应当定期清理粉尘并如实记录，确保可能积尘的粉尘作业区域和设备设施全面及时规范清理。粉尘作业区域应当保证每班清理。

铝镁等金属粉尘和镁合金废屑的收集、贮存等处置环节，应当避免粉尘废屑大量堆积或者装袋后多层堆垛码放；需要临时存放的，应当设置相对独立的暂存场所，远离作业现场等人员密集场所，并采取防水防潮、通风、氢气监测等必要的防火防爆措施。含水镁合金废屑应当优先采用机械压块处理方式，镁合金粉尘应当优先采用大量水浸泡方式暂存。

第十九条 粉尘涉爆企业对粉尘爆炸危险场所设备设施或者除尘系统的检修维修作业，应当实行专项作业审批。作业前，应当制定专项方案；对存在粉尘沉积的除尘器、管道等设施设备进行动火作业前，应当清理干净内部积尘和作业区域的可燃性粉尘。作业时，生产设备应当处于停止运行状态，检修维修工具应当采用防止产生火花的防爆工具。作业后，应当妥善清理现场，作业点最高温度恢复到常温后方可重新开始生产。

第二十条 粉尘涉爆企业应当做好粉尘爆炸危险场所设施设备的维护保养，加强对检修承包单位的安全管理，在承包协议中明确规定双方的安全生产权利义务，对检修承包单位的检修方案中涉及粉尘防爆的安全措施和应急处置措施进行审核，并监督承包单位落实。

第二十一条 安全生产技术服务机构为粉尘涉爆企业提供粉尘防爆相关的安全评价、检测、检验、风险评估、隐患排查等安全生产技术服务，应当按照法律、法规、规章和《粉尘防爆安全规程》等有关国家标准或者行业标准开展工作，保证其出具的报告和作出的结果真实、准确、完整，不得弄虚作假。

第三章 监督检查

第二十二条 负责粉尘涉爆企业安全监管的部门应当按照分级属地原则，加强对企业粉尘防爆安全工作的监督检查，制定并落实年度监督检查计划，将粉尘作业人数多、爆炸风险较高的企业作为重点检查对象。

第二十三条 负责粉尘涉爆企业安全监管的部门对企业实施监督检查时，应当重点检查下列内容：

（一）粉尘防爆安全生产责任制和相关安全管理制度的建立、落实情况；

（二）粉尘爆炸风险清单和辨识管控信息档案；

（三）粉尘爆炸事故隐患排查治理台账；

（四）粉尘清理和处置记录；

（五）粉尘防爆专项安全生产教育和培训记录；

（六）粉尘爆炸危险场所检修、维修、动火等作业安全管理情况；

（七）安全设备定期维护保养、检测或者检查等情况；

（八）涉及粉尘爆炸危险的安全设施与主体工程同时设计、同时施工、同时投入生产和使用情况；

（九）应急预案的制定、演练情况。

第二十四条 负责粉尘涉爆企业安全监管的部门应当按照工贸行业重大事故隐患判定标准、执法检查重点事项等有关标准和规定，对企业除尘系统、防火防爆、粉尘清理处置等重点部位和关键环节的粉尘防爆安全措施落实情况进行监督检查，督促企业落实粉尘防爆安全生产主体责任。

第二十五条 负责粉尘涉爆企业安全监管的部门可以根据需要，委托安全生产技术服务机构提供安全评价、检测、检验、隐患排查等技术服务，并承担相关费用。安全生产技术服务机构对其出具的有关报告和作出的结果负责。

安全生产技术服务机构出具的有关报告或者作出的结果可以作为行政执法的依据之一。

粉尘涉爆企业不得拒绝、阻挠负责粉尘涉爆企业安全监管的部门委托的安全生产技术服务机构开展技术服务工作。

第二十六条 负责粉尘涉爆企业安全监管的部门应当加强对监督检查人员的粉尘防爆专业知识培训，使其了解相关法律法规和标准要求，掌握执法检查重点事项和重大事故隐患判定标准，提高其行政执法能力。

第四章 法律责任

第二十七条 粉尘涉爆企业有下列行为之一的，由负责粉尘涉爆企业安全监管的部门依照《中华人民共和国安全生产法》有关规定，责令限期改正，处5万元以下的罚款；逾期未改正的，处5万元以上20万元以下的罚款，对其直接负责的主管人员和其他直接责任人员处1万元以上2万元以下的罚款；情节严重的，责令停产停业整顿；构成犯罪的，依照刑法有关规定追究刑事责任：

（一）未在产生、输送、收集、贮存可燃性粉尘，并且有较大危险因素的场所、设施和设备上设置明显的安全警示标志的；

（二）粉尘防爆安全设备的安装、使用、检测、改造和报废不符合国家标准或者行业标准的；

（三）未对粉尘防爆安全设备进行经常性维护、保养和定期检测或者检查的；

（四）未为粉尘作业岗位相关从业人员提供符合国家标准或者行业标准的劳动防护用品的；

（五）关闭、破坏直接关系粉尘防爆安全的监控、报警、防控等设备、设施，或者篡改、隐瞒、销毁其相关数据、信息的。

第二十八条 粉尘涉爆企业有下列行为之一的，由负责粉尘涉爆企业安全监管的部门依照《中华人民共和国安全生产法》有关规定，责令限期改正，处10万元以下的罚款；逾期未改正的，责令停产停业整顿，并处10万元以上20万元以下的罚款，对其直接负责的主管人员和其他直接责任人员处2万元以上5万元以下的罚款：

（一）未按照规定对有关负责人和粉尘作业岗位相关从业人员进行粉尘防爆专项安全生产教育和培训，或者未如实记录专项安全生产教育和培训情况的；

（二）未如实记录粉尘防爆隐患排查治理情况或者未向从业人员通报的；

（三）未制定有关粉尘爆炸事故应急救援预案或者未定期组织演练的。

第二十九条 粉尘涉爆企业违反本规定第十四条、第十五条、第十六条、第十八条、第十九条的规定，同时构成事故隐患，未采取措施消除的，依照《中华人民共和国安全生产法》有关规定，由负责粉尘涉爆企业安全监管的部门责令立即消除或者限期消除，处5万元以下的罚款；企业拒不执行的，责令停产停业整顿，对其直接负责的主管人员和其他直接责任人员处5万元以上10万元以下的罚款；构成犯罪的，依照刑法有关规定追究刑事责任。

第三十条 粉尘涉爆企业有下列情形之一的，由负责粉尘涉爆企业安全监管的部门责令限期改正，处3万元以下的罚款，对其直接负责的主管人员和其他直接责任人员处1万元以下的罚款：

（一）企业新建、改建、扩建工程项目安全设施没有进行粉尘防爆安全设计，或者未按照设计进行施工的；

（二）未按照规定建立粉尘防爆安全管理制度或者内容不符合企业实际的；

（三）未按照规定辨识评估管控粉尘爆炸安全风险，未建立安全风险清单或者未及时维护相关信息档案的；

（四）粉尘防爆安全设备未正常运行的。

第三十一条 安全生产技术服务机构接受委托开展技术服务工作，出具失实报告的，依照《中华人民共和国安全生产法》有关规定，责令停业整顿，并处3万元以上10万元以下的罚款；给他人造成损害的，依法承担赔偿责任。

安全生产技术服务机构接受委托开展技术服务工作，出具虚假报告的，依照《中华人民共和国安全生产法》有关规定，没收违法所得；违法所得在10万元以上的，并处违法所得2倍以上5倍以下的罚款；没有违法所得或者违法所得不足10万元的，单处或者并处10万元以上20万元以下的罚款；对其直接负责的主管人员和其他直接责任人员处5万元以上10万元以下的罚款；给他人造成损害的，与粉尘涉爆企业承担连带赔偿责任；构成犯罪的，依照刑法有关规定追究刑事责任。

对有前款违法行为的安全生产技术服务机构及其直接责任人员，吊销其相应资质和资格，5年内不得从事安全评价、认证、检测、检验等工作，情节严重的，实行终身行业和职业禁入。

第五章 附 则

第三十二条 本规定自2021年9月1日起施行。

国家秘密鉴定工作规定

（2021年7月30日国家保密局令2021年第1号公布　自2021年9月1日起施行　国司备字[2021004521]）

第一章　总　　则

第一条　为了规范国家秘密鉴定工作，根据《中华人民共和国保守国家秘密法》及其实施条例，制定本规定。

第二条　本规定所称国家秘密鉴定，是指保密行政管理部门对涉嫌泄露国家秘密案件中有关事项是否属于国家秘密以及属于何种密级进行鉴别和认定的活动。

第三条　国家秘密鉴定的申请、受理、办理、复核、监督等，适用本规定。

第四条　国家秘密鉴定应当遵循依法、客观、公正的原则，做到事实清楚、依据充分、程序规范、结论准确。

第五条　办理涉嫌泄露国家秘密案件的纪检监察、侦查、公诉、审判机关（以下统称办案机关）可以申请国家秘密鉴定。

国家保密行政管理部门、省（自治区、直辖市）保密行政管理部门负责国家秘密鉴定。

第六条　国家秘密鉴定应当以保密法律法规、保密事项范围和国家秘密确定、变更、解除文件为依据。

第七条　下列事项不得鉴定为国家秘密：

（一）需要公众广泛知晓或者参与的；

（二）属于工作秘密、商业秘密、个人隐私的；

（三）已经依法公开或者泄露前已经无法控制知悉范围的；

（四）法律、法规或者国家有关规定要求公开的；

（五）其他泄露后对国家安全和利益不会造成损害的。

第二章　申请和受理

第八条　中央一级办案机关申请国家秘密鉴定的，应当向国家保密行政管理部门提出。省级及以下办案机关申请国家秘密鉴定的，应当向所在地省（自治区、直辖市）保密行政管理部门提出。

国家保密行政管理部门可以根据工作需要，对省（自治区、直辖市）保密行政管理部门负责鉴定的重大、疑难、复杂事项直接进行鉴定。

第九条 办案机关申请国家秘密鉴定，应当提交下列材料：

（一）申请国家秘密鉴定的公文；

（二）需要进行国家秘密鉴定的事项（以下简称鉴定事项）及鉴定事项清单；

（三）进行国家秘密鉴定需要掌握的有关情况说明，包括案件基本情况、鉴定事项来源、泄露对象和时间、回避建议等。

第十条 申请国家秘密鉴定的公文应当以办案机关名义作出，说明认为相关事项涉嫌属于国家秘密的理由或者依据。

鉴定事项属于咨询意见、聊天记录、讯（询）问笔录、视听资料、电子数据、物品等的，办案机关应当进行筛查和梳理，明确其中涉嫌属于国家秘密、需要申请鉴定的具体内容。

鉴定事项不属于中文的，办案机关应当同时提供中文译本。保密行政管理部门就办案机关提供的中文译本进行鉴定。

第十一条 国家秘密鉴定申请有下列情形之一的，保密行政管理部门不予受理：

（一）申请机关和申请方式不符合本规定第五条、第八条要求的；

（二）办案机关已就同一鉴定事项申请国家秘密鉴定的；

（三）鉴定事项内容明显属于捏造的，或者无法核实真伪、来源的；

（四）未按本规定第九条、第十条提供材料，或者修改、补充后仍不符合要求的；

（五）其他不符合法律、法规、规章规定的情形。

第十二条 保密行政管理部门应当自收到申请国家秘密鉴定的公文之日起5日内，对相关材料进行审查，作出是否受理的决定，并告知办案机关。

经审查认为办案机关提交的材料存在瑕疵、不完整或者不能满足鉴定需要的，应当通知办案机关予以修改或者补充。审查受理时间自相关材料修改完成或者补齐之日起计算。

经审查决定不予受理的，应当说明理由并退还相关材料。

第十三条 办案机关不服不予受理决定的，可以在接到通知之日起10日内，向作出不予受理决定的保密行政管理部门提出书面异议，并按照本规定第九条、第十条规定提供相关材料。

保密行政管理部门应当在10日内，对相关材料进行审查，对符合受理条件的，作出受理决定；对不应受理的，书面告知提出异议的机关并退还相关材料。

省级及以下办案机关提出异议后，对省（自治区、直辖市）保密行政管理部门再次作出的不予受理决定仍有异议的，可以向国家保密行政管理部门提出书面异议。国家保密行政管理部门经审查认为确实不应受理的，书面告知提出异议的机关并退还相关材料；对符合受理条件的，应当要求作出不予受理决定的保密行政管理部门受理鉴定申请。

第三章　鉴定程序

第十四条　受理鉴定申请后，保密行政管理部门应当就下列情况向鉴定事项产生单位征求鉴定意见：

（一）鉴定事项是否由其产生，内容是否真实；

（二）鉴定事项是否已经按照法定程序确定、变更、解除国家秘密，及其时间、理由和依据；

（三）鉴定事项是否应当属于国家秘密及何种密级，是否应当变更或者解除国家秘密，及其理由和依据。

第十五条　存在鉴定事项产生单位不明确，涉及多个机关、单位以及行业、领域，或者有关单位鉴定意见不明确、理由和依据不充分等情形的，保密行政管理部门可以向有关业务主管部门或者相关机关、单位征求鉴定意见。

鉴定事项属于执行、办理已经确定的国家秘密事项的，受理鉴定的保密行政管理部门可以根据工作需要，向原定密单位或者有关业务主管部门征求鉴定意见。

第十六条　国家保密行政管理部门受理鉴定后，对属于地方各级机关、单位产生的鉴定事项，可以征求鉴定事项产生地省（自治区、直辖市）保密行政管理部门鉴定意见。

省（自治区、直辖市）保密行政管理部门受理鉴定后，对属于中央和国家机关产生的鉴定事项，应当直接征求该中央和国家机关鉴定意见；对属于其他地方机关、单位产生的鉴定事项，应当征求相关省（自治区、直辖市）保密行政管理部门鉴定意见。

第十七条　保密行政管理部门征求机关、单位鉴定意见的，机关、单位应当予以配合，按照要求及时提出鉴定意见或者提供相关材料。

第十八条　鉴定事项重大、疑难、复杂或者专业性强、涉及专门技术等问题的，保密行政管理部门可以向相关领域专家进行咨询，为作出国家秘密鉴定结论提供参考。

第十九条　对拟鉴定为国家秘密的事项，保密行政管理部门可以根据工作需要，组织有关机关、单位或者专家对其泄露后已经或者可能造成的危害进行评估。

第二十条 国家秘密鉴定结论应当按照保密法律法规和保密事项范围等鉴定依据，在分析研判有关意见基础上，报保密行政管理部门负责人审批后作出。

第二十一条 省(自治区、直辖市)保密行政管理部门对中央和国家机关、其他省(自治区、直辖市)保密行政管理部门答复的鉴定意见有异议的，或者认为本地区产生的绝密级事项鉴定依据不明确、有争议的，报国家保密行政管理部门审核后，作出鉴定结论。

第二十二条 保密行政管理部门作出鉴定结论应当出具国家秘密鉴定书。国家秘密鉴定书应当包括以下内容：

(一)鉴定事项名称或者内容；

(二)鉴定依据和鉴定结论；

(三)其他需要说明的情况；

(四)鉴定机关名称和鉴定日期。

国家秘密鉴定书应当加盖保密行政管理部门印章。

第二十三条 保密行政管理部门应当在受理国家秘密鉴定申请后30日内作出鉴定结论并出具国家秘密鉴定书。因鉴定事项疑难、复杂等不能按期出具国家秘密鉴定书的，经保密行政管理部门负责人批准，可以适当延长工作时限，延长时限最长不超过30日。

保密行政管理部门征求有关机关、单位鉴定意见，进行专家咨询时，应当明确答复期限，一般不超过15日；对鉴定事项数量较多、疑难、复杂等情况的，经双方协商，可以延长15日。

机关、单位提出鉴定意见，专家咨询等时间不计入保密行政管理部门国家秘密鉴定办理期限。

第四章 复　　核

第二十四条 办案机关有明确理由或者证据证明保密行政管理部门作出的鉴定结论可能错误的，可以向国家保密行政管理部门申请复核。

第二十五条 办案机关申请复核的，应当提交申请复核的公文，说明申请复核的内容和理由，按照本规定第九条、第十条要求提供相关材料，并附需要进行复核的国家秘密鉴定书。

第二十六条 国家保密行政管理部门受理复核申请后，应当向作出鉴定结论的保密行政管理部门调阅鉴定档案、了解有关情况,对其鉴定程序是否规范、依据是否明确、理由是否充分、结论是否准确等进行审核,并根据需要征求有关机关、单位鉴定意见,进行专家咨询或者组织开展危害评估。

第二十七条 国家秘密鉴定复核结论应当按照保密法律法规和保密事项范围等鉴定依据,在分析研判原鉴定情况以及有关意见基础上,报国家保密行政管理部门主要负责人审批后作出。

国家保密行政管理部门的复核结论为最终结论。

第二十八条 国家保密行政管理部门作出复核结论应当出具国家秘密鉴定复核决定书。

国家秘密鉴定复核决定书维持原国家秘密鉴定结论的,应当说明依据或者理由;改变原国家秘密鉴定结论的,应当作出最终的鉴定结论并说明依据或者理由。

国家秘密鉴定复核决定书应当以国家保密行政管理部门名义作出,并加盖印章,抄送作出原国家秘密鉴定结论的省(自治区、直辖市)保密行政管理部门。

第二十九条 国家保密行政管理部门应当在受理国家秘密鉴定复核申请后60日内作出复核结论并出具复核决定书。因鉴定事项疑难、复杂等不能按期出具国家秘密鉴定复核决定书的,经国家保密行政管理部门主要负责人批准,可以适当延长工作时限,延长时限最长不超过30日。

征求机关、单位鉴定意见,专家咨询时限按照本规定第二十三条第二、三款办理。

第五章 监督管理

第三十条 国家秘密鉴定工作人员与案件有利害关系或者其他关系可能影响公正鉴定的,应当自行回避;办案机关发现上述情形的,有权申请其回避。国家秘密鉴定工作人员的回避,由其所属保密行政管理部门决定。

机关、单位配合开展国家秘密鉴定工作的人员以及有关专家与案件有利害关系或者其他关系可能影响公正鉴定的,应当回避。

第三十一条 保密行政管理部门向机关、单位征求鉴定意见以及组织专家咨询时,应当对鉴定事项作以下处理:

(一)对涉及不同机关、单位或者行业、领域的内容进行拆分,不向机关、单位或者专家提供与其无关、不应由其知悉的内容;

(二)对涉嫌违法犯罪的责任单位或者责任人姓名等作遮盖、删除处理,不向机关、单位或者专家透露案情以及案件办理情况。

第三十二条 保密行政管理部门及其工作人员，配合开展国家秘密鉴定工作的机关、单位及其工作人员，以及有关专家，应当对国家秘密鉴定工作以及工作中知悉的国家秘密、工作秘密、商业秘密、个人隐私予以保密。

保密行政管理部门在征求鉴定意见、组织专家咨询等过程中，应当向有关机关、单位或者专家明确保密要求，必要时组织签订书面保密承诺。

第三十三条 国家秘密鉴定结论与机关、单位定密情况不一致的，保密行政管理部门应当通知机关、单位予以变更或者纠正；对机关、单位未依法履行定密管理职责、情节严重的，予以通报。

第三十四条 省（自治区、直辖市）保密行政管理部门应当将年度国家秘密鉴定工作情况和作出的国家秘密鉴定结论报国家保密行政管理部门。

第三十五条 保密行政管理部门依法办理国家秘密鉴定，不受其他机关、单位，社会团体和个人干涉。

保密行政管理部门未依法履行职责，或者滥用职权、玩忽职守、徇私舞弊的，对负有责任的领导人员和直接责任人员依法进行处理；构成犯罪的，依法追究刑事责任。

第三十六条 在国家秘密鉴定工作中，负有配合鉴定义务的机关、单位及其工作人员拒不配合，弄虚作假，故意出具错误鉴定意见，造成严重后果的，对直接负责的主管人员和其他直接责任人员依法进行处理；构成犯罪的，依法追究刑事责任。

第六章　附　　则

第三十七条 保密行政管理部门办理涉嫌泄露国家秘密案件时，可以根据工作需要，按照本规定直接进行国家秘密鉴定。

鉴定事项产生单位属于军队或者鉴定事项涉嫌属于军事秘密的，由军队相关军级以上单位保密工作机构进行国家秘密鉴定或者协助提出鉴定意见。

第三十八条 执行本规定所需要的文书式样，由国家保密行政管理部门统一制定。工作中需要的其他文书，国家保密行政管理部门没有制定式样的，省（自治区、直辖市）保密行政管理部门可以自行制定式样。

第三十九条 本规定由国家保密局负责解释。

第四十条 本规定自2021年9月1日起施行。2013年7月15日国家保密局发布的《密级鉴定工作规定》（国保发〔2013〕5号）同时废止。

化妆品生产经营监督管理办法

（2021年8月2日国家市场监督管理总局令第46号公布　自2022年1月1日起施行　国司备字[2021004513]）

第一章　总　　则

第一条　为了规范化妆品生产经营活动，加强化妆品监督管理，保证化妆品质量安全，根据《化妆品监督管理条例》，制定本办法。

第二条　在中华人民共和国境内从事化妆品生产经营活动及其监督管理，应当遵守本办法。

第三条　国家药品监督管理局负责全国化妆品监督管理工作。

县级以上地方人民政府负责药品监督管理的部门负责本行政区域的化妆品监督管理工作。

第四条　化妆品注册人、备案人应当依法建立化妆品生产质量管理体系，履行产品不良反应监测、风险控制、产品召回等义务，对化妆品的质量安全和功效宣称负责。化妆品生产经营者应当依照法律、法规、规章、强制性国家标准、技术规范从事生产经营活动，加强管理，诚信自律，保证化妆品质量安全。

第五条　国家对化妆品生产实行许可管理。从事化妆品生产活动，应当依法取得化妆品生产许可证。

第六条　化妆品生产经营者应当依法建立进货查验记录、产品销售记录等制度，确保产品可追溯。

鼓励化妆品生产经营者采用信息化手段采集、保存生产经营信息，建立化妆品质量安全追溯体系。

第七条　国家药品监督管理局加强信息化建设，为公众查询化妆品信息提供便利化服务。

负责药品监督管理的部门应当依法及时公布化妆品生产许可、监督检查、行政处罚等监督管理信息。

第八条　负责药品监督管理的部门应当充分发挥行业协会、消费者协会和其他消费者组织、新闻媒体等的作用，推进诚信体系建设，促进化妆品安全社会共治。

第二章　生产许可

第九条　申请化妆品生产许可，应当符合下列条件：

（一）是依法设立的企业；

（二）有与生产的化妆品品种、数量和生产许可项目等相适应的生产场地，且与有毒、有害场所以及其他污染源保持规定的距离；

（三）有与生产的化妆品品种、数量和生产许可项目等相适应的生产设施设备且布局合理，空气净化、水处理等设施设备符合规定要求；

（四）有与生产的化妆品品种、数量和生产许可项目等相适应的技术人员；

（五）有与生产的化妆品品种、数量相适应，能对生产的化妆品进行检验的检验人员和检验设备；

（六）有保证化妆品质量安全的管理制度。

第十条　化妆品生产许可申请人应当向所在地省、自治区、直辖市药品监督管理部门提出申请，提交其符合本办法第九条规定条件的证明资料，并对资料的真实性负责。

第十一条　省、自治区、直辖市药品监督管理部门对申请人提出的化妆品生产许可申请，应当根据下列情况分别作出处理：

（一）申请事项依法不需要取得许可的，应当作出不予受理的决定，出具不予受理通知书；

（二）申请事项依法不属于药品监督管理部门职权范围的，应当作出不予受理的决定，出具不予受理通知书，并告知申请人向有关行政机关申请；

（三）申请资料存在可以当场更正的错误的，应当允许申请人当场更正，由申请人在更正处签名或者盖章，注明更正日期；

（四）申请资料不齐全或者不符合法定形式的，应当当场或者在5个工作日内一次告知申请人需要补正的全部内容以及提交补正资料的时限。逾期不告知的，自收到申请资料之日起即为受理；

（五）申请资料齐全、符合法定形式，或者申请人按照要求提交全部补正资料的，应当受理化妆品生产许可申请。

省、自治区、直辖市药品监督管理部门受理或者不予受理化妆品生产许可申请的，应当出具受理或者不予受理通知书。决定不予受理的，应当说明不予受理的理由，并告知申请人依法享有申请行政复议或者提起行政诉讼的权利。

第十二条　省、自治区、直辖市药品监督管理部门应当对申请人提交的申请资料进行审核，对申请人的生产场所进行现场核查，并自受理化妆品生产许可申请之日起30个工作日内作出决定。

第十三条 省、自治区、直辖市药品监督管理部门应当根据申请资料审核和现场核查等情况，对符合规定条件的，作出准予许可的决定，并自作出决定之日起5个工作日内向申请人颁发化妆品生产许可证；对不符合规定条件的，及时作出不予许可的书面决定并说明理由，同时告知申请人依法享有申请行政复议或者提起行政诉讼的权利。

化妆品生产许可证发证日期为许可决定作出的日期，有效期为5年。

第十四条 化妆品生产许可证分为正本、副本。正本、副本具有同等法律效力。

国家药品监督管理局负责制定化妆品生产许可证式样。省、自治区、直辖市药品监督管理部门负责化妆品生产许可证的印制、发放等管理工作。

药品监督管理部门制作的化妆品生产许可电子证书与印制的化妆品生产许可证书具有同等法律效力。

第十五条 化妆品生产许可证应当载明许可证编号、生产企业名称、住所、生产地址、统一社会信用代码、法定代表人或者负责人、生产许可项目、有效期、发证机关、发证日期等。

化妆品生产许可证副本还应当载明化妆品生产许可变更情况。

第十六条 化妆品生产许可项目按照化妆品生产工艺、成品状态和用途等，划分为一般液态单元、膏霜乳液单元、粉单元、气雾剂及有机溶剂单元、蜡基单元、牙膏单元、皂基单元、其他单元。国家药品监督管理局可以根据化妆品质量安全监督管理实际需要调整生产许可项目划分单元。

具备儿童护肤类、眼部护肤类化妆品生产条件的，应当在生产许可项目中特别标注。

第十七条 化妆品生产许可证有效期内，申请人的许可条件发生变化，或者需要变更许可证载明事项的，应当向原发证的药品监督管理部门申请变更。

第十八条 生产许可项目发生变化，可能影响产品质量安全的生产设施设备发生变化，或者在化妆品生产场地原址新建、改建、扩建车间的，化妆品生产企业应当在投入生产前向原发证的药品监督管理部门申请变更，并依照本办法第十条的规定提交与变更有关的资料。原发证的药品监督管理部门应当进行审核，自受理变更申请之日起30个工作日内作出是否准予变更的决定，并在化妆品生产许可证副本上予以记录。需要现场核查的，依照本办法第十二条的规定办理。

因生产许可项目等的变更需要进行全面现场核查，经省、自治区、直辖市药品监督管理部门现场核查并符合要求的，颁发新的化妆品生产许可证，许可证编号不变，有效期自发证之日起重新计算。

同一个化妆品生产企业在同一个省、自治区、直辖市申请增加化妆品生产地址的，可以依照本办法的规定办理变更手续。

第十九条 生产企业名称、住所、法定代表人或者负责人等发生变化的，化妆品生产企业应当自发生变化之日起30个工作日内向原发证的药品监督管理部门申请变更，并提交与变更有关的资料。原发证的药品监督管理部门应当自受理申请之日起3个工作日内办理变更手续。

质量安全负责人、预留的联系方式等发生变化的，化妆品生产企业应当在变化后10个工作日内向原发证的药品监督管理部门报告。

第二十条 化妆品生产许可证有效期届满需要延续的，申请人应当在生产许可证有效期届满前90个工作日至30个工作日期间向所在地省、自治区、直辖市药品监督管理部门提出延续许可申请，并承诺其符合本办法规定的化妆品生产许可条件。申请人应当对提交资料和作出承诺的真实性、合法性负责。

逾期未提出延续许可申请的，不再受理其延续许可申请。

第二十一条 省、自治区、直辖市药品监督管理部门应当自收到延续许可申请后5个工作日内对申请资料进行形式审查，符合要求的予以受理，并自受理之日起10个工作日内向申请人换发新的化妆品生产许可证。许可证有效期自原许可证有效期届满之日的次日起重新计算。

第二十二条 省、自治区、直辖市药品监督管理部门应当对已延续许可的化妆品生产企业的申报资料和承诺进行监督，发现不符合本办法第九条规定的化妆品生产许可条件的，应当依法撤销化妆品生产许可。

第二十三条 化妆品生产企业有下列情形之一的，原发证的药品监督管理部门应当依法注销其化妆品生产许可证，并在政府网站上予以公布：

（一）企业主动申请注销的；

（二）企业主体资格被依法终止的；

（三）化妆品生产许可证有效期届满未申请延续的；

（四）化妆品生产许可依法被撤回、撤销或者化妆品生产许可证依法被吊销的；

（五）法律法规规定应当注销化妆品生产许可的其他情形。

化妆品生产企业申请注销生产许可时，原发证的药品监督管理部门发现注销可能影响案件查处的，可以暂停办理注销手续。

第三章 化妆品生产

第二十四条 国家药品监督管理局制定化妆品生产质量管理规范，明确质量管理机构与人员、质量保证与控制、厂房设施与设备管理、物料与产品管理、生产过程管理、产品销售管理等要求。

化妆品注册人、备案人、受托生产企业应当按照化妆品生产质量管理规范的要求组织生产化妆品，建立化妆品生产质量管理体系并保证持续有效运行。生产车间等场所不得贮存、生产对化妆品质量有不利影响的产品。

第二十五条 化妆品注册人、备案人、受托生产企业应当建立并执行供应商遴选、原料验收、生产过程及质量控制、设备管理、产品检验及留样等保证化妆品质量安全的管理制度。

第二十六条 化妆品注册人、备案人委托生产化妆品的，应当委托取得相应化妆品生产许可的生产企业生产，并对其生产活动全过程进行监督，对委托生产的化妆品的质量安全负责。受托生产企业应当具备相应的生产条件，并依照法律、法规、强制性国家标准、技术规范和合同约定组织生产，对生产活动负责，接受委托方的监督。

第二十七条 化妆品注册人、备案人、受托生产企业应当建立化妆品质量安全责任制，落实化妆品质量安全主体责任。

化妆品注册人、备案人、受托生产企业的法定代表人、主要负责人对化妆品质量安全工作全面负责。

第二十八条 质量安全负责人按照化妆品质量安全责任制的要求协助化妆品注册人、备案人、受托生产企业法定代表人、主要负责人承担下列相应的产品质量安全管理和产品放行职责：

（一）建立并组织实施本企业质量管理体系，落实质量安全管理责任；

（二）产品配方、生产工艺、物料供应商等的审核管理；

（三）物料放行管理和产品放行；

（四）化妆品不良反应监测管理；

（五）受托生产企业生产活动的监督管理。

质量安全负责人应当具备化妆品、化学、化工、生物、医学、药学、食品、公共卫生或者法学等化妆品质量安全相关专业知识和法律知识，熟悉相关法律、法规、规章、强制性国家标准、技术规范，并具有5年以上化妆品生产或者质量管理经验。

第二十九条 化妆品注册人、备案人、受托生产企业应当建立并执行从业人员健康管理制度，建立从业人员健康档案。健康档案至少保存3年。

直接从事化妆品生产活动的人员应当每年接受健康检查。患有国务院卫生行政主管部门规定的有碍化妆品质量安全疾病的人员不得直接从事化妆品生产活动。

第三十条 化妆品注册人、备案人、受托生产企业应当制定从业人员年度培训计划，开展化妆品法律、法规、规章、强制性国家标准、技术规范等知识培训，并建立培训档案。生产岗位操作人员、检验人员应当具有相应的知识和实际操作技能。

第三十一条 化妆品经出厂检验合格后方可上市销售。

化妆品注册人、备案人应当按照规定对出厂的化妆品留样并记录。留样应当保持原始销售包装且数量满足产品质量检验的要求。留样保存期限不得少于产品使用期限届满后6个月。

委托生产化妆品的，受托生产企业也应当按照前款的规定留样并记录。

第三十二条 化妆品注册人、备案人、受托生产企业应当建立并执行原料以及直接接触化妆品的包装材料进货查验记录制度、产品销售记录制度。进货查验记录和产品销售记录应当真实、完整，保证可追溯，保存期限不得少于产品使用期限期满后1年；产品使用期限不足1年的，记录保存期限不得少于2年。

委托生产化妆品的，原料以及直接接触化妆品的包装材料进货查验等记录可以由受托生产企业保存。

第三十三条 化妆品注册人、备案人、受托生产企业应当每年对化妆品生产质量管理规范的执行情况进行自查。自查报告应当包括发现的问题、产品质量安全评价、整改措施等，保存期限不得少于2年。

经自查发现生产条件发生变化，不再符合化妆品生产质量管理规范要求的，化妆品注册人、备案人、受托生产企业应当立即采取整改措施；发现可能影响化妆品质量安全的，应当立即停止生产，并向所在地省、自治区、直辖市药品监督管理部门报告。影响质量安全的风险因素消除后，方可恢复生产。省、自治区、直辖市药品监督管理部门可以根据实际情况组织现场检查。

第三十四条 化妆品注册人、备案人、受托生产企业连续停产1年以上，重新生产前，应当进行全面自查，确认符合要求后，方可恢复生产。自查和整改情况应当在恢复生产之日起10个工作日内向所在地省、自治区、直辖市药品监督管理部门报告。

第三十五条 化妆品的最小销售单元应当有中文标签。标签内容应当与化妆品注册或者备案资料中产品标签样稿一致。

化妆品的名称、成分、功效等标签标注的事项应当真实、合法,不得含有明示或者暗示具有医疗作用,以及虚假或者引人误解、违背社会公序良俗等违反法律法规的内容。化妆品名称使用商标的,还应当符合国家有关商标管理的法律法规规定。

第三十六条 供儿童使用的化妆品应当符合法律、法规、强制性国家标准、技术规范以及化妆品生产质量管理规范等关于儿童化妆品质量安全的要求,并按照国家药品监督管理局的规定在产品标签上进行标注。

第三十七条 化妆品的标签存在下列情节轻微,不影响产品质量安全且不会对消费者造成误导的情形,可以认定为化妆品监督管理条例第六十一条第二款规定的标签瑕疵:

(一)文字、符号、数字的字号不规范,或者出现多字、漏字、错别字、非规范汉字的;

(二)使用期限、净含量的标注方式和格式不规范等的;

(三)化妆品标签不清晰难以辨认、识读的,或者部分印字脱落或者粘贴不牢的;

(四)化妆品成分名称不规范或者成分未按照配方含量的降序列出的;

(五)其他违反标签管理规定但不影响产品质量安全且不会对消费者造成误导的情形。

第三十八条 化妆品注册人、备案人、受托生产企业应当采取措施避免产品性状、外观形态等与食品、药品等产品相混淆,防止误食、误用。

生产、销售用于未成年人的玩具、用具等,应当依法标明注意事项,并采取措施防止产品被误用为儿童化妆品。

普通化妆品不得宣称特殊化妆品相关功效。

第四章 化妆品经营

第三十九条 化妆品经营者应当建立并执行进货查验记录制度,查验直接供货者的市场主体登记证明、特殊化妆品注册证或者普通化妆品备案信息、化妆品的产品质量检验合格证明并保存相关凭证,如实记录化妆品名称、特殊化妆品注册证编号或者普通化妆品备案编号、使用期限、净含量、购进数量、供货者名称、地址、联系方式、购进日期等内容。

第四十条 实行统一配送的化妆品经营者,可以由经营者总部统一建立并执行进货查验记录制度,按照本办法的规定,统一进行查验记录并保存相关凭证。经营者总部应当保证所属分店能提供所经营化妆品的相关记录和凭证。

第四十一条 美容美发机构、宾馆等在经营服务中使用化妆品或者为消费者提供化妆品的，应当依法履行化妆品监督管理条例以及本办法规定的化妆品经营者义务。

美容美发机构经营中使用的化妆品以及宾馆等为消费者提供的化妆品应当符合最小销售单元标签的规定。

美容美发机构应当在其服务场所内显著位置展示其经营使用的化妆品的销售包装，方便消费者查阅化妆品标签的全部信息，并按照化妆品标签或者说明书的要求，正确使用或者引导消费者正确使用化妆品。

第四十二条 化妆品集中交易市场开办者、展销会举办者应当建立保证化妆品质量安全的管理制度并有效实施，承担入场化妆品经营者管理责任，督促入场化妆品经营者依法履行义务，每年或者展销会期间至少组织开展一次化妆品质量安全知识培训。

化妆品集中交易市场开办者、展销会举办者应当建立入场化妆品经营者档案，审查入场化妆品经营者的市场主体登记证明，如实记录经营者名称或者姓名、联系方式、住所等信息。入场化妆品经营者档案信息应当及时核验更新，保证真实、准确、完整，保存期限不少于经营者在场内停止经营后 2 年。

化妆品展销会举办者应当在展销会举办前向所在地县级负责药品监督管理的部门报告展销会的时间、地点等基本信息。

第四十三条 化妆品集中交易市场开办者、展销会举办者应当建立化妆品检查制度，对经营者的经营条件以及化妆品质量安全状况进行检查。发现入场化妆品经营者有违反化妆品监督管理条例以及本办法规定行为的，应当及时制止，依照集中交易市场管理规定或者与经营者签订的协议进行处理，并向所在地县级负责药品监督管理的部门报告。

鼓励化妆品集中交易市场开办者、展销会举办者建立化妆品抽样检验、统一销售凭证格式等制度。

第四十四条 电子商务平台内化妆品经营者以及通过自建网站、其他网络服务经营化妆品的电子商务经营者应当在其经营活动主页面全面、真实、准确披露与化妆品注册或者备案资料一致的化妆品标签等信息。

第四十五条 化妆品电子商务平台经营者应当对申请入驻的平台内化妆品经营者进行实名登记，要求其提交身份、地址、联系方式等真实信息，进行核验、登记，建立登记档案，并至少每 6 个月核验更新一次。化妆品电子商务平台经营者对平台内化妆品经营者身份信息的保存时间自其退出平台之日起不少于 3 年。

第四十六条 化妆品电子商务平台经营者应当设置化妆品质量管理机构或者配备专兼职管理人员，建立平台内化妆品日常检查、违法行为制止及报告、投诉举报处理等化妆品质量安全管理制度并有效实施，加强对平台内化妆品经营者相关法规知识宣传。鼓励化妆品电子商务平台经营者开展抽样检验。

化妆品电子商务平台经营者应当依法承担平台内化妆品经营者管理责任，对平台内化妆品经营者的经营行为进行日常检查，督促平台内化妆品经营者依法履行化妆品监督管理条例以及本办法规定的义务。发现违法经营化妆品行为的，应当依法或者依据平台服务协议和交易规则采取删除、屏蔽、断开链接等必要措施及时制止，并报告所在地省、自治区、直辖市药品监督管理部门。

第四十七条 化妆品电子商务平台经营者收到化妆品不良反应信息、投诉举报信息的，应当记录并及时转交平台内化妆品经营者处理；涉及产品质量安全的重大信息，应当及时报告所在地省、自治区、直辖市药品监督管理部门。

负责药品监督管理的部门因监督检查、案件调查等工作需要，要求化妆品电子商务平台经营者依法提供相关信息的，化妆品电子商务平台经营者应当予以协助、配合。

第四十八条 化妆品电子商务平台经营者发现有下列严重违法行为的，应当立即停止向平台内化妆品经营者提供电子商务平台服务：

（一）因化妆品质量安全相关犯罪被人民法院判处刑罚的；

（二）因化妆品质量安全违法行为被公安机关拘留或者给予其他治安管理处罚的；

（三）被药品监督管理部门依法作出吊销许可证、责令停产停业等处罚的；

（四）其他严重违法行为。

因涉嫌化妆品质量安全犯罪被立案侦查或者提起公诉，且有证据证明可能危害人体健康的，化妆品电子商务平台经营者可以依法或者依据平台服务协议和交易规则暂停向平台内化妆品经营者提供电子商务平台服务。

化妆品电子商务平台经营者知道或者应当知道平台内化妆品经营者被依法禁止从事化妆品生产经营活动的，不得向其提供电子商务平台服务。

第四十九条 以免费试用、赠予、兑换等形式向消费者提供化妆品的，应当依法履行化妆品监督管理条例以及本办法规定的化妆品经营者义务。

第五章 监督管理

第五十条 负责药品监督管理的部门应当按照风险管理的原则，确定监督检查的重点品种、重点环节、检查方式和检查频次等,加强对化妆品生产经营者的监督检查。

必要时,负责药品监督管理的部门可以对化妆品原料、直接接触化妆品的包装材料的供应商、生产企业开展延伸检查。

第五十一条 国家药品监督管理局根据法律、法规、规章、强制性国家标准、技术规范等有关规定,制定国家化妆品生产质量管理规范检查要点等监督检查要点,明确监督检查的重点项目和一般项目,以及监督检查的判定原则。省、自治区、直辖市药品监督管理部门可以结合实际,细化、补充本行政区域化妆品监督检查要点。

第五十二条 国家药品监督管理局组织开展国家化妆品抽样检验。省、自治区、直辖市药品监督管理部门组织开展本行政区域内的化妆品抽样检验。设区的市级、县级人民政府负责药品监督的部门根据工作需要,可以组织开展本行政区域内的化妆品抽样检验。

对举报反映或者日常监督检查中发现问题较多的化妆品,以及通过不良反应监测、安全风险监测和评价等发现可能存在质量安全问题的化妆品,负责药品监督管理的部门可以进行专项抽样检验。

负责药品监督管理的部门应当按照规定及时公布化妆品抽样检验结果。

第五十三条 化妆品抽样检验结果不合格的,化妆品注册人、备案人应当依照化妆品监督管理条例第四十四条的规定,立即停止生产,召回已经上市销售的化妆品,通知相关经营者和消费者停止经营、使用,按照本办法第三十三条第二款的规定开展自查,并进行整改。

第五十四条 对抽样检验结论有异议申请复检的,申请人应当向复检机构先行支付复检费用。复检结论与初检结论一致的,复检费用由复检申请人承担。复检结论与初检结论不一致的,复检费用由实施抽样检验的药品监督管理部门承担。

第五十五条 化妆品不良反应报告遵循可疑即报的原则。国家药品监督管理局建立并完善化妆品不良反应监测制度和化妆品不良反应监测信息系统。

第五十六条 未经化妆品生产经营者同意,负责药品监督管理的部门、专业技术机构及其工作人员不得披露在监督检查中知悉的化妆品生产经营者的商业秘密,法律另有规定或者涉及国家安全、重大社会公共利益的除外。

第六章　法律责任

第五十七条 化妆品生产经营的违法行为,化妆品监督管理条例等法律法规已有规定的，依照其规定。

第五十八条 违反本办法第十七条、第十八条第一款、第十九条第一款，化妆品生产企业许可条件发生变化，或者需要变更许可证载明的事项，未按规定申请变更的，由原发证的药品监督管理部门责令改正，给予警告，并处1万元以上3万元以下罚款。

违反本办法第十九条第二款，质量安全负责人、预留的联系方式发生变化，未按规定报告的，由原发证的药品监督管理部门责令改正；拒不改正的，给予警告，并处5000元以下罚款。

化妆品生产企业生产的化妆品不属于化妆品生产许可证上载明的许可项目划分单元，未经许可擅自迁址，或者化妆品生产许可有效期届满且未获得延续许可的，视为未经许可从事化妆品生产活动。

第五十九条 监督检查中发现化妆品注册人、备案人、受托生产企业违反化妆品生产质量管理规范检查要点，未按照化妆品生产质量管理规范的要求组织生产的，由负责药品监督管理的部门依照化妆品监督管理条例第六十条第三项的规定处罚。

监督检查中发现化妆品注册人、备案人、受托生产企业违反国家化妆品生产质量管理规范检查要点中一般项目规定，违法行为轻微并及时改正，没有造成危害后果的，不予行政处罚。

第六十条 违反本办法第四十二条第三款，展销会举办者未按要求向所在地负责药品监督管理的部门报告展销会基本信息的，由负责药品监督管理的部门责令改正，给予警告；拒不改正的，处5000元以上3万元以下罚款。

第六十一条 有下列情形之一的，属于化妆品监督管理条例规定的情节严重情形：

（一）使用禁止用于化妆品生产的原料、应当注册但未经注册的新原料生产儿童化妆品，或者在儿童化妆品中非法添加可能危害人体健康的物质；

（二）故意提供虚假信息或者隐瞒真实情况；

（三）拒绝、逃避监督检查；

（四）因化妆品违法行为受到行政处罚后1年内又实施同一性质的违法行为，或者因违反化妆品质量安全法律、法规受到刑事处罚后又实施化妆品质量安全违法行为；

（五）其他情节严重的情形。

对情节严重的违法行为处以罚款时，应当依法从重从严。

第六十二条 化妆品生产经营者违反法律、法规、规章、强制性国家标准、技术规范，属于初次违法且危害后果轻微并及时改正的，可以不予行政处罚。

当事人有证据足以证明没有主观过错的，不予行政处罚。法律、行政法规另有规定的，从其规定。

第七章　附　　则

第六十三条　配制、填充、灌装化妆品内容物，应当取得化妆品生产许可证。标注标签的生产工序，应当在完成最后一道接触化妆品内容物生产工序的化妆品生产企业内完成。

第六十四条　化妆品监督管理条例第六十条第二项规定的化妆品注册、备案资料载明的技术要求，是指对化妆品质量安全有实质性影响的技术性要求。

第六十五条　化妆品生产许可证编号的编排方式为：X 妆 XXXXXXXX。其中，第一位 X 代表许可部门所在省、自治区、直辖市的简称，第二位到第五位 X 代表 4 位数许可年份，第六位到第九位 X 代表 4 位数许可流水号。

第六十六条　本办法自 2022 年 1 月 1 日起施行。

交通运输部关于修改《老旧运输船舶管理规定》的决定

（2021 年 8 月 11 日交通运输部令 2021 年第 13 号公布　自公布之日起施行　国司备字[2021004517]）

交通运输部决定对《老旧运输船舶管理规定》（交通运输部令 2017 年第 16 号）作如下修改：

删去第三十五条。

条文序号和个别文字作相应调整。

本决定自公布之日起施行。

《老旧运输船舶管理规定》根据本决定作相应修正，重新发布。

老旧运输船舶管理规定

（2006年7月5日交通部令2006年第8号发布　根据2009年11月30日《交通运输部关于修改〈老旧运输船舶管理规定〉的决定》第一次修正　根据2014年9月5日《交通运输部关于修改〈老旧运输船舶管理规定〉的决定》第二次修正　根据2017年5月23日《交通运输部关于修改〈老旧运输船舶管理规定〉的决定》第三次修正　根据2021年8月11日《交通运输部关于修改〈老旧运输船舶管理规定〉的决定》第四次修正）

第一章　总　　则

第一条　为加强老旧运输船舶管理，优化水路运力结构，提高船舶技术水平，保障水路运输安全，促进水路运输事业健康发展，根据《国内水路运输管理条例》，制定本规定。

第二条　本规定适用于拥有中华人民共和国国籍，从事水路运输的海船和河船。

第三条　本规定中下列用语的含义是：

（一）船龄，是指船舶自建造完工之日起至现今的年限；

（二）购置、光租外国籍船船龄，是指船舶自建造完工之日起至国务院商务主管部门或其授权的部门和机构签发的《机电产品进口许可证》或《自动进口许可证》签发之日的年限；

（三）老旧运输船舶，是指船龄在本规定第四条、第五条规定的最低船龄以上的运输船舶；

（四）报废船舶，是指永久不能从事水路运输的船舶；

（五）废钢船，是指永久不能从事水路运输的钢质船舶；

（六）单壳油船，是指未设有符合国内船舶检验规范规定的双层底舱和双层边舱的油船（含油驳）。

第四条　老旧海船分为以下类型：

（一）船龄在10年以上的高速客船，为一类老旧海船；

（二）船龄在10年以上的客滚船、客货船、客渡船、客货渡船（包括旅客列车轮渡）、旅游船、客船，为二类老旧海船；

（三）船龄在12年以上的油船（包括沥青船）、散装化学品船、液化气船，为三类老旧海船；

（四）船龄在18年以上的散货船、矿砂船，为四类老旧海船；

（五）船龄在20年以上的货滚船、散装水泥船、冷藏船、杂货船、多用途船、集装箱船、木材船、拖轮、推轮、驳船等，为五类老旧海船。

第五条 老旧河船分为以下类型：

（一）船龄在10年以上的高速客船，为一类老旧河船；

（二）船龄在10年以上的客滚船、客货船、客渡船、客货渡船（包括旅客列车轮渡）、旅游船、客船，为二类老旧河船；

（三）船龄在16年以上的油船（包括沥青船）、散装化学品船、液化气船，为三类老旧河船；

（四）船龄在18年以上的散货船、矿砂船，为四类老旧河船；

（五）船龄在20年以上的货滚船、散装水泥船、冷藏船、杂货船、多用途船、集装箱船、木材船、拖轮、推轮、驳船（包括油驳）等，为五类老旧河船。

第六条 国家对老旧运输船舶实行分类技术监督管理制度，对已达到强制报废船龄的运输船舶实施强制报废制度。

第七条 根据本规定和其他有关规定，交通运输部对全国老旧运输船舶的市场准入和营运进行管理，县级以上地方人民政府交通运输主管部门或者负责水路运输管理的机构（以下统称水路运输管理部门）实施本行政区域的老旧运输船舶的市场准入和营运管理工作。

海事管理机构根据有关法律、行政法规和本规定对老旧运输船舶实施安全监督管理。

第二章 船舶购置、光租、改建管理

第八条 购置外国籍船舶或者以光船租赁条件租赁外国籍船舶从事水路运输，船舶必须符合本规定附录规定的购置、光租外国籍船舶的船龄要求，其船体、主要机电设备和安全、防污染设备等应当符合船舶法定检验技术规则。

购置、光租外国籍油船，其船体应当符合《经1978年议定书修订的1973年国际防止船舶造成污染公约》附则I《防止油类污染规则》规定的要求。

第九条 本规定所称购置外国籍船舶、以光船租赁条件租赁外国籍船舶，包括已经从国外购置或者以光船租赁条件租赁，但尚未在中国取得合法船舶检验证书、船舶国籍证书的外国籍船舶，以及通过拍卖方式购置的外国籍船舶。

第十条 任何组织和个人不得购置外国籍废钢船从事水路运输，也不得以光船租赁条件租赁外国籍废钢船从事水路运输。

第十一条 超过本规定报废船龄的外国籍船舶不得从事国内水路运输。

第十二条 根据运力供求情况和保障运输安全的需要，交通运输部可以决定在特定的旅客运输航线和散装液体危险货物运输航线、水域暂停购置或者光租外国籍一、二、三类船舶从事水路运输。

第十三条 购置外国籍船舶或者以光船租赁条件租赁外国籍船舶改为中国籍船舶经营水路运输，购置人、承租人应当了解船舶的船龄和技术状况，并按下列程序办理有关手续：

（一）购置或者光租外国籍一、二、三类船舶前，应当按照国家有关规定向设区的市级人民政府水路运输管理部门提出增加运力的申请，并报经具有许可权限的部门批准；购置或者光租外国籍四、五类船舶，应当按有关规定在签订购置或者光租意向后15个工作日内向所在地设区的市级人民政府水路运输管理部门备案；

（二）购置外国籍船舶或者以光船租赁条件租赁外国籍船舶后，应依法向海事管理机构认可的船舶检验机构申请初次检验，取得其签发的船舶检验证书；

（三）购置外国籍船舶或者以光船租赁条件租赁外国籍船舶取得船舶检验证书后，应依法向海事管理机构申请船舶登记、光船租赁登记，取得其签发的船舶所有权登记证书、船舶国籍证书或者光船租赁登记证明书及临时船舶国籍证书；

（四）购置外国籍船舶或者以光船租赁条件租赁外国籍船舶取得船舶国籍证书或者光船租赁登记证明书及临时船舶国籍证书后，经营国内水路运输的，应当按有关规定申领并取得船舶营运证；经营国际运输的，于投入运营前15日向交通运输部备案。交通运输部应当自收到备案材料之日起3日内出具备案证明书。

第十四条 船舶检验机构应当严格按照有关船舶法定检验技术规则和本规定对购置的外国籍船舶或者以光船租赁条件租赁的外国籍船舶进行检验。

第十五条 船舶登记机关应当严格按照有关船舶登记规定和本规定对购置的外国籍船舶或者以光船租赁条件租赁的外国籍船舶进行登记。

第十六条 交通运输部和水路运输管理部门应当按国家有关水路运输经营管理规定和本规定对经营水路运输的申请进行审核，符合条件的，发给船舶营运证或者国际船舶备案证明书。

第十七条 四类、五类船舶不得改为一类、二类、三类船舶从事水路运输，三类船舶之间不得相互改建从事水路运输。

第十八条 改建一、二、三类老旧运输船舶,应当按运力变更的规定报原许可机关批准。

改建老旧运输船舶,必须向海事管理机构认可的船舶检验机构申请建造检验。

船舶检验机构对改建的老旧运输船舶签发船舶检验证书,应当注明改建日期,但不得改变船舶建造日期。

第十九条 老旧运输船舶经过改建,与改建前不属本规定的同一船舶类型的,其特别定期检验船龄、强制报废船龄适用于改建后老旧运输船舶类型的规定。

第三章 船舶营运管理

第二十条 船舶所有人或者经营人应采取有效措施,加强老旧运输船舶的跟踪管理,适当缩短船舶设备检修、养护检查周期和各种电气装置的绝缘电阻测量周期,严禁失修失养。

第二十一条 船舶所有人或者经营人改变老旧运输船舶的用途或航区,必须向海事管理机构认可的船舶检验机构申请临时检验,核定载重线和乘客定额、船舶构造及设备的安全性能,必要时重新丈量总吨位和净吨位。

第二十二条 海事管理机构在现场监督检查时,发现从事国内运输的老旧运输船舶不能提供有效的船舶营运证件的,应当通知船舶经营人所在地设区的市级人民政府水路运输管理部门依法处理。

第二十三条 海事管理机构应当对从事国际运输的中国籍老旧运输船舶和进出我国港口的达到本规定老旧船舶年限的外国籍运输船舶加强监督检查。

第二十四条 对处于不适航状态或者有其他妨碍、可能妨碍水上交通安全的老旧运输船舶,海事管理机构依照有关法律、行政法规的规定禁止其进港、离港,或责令其停航、改航、驶向指定地点。

第二十五条 船舶所有人或者经营人应当按照国家有关规定,向海事管理机构认可的船舶检验机构申请对营运中的老旧运输船舶定期检验。经检验不合格的,不得经营水路运输。

第二十六条 老旧运输船舶达到本规定附录规定的特别定期检验的船龄,继续经营水路运输的,船舶所有人或经营人应当在达到特别定期检验船龄的前后半年内向海事管理机构认可的船舶检验机构申请特别定期检验,取得相应的船舶检验证书,并报船舶营运证或者国际船舶备案证明书的发证机关备案。

第二十七条 经特别定期检验合格、继续经营水路运输的老旧运输船舶，船舶所有人或者经营人应当自首次特别定期检验届满一年后每年申请一次特别定期检验，取得相应的船舶检验证书，并报船舶营运证或者国际船舶备案证明书的发证机关备案。

交通运输部和水路运输管理部门发现老旧运输船舶的技术状况可能影响航行安全的，应当通知海事管理机构。

老旧运输船舶的技术状况可能影响航行安全的，海事管理机构应当责成船舶所有人或经营人向船舶检验机构申请临时检验。

第二十八条 未按本规定第二十六条、第二十七条的规定申请特别定期检验或者经特别定期检验不合格的老旧运输船舶，应予以报废。

第二十九条 达到本规定附录规定的强制报废船龄的船舶，应予以报废。

船舶检验证书、船舶营运证的有效期最长不得超过本规定附录规定的船舶强制报废船龄的日期。

第三十条 船舶报废后，其船舶营运证或者国际船舶备案证明书自报废之日起失效，船舶所有人或者经营人应在船舶报废之日起十五日内将船舶营运证或者国际船舶备案证明书交回原发证机关予以注销。其船舶检验证书由原发证机关加注“不得从事水路运输”字样。

第三十一条 禁止使用已经报废的船舶从事水路运输。

禁止使用报废船舶的设备及其他零部件拼装运输船舶从事水路运输。

第三十二条 报废船舶改作趸船、水上娱乐设施以及其他非运输设施，应符合国家有关规定。

第四章 监督和处罚

第三十三条 交通运输部和水路运输管理部门、海事管理机构应当按照有关法律、行政法规、规章的规定，对老旧运输船舶进行监督检查。

老旧运输船舶所有人或者经营人应当接受交通运输部和水路运输管理部门、海事管理机构依法进行的监督检查，如实提交有关证书、资料或者情况，不得拒绝、隐匿或者弄虚作假。

第三十四条 老旧运输船舶所有人或者经营人违反本规定第十三条第（四）项的规定，使用未取得船舶营运证的船舶从事水路运输的，按《国内水路运输管理条例》第三十四条第一款的规定给予行政处罚。

第三十五条 船舶所有人或者经营人违反本规定有关船舶登记、检验规定的，由海事管理机构按有关法律、行政法规、规章规定给予行政处罚。

第三十六条 交通运输部和水路运输管理部门、海事管理机构的工作人员玩忽职守、徇私舞弊、滥用职权的，依法给予行政处分。

第五章 附 则

第三十七条 为满足保护国家利益和加强安全管理的需要，交通运输部可以对本规定的有关船龄进行临时调整。

第三十八条 为保护水域环境，对已投入营运但未达到强制报废船龄的单壳油船实行限期淘汰。具体时间和实施范围由交通运输部另行公布。

第三十九条 仅从事水上工程作业的船舶，以及仅从事港区内作业的拖船、工作船等船舶，不适用本规定。

以上船舶和其他非营运船舶从事水路运输时，适用本规定。

第四十条 对从事中国港口至外国港口间运输的一、二类船舶，需要对船龄作出限制规定的，由双边商定。

第四十一条 本规定自2006年8月1日起施行。2001年4月9日交通部公布的《老旧运输船舶管理规定》（交通部令2001年第2号）同时废止。

附录一

海船船龄标准

船舶类别	购置、光租外国籍船船龄	特别定期检验船龄	强制报废船龄
一类船舶	10年以下	18年以上	25年以上
二类船舶	10年以下	24年以上	30年以上
三类船舶	12年以下	26年以上	31年以上
四类船舶	18年以下	28年以上	33年以上
五类船舶	20年以下	29年以上	34年以上

附录二

河船船龄标准

船舶类别	购置、光租外国籍船船龄	特别定期检验船龄	强制报废船龄
一类船舶	10 年以下	18 年以上	25 年以上
二类船舶	10 年以下	24 年以上	30 年以上
三类船舶	16 年以下	26 年以上	31 年以上
四类船舶	18 年以下	28 年以上	33 年以上
其中黑龙江水系船舶	18 年以下	33 年以上	39 年以上
五类船舶	20 年以下	29 年以上	35 年以上
其中黑龙江水系船舶	20 年以下	35 年以上	41 年以上

交通运输部关于废止 3 件交通运输规章的决定

（2021 年 8 月 11 日交通运输部令 2021 年第 21 号公布　自公布之日起施行　国司备字[2021004639]）

交通运输部决定废止下列 3 件交通运输规章：

序号	发布机关	规章名称	发布文号	发布日期
1	交通部	水运工程施工监理规定（试行）	交基发〔1994〕840 号 交通运输部令 2015 年第 14 号修正	1994 年 8 月 30 日
2	交通部	公路工程施工监理办法	交工发〔1992〕378 号	1992 年 5 月 16 日
3	交通部	海上移动通信业务标识管理办法	交通部令 1993 年第 7 号	1993 年 12 月 24 日

本决定自公布之日起施行。

交通运输部关于修改《机动车维修管理规定》的决定

（2021 年 8 月 11 日交通运输部令 2021 年第 18 号公布　自公布之日起施行　国司备字[2021004638]）

交通运输部决定对《机动车维修管理规定》（交通运输部令 2019 年第 20 号）作如下修改：

删去第五十三条中的“限期整改不合格的，予以通报”。

本决定自公布之日起施行。

《机动车维修管理规定》根据本决定作相应修正，重新发布。

机动车维修管理规定

（2005 年 6 月 24 日交通部令 2005 年第 7 号发布　根据 2015 年 8 月 8 日《交通运输部关于修改〈机动车维修管理规定〉的决定》第一次修正　根据 2016 年 4 月 19 日《交通运输部关于修改〈机动车维修管理规定〉的决定》第二次修正　根据 2019 年 6 月 21 日《交通运输部关于修改〈机动车维修管理规定〉的决定》第三次修正　根据 2021 年 8 月 11 日《交通运输部关于修改〈机动车维修管理规定〉的决定》第四次修正）

第一章　总　　则

第一条　为规范机动车维修经营活动，维护机动车维修市场秩序，保护机动车维修各方当事人的合法权益，保障机动车运行安全，保护环境，节约能源，促进机动车维修业的健康发展，根据《中华人民共和国道路运输条例》及有关法律、行政法规的规定，制定本规定。

第二条　从事机动车维修经营的，应当遵守本规定。

本规定所称机动车维修经营，是指以维持或者恢复机动车技术状况和正常功能，延长机动车使用寿命为作业任务所进行的维护、修理以及维修救援等相关经营活动。

第三条 机动车维修经营者应当依法经营，诚实信用，公平竞争，优质服务，落实安全生产主体责任和维修质量主体责任。

第四条 机动车维修管理，应当公平、公正、公开和便民。

第五条 任何单位和个人不得封锁或者垄断机动车维修市场。

托修方有权自主选择维修经营者进行维修。除汽车生产厂家履行缺陷汽车产品召回、汽车质量“三包”责任外，任何单位和个人不得强制或者变相强制指定维修经营者。

鼓励机动车维修企业实行集约化、专业化、连锁经营，促进机动车维修业的合理分工和协调发展。

鼓励推广应用机动车维修环保、节能、不解体检测和故障诊断技术，推进行业信息化建设和救援、维修服务网络化建设，提高机动车维修行业整体素质，满足社会需要。

鼓励机动车维修企业优先选用具备机动车检测维修国家职业资格的人员，并加强技术培训，提升从业人员素质。

第六条 交通运输部主管全国机动车维修管理工作。

县级以上地方人民政府交通运输主管部门负责组织领导本行政区域的机动车维修管理工作。

县级以上道路运输管理机构负责具体实施本行政区域内的机动车维修管理工作。

第二章 经营备案

第七条 从事机动车维修经营业务的，应当在依法向市场监督管理机构办理有关登记手续后，向所在地县级道路运输管理机构进行备案。

道路运输管理机构应当按照《中华人民共和国道路运输条例》和本规定实施机动车维修经营备案。道路运输管理机构不得向机动车维修经营者收取备案相关费用。

第八条 机动车维修经营依据维修车型种类、服务能力和经营项目实行分类备案。

机动车维修经营业务根据维修对象分为汽车维修经营业务、危险货物运输车辆维修经营业务、摩托车维修经营业务和其他机动车维修经营业务四类。

汽车维修经营业务、其他机动车维修经营业务根据经营项目和服务能力分为一类维修经营业务、二类维修经营业务和三类维修经营业务。

摩托车维修经营业务根据经营项目和服务能力分为一类维修经营业务和二类维修经营业务。

第九条 一类、二类汽车维修经营业务或者其他机动车维修经营业务，可以从事相应车型的整车修理、总成修理、整车维护、小修、维修救援、专项修理和维修竣工检验工作；三类汽车维修经营业务（含汽车综合小修）、三类其他机动车维修经营业务，可以分别从事汽车综合小修或者发动机维修、车身维修、电气系统维修、自动变速器维修、轮胎动平衡及修补、四轮定位检测调整、汽车润滑与养护、喷油泵和喷油器维修、曲轴修磨、气缸镗磨、散热器维修、空调维修、汽车美容装潢、汽车玻璃安装及修复等汽车专项维修工作。具体有关经营项目按照《汽车维修业开业条件》（GB/T 16739）相关条款的规定执行。

第十条 一类摩托车维修经营业务，可以从事摩托车整车修理、总成修理、整车维护、小修、专项修理和竣工检验工作；二类摩托车维修经营业务，可以从事摩托车维护、小修和专项修理工作。

第十一条 危险货物运输车辆维修经营业务，除可以从事危险货物运输车辆维修经营业务外，还可以从事一类汽车维修经营业务。

第十二条 从事汽车维修经营业务或者其他机动车维修经营业务的，应当符合下列条件：

（一）有与其经营业务相适应的维修车辆停车场和生产厂房。租用的场地应当有书面的租赁合同，且租赁期限不得少于 1 年。停车场和生产厂房面积按照国家标准《汽车维修业开业条件》（GB/T 16739）相关条款的规定执行。

（二）有与其经营业务相适应的设备、设施。所配备的计量设备应当符合国家有关技术标准要求，并经法定检定机构检定合格。从事汽车维修经营业务的设备、设施的具体要求按照国家标准《汽车维修业开业条件》（GB/T 16739）相关条款的规定执行；从事其他机动车维修经营业务的设备、设施的具体要求，参照国家标准《汽车维修业开业条件》（GB/T 16739）执行，但所配备设施、设备应与其维修车型相适应。

（三）有必要的技术人员：

1. 从事一类和二类维修业务的应当各配备至少 1 名技术负责人员、质量检验人员、业务接待人员以及从事机修、电器、钣金、涂漆的维修技术人员。技术负责人员应当熟悉汽车或者其他机动车维修业务，并掌握汽车或者其他机动车维修及相关政策法规和技术规范；质量检验人员应当熟悉各类汽车或者其他机动车维修检测作业规范，掌握汽车或者其他机动车维修故障诊断和质量检验的相关技术，熟悉汽车或者其他机动车维修服务收费标准及相关政策法规和技术规范，并持有与承修车型种类相适应的机动车驾驶证；从事机修、电器、钣金、涂漆的维修技术人员应当熟悉所从事工种的维修技术和操作规范，并了解汽车或者其他机动车维修及相关政策法规。各类技术人员的配备要求按照《汽车维修业开业条件》(GB/T 16739)相关条款的规定执行。

2. 从事三类维修业务的，按照其经营项目分别配备相应的机修、电器、钣金、涂漆的维修技术人员；从事汽车综合小修、发动机维修、车身维修、电气系统维修、自动变速器维修的，还应当配备技术负责人员和质量检验人员。各类技术人员的配备要求按照国家标准《汽车维修业开业条件》(GB/T 16739)相关条款的规定执行。

(四)有健全的维修管理制度。包括质量管理制度、安全生产管理制度、车辆维修档案管理制度、人员培训制度、设备管理制度及配件管理制度。具体要求按照国家标准《汽车维修业开业条件》(GB/T 16739)相关条款的规定执行。

(五)有必要的环境保护措施。具体要求按照国家标准《汽车维修业开业条件》(GB/T 16739)相关条款的规定执行。

第十三条 从事危险货物运输车辆维修的汽车维修经营者，除具备汽车维修经营一类维修经营业务的条件外，还应当具备下列条件：

(一)有与其作业内容相适应的专用维修车间和设备、设施，并设置明显的指示性标志；

(二)有完善的突发事件应急预案，应急预案包括报告程序、应急指挥以及处置措施等内容；

(三)有相应的安全管理人员；

(四)有齐全的安全操作规程。

本规定所称危险货物运输车辆维修，是指对运输易燃、易爆、腐蚀、放射性、剧毒等性质货物的机动车维修，不包含对危险货物运输车辆罐体的维修。

第十四条 从事摩托车维修经营的，应当符合下列条件：

(一)有与其经营业务相适应的摩托车维修停车场和生产厂房。租用的场地应有书面的租赁合同，且租赁期限不得少于1年。停车场和生产厂房的面积按照国家标准《摩托车维修业开业条件》(GB/T 18189)相关条款的规定执行。

(二)有与其经营业务相适应的设备、设施。所配备的计量设备应符合国家有关技术标准要求，并经法定检定机构检定合格。具体要求按照国家标准《摩托车维修业开业条件》(GB/T 18189)相关条款的规定执行。

(三)有必要的技术人员：

1. 从事一类维修业务的应当至少有1名质量检验人员。质量检验人员应当熟悉各类摩托车维修检测作业规范，掌握摩托车维修故障诊断和质量检验的相关技术，熟悉摩托车维修服务收费标准及相关政策法规和技术规范。

2. 按照其经营业务分别配备相应的机修、电器、钣金、涂漆的维修技术人员。机修、电器、钣金、涂漆的维修技术人员应当熟悉所从事工种的维修技术和操作规范，并了解摩托车维修及相关政策法规。

（四）有健全的维修管理制度。包括质量管理制度、安全生产管理制度、摩托车维修档案管理制度、人员培训制度、设备管理制度及配件管理制度。具体要求按照国家标准《摩托车维修业开业条件》（GB/T 18189）相关条款的规定执行。

（五）有必要的环境保护措施。具体要求按照国家标准《摩托车维修业开业条件》（GB/T 18189）相关条款的规定执行。

第十五条　从事机动车维修经营的，应当向所在地的县级道路运输管理机构进行备案，提交《机动车维修经营备案表》（见附件 1），并附送符合本规定第十二条、第十三条、第十四条规定条件的下列材料，保证材料真实完整：

（一）维修经营者的营业执照复印件；

（二）经营场地（含生产厂房和业务接待室）、停车场面积材料、土地使用权及产权证明等相关材料；

（三）技术人员汇总表，以及各相关人员的学历、技术职称或职业资格证明等相关材料；

（四）维修设备设施汇总表，维修检测设备及计量设备检定合格证明等相关材料；

（五）维修管理制度等相关材料；

（六）环境保护措施等相关材料。

第十六条　从事机动车维修连锁经营服务的，其机动车维修连锁经营企业总部应先完成备案。

机动车维修连锁经营服务网点可由机动车维修连锁经营企业总部向连锁经营服务网点所在地县级道路运输管理机构进行备案，提交《机动车维修经营备案表》，附送下列材料，并对材料真实性承担相应的法律责任：

（一）连锁经营协议书副本；

（二）连锁经营的作业标准和管理手册；

（三）连锁经营服务网点符合机动车维修经营相应条件的承诺书。

连锁经营服务网点的备案经营项目应当在机动车维修连锁经营企业总部备案经营项目范围内。

第十七条　道路运输管理机构收到备案材料后，对材料齐全且符合备案要求的应当予以备案，并编号归档；对材料不全或者不符合备案要求的，应当场或者自收到备案材料之日起5日内一次性书面通知备案人需要补充的全部内容。

第十八条 机动车维修经营者名称、法定代表人、经营范围、经营地址等备案事项发生变化的,应当向原办理备案的道路运输管理机构办理备案变更。

机动车维修经营者需要终止经营的,应当在终止经营前30日告知原备案机构。

第十九条 道路运输管理机构应当向社会公布已备案的机动车维修经营者名单并及时更新,便于社会查询和监督。

第三章 维修经营

第二十条 机动车维修经营者应当按照备案的经营范围开展维修服务。

第二十一条 机动车维修经营者应当将《机动车维修标志牌》(见附件2)悬挂在经营场所的醒目位置。

《机动车维修标志牌》由机动车维修经营者按照统一式样和要求自行制作。

第二十二条 机动车维修经营者不得擅自改装机动车,不得承修已报废的机动车,不得利用配件拼装机动车。

托修方要改变机动车车身颜色,更换发动机、车身和车架的,应当按照有关法律、法规的规定办理相关手续,机动车维修经营者在查看相关手续后方可承修。

第二十三条 机动车维修经营者应当加强对从业人员的安全教育和职业道德教育,确保安全生产。

机动车维修从业人员应当执行机动车维修安全生产操作规程,不得违章作业。

第二十四条 机动车维修产生的废弃物,应当按照国家的有关规定进行处理。

第二十五条 机动车维修经营者应当公布机动车维修工时定额和收费标准,合理收取费用。

机动车维修工时定额可按各省机动车维修协会等行业中介组织统一制定的标准执行,也可按机动车维修经营者报所在地道路运输管理机构备案后的标准执行,也可按机动车生产厂家公布的标准执行。当上述标准不一致时,优先适用机动车维修经营者备案的标准。

机动车维修经营者应当将其执行的机动车维修工时单价标准报所在地道路运输管理机构备案。

机动车生产、进口企业应当在新车型投放市场后六个月内,向社会公布其生产、进口机动车车型的维修技术信息和工时定额。具体要求按照国家有关部门关于汽车维修技术信息公开的规定执行。

第二十六条 机动车维修经营者应当使用规定的结算票据，并向托修方交付维修结算清单，作为托修方追责依据。维修结算清单中，工时费与材料费应当分项计算。维修结算清单应当符合交通运输部有关标准要求，维修结算清单内容应包括托修方信息、承修方信息、维修费用明细单等。

机动车维修经营者不出具规定的结算票据和结算清单的，托修方有权拒绝支付费用。

第二十七条 机动车维修经营者应当按照规定，向道路运输管理机构报送统计资料。

道路运输管理机构应当为机动车维修经营者保守商业秘密。

第二十八条 机动车维修连锁经营企业总部应当按照统一采购、统一配送、统一标识、统一经营方针、统一服务规范和价格的要求，建立连锁经营的作业标准和管理手册，加强对连锁经营服务网点经营行为的监管和约束，杜绝不规范的商业行为。

第四章 质量管理

第二十九条 机动车维修经营者应当按照国家、行业或者地方的维修标准规范和机动车生产、进口企业公开的维修技术信息进行维修。尚无标准或规范的，可参照机动车生产企业提供的维修手册、使用说明书和有关技术资料进行维修。

机动车维修经营者不得通过临时更换机动车污染控制装置、破坏机动车车载排放诊断系统等维修作业，使机动车通过排放检验。

第三十条 机动车维修经营者不得使用假冒伪劣配件维修机动车。

机动车维修配件实行追溯制度。机动车维修经营者应当记录配件采购、使用信息，查验产品合格证等相关证明，并按规定留存配件来源凭证。

托修方、维修经营者可以使用同质配件维修机动车。同质配件是指，产品质量等同或者高于装车零部件标准要求，且具有良好装车性能的配件。

机动车维修经营者对于换下的配件、总成，应当交托修方自行处理。

机动车维修经营者应当将原厂配件、同质配件和修复配件分别标识，明码标价，供用户选择。

第三十一条 机动车维修经营者对机动车进行二级维护、总成修理、整车修理的，应当实行维修前诊断检验、维修过程检验和竣工质量检验制度。

承担机动车维修竣工质量检验的机动车维修企业或机动车综合性能检测

机构应当使用符合有关标准并在检定有效期内的设备，按照有关标准进行检测，如实提供检测结果证明，并对检测结果承担法律责任。

第三十二条 机动车维修竣工质量检验合格的，维修质量检验人员应当签发《机动车维修竣工出厂合格证》（见附件3）；未签发机动车维修竣工出厂合格证的机动车，不得交付使用，车主可以拒绝交费或接车。

第三十三条 机动车维修经营者应当建立机动车维修档案，并实行档案电子化管理。维修档案应当包括：维修合同（托修单）、维修项目、维修人员及维修结算清单等。对机动车进行二级维护、总成修理、整车修理的，维修档案还应当包括：质量检验单、质量检验人员、竣工出厂合格证（副本）等。

机动车维修经营者应当按照规定如实填报、及时上传承修机动车的维修电子数据记录至国家有关汽车维修电子健康档案系统。机动车生产厂家或者第三方开发、提供机动车维修服务管理系统的，应当向汽车维修电子健康档案系统开放相应数据接口。

机动车托修方有权查阅机动车维修档案。

第三十四条 道路运输管理机构应当加强机动车维修从业人员管理，建立健全从业人员信用档案，加强从业人员诚信监管。

机动车维修经营者应当加强从业人员从业行为管理，促进从业人员诚信、规范从业维修。

第三十五条 道路运输管理机构应当加强对机动车维修经营的质量监督和管理，采用定期检查、随机抽样检测检验的方法，对机动车维修经营者维修质量进行监督。

道路运输管理机构可以委托具有法定资格的机动车维修质量监督检验单位，对机动车维修质量进行监督检验。

第三十六条 机动车维修实行竣工出厂质量保证期制度。

汽车和危险货物运输车辆整车修理或总成修理质量保证期为车辆行驶20000公里或者100日；二级维护质量保证期为车辆行驶5000公里或者30日；一级维护、小修及专项修理质量保证期为车辆行驶2000公里或者10日。

摩托车整车修理或者总成修理质量保证期为摩托车行驶7000公里或者80日；维护、小修及专项修理质量保证期为摩托车行驶800公里或者10日。

其他机动车整车修理或者总成修理质量保证期为机动车行驶6000公里或者60日；维护、小修及专项修理质量保证期为机动车行驶700公里或者7日。

质量保证期中行驶里程和日期指标，以先达到者为准。

机动车维修质量保证期，从维修竣工出厂之日起计算。

第三十七条 在质量保证期和承诺的质量保证期内，因维修质量原因造成机动车无法正常使用，且承修方在3日内不能或者无法提供因非维修原因而造成机动车无法使用的相关证据的，机动车维修经营者应当及时无偿返修，不得故意拖延或者无理拒绝。

在质量保证期内，机动车因同一故障或维修项目经两次修理仍不能正常使用的，机动车维修经营者应当负责联系其他机动车维修经营者，并承担相应修理费用。

第三十八条 机动车维修经营者应当公示承诺的机动车维修质量保证期。所承诺的质量保证期不得低于第三十六条的规定。

第三十九条 道路运输管理机构应当受理机动车维修质量投诉，积极按照维修合同约定和相关规定调解维修质量纠纷。

第四十条 机动车维修质量纠纷双方当事人均有保护当事车辆原始状态的义务。必要时可拆检车辆有关部位，但双方当事人应同时在场，共同认可拆检情况。

第四十一条 对机动车维修质量的责任认定需要进行技术分析和鉴定，且承修方和托修方共同要求道路运输管理机构出面协调的，道路运输管理机构应当组织专家组或委托具有法定检测资格的检测机构作出技术分析和鉴定。鉴定费用由责任方承担。

第四十二条 对机动车维修经营者实行质量信誉考核制度。机动车维修质量信誉考核办法另行制定。

机动车维修质量信誉考核内容应当包括经营者基本情况、经营业绩（含奖励情况）、不良记录等。

第四十三条 道路运输管理机构应当采集机动车维修企业信用信息，并建立机动车维修企业信用档案，除涉及国家秘密、商业秘密外，应当依法公开，供公众查阅。机动车维修质量信誉考核结果、汽车维修电子健康档案系统维修电子数据记录上传情况及车主评价、投诉和处理情况是机动车维修信用档案的重要组成部分。

第四十四条 建立机动车维修经营者和从业人员黑名单制度，县级道路运输管理机构负责认定机动车维修经营者和从业人员黑名单，具体办法由交通运输部另行制定。

第五章 监督检查

第四十五条 道路运输管理机构应当加强对机动车维修经营活动的监督检查。

道路运输管理机构应当依法履行对维修经营者的监管职责，对维修经营者是否依法备案或者备案事项是否属实进行监督检查。

道路运输管理机构的工作人员应当严格按照职责权限和程序进行监督检查，不得滥用职权、徇私舞弊，不得乱收费、乱罚款。

第四十六条 道路运输管理机构应当积极运用信息化技术手段，科学、高效地开展机动车维修管理工作。

第四十七条 道路运输管理机构的执法人员在机动车维修经营场所实施监督检查时，应当有2名以上人员参加，并向当事人出示交通运输部监制的交通行政执法证件。

道路运输管理机构实施监督检查时，可以采取下列措施：

（一）询问当事人或者有关人员，并要求其提供有关资料；

（二）查询、复制与违法行为有关的维修台帐、票据、凭证、文件及其他资料，核对与违法行为有关的技术资料；

（三）在违法行为发现场所进行摄影、摄像取证；

（四）检查与违法行为有关的维修设备及相关机具的有关情况。

检查的情况和处理结果应当记录，并按照规定归档。当事人有权查阅监督检查记录。

第四十八条 从事机动车维修经营活动的单位和个人，应当自觉接受道路运输管理机构及其工作人员的检查，如实反映情况，提供有关资料。

第六章 法律责任

第四十九条 违反本规定，从事机动车维修经营业务，未按规定进行备案的，由县级以上道路运输管理机构责令改正；拒不改正的，处5000元以上2万元以下的罚款。

第五十条 违反本规定，从事机动车维修经营业务不符合国务院交通运输主管部门制定的机动车维修经营业务标准的，由县级以上道路运输管理机构责令改正；情节严重的，由县级以上道路运输管理机构责令停业整顿。

第五十一条 违反本规定，机动车维修经营者使用假冒伪劣配件维修机动车，承修已报废的机动车或者擅自改装机动车的，由县级以上道路运输管理机构责令改正；有违法所得的，没收违法所得，处违法所得2倍以上10倍以下的罚款；没有违法所得或者违法所得不足1万元的，处2万元以上5万元以下的罚款，没收假冒伪劣配件及报废车辆；情节严重的，由县级以上道路运输管理机构责令停业整顿；构成犯罪的，依法追究刑事责任。

第五十二条 违反本规定，机动车维修经营者签发虚假机动车维修竣工出厂合格证的，由县级以上道路运输管理机构责令改正；有违法所得的，没收违法所得，处以违法所得2倍以上10倍以下的罚款；没有违法所得或者违法所得不足3000元的，处以5000元以上2万元以下的罚款；情节严重的，由县级以上道路运输管理机构责令停业整顿；构成犯罪的，依法追究刑事责任。

第五十三条 违反本规定，有下列行为之一的，由县级以上道路运输管理机构责令其限期整改：

（一）机动车维修经营者未按照规定执行机动车维修质量保证期制度的；

（二）机动车维修经营者未按照有关技术规范进行维修作业的；

（三）伪造、转借、倒卖机动车维修竣工出厂合格证的；

（四）机动车维修经营者只收费不维修或者虚列维修作业项目的；

（五）机动车维修经营者未在经营场所醒目位置悬挂机动车维修标志牌的；

（六）机动车维修经营者未在经营场所公布收费项目、工时定额和工时单价的；

（七）机动车维修经营者超出公布的结算工时定额、结算工时单价向托修方收费的；

（八）机动车维修经营者未按规定建立机动车维修档案并实行档案电子化管理，或者未及时上传维修电子数据记录至国家有关汽车维修电子健康档案系统的。

第五十四条 违反本规定，道路运输管理机构的工作人员有下列情形之一的，由同级地方人民政府交通运输主管部门依法给予行政处分；构成犯罪的，依法追究刑事责任：

（一）不按照规定实施备案和黑名单制度的；

（二）参与或者变相参与机动车维修经营业务的；

（三）发现违法行为不及时查处的；

（四）索取、收受他人财物或谋取其他利益的；

（五）其他违法违纪行为。

第七章 附 则

第五十五条 本规定自2005年8月1日起施行。经商国家发展和改革委员会、国家工商行政管理总局同意，1986年12月12日交通部、原国家经委、原国家工商行政管理局发布的《汽车维修行业管理暂行办法》同时废止，1991年4月10日交通部颁布的《汽车维修质量管理办法》同时废止。

附件1

机动车维修经营备案表

（□首次备案 □备案变更）

<table>
<tr><td colspan="2">经营者名称</td><td colspan="4">（与营业执照名称一致）</td></tr>
<tr><td colspan="2">经营地址</td><td colspan="4">××省（区、市）××市（州）××县（市、区）××街（镇、乡）××号</td></tr>
<tr><td colspan="2">企业法定代表人
（个体不填写此项）</td><td colspan="2"></td><td>统一社会信用代码</td><td></td></tr>
<tr><td colspan="2" rowspan="2">主要负责人
（个体填写经营者，
企业填写法人
任命的负责人）</td><td>姓名</td><td></td><td>身份证号</td><td></td></tr>
<tr><td>联系电话</td><td></td><td>电子邮箱/传真</td><td></td></tr>
<tr><td>企业性质</td><td colspan="5">□国有 □集体 □私营 □ 外资（国别 ）</td></tr>
<tr><td>经营类型</td><td colspan="4">□综合修理 □机动车生产、进口企业授权维修
□其他（ ）</td><td>□连锁经营</td></tr>
<tr><td rowspan="5">经营范围</td><td>业务类型</td><td colspan="2">□汽车维修</td><td>□摩托车维修</td><td>□其他机动车维修</td></tr>
<tr><td>业户类别</td><td colspan="2">□一类 □二类 □三类</td><td>□一类 □二类</td><td>□一类 □二类 □三类</td></tr>
<tr><td rowspan="3">项目种类</td><td>一类</td><td colspan="3">□大中型客车维修 □大型货车维修 □小型车维修 □危险货物运输车辆维修（可多选）</td></tr>
<tr><td>二类</td><td colspan="3">□大中型客车维修 □大型货车维修 □小型车维修 （可多选）</td></tr>
<tr><td>三类</td><td colspan="3">□综合小修 □发动机维修 □车身维修 □电气系统维修 □自动变速器维修 □轮胎动平衡及修补 □四轮定位检测调整 □汽车润滑与养护 □喷油泵和喷油器维修 □曲轴修磨 □气缸镗磨 □散热器维修 □空调维修 □汽车美容装潢 □汽车玻璃安装及修复 （可多选）</td></tr>
</table>

<table>
<tr><td rowspan="2">其他备案材料</td><td>通用要求</td><td>□ 1. 维修经营者的营业执照复印件
□ 2. 经营场地、停车场面积、土地使用权及产权证明等相关材料
□ 3. 技术人员汇总表，以及各相关人员的学历、技术职称或职业资格证明等相关材料
□ 4. 维修设备设施汇总表，维修检测设备及计量设备检定合格证明等相关材料
□ 5. 维修管理制度等相关材料
□ 6. 环境保护措施等相关材料</td></tr>
<tr><td>特殊要求</td><td>□ 7. 与其作业内容相适应的专用维修车间和设备、设施等相关材料（危险货物运输车辆维修经营者填写）
□ 8. 突发事件应急预案（危险货物运输车辆维修经营者填写）
□ 9. 安全管理人员汇总表（危险货物运输车辆维修经营者填写）
□ 10. 安全操作规程材料（危险货物运输车辆维修经营者填写）
□ 11. 连锁经营协议书副本（连锁维修经营者填写）
□ 12. 连锁经营的作业标准和管理手册（连锁维修经营者填写）
□ 13. 连锁经营服务网点符合机动车维修经营相应条件承诺书（连锁维修经营者填写）</td></tr>
<tr><td colspan="3">本经营者声明：
1. 已知晓《道路运输条例》《机动车维修管理规定》《汽车维修业开业条件》（GB/T 16739）、《摩托车维修业开业条件》（GB/T 18189）等国家机动车维修有关法律法规及标准，知晓机动车维修开业条件要求和备案要求；
2. 所提供的备案材料信息内容真实、准确，不存在虚假记载、误导性陈述或者重大遗漏，所有文件的签名、印章真实有效。如有不实之处，愿承担相应的法律责任。
法定代表人或主要负责人（签字）：　　单位（盖章）：　　年　月　日</td></tr>
<tr><td colspan="3">□备案材料齐全；
□备案材料不齐全，请补充：______
承办人（签字）：　　年　月　日</td></tr>
<tr><td colspan="3">复核（签字）：
备案编号：
备案机关（盖章）：　　年　月　日</td></tr>
</table>

填写说明：（1）请根据《机动车维修管理规定》有关要求填写此表；（2）其他备案材料：维修经营者备案应依法提交第 1 至 6 项材料，危险货物运输车辆维修经营者还需提交第 7 至 10 项材料，维修连锁经营服务者还需提交第 11 至 13 项材料；（3）承办人是指备案机关受理备案并对备案材料依法进行审查的工作人员，复核是指备案机关对备案材料进行复核并备案编号的工作人员；（4）办理备案变更的，仅需填写变更事项，并与原备案表一并存档。

附件 2

机动车维修标志牌

1.“一、二类汽车及其它机动车维修企业标志牌”式样

(A)汽 车 维 修 企 业

NO. ××××××

经营项目　　(B)

备案部门　××××××

监督电话　××××××

××××××　监制

注:1. 外轮廓尺寸为 750mm×500mm×25mm;“汽车维修企业”用 55mm×40mm 长黑体;蓝色徽标直径为 85mm;No. ××××××用高 20mm 黑体;“经营项目、备案部门、监督电话”用 32mm×27mm 长黑体;材质:铜牌材。

2. A 处根据备案项目,分别填写一类或二类。

3. B 处根据备案项目,分别填写小型车、大中型客车、大型货车维修。危险品运输车辆维修企业,还应增加危险货物运输车辆维修。用 23mm×30mm 扁体。

2.“专项(三类)汽车及其它机动车维修企业标志牌”式样

专项(三类)汽车 维修企业(业户)

NO. ××××××

经营项目　　(A)

备案部门　××××××

监督电话　××××××

××××××　监制

注:1. 外轮廓尺寸为 750mm×500mm×25mm;“专项(三类)汽车维修企业(业户)”用 55mm×40mm 长黑体;蓝色徽标直径为 85mm;No. ××××××用高 20mm 黑体;“经营项目、备案部门、监督电话”用 32mm×27mm 长黑体;材质:铜牌材。

2. A 处根据备案项目,分别填写:汽车综合小修、发动机维修、车身维修、电气系统维修、自动变速器维修、轮胎动平衡及修补、四轮定位检测调整、汽车润滑与养护、喷油泵喷油器维修、曲轴修磨、气缸镗磨、散热器维修、空调维修、汽车美容装潢、汽车玻璃安装及修复等,用高 23mm×28mm 扁黑体。

3. “摩托车维修企业标志牌”式样

(A)摩托车维修企业

NO. ××××××

经营项目　　　(B)

备案部门　××××××

监督电话　××××××

××××××　监制

注:1. 外轮廓尺寸为750mm×500mm×25mm;“摩托车维修企业”用55mm×40mm长黑体;蓝色徽标直径为85mm;No. ××××××用高20mm黑体;“经营项目、备案部门、监督电话”用32mm×27mm长黑体;材质:铜牌材。

2. A处根据备案项目,分别填写一类或二类,并与B相协调。

3. B处根据备案项目,分别填写摩托车整车修理、总成修理、整车维护、小修、竣工检验和专项修理。用高23mm×28mm扁体。

附件 3

机动车维修竣工出厂合格证

1.“机动车维修竣工出厂合格证”式样(正面)

机动车维修竣工出厂

合格证

机动车维修竣工出厂

合格证

剪开线　　空白　　中折线

2.“机动车维修竣工出厂合格证”内容

NO. 00000000

存根

托　　修　　方________

车　牌　号　码________

车　　　　　型________

发动机型号/编号________

底盘（车身）号________

维　修　类　别________

维修合同编号________

出厂里程表示值________

该车按维修合同维修，经检验合格，准予出厂。

质量检验员：（盖章）

承修单位：（盖章）

进厂日期：　　　出厂日期：

托修方接车人：　　　（签字）

接　车　日　期：

（对应正面合格证面）

NO. 00000000

车属单位保管

托　　修　　方

车　牌　号　码________

车　　　　　型________

发动机型号/编号________

底盘（车身）号________

维　修　类　别________

维修合同编号________

出厂里程表示值________

该车按维修合同维修，经检验合格，准予出厂。

质量检验员：（盖章）

承修单位：（盖章）

进厂日期：　　　出厂日期：

托修方接车人：　　　（签字）

接　车　日　期：

（对应正面合格证面）

NO. 00000000

质量保证卡

该车按维修合同进行维修，本厂对维修竣工的车辆实行质量保证，质量保证期为车辆行驶　　万公里或者________日。在托修单位严格执行走合期规定、合理使用、正常维护的情况下，出现的维修质量问题，凭此卡随竣工出厂合格证，由本厂负责包修，免返修工料费和工时费，在原维修类别期限内修竣交托修方。

返修情况记录：

次数	返修项目	返修日期	修竣日期	送修人	质检员

维修发票号：

维修竣工出厂日期：

（对应正面白底）

注：1. 外廓尺寸为260mm×184mm。“存根”、“车属单位保管”字体为小四号仿宋；“质量保证卡”字体为五号仿宋。

2. 材质：157克铜版纸。

交通运输部关于修改《公路、水路交通实施〈中华人民共和国节约能源法〉办法》的决定

（2021 年 8 月 11 日交通运输部令 2021 年第 10 号公布　自公布之日起施行　国司备字[2021004641]）

交通运输部决定对《公路、水路交通实施〈中华人民共和国节约能源法〉办法》（交通运输部令 2008 年第 5 号）作如下修改：

删去第二十七条中的“通报批评或者”。

本决定自公布之日起施行。

《公路、水路交通实施〈中华人民共和国节约能源法〉办法》根据本决定作相应修正，重新发布。

公路、水路交通实施《中华人民共和国节约能源法》办法

（2008 年 7 月 16 日交通运输部令 2008 年第 5 号发布　根据 2021 年 8 月 11 日《交通运输部关于修改〈公路、水路交通实施《中华人民共和国节约能源法》办法〉的决定》修正）

第一章　总　　则

第一条　为促进公路、水路交通节约能源，提高能源利用效率，根据《中华人民共和国节约能源法》，结合交通运输行业发展实际，制定本办法。

第二条　本办法适用于中华人民共和国境内公路、水路交通能源利用及节约能源监督管理活动。

第三条　本办法所称节约能源（以下简称节能），是指加强公路、水路交通用能管理，采取技术上可行、经济上合理以及环境和社会可以承受的措施，在公路、水路交通使用能源的各个环节，有效、合理地利用能源。

第四条　交通运输部负责全国公路、水路交通节能监督管理工作，并接受国务院管理节能工作的部门的指导。

县级以上地方人民政府交通运输主管部门负责本行政区域内交通运输行业的节能监督管理工作，并接受上级交通运输主管部门和同级管理节能工作的部门的指导。

第二章　加强节能管理

第五条　各级人民政府交通运输主管部门应当加强对节能工作的领导，建立健全公路、水路交通节能管理体制，实行节能目标责任制和节能考核评价制度，部署、协调、监督、检查、推动节能工作。

第六条　各级人民政府交通运输主管部门应当实施公共交通优先发展战略，指导、促进各种交通运输方式协调发展和有效衔接，引导优化交通运输结构，建设节能型综合交通运输体系。

第七条　各级人民政府交通运输主管部门应当组织开展交通运输行业节能的宣传教育，增强交通运输行业节能意识。

第八条　交通运输部将公路、水路节能纳入交通发展规划，并根据交通发展规划组织编制和实施公路、水路交通节能规划。

县级以上地方人民政府交通运输主管部门可以根据本行政区域实际情况，在前款规定的公路、水路交通节能规划的范围内，制定本行政区域交通运输行业节能规划。

第九条　交通运输部建立公路、水路交通能源消耗报告、统计、分析制度，配合国务院统计部门加强对统计指标体系的科学研究，改进和规范能源消耗统计方法，做好公路、水路交通能源利用状况的统计和发布工作。

县级以上地方人民政府交通运输主管部门应当建立本行政区域公路、水路交通能源消耗报告、统计、分析制度。

第十条　各级人民政府交通运输主管部门应当严格执行交通运输营运车船燃料消耗量限值国家标准，组织建立交通运输营运车船燃料消耗检测体系并加强对检测的监督管理，确保交通运输营运车船符合燃料消耗量限值国家标准。

前款规定的交通运输营运车船燃料消耗量限值国家标准，由交通运输部会同国务院有关部门制定。在该标准出台前，交通运输部先行制定并实施交通运输营运车船燃料消耗量限值的行业标准。

第十一条　交通运输部制定、修订装机功率超过 300 千瓦的港口机械等交通用能设备的单位产品能耗限值标准，并由各级交通运输主管部门组织推广。

第十二条 交通固定资产投资项目严格执行投资项目节能评估和审查制度,确保项目符合强制性节能标准。具体评估办法按照国务院管理节能工作的部门会同国务院有关部门制定的有关规定执行。

第十三条 各级人民政府交通运输主管部门应当鼓励、支持开发先进节能技术,会同有关部门确定公路、水路交通开发先进节能技术的重点和方向,建立和完善交通节能技术服务体系。

交通运输部适时公布"营运车船节能产品(技术)目录",引导使用先进的节能产品、技术,促进节能技术创新与成果转化。

交通运输部和省级人民政府交通运输主管部门负责组织实施交通运输行业重大节能科研项目、节能示范项目、重点节能工程。

第十四条 各级人民政府交通运输主管部门应当组织公路、水路交通节能检测机构建立节能监测体系,通过节能检测机构提供的节能检测结果,获取节能监测数据。

节能检测机构应当及时提供公路、水路交通节能检测结果,并对所提供的数据负责。

第十五条 各级人民政府交通运输主管部门应当向本级人民政府财政部门申请将节能工作经费列入财政预算,用于支持节能监督管理体系建设、节能技术研究开发、节能技术和产品的示范与推广、重点节能工程的实施、节能宣传培训、信息服务和表彰奖励等工作。

交通运输行业建立节能激励机制,逐步形成以国家和地方资金为引导、企业资金为主体的交通节能投入机制,设立各个层次的节能专项资金,用于鼓励、支持节能产品和技术的开发、推广和应用。

第十六条 节能技术服务机构、行业学会、协会等中介组织可以在交通运输主管部门的指导下,开展节能知识宣传和节能技术培训,提供节能信息、节能示范和其他节能服务。

第三章　交通用能单位合理使用与节约能源

第十七条 交通用能单位应当加强节能管理,制定并实施节能计划和节能技术措施,建立和完善节能管理制度,根据生产过程中运量、运力、施工作业等多种因素变化情况及时调整生产计划,提高交通用能设备的使用效率。

第十八条 交通用能单位应当加强对本单位职工的节能教育,促进本单位职工树立节能意识,并建立节能目标责任制,将节能目标完成情况作为绩效考核的内容之一。

交通用能单位可以根据本单位实际情况建立专项节能奖励机制，对节能工作取得成绩的集体、个人给予奖励。

第十九条 交通用能单位应当按照国家有关计量管理的法律、法规和有关规定，加强能源计量管理，配备和使用经依法检定合格和校准的能源计量器具，对各类能源的消耗实行分类计量。

第二十条 交通用能单位应当建立能源消耗统计制度，建立健全能源计量原始记录和统计台帐，确保能源消耗统计数据真实、完整，并按照规定向有关部门报送有关统计数据和资料。

第二十一条 交通用能单位应当制定并执行本单位产品能耗定额标准，并定期对用能设备进行技术评定，对技术落后的老旧及高耗能设备，提出报废、更新、改造计划。

第二十二条 交通用能单位应当编制有利于节能的生产操作规程，并开展节能教育和节能培训；经培训考核合格的人员优先在能源管理岗位或者有关高耗能设备操作岗位上工作。

第二十三条 禁止购置、使用国家公布淘汰的用能产品和设备，不得将淘汰的用能产品、设备转让或者租借给他人使用。

第二十四条 交通用能单位不得对能源消费实行包费制。

第二十五条 交通重点用能单位应当定期向交通运输部、省级交通运输主管部门报送上一年度的能源利用状况报告。

交通能源利用状况报告应当包括以下内容：

（一）能源购入和消耗量；

（二）节能量；

（三）单位产品能耗或者产值能耗；

（四）用能效率和节能效益分析；

（五）节能措施；

（六）其他需要报告的情况。

本条第一款所称交通重点用能单位是指公路、水路交通年能耗超过5000吨标准煤的用能单位。

第二十六条 交通重点用能单位应当设立能源管理岗位，在具有节能专业知识、实际经验以及中级以上技术职称的人员中聘任能源管理负责人。

能源管理负责人负责组织对本单位用能状况进行分析、评价，提出并组织实施本单位节能工作的改进措施等。

鼓励交通重点用能单位以外的其他交通用能单位设立能源管理岗位，加强本单位能源管理。

第四章　法律责任

第二十七条　交通用能单位违反本办法有关规定，在科研、设计、生产中违反有关强制性节能标准规定的，由交通运输主管部门在职权范围内责令限期改正，并可以给予责任者行政处分。

第二十八条　交通用能单位有漏报、迟报、虚报、拒报或者其他不按照规定报送能源统计数据的行为的，按照《中华人民共和国统计法》的有关规定处理。

第二十九条　使用国家明令淘汰的用能设备的，将淘汰的用能设备转让他人使用的，或者有其他节能违法行为的，按照《中华人民共和国节约能源法》、《中华人民共和国标准化法》的有关规定处理。

第三十条　交通运输主管部门工作人员在节能管理工作中存在滥用职权、玩忽职守、徇私舞弊等情况的，依法给予行政处分；构成犯罪的，依法移交司法机关处理。

第五章　附　　则

第三十一条　本办法自2008年9月1日起施行。2000年6月16日原交通部发布的《交通行业实施节约能源法细则》同时废止。

交通运输部关于修改《中华人民共和国内河海事行政处罚规定》的决定

（2021年8月11日交通运输部令2021年第20号公布　自公布之日起施行　国司备字[2021004648]）

交通运输部决定对《中华人民共和国内河海事行政处罚规定》（交通运输部令2019年第11号）作如下修改：

一、删去第十条第二款第八项、第十三条第二款、第二十条。

二、删去第十一条中的“船员服务簿”。

三、将第十二条修改为：“违反《船员条例》第十五条的规定，船员用人单位、船舶所有人有下列未按照规定招用外国籍船员在中国籍船舶上任职情形的，依照《船员条例》第五十五条的规定，责令改正，处以 3 万元以上 15 万元以下罚款：

（一）未依照法律、行政法规和国家其他规定取得就业许可；

（二）未持有合格的且签发国与我国签订了船员证书认可协议的船员证书。”

四、第三十五条改为第三十四条，修改为：“违反《水污染防治法》规定，有下列行为之一的，依照《水污染防治法》第九十条的规定进行处罚：

（一）向水体倾倒船舶垃圾或者排放船舶的残油、废油的；

（二）未经作业地海事管理机构批准，船舶进行散装液体污染危害性货物的过驳作业的；

（三）船舶及有关作业单位从事有污染风险的作业活动，未按照规定采取污染防治措施的；

（四）以冲滩方式进行船舶拆解的；

（五）进入中华人民共和国内河的国际航线船舶，排放不符合规定的船舶压载水的。

违反《水污染防治法》的规定，船舶造成水污染事故的，依照《水污染防治法》第九十四条的规定，造成一般或者较大水污染事故的，处以直接损失的 20%的罚款；造成重大或者特大水污染事故的，处以直接损失的 30%的罚款。”

五、第三十六条改为第三十五条，修改为：“违反《水污染防治法》第三十条的规定，拒绝海事管理机构现场检查，或者弄虚作假的，依照《水污染防治法》第八十一条的规定进行处罚。”

条文序号和个别文字作相应调整。

本决定自公布之日起施行。

《中华人民共和国内河海事行政处罚规定》根据本决定作相应修正，重新发布。

中华人民共和国内河海事行政处罚规定

（2015年5月29日交通运输部令2015年第9号发布　根据2017年5月23日《交通运输部关于修改〈中华人民共和国内河海事行政处罚规定〉的决定》第一次修正　根据2019年4月12日《交通运输部关于修改〈中华人民共和国内河海事行政处罚规定〉的决定》第二次修正　根据2021年8月11日《交通运输部关于修改〈中华人民共和国内河海事行政处罚规定〉的决定》第三次修正）

第一章　总　　则

第一条　为规范海事行政处罚行为，保护当事人的合法权益，保障和监督水上海事行政管理，维护水上交通秩序，防止船舶污染水域，根据《内河交通安全管理条例》《行政处罚法》及其他有关法律、行政法规，制定本规定。

第二条　对在中华人民共和国（简称中国）内河水域及相关陆域发生的违反海事行政管理秩序的行为实施海事行政处罚，适用本规定。

第三条　实施海事行政处罚，应当遵循合法、公开、公正，处罚与教育相结合的原则。

第四条　海事行政处罚，由海事管理机构依法实施。

第二章　内河海事违法行为和行政处罚

第一节　违反船舶、浮动设施所有人、经营人安全管理秩序

第五条　违反船舶所有人、经营人安全营运管理秩序，有下列行为之一的，对船舶所有人或者船舶经营人处以5000元以上3万元以下罚款：

（一）未按规定取得安全营运与防污染管理体系符合证明或者临时符合证明从事航行或者其他有关活动；

（二）隐瞒事实真相或者提供虚假材料或者以其他不正当手段骗取安全营运与防污染管理体系符合证明或者临时符合证明；

（三）伪造、变造安全营运与防污染管理体系审核的符合证明或者临时符合证明；

（四）转让、买卖、租借、冒用安全营运与防污染管理体系审核的符合证明或者临时符合证明。

第六条 违反船舶安全营运管理秩序，有下列行为之一的，对船舶所有人或者船舶经营人处以5000元以上3万元以下罚款；对船长处以2000元以上2万元以下的罚款；情节严重的，并给予扣留船员适任证书6个月至24个月直至吊销船员适任证书的处罚。

（一）未按规定取得船舶安全管理证书或者临时船舶安全管理证书从事航行或者其他有关活动；

（二）隐瞒事实真相或者提供虚假材料或以其他不正当手段骗取船舶安全管理证书或者临时船舶安全管理证书；

（三）伪造、变造船舶安全管理证书或者临时船舶安全管理证书；

（四）转让、买卖、租借、冒用船舶安全管理证书或者临时船舶安全管理证书。

第七条 违反安全营运管理秩序，有下列情形之一，造成严重后果的，按以欺骗手段取得安全营运与防污染管理体系符合证明或者临时符合证明，对船舶所有人或者船舶经营人取得的安全营运与防污染管理体系符合证明或者临时符合证明予以撤销：

（一）不掌控船舶安全配员；

（二）不掌握船舶动态；

（三）不掌握船舶装载情况；

（四）船舶管理人不实际履行安全管理义务；

（五）安全管理体系运行存在其他重大问题。

第二节 违反船舶、浮动设施检验和登记管理秩序

第八条 违反《内河交通安全管理条例》第六条第（一）项、第七条第（一）项的规定，船舶、浮动设施未持有合格的检验证书擅自航行或者作业的，依照《内河交通安全管理条例》第六十四条的规定，责令停止航行或者作业；拒不停止航行或者作业的，暂扣船舶、浮动设施；情节严重的，予以没收。

本条前款所称未持有合格的检验证书，包括下列情形：

（一）没有取得相应的检验证书；

（二）持有的检验证书属于伪造、变造、转让、买卖或者租借的；

（三）持失效的检验证书；

（四）检验证书损毁、遗失但不按照规定补办；

（五）其他不符合法律、行政法规和规章规定情形的检验证书。

第九条 船舶检验机构的检验人员违反《船舶和海上设施检验条例》的规定，滥用职权、徇私舞弊、玩忽职守、严重失职，有下列行为之一的，依照《船舶和海上设施检验条例》第二十八条的规定，按其情节给予警告、暂停检验资格或者注销验船人员注册证书的处罚：

(一)超越职权范围进行船舶、设施检验；

(二)擅自降低规范要求进行船舶、设施检验；

(三)未按照规定的检验项目进行船舶、设施检验；

(四)未按照规定的检验程序进行船舶、设施检验；

(五)所签发的船舶检验证书或者检验报告与船舶、设施的实际情况不符。

第三节 违反内河船员管理秩序

第十条 违反《内河交通安全管理条例》第九条的规定，未经考试合格并取得适任证书或者其他适任证件的人员擅自从事船舶航行或者操作的，依照《内河交通安全管理条例》第六十六条和《船员条例》第五十五条的规定，责令其立即离岗，对直接责任人员处以2000元以上2万元以下罚款，并对聘用单位处以3万元以上15万元以下罚款。

本条前款所称未经考试合格并取得适任证书或者其他适任证件，包括下列情形：

(一)未经水上交通安全培训并取得相应合格证明；

(二)未持有船员适任证书或者其他适任证件；

(三)持采取弄虚作假的方式取得的船员职务证书；

(四)持伪造、变造的船员职务证书；

(五)持转让、买卖或租借的船员职务证书；

(六)所服务的船舶的航区、种类和等级或者所任职务超越所持船员职务证书限定的范围；

(七)持已经超过有效期限的船员职务证书。

第十一条 违反《船员条例》第十六条的规定，船员有下列情形之一的，依照《船员条例》第五十二条的规定，处以1000元以上1万元以下罚款；情节严重的，并给予扣留船员适任证书6个月至24个月直至吊销船员适任证书的处罚：

(一)在船在岗期间饮酒，体内酒精含量超过规定标准；

(二)在船在岗期间，服用国家管制的麻醉药品或者精神药品。

第十二条 违反《船员条例》第十五条的规定，船员用人单位、船舶所有人有下列未按照规定招用外国籍船员在中国籍船舶上任职情形的，依照《船员条例》第五十五条的规定，责令改正，处以3万元以上15万元以下罚款：

（一）未依照法律、行政法规和国家其他规定取得就业许可；

（二）未持有合格的且签发国与我国签订了船员证书认可协议的船员证书。

第十三条 船员服务机构和船员用人单位未将其招用或者管理的船员的有关情况定期向海事管理机构备案的，按照《船员条例》第五十八条的规定，对责任单位处以5000元以上2万元以下罚款。

本条第一款所称船员服务机构和船员用人单位未定期向海事管理机构备案，包括下列情形：

（一）未按规定进行备案，或者备案内容不全面、不真实；

（二）未按照规定时间备案；

（三）未按照规定的形式备案。

第四节 违反航行、停泊和作业管理秩序

第十四条 船舶、浮动设施的所有人或者经营人违反《内河交通安全管理条例》第六条第（三）项、第七条第（三）项的规定，船舶未按照国务院交通运输主管部门的规定配备船员擅自航行的，或者浮动设施未按照国务院交通运输主管部门的规定配备掌握水上交通安全技能的船员擅自作业的，依照《内河交通安全管理条例》第六十五条的规定，责令限期改正，并处以1万元以上10万元以下罚款；逾期不改正的，责令停航或者停止作业。

本条前款所称船舶未按照国务院交通运输主管部门的规定配备船员擅自航行，包括下列情形：

（一）船舶所配船员的数量低于船舶最低安全配员证书规定的定额要求；

（二）船舶未持有有效的船舶最低安全配员证书。

第十五条 违反《内河交通安全管理条例》第十四条的规定，应当报废的船舶、浮动设施在内河航行或者作业的，依照《内河交通安全管理条例》第六十三条的规定，责令停航或者停止作业，并予以没收。

本条前款所称应当报废的船舶，是指达到国家强制报废年限或者以废钢船名义购买的船舶。

第十六条 违反《内河交通安全管理条例》第十四条、第十八条、第十九条、第二十条、第二十二条的规定，船舶在内河航行有下列行为之一的，依照《内河交通安全管理条例》第六十八条的规定，责令改正，处以5000元以上5万元以下罚款；情节严重的，禁止船舶进出港口或者责令停航，并可以对责任船员给予扣留船员适任证书或者其他适任证件3个月至6个月的处罚：

（一）未按照规定悬挂国旗；

（二）未按照规定标明船名、船籍港、载重线，或者遮挡船名、船籍港、载重线；

（三）国内航行船舶进出港口未按照规定向海事管理机构报告船舶的航次计划、适航状态、船员配备和载货载客等情况，国际航行船舶未按照规定办理进出口岸手续；

（四）未按照规定申请引航；

（五）船舶进出港口和通过交通管制区、通航密集区、航行条件受到限制区域，未遵守海事管理机构发布的特别规定；

（六）船舶无正当理由进入或者穿越禁航区；

（七）载运或者拖带超重、超长、超高、超宽、半潜的物体，未申请核定航路、航行时间或者未按照核定的航路、时间航行。

第十七条 违反《内河交通安全管理条例》的有关规定，船舶在内河航行、停泊或者作业，不遵守航行、避让和信号显示规则，依照《内河交通安全管理条例》第八十一条的规定，处以 1000 元以上 1 万元以下罚款；情节严重的，还应当对责任船员给予扣留船员适任证书或者其他适任证件 3 个月至 6 个月直至吊销船员适任证书或者其他适任证件的处罚。

本条前款所称不遵守航行、避让和信号显示规则，包括以下情形：

（一）未采用安全航速航行；

（二）未按照要求保持正规了望；

（三）未按照规定的航路或者航行规则航行；

（四）未按照规定倒车、调头、追越；

（五）未按照规定显示号灯、号型或者鸣放声号；

（六）未按照规定擅自夜航；

（七）在规定必须报告船位的地点，未报告船位；

（八）在禁止横穿航道的航段，穿越航道；

（九）在限制航速的区域和汛期高水位期间未按照海事管理机构规定的航速航行；

（十）不遵守海事管理机构发布的在能见度不良时的航行规定；

（十一）不遵守海事管理机构发布的有关航行、避让和信号规则规定；

（十二）不遵守海事管理机构发布的航行通告、航行警告规定；

（十三）船舶装卸、载运危险货物或者空舱内有可燃气体时，未按照规定悬挂或者显示信号；

（十四）不按照规定保持船舶自动识别系统处于正常工作状态，或者不按照规定在船舶自动识别设备中输入准确信息，或者船舶自动识别系统发生故障未及时向海事机构报告；

（十五）未在规定的甚高频通信频道上守听；

（十六）未按照规定进行无线电遇险设备测试；

（十七）船舶停泊未按照规定留足值班人员；

（十八）未按照规定采取保障人员上、下船舶、设施安全的措施；

（十九）不遵守航行、避让和信号显示规则的其他情形。

第十八条 违反《内河交通安全管理条例》第八条、第二十一条的规定，船舶不具备安全技术条件从事货物、旅客运输，或者超载运输货物、超定额运输旅客，依照《内河交通安全管理条例》第八十二条的规定，责令改正，处以2万元以上10万元以下罚款，并可以对责任船员给予扣留船员适任证书或者其他适任证件6个月以上直至吊销船员适任证书或者其他适任证件的处罚，并对超载运输的船舶强制卸载，因卸载而发生的卸货费、存货费、旅客安置费和船舶监管费由船舶所有人或者经营人承担。

本条前款所称船舶不具备安全技术条件从事货物、旅客运输，包括以下情形：

（一）不遵守船舶、设施的配载和系固安全技术规范；

（二）不按照规定载运易流态化货物，或者不按照规定向海事管理机构备案；

（三）遇有不符合安全开航条件的情况而冒险开航；

（四）超过核定航区航行；

（五）船舶违规使用低闪点燃油；

（六）未按照规定拖带或者非拖船从事拖带作业；

（七）未经核准从事大型设施或者移动式平台的水上拖带；

（八）未持有《乘客定额证书》；

（九）未按照规定配备救生设施；

（十）船舶不具备安全技术条件从事货物、旅客运输的其他情形。

本条第一款所称超载运输货物、超定额运输旅客，包括以下情形：

（一）超核定载重线载运货物；

（二）集装箱船装载超过核定箱数；

（三）集装箱载运货物超过集装箱装载限额；

（四）滚装船装载超出检验证书核定的车辆数量；

（五）未经核准乘客定额载客航行；

（六）超乘客定额载运旅客。

第十九条 违反《内河交通安全管理条例》第二十八条的规定，在内河通航水域进行有关作业，不按照规定备案的，依照《内河交通安全管理条例》第七十条的规定，责令改正，处以5000元以上5万元以下罚款。

本条前款所称有关作业，包括以下作业：

（一）气象观测、测量、地质调查；

（二）大面积清除水面垃圾；

（三）可能影响内河通航水域交通安全的其他行为。

本条第二款第（三）项所称可能影响内河通航水域交通安全的其他行为，包括下列行为：

（一）检修影响船舶适航性能设备；

（二）检修通信设备和消防、救生设备；

（三）船舶烧焊或者明火作业；

（四）在非锚地、非停泊区进行编、解队作业；

（五）船舶试航、试车；

（六）船舶悬挂彩灯；

（七）船舶放艇（筏）进行救生演习。

第五节 违反危险货物载运安全监督管理秩序

第二十条 违反《内河交通安全管理条例》第三十条第二款和《危险化学品安全管理条例》第五十四条的规定，有下列情形之一的，依照《危险化学品安全管理条例》第八十七条规定，责令改正，对船舶所有人或者经营人处以10万元以上20万元以下的罚款，有违法所得的，没收违法所得；拒不改正的，责令停航整顿：

（一）通过内河封闭水域运输剧毒化学品以及国家规定禁止通过内河运输的其他危险化学品的；

（二）通过内河运输国家规定禁止通过内河运输的剧毒化学品以及其他危险化学品的。

第二十一条 违反《内河交通安全管理条例》第三十二条、第三十四条的规定，从事危险货物作业，有下列情形之一的，依照《内河交通安全管理条例》第七十一条的规定，责令停止作业或者航行，对负有责任的主管人员或者其他直接责任人员处以2万元以上10万元以下的罚款；属于船员的，并给予扣留船员适任证书或者其他适任证件6个月以上直至吊销船员适任证书或者其他适任证件的处罚：

（一）从事危险货物运输的船舶，未编制危险货物事故应急预案或者未配

备相应的应急救援设备和器材的;

(二)船舶载运危险货物进出港或者在港口外装卸、过驳危险货物未经海事管理机构同意的。

第二十二条 违反《危险化学品安全管理条例》第四十四条的规定,有下列情形之一的,依照《危险化学品安全管理条例》第八十六条的规定,由海事管理机构责令改正,处以 5 万元以上 10 万元以下的罚款;拒不改正的,责令停航、停业整顿。

(一)从事危险化学品运输的船员未取得相应的船员适任证书和培训合格证明;

(二)危险化学品运输申报人员、集装箱装箱现场检查员未取得从业资格。

第二十三条 违反《内河交通安全管理条例》第三十一条、《危险化学品安全管理条例》第十八条的规定,运输危险化学品的船舶及其配载的容器未经检验合格而投入使用的,依照《危险化学品安全管理条例》第七十九条的规定,责令改正,对船舶所有人或者经营人处以 10 万元以上 20 万元以下的罚款,有违法所得的,没收违法所得;拒不改正的,责令停航整顿。

第二十四条 违反《内河交通安全管理条例》和《危险化学品安全管理条例》第四十五条的规定,船舶配载和运输危险货物不符合国家有关法律、法规、规章的规定和国家标准,或者未按照危险化学品的特性采取必要安全防护措施的,依照《危险化学品安全管理条例》第八十六条的规定,责令改正,对船舶所有人或者经营人处以 5 万元以上 10 万元以下的罚款;拒不改正的,责令停航整顿。

本条前款所称不符合国家有关法律、法规、规章的规定和国家标准,并按照危险化学品的特性采取必要安全防护措施的,包括下列情形:

(一)船舶未按照规定进行积载和隔离;

(二)船舶载运不符合规定的集装箱危险货物;

(三)装载危险货物的集装箱进出口或者中转未持有《集装箱装箱证明书》或者等效的证明文件;

(四)船舶装载危险货物违反限量、衬垫、紧固规定;

(五)船舶擅自装运未经评估核定危害性的新化学品;

(六)使用不符合要求的船舶装卸设备、机具装卸危险货物,或者违反安全操作规程进行作业,或者影响装卸作业安全的设备出现故障、存在缺陷,不及时纠正而继续进行装卸作业;

(七)船舶装卸危险货物时,未经批准,在装卸作业现场进行明火作业;

(八)船舶在装卸爆炸品、闪点 23°C 以下的易燃液体,或者散化、液化气体船在装卸易燃易爆货物过程中，检修或者使用雷达、无线电发射机和易产生火花的工（机）具拷铲，或者进行加油、允许他船并靠加水作业；

（九）装载易燃液体、挥发性易燃易爆散装化学品和液化气体的船舶在修理前不按照规定通风测爆；

（十）液货船未按照规定进行驱气或者洗舱作业；

（十一）液货船在装卸作业时不按照规定采取安全措施；

（十二）在液货船上随身携带易燃物品或者在甲板上放置、使用聚焦物品；

（十三）在禁止吸烟、明火的船舶处所吸烟或者使用明火；

（十四）在装卸、载运易燃易爆货物或者空舱内仍有可燃气体的船舶作业现场穿带钉的鞋靴或者穿着、更换化纤服装；

（十五）在海事管理机构公布的水域以外擅自从事过驳作业；

（十六）在进行液货船水上过驳作业时违反安全与防污染管理规定，或者违反安全操作规程；

（十七）船舶进行供油作业时，不按照规定填写《供受油作业安全检查表》，或者不按照《供受油作业安全检查表》采取安全和防污染措施；

（十八）船舶载运危险货物，向海事管理机构申报时隐瞒、谎报危险货物性质或者提交涂改、伪造、变造的危险货物单证；

（十九）在航行、装卸或者停泊时，未按照规定显示信号。

第二十五条　违反《危险化学品安全管理条例》第六十三条的规定，通过船舶载运危险化学品，托运人不向承运人说明所托运的危险化学品的种类、数量、危险特性以及发生危险情况的应急处置措施，或者未按照国家有关规定对所托运的危险化学品妥善包装并在外包装上设置相应标志的，依照《危险化学品安全管理条例》第八十六条的规定，由海事管理机构责令改正，对托运人处以 5 万元以上 10 万元以下的罚款；拒不改正的，责令停航整顿。

第二十六条　违反《危险化学品安全管理条例》第六十四条的规定，通过船舶载运危险化学品，在托运的普通货物中夹带危险化学品，或者将危险化学品谎报或者匿报为普通货物托运的，依照《危险化学品安全管理条例》第八十七条的规定，由海事管理机构责令改正，对托运人处以 10 万元以上 20 万元以下的罚款，有违法所得的，没收违法所得；拒不改正的，责令停航整顿。

第六节　违反通航安全保障管理秩序

第二十七条　违反《内河交通安全管理条例》第四十五条，有下列行为或者情形之一的，责令改正，并可以处以 2000 元以下的罚款；拒不改正的，责令施工作业单位、施工作业的船舶和设施停止作业：

（一）未按照有关规定申请发布航行警告、航行通告即行实施水上水下活动的；

（二）水上水下活动与航行警告、航行通告中公告的内容不符的。

第二十八条 违反《内河交通安全管理条例》第二十九条的规定，在内河通航水域进行可能影响通航安全的作业或者活动，未按照规定设置标志、显示信号的，依照《内河交通安全管理条例》第七十条的规定，处以5000元以上5万元以下罚款。

本条前款所称可能影响通航安全的作业或者活动，包括《内河交通安全管理条例》第二十五条、第二十八条规定的作业或者活动。

第七节 违反船舶、浮动设施遇险救助管理秩序

第二十九条 违反《内河交通安全管理条例》第四十六条、第四十七条的规定，遇险后未履行报告义务，或者不积极施救的，依照《内河交通安全管理条例》第七十六条的规定，对船舶、浮动设施或者责任人员给予警告，并对责任船员给予扣留船员适任证书或者其他适任证件3个月至6个月直至吊销船员适任证书或者其他适任证件的处罚。

本条前款所称遇险后未履行报告义务，包括下列情形：

（一）船舶、浮动设施遇险后，未按照规定迅速向遇险地海事管理机构以及船舶、浮动设施所有人、经营人报告；

（二）船舶、浮动设施遇险后，未按照规定报告遇险的时间、地点、遇险状况、遇险原因、救助要求；

（三）发现其他船舶、浮动设施遇险，或者收到求救信号，船舶、浮动设施上的船员或者其他人员未将有关情况及时向遇险地海事管理机构报告。

本条第一款所称不积极施救，包括下列情形：

（一）船舶、浮动设施遇险后，不积极采取有效措施进行自救；

（二）船舶、浮动设施发生碰撞等事故后，在不严重危及自身安全的情况下，不积极救助遇险他方；

（三）附近船舶、浮动设施遇险，或者收到求救信号后，船舶、浮动设施上的船员或者其他人员未尽力救助遇险人员。

第三十条 违反《内河交通安全管理条例》第四十九条第二款的规定，遇险现场和附近的船舶、船员不服从海事管理机构的统一调度和指挥的，依照《内河交通安全管理条例》第七十八条的规定，对船舶、浮动设施或者责任人员给予警告，并对责任船员给予扣留船员适任证书或者其他适任证件3个月至6个月直至吊销船员适任证书或者其他适任证件的处罚。

第八节　违反内河交通事故调查处理秩序

第三十一条　违反《内河交通安全管理条例》第五十条、第五十二条的规定,船舶、浮动设施发生水上交通事故,阻碍、妨碍内河交通事故调查取证,或者谎报、匿报、毁灭证据的,依照《内河交通安全管理条例》第八十四条的规定,给予警告,并对直接责任人员处以1000元以上1万元以下的罚款;属于船员的,并给予扣留船员适任证书或者其他适任证件12个月以上直至吊销船员适任证书或者其他适任证件的处罚。

本条前款所称阻碍、妨碍内河交通事故调查取证,包括下列情形:

(一)未按照规定立即报告事故;

(二)事故报告内容不真实,不符合规定要求;

(三)事故发生后,未做好现场保护,影响事故调查进行;

(四)在未出现危及船舶安全的情况下,未经海事管理机构的同意擅自驶离指定地点;

(五)未按照海事管理机构的要求驶往指定地点影响事故调查工作;

(六)拒绝接受事故调查或者阻碍、妨碍进行事故调查取证;

(七)因水上交通事故致使船舶、设施发生损害,未按照规定进行检验或者鉴定,或者不向海事管理机构提交检验或者鉴定报告副本,影响事故调查;

(八)其他阻碍、妨碍内河交通事故调查取证的情形。

本条第一款所称谎报、匿报、毁灭证据,包括下列情形:

(一)隐瞒事实或者提供虚假证明、证词;

(二)故意涂改航海日志等法定文书、文件;

(三)其他谎报、匿报、毁灭证据的情形。

第三十二条　违反《内河交通安全管理条例》的有关规定,船舶、浮动设施造成内河交通事故的,除依法承担相应的法律责任外,依照《内河交通安全管理条例》第七十七条的规定,对责任船员给予下列处罚:

(一)造成特别重大事故的,对负有全部责任、主要责任的船员吊销船员适任证书或者其他适任证件,对负有次要责任的船员扣留船员适任证书或者其他适任证件12个月直至吊销船员适任证书或者其他适任证件;责任相当的,对责任船员扣留船员适任证书或者其他适任证件24个月或者吊销船员适任证书或者其他适任证件。

(二)造成重大事故的,对负有全部责任、主要责任的船员吊销船员适任证书或者其他适任证件;对负有次要责任的船员扣留船员适任证书或者其他适任证件12个月至24个月;责任相当的,对责任船员扣留船员适任证书或者其他适任证件18个月或者吊销船员适任证书或者其他适任证件。

（三）造成较大事故的，对负有全部责任、主要责任的船员扣留船员适任证书或者其他适任证件12个月至24个月或者吊销船员适任证书或者其他适任证件，对负有次要责任的船员扣留船员适任证书或者其他适任证件6个月；责任相当的，对责任船员扣留船员适任证书或者其他适任证件12个月。

（四）造成一般事故的，对负有全部责任、主要责任的船员扣留船员适任证书或者其他适任证件9个月至12个月，对负有次要责任的船员扣留船员适任证书或者其他适任证件6个月至9个月；责任相当的，对责任船员扣留船员适任证书或者其他适任证件9个月。

第九节　违反防治船舶污染水域监督管理秩序

第三十三条　本节中所称水污染、污染物与《水污染防治法》中的同一用语的含义相同。

第三十四条　违反《水污染防治法》规定，有下列行为之一的，依照《水污染防治法》第九十条的规定进行处罚：

（一）向水体倾倒船舶垃圾或者排放船舶的残油、废油的；

（二）未经作业地海事管理机构批准，船舶进行散装液体污染危害性货物的过驳作业的；

（三）船舶及有关作业单位从事有污染风险的作业活动，未按照规定采取污染防治措施的；

（四）以冲滩方式进行船舶拆解的；

（五）进入中华人民共和国内河的国际航线船舶，排放不符合规定的船舶压载水的。

违反《水污染防治法》的规定，船舶造成水污染事故的，依照《水污染防治法》第九十四条的规定，造成一般或者较大水污染事故的，处以直接损失的20%的罚款；造成重大或者特大水污染事故的，处以直接损失的30%的罚款。

第三十五条　违反《水污染防治法》第三十条的规定，拒绝海事管理机构现场检查，或者弄虚作假的，依照《水污染防治法》第八十一条的规定进行处罚。

第三十六条　违反《环境噪声污染防治法》第三十四条的规定，船舶在城市市区的内河航道航行时，未按照规定使用声响装置的，依照《环境噪声污染防治法》第五十七条的规定，对其给予警告或者处以1万元以下的罚款。

第三十七条　拆船单位违反《防止拆船污染环境管理条例》的规定，有下列情形之一的，依照《防止拆船污染环境管理条例》第十七条的规定，除责令限期纠正外，还可以根据不同情节，处以1万元以上10万元以下的罚款：

（一）未持有经批准的环境影响报告书（表），擅自设置拆船厂进行拆船的；

（二）发生污染损害事故，不向监督拆船污染的海事管理机构报告，也不采取消除或者控制污染措施的；

（三）废油船未经洗舱、排污、清舱和测爆即进行拆解的；

（四）任意排放或者丢弃污染物造成严重污染的。

第三十八条 拆船单位违反《防止拆船污染环境管理条例》第七条、第十条、第十五条、第十六条的规定，有下列行为之一的，依照《防止拆船污染环境管理条例》第十八条的规定，除责令其限期纠正外，还可以根据不同情节，处以警告或者处以1万元以下的罚款：

（一）拒绝或者阻挠海事管理机构进行拆船现场检查或者在被检查时弄虚作假的；

（二）未按照规定要求配备和使用防污设施、设备和器材，造成水域污染的；

（三）发生污染事故，虽采取消除或者控制污染措施，但不向海事管理机构报告的；

（四）拆船单位关闭、搬迁后，原厂址的现场清理不合格的。

第三章 附 则

第三十九条 内河海事行政处罚程序适用《交通运输行政执法程序规定》。

第四十条 海事管理机构办理海事行政处罚案件，应当使用交通运输部制订的统一格式的海事行政处罚文书。

第四十一条 本规定自2015年7月1日起施行。2004年12月7日以交通部令2004年第13号公布的《中华人民共和国内河海事行政处罚规定》同时废止。

交通运输部关于修改《船舶引航管理规定》的决定

（2021 年 9 月 1 日交通运输部令 2021 年第 25 号公布　自公布之日起施行　国司备字[2021004662]）

交通运输部决定对《船舶引航管理规定》（交通部令 2001 年第 10 号）作如下修改：

一、将第九条修改为："下列船舶在交通运输部划定的海上引航区内航行、停泊或者移泊的，应当向引航机构申请引航：

（一）外国籍船舶，但交通运输部经报国务院批准后规定可以免除的除外；

（二）核动力船舶、载运放射性物质的船舶、10 万总吨及以上油轮；

（三）可能危及港口安全的散装液化气船、散装危险化学品船；

（四）长、宽以及吃水或者水面以上高度接近相应航道通航条件限值的船舶。

前款第（三）项、第（四）项船舶的具体标准，由交通运输部直属海事管理机构根据港口、航道实际情况制定并公布。"

二、增加一条，作为第十条："下列船舶在内河航行，应当向引航机构申请引航：

（一）外国籍船舶；

（二）1000 总吨以上的海上机动船舶，但船长驾驶同一类型的海上机动船舶在同一内河通航水域航行与上一航次间隔 2 个月以内的除外；

（三）长、宽以及吃水或者水面以上高度接近相应航道通航条件限值的船舶；

（四）在长江干线航行的下列船舶：

1. 客位 500 人及以上且载客航行的客船，但旅客班轮、渡船除外；

2. 1 万总吨及以上且载运闪点小于 23℃的散装液体化学品船；

3. 载运《国际散装危险化学品船舶构造和设备规则》中 X 类的散装液体化学品船。

前款第（三）项船舶的具体标准，由长江航务管理部门、省级交通运输主管部门根据管辖水域的航道实际情况制定并公布。"

三、增加一条，作为第十一条："船舶自愿申请引航的，引航机构应当提供引航服务。”

四、增加一条，作为第十六条：“引航机构应当落实引航安全主体责任，配备必要的设施、装备和人员，建立并实施引航安全管理体系。”

五、增加一条，作为第十八条：“引航机构应当对引航员进行培训，并保障引航员的休息时间、职业健康、工资报酬、社会保险等符合国家有关规定。”

六、增加一条，作为第十九条：“引航员应当持有有效的船员适任证书，服从引航机构的安排和管理，并按照有关规定开展引航活动。”

七、删去第十五条、第十六条、第十七条、第十八条、第十九条、第二十条、第二十一条、第二十二条、第二十三条。

八、第二十四条改为第二十条，删去第二款中的“进、出港或移泊”。

九、第二十六条改为第二十二条，删去其中的“将引航方案”。

十、第二十七条改为第二十三条，第二款修改为：“引航长、宽以及吃水或者水面以上高度接近相应航道通航条件限值的船舶，引航机构应当制定引航方案，报市级地方人民政府港口主管部门和海事管理机构备案”；增加一款作为第三款：“引航方案应当由一级引航员主持或者参与制定。引航方案应当包括船舶基本情况、注意事项、风险评估、安全保障和应急处置措施。”

十一、第二十八条改为第二十四条，修改为：“引航机构应当根据船舶状况、通航条件和拖轮配备要求，制定合理的拖轮使用方法。被引航船舶应当根据引航机构提供的拖轮使用方法的要求安排拖轮或者委托引航机构安排拖轮，并承担相应的费用。

拖轮配备要求由长江航务管理部门、省级交通运输主管部门按照职责制定并公开。”

十二、增加一条，作为第二十五条：“申请引航的船舶，应当使用专用的甚高频频道与引航机构和引航员联系，确认登轮时间、地点等事项，并保持值守。”

十三、第三十二条改为第二十九条，第二款修改为：“引航员发现水上交通事故、污染事故或违章行为时，应当及时向引航机构、海事管理机构报告。”

十四、第三十三条改为第三十条，第一款修改为：“引航员在遇到下列情况之一时，有权拒绝、暂停或者终止引航，并及时向引航机构、海事管理机构报告：

（一）恶劣的气象、海况；

（二）被引船舶不适航；

（三）航道或者码头条件不满足被引船舶的航行、停泊、作业的安全要求；

（四）被引船舶的引航员登离装置不符合安全规定；

（五）引航员身体不适，不能继续引领船舶；

（六）其他不适于引航的原因。”

十五、第三十四条改为第三十一条，第二款修改为：“在引领船舶过程中发生水上交通事故的，引航员应当在返回港口后24小时内向海事管理机构递交水上交通事故报告书。”

十六、第三十七条改为第三十四条，第一款修改为：“引航员应当在规定的水域登离被引船舶，将被引船舶从规定的引航起始地点引抵规定的引航目的地。”

十七、第三十八条改为第三十五条，修改为：“因恶劣的天气或者海况等情形，引航员不能离开船舶或者不能在规定的登离水域登离船舶时，船长应当制定相应的保障措施，并征得海事管理机构的同意后，将船舶驶抵能使引航员安全登离船舶的地点，并负责支付因此造成的相关费用。”

十八、第四十条改为第三十七条，第二项中的“水下无障碍物”修改为“水上水下无障碍物”；第三项修改为：“泊位长度应当符合拟靠泊船舶安全系泊要求”。

十九、第四十一条改为第三十八条，删除第一款中的“主航道水深图”和第二款中的“主航道及专用航道水深图”。

二十、增加一条，作为第四十条：“违反本规定第九条规定，在管辖海域内航行、停泊或者移泊的船舶未按照规定申请引航的，由海事管理机构责令改正，对违法船舶的所有人、经营人或者管理人处5万元以上50万元以下的罚款，对船长处1千元以上1万元以下的罚款；情节严重的，暂扣有关船舶证书3个月至12个月，暂扣船长的船员适任证书1个月至3个月。

引航机构派遣引航员存在过失，造成管辖海域内船舶损失的，由海事管理机构对引航机构处3万元以上30万元以下的罚款。

未经引航机构指派擅自为管辖海域内船舶提供引航服务的，由海事管理机构对引领船舶的人员处3千元以上3万元以下的罚款。”

二十一、增加一条，作为第四十一条：“违反本规定第十条规定，船舶在内河航行未按规定申请引航的，由海事管理机构责令改正，处5000元以上5万元以下的罚款；情节严重的，禁止船舶进出港口或者责令停航，并可以对责任船员给予暂扣适任证书或者其他适任证件3个月至6个月的处罚。”

二十二、第四十四条改为第四十三条，删去其中的“不选派适任的引航员或者”。

二十三、删去第四十八条。

二十四、将“交通部”统一改为“交通运输部”。

条文序号和个别文字作相应调整。

本决定自公布之日起施行。

《船舶引航管理规定》根据本决定作相应修改，重新发布。

船舶引航管理规定

（2001 年 11 月 30 日交通部令 2001 年第 10 号发布　根据 2021 年 9 月 1 日《交通运输部关于修改〈船舶引航管理规定〉的决定》修正）

第一章　总　　则

第一条　为规范船舶引航活动，维护国家主权，保障水上人命财产安全，适应水上运输和港口生产的需要，制定本规定。

第二条　在中华人民共和国沿海、内河和港口从事船舶引航活动适用本规定。

第三条　本规定下列用语的含义是：

（一）船舶引航是指引领船舶航行、靠泊、离泊、移泊的活动（以下简称引航）；

（二）引航区是指在中华人民共和国沿海、内河和港口为引航划定的区域；

（三）引航机构是指专业提供引航服务的法人；

（四）引航员是指持有有效船员适任证书，在某一引航机构从事引航工作的人员；

（五）船舶是指任何用于水面、近水面和水下航行或者移动的船、艇、筏、移动式海上平台，包括国内外商船、军用船舶、公务船舶、工程船舶和渔船等。

第四条　交通运输部主管全国引航工作。

市（设区的市，下同）级以上地方人民政府港口主管部门负责本行政辖区引航行政管理工作。交通运输部设置的长江航务管理部门负责长江干线引航行政管理工作。

海事管理机构负责引航安全监督管理工作。

第五条　交通运输部的引航管理职责是：

（一）负责制定国家引航政策和规章，并监督实施；

（二）负责划定、调整并对外公布引航区；

（三）负责批准引航机构的设置；

（四）会同有关部门制定引航收费标准和管理规定，并监督实施；

（五）负责引航业务管理和指导；

（六）负责引航员培训、考试和发证的管理工作。

第六条 市级以上地方人民政府港口主管部门的引航管理职责是：

（一）贯彻执行有关引航的法律、法规、规章和政策；

（二）负责筹建引航机构；

（三）负责监督管理引航收费；

（四）负责引航业务监督和协调。

第七条 海事管理机构的引航管理职责是：

（一）贯彻执行有关引航的法律、法规、规章和政策；

（二）负责对引航实施安全监督管理；

（三）组织实施引航员培训、考试和发证工作。

第八条 国家鼓励采取先进技术和科学方法提高引航工作科技水平，鼓励引航新技术研究、开发和推广，提高引航安全水平和工作效率。

第九条 下列船舶在交通运输部划定的海上引航区内航行、停泊或者移泊的，应当向引航机构申请引航：

（一）外国籍船舶，但交通运输部经报国务院批准后规定可以免除的除外；

（二）核动力船舶、载运放射性物质的船舶、10万总吨及以上油轮；

（三）可能危及港口安全的散装液化气船、散装危险化学品船；

（四）长、宽以及吃水或者水面以上高度接近相应航道通航条件限值的船舶。

前款第（三）项、第（四）项船舶的具体标准，由交通运输部直属海事管理机构根据港口、航道实际情况制定并公布。

第十条 下列船舶在内河航行，应当向引航机构申请引航：

（一）外国籍船舶；

（二）1000总吨以上的海上机动船舶，但船长驾驶同一类型的海上机动船舶在同一内河通航水域航行与上一航次间隔2个月以内的除外；

（三）长、宽以及吃水或者水面以上高度接近相应航道通航条件限值的船舶；

（四）在长江干线航行的下列船舶：

1. 客位500人及以上且载客航行的客船，但旅客班轮、渡船除外；

2. 1万总吨及以上且载运闪点小于23℃的散装液体化学品船；

3. 载运《国际散装危险化学品船舶构造和设备规则》中X类的散装液体化学品船。

前款第(三)项船舶的具体标准,由长江航务管理部门、省级交通运输主管部门根据管辖水域的航道实际情况制定并公布。

第十一条 船舶自愿申请引航的,引航机构应当提供引航服务。

第二章 引航机构

第十二条 依据下列原则设置引航机构:

(一)有为外国籍船舶和必须申请引航的中国籍船舶提供引航服务,且年引领船舶在600艘次以上的需要,或者在引航区内未设立引航机构的;

(二)引航区内有三名以上持有有效引航员适任证书的引航员。

第十三条 引航机构的设置方案和引航具体范围,由市级地方人民政府港口主管部门根据引航业务发展需要商海事管理机构提出申请,经省级地方人民政府港口主管部门(直辖市除外)审核后,报交通运输部批准。

第十四条 引航机构的主要职责是:

(一)负责制定引航工作章程和管理制度;

(二)制定引航方案和引航调度计划;

(三)接受引航申请,提供引航服务;

(四)负责引航费的计收和财务管理工作;

(五)负责引航员的聘用、培训、晋升、奖惩等各项日常管理工作;

(六)参与涉及引航的港口、航道等工程项目研究工作;

(七)按国家规定负责引航信息统计工作。

第十五条 引航机构的负责人应当从具有丰富引航经验和良好管理能力的引航员中选拔。

第十六条 引航机构应当落实引航安全主体责任,配备必要的设施、装备和人员,建立并实施引航安全管理体系。

第十七条 引航机构应当不断提高引航工作服务质量和水平,对引航安全隐患应当及时采取有效的防范措施。

第十八条 引航机构应当对引航员进行培训,并保障引航员的休息时间、职业健康、工资报酬、社会保险等符合国家有关规定。

第十九条 引航员应当持有有效的船员适任证书,服从引航机构的安排和管理,并按照有关规定开展引航活动。

第三章 引航申请与实施

第二十条 申请引航的船舶或者其代理人应当向相应的引航机构提出引

航申请。船舶不得直接聘请引航员或者非引航员登船引航。

船舶的引航申请和变更,应当按市级地方人民政府港口主管部门规定的时间向引航机构提出。

第二十一条 申请引航的船舶或者其代理人应当向引航机构提供被引船舶的下列资料:

(一)船公司、船名(包括中、英文名)、国籍、船舶呼号;

(二)船舶的种类、总长度、宽度、吃水、水面以上最大高度、载重吨、总吨、净吨、主机及侧推器的种类、功率和航速;

(三)装载货物种类、数量;

(四)预计抵、离港或者移泊的时间和地点;

(五)在内河干线航行的船队,还应当提供拖带的方式和队型;

(六)其他需说明的事项。

第二十二条 引航机构在接到船舶引航申请后,应当及时安排持有有效证书的引航员,并通知申请人。

第二十三条 引航机构应当满足船舶提出的正当引航要求,及时为船舶提供引航服务,不得无故拒绝或者拖延。

引航长、宽以及吃水或者水面以上高度接近相应航道通航条件限值的船舶,引航机构应当制定引航方案,报市级地方人民政府港口主管部门和海事管理机构备案。

引航方案应当由一级引航员主持或者参与制定。引航方案应当包括船舶基本情况、注意事项、风险评估、安全保障和应急处置措施。

第二十四条 引航机构应当根据船舶状况、通航条件和拖轮配备要求,制定合理的拖轮使用方法。被引航船舶应当根据引航机构提供的拖轮使用方法的要求安排拖轮或者委托引航机构安排拖轮,并承担相应的费用。

拖轮配备要求由长江航务管理部门、省级交通运输主管部门按照职责制定并公开。

第二十五条 申请引航的船舶,应当使用专用的甚高频频道与引航机构和引航员联系,确认登轮时间、地点等事项,并保持值守。

第二十六条 引航员登船后,应当向被引船舶的船长介绍引航方案;被引船舶的船长应当向引航员介绍本船的操纵性能以及其他与引航业务有关的情况。

第二十七条 在一次连续的引航中,同时有两名或两名以上的引航员在船时,引航机构必须指定其中一人为本次引航的责任引航员。

第二十八条 引航员上船引领时,被引船舶应当在其主桅悬挂引航旗。

任何船舶不得在非引领时悬挂引航旗。

第二十九条 引航员应当谨慎引航，按规定向海事管理机构及时报告被引船舶动态。

引航员发现水上交通事故、污染事故或违章行为时，应当及时向引航机构、海事管理机构报告。

第三十条 引航员在遇到下列情况之一时，有权拒绝、暂停或者终止引航，并及时向引航机构、海事管理机构报告：

（一）恶劣的气象、海况；

（二）被引船舶不适航；

（三）航道或者码头条件不满足被引船舶的航行、停泊、作业的安全要求；

（四）被引船舶的引航员登离装置不符合安全规定；

（五）引航员身体不适，不能继续引领船舶；

（六）其他不适于引航的原因。

引航员在作出上述决定之前，应当明确地告知被引船舶的船长，并对被引船舶当时的安全作出妥善安排，包括将船舶引领至安全和不妨碍其他船舶正常航行、停泊或者作业的地点。

第三十一条 在引航过程中被引船舶发生水上安全交通事故，引航员应当采取下列措施：

（一）采取有效措施减少事故损失；

（二）尽快向引航机构和海事管理机构报告；

（三）接受、配合或者协助调查水上交通事故。

在引领船舶过程中发生水上交通事故的，引航员应当在返回港口后24小时内向海事管理机构递交水上交通事故报告书。

第三十二条 使用拖轮引航，拖轮应当服从引航员的指挥，并保持与引航员通讯联系良好。引航员应当注意拖轮的安全。

第三十三条 船舶接受引航服务，被引船舶的船长应当遵守下列规定：

（一）按照《1974年国际海上人命安全公约》的规定，为引航员提供方便、安全的登离船设备，并采取必要的措施确保引航员安全登离船舶；

（二）为引航员提供工作便利，并配合引航员实施引航；

（三）回答引航员有关引航的疑问，除有危及船舶安全的情况外，应当采纳引航员的引航指令；

（四）在离开驾驶台时，指定代职驾驶员并告知引航员，并尽快返回；

（五）船长发现引航员的引航指令可能对船舶安全构成威胁时，可以要求引航员更改引航指令，必要时还可要求引航机构更换引航员，并及时向海事管理机构报告。

第三十四条 引航员应当在规定的水域登离被引船舶，将被引船舶从规定的引航起始地点引抵规定的引航目的地。

引航员离船时应当向船长或者接替的引航员交接清楚，在双方确认安全的情况下方可离船。

第三十五条 因恶劣的天气或者海况等情形，引航员不能离开船舶或者不能在规定的登离水域登离船舶时，船长应当制定相应的保障措施，并征得海事管理机构的同意后，将船舶驶抵能使引航员安全登离船舶的地点，并负责支付因此造成的相关费用。

第三十六条 引航机构、船舶、拖轮，均应当配备必要的通信设备或者器材，以便及时与引航员保持联系。

第三十七条 港口企业对被引船舶靠、离泊，应当做好下列工作：

（一）泊位的靠泊等级必须符合被靠船舶相应等级，泊位防护设施完好；

（二）确保泊位有足够的水深，水上水下无障碍物；

（三）泊位长度应当符合拟靠泊船舶安全系泊要求；

（四）被引船舶靠离泊半小时前，应当按照引航员的要求将有碍船舶靠离泊的装卸机械、货物和其他设施移至安全处所并清理就绪；

（五）指泊员在被引船舶靠离泊半小时前应当到达现场，与引航员保持密切联系，并按规定正确显示泊位信号，备妥碰垫物；

（六）被引船舶夜间靠离泊，码头应当具备足够的照明；

（七）泊位靠泊条件临时发生变化，必须立即告知引航员。

第三十八条 新建码头使用前，码头所属单位应当及时向引航机构提供泊位吨级、系泊能力、泊位水深等与船舶安全靠、离有关的资料。

对已投入使用的码头应当按引航机构的要求提供泊位水深等有关资料。

第三十九条 引航结束时船长和引航员应当准确填写引航签证单。被引船舶或者其代理人应当按规定支付引航费。

第四章 罚 则

第四十条 违反本规定第九条规定，在管辖海域内航行、停泊或者移泊的船舶未按照规定申请引航的，由海事管理机构责令改正，对违法船舶的所有人、经营人或者管理人处5万元以上50万元以下的罚款，对船长处1千元以上1万元以下的罚款；情节严重的，暂扣有关船舶证书3个月至12个月，暂扣船长的船员适任证书1个月至3个月。

引航机构派遣引航员存在过失，造成管辖海域内船舶损失的，由海事管理机构对引航机构处3万元以上30万元以下的罚款。

未经引航机构指派擅自为管辖海域内船舶提供引航服务的，由海事管理机构对引领船舶的人员处3千元以上3万元以下的罚款。

第四十一条 违反本规定第十条规定，船舶在内河航行未按规定申请引航的，由海事管理机构责令改正，处5000元以上5万元以下的罚款；情节严重的，禁止船舶进出港口或者责令停航，并可以对责任船员给予暂扣适任证书或者其他适任证件3个月至6个月的处罚。

第四十二条 违反本规定第十三条规定，未经批准擅自设置引航机构的，由市级地方人民政府港口主管部门或者长江航务管理部门责令其纠正违法行为，并对擅自设置的引航机构处3万元以下的罚款。

第四十三条 违反本规定第二十三条、第二十七条规定，引航机构拒绝或者拖延引航、不指定责任引航员的，由市级地方人民政府港口主管部门、长江航务管理部门责令引航机构纠正其违法行为，并对引航机构处1万元以下的罚款。

第四十四条 违反本规定第三十七条、第三十八条规定，港口企业不按规定配合和保障被引船舶靠离泊的、不按规定向引航机构提供相关资料的，由市级地方人民政府港口主管部门或者长江航务管理部门责令港口企业纠正其违法行为，并处警告或者1万元以下的罚款。

第四十五条 违反本规定有关水上交通安全监督管理规定的行为，由海事管理机构按照国家的有关规定实施行政处罚。

第四十六条 执法人员徇私舞弊、玩忽职守、滥用职权的，依法给予行政处分；构成犯罪的，依法追究刑事责任。

第五章　附　　则

第四十七条 本规定自2002年1月1日起实施。

交通运输部关于修改《巡游出租汽车经营服务管理规定》的决定

（2021年8月11日交通运输部令2021年第16号公布 自公布之日起施行 国司备字[2021004519]）

交通运输部决定对《巡游出租汽车经营服务管理规定》（交通运输部令2016年第64号）作如下修改：

一、增加一条，作为第四十五条："违反本规定，未取得巡游出租汽车经营许可，擅自从事巡游出租汽车经营活动的，由县级以上地方人民政府出租汽车行政主管部门责令改正，并处以5000元以上2万元以下罚款。构成犯罪的，依法追究刑事责任。"

二、第四十五条改为第四十六条，修改为："违反本规定，有下列行为之一的，由县级以上地方人民政府出租汽车行政主管部门责令改正，并处以3000元以上1万元以下罚款。构成犯罪的，依法追究刑事责任：

（一）起讫点均不在许可的经营区域从事巡游出租汽车经营活动的；

（二）使用未取得道路运输证的车辆，擅自从事巡游出租汽车经营活动的；

（三）使用失效、伪造、变造、被注销等无效道路运输证的车辆从事巡游出租汽车经营活动的。"

三、第四十六条改为第四十七条，将其中的"10000元以上20000元以下"修改为"5000元以上1万元以下"。

四、第四十七条改为第四十八条，修改为："巡游出租汽车驾驶员违反本规定，有下列情形之一的，由县级以上地方人民政府出租汽车行政主管部门责令改正，并处以200元以上500元以下罚款：

（一）拒载、议价、途中甩客或者故意绕道行驶的；

（二）未经乘客同意搭载其他乘客的；

（三）不按照规定使用计程计价设备、违规收费的；

（四）不按照规定出具相应车费票据的；

（五）不按照规定使用巡游出租汽车相关设备的；

（六）接受巡游出租汽车电召任务后未履行约定的；

（七）不按照规定使用文明用语，车容车貌不符合要求的；

（八）在机场、火车站、汽车客运站、港口、公共交通枢纽等客流集散地不服从调度私自揽客的；

（九）转让、倒卖、伪造巡游出租汽车相关票据的。”

五、删去第四十八条。

条文序号和个别文字作相应调整。

本决定自公布之日起施行。

《巡游出租汽车经营服务管理规定》根据本决定作相应修正，重新发布。

巡游出租汽车经营服务管理规定

（2014年9月30日交通运输部令2014年第16号发布　根据2016年8月26日《交通运输部关于修改〈出租汽车经营服务管理规定〉的决定》第一次修正　根据2021年8月11日《交通运输部关于修改〈巡游出租汽车经营服务管理规定〉的决定》第二次修正）

第一章　总　　则

第一条　为规范巡游出租汽车经营服务行为，保障乘客、驾驶员和巡游出租汽车经营者的合法权益，促进出租汽车行业健康发展，根据国家有关法律、行政法规，制定本规定。

第二条　从事巡游出租汽车经营服务，应当遵守本规定。

第三条　出租汽车是城市综合交通运输体系的组成部分，是城市公共交通的补充，为社会公众提供个性化运输服务。优先发展城市公共交通，适度发展出租汽车。

巡游出租汽车发展应当与城市经济社会发展相适应，与公共交通等客运服务方式协调发展。

第四条　巡游出租汽车应当依法经营，诚实守信，公平竞争，优质服务。

第五条　国家鼓励巡游出租汽车实行规模化、集约化、公司化经营。

第六条　交通运输部负责指导全国巡游出租汽车管理工作。

各省、自治区人民政府交通运输主管部门在本级人民政府领导下，负责指导本行政区域内巡游出租汽车管理工作。

直辖市、设区的市级或者县级交通运输主管部门或者人民政府指定的其他出租汽车行政主管部门（以下称出租汽车行政主管部门）在本级人民政府领导下，负责具体实施巡游出租汽车管理。

第七条　县级以上地方人民政府出租汽车行政主管部门应当根据经济社

会发展和人民群众出行需要，按照巡游出租汽车功能定位，制定巡游出租汽车发展规划，并报经同级人民政府批准后实施。

第二章　经营许可

第八条　申请巡游出租汽车经营的，应当根据经营区域向相应的县级以上地方人民政府出租汽车行政主管部门提出申请，并符合下列条件：

（一）有符合机动车管理要求并满足以下条件的车辆或者提供保证满足以下条件的车辆承诺书：

1. 符合国家、地方规定的巡游出租汽车技术条件；

2. 有按照第十三条规定取得的巡游出租汽车车辆经营权。

（二）有取得符合要求的从业资格证件的驾驶人员；

（三）有健全的经营管理制度、安全生产管理制度和服务质量保障制度；

（四）有固定的经营场所和停车场地。

第九条　申请人申请巡游出租汽车经营时，应当提交以下材料：

（一）《巡游出租汽车经营申请表》（见附件 1）；

（二）投资人、负责人身份、资信证明及其复印件，经办人的身份证明及其复印件和委托书；

（三）巡游出租汽车车辆经营权证明及拟投入车辆承诺书（见附件 2），包括车辆数量、座位数、类型及等级、技术等级；

（四）聘用或者拟聘用驾驶员从业资格证及其复印件；

（五）巡游出租汽车经营管理制度、安全生产管理制度和服务质量保障制度文本；

（六）经营场所、停车场地有关使用证明等。

第十条　县级以上地方人民政府出租汽车行政主管部门对巡游出租汽车经营申请予以受理的，应当自受理之日起 20 日内作出许可或者不予许可的决定。

第十一条　县级以上地方人民政府出租汽车行政主管部门对巡游出租汽车经营申请作出行政许可决定的，应当出具《巡游出租汽车经营行政许可决定书》（见附件 3），明确经营范围、经营区域、车辆数量及要求、巡游出租汽车车辆经营权期限等事项，并在 10 日内向被许可人发放《道路运输经营许可证》。

县级以上地方人民政府出租汽车行政主管部门对不符合规定条件的申请作出不予行政许可决定的，应当向申请人出具《不予行政许可决定书》。

第十二条　县级以上地方人民政府出租汽车行政主管部门应当按照当地

巡游出租汽车发展规划，综合考虑市场实际供需状况、巡游出租汽车运营效率等因素，科学确定巡游出租汽车运力规模，合理配置巡游出租汽车的车辆经营权。

第十三条 国家鼓励通过服务质量招投标方式配置巡游出租汽车的车辆经营权。

县级以上地方人民政府出租汽车行政主管部门应当根据投标人提供的运营方案、服务质量状况或者服务质量承诺、车辆设备和安全保障措施等因素，择优配置巡游出租汽车的车辆经营权，向中标人发放车辆经营权证明，并与中标人签订经营协议。

第十四条 巡游出租汽车车辆经营权的经营协议应当包括以下内容：

（一）巡游出租汽车车辆经营权的数量、使用方式、期限等；

（二）巡游出租汽车经营服务标准；

（三）巡游出租汽车车辆经营权的变更、终止和延续等；

（四）履约担保；

（五）违约责任；

（六）争议解决方式；

（七）双方认为应当约定的其他事项。

在协议有效期限内，确需变更协议内容的，协议双方应当在共同协商的基础上签订补充协议。

第十五条 被许可人应当按照《巡游出租汽车经营行政许可决定书》和经营协议，投入符合规定数量、座位数、类型及等级、技术等级等要求的车辆。原许可机关核实符合要求后，为车辆核发《道路运输证》。

投入运营的巡游出租汽车车辆应当安装符合规定的计程计价设备、具有行驶记录功能的车辆卫星定位装置、应急报警装置，按照要求喷涂车身颜色和标识，设置有中英文“出租汽车”字样的顶灯和能显示空车、暂停运营、电召等运营状态的标志，按照规定在车辆醒目位置标明运价标准、乘客须知、经营者名称和服务监督电话。

第十六条 巡游出租汽车车辆经营权不得超过规定的期限，具体期限由县级以上地方人民政府出租汽车行政主管部门报本级人民政府根据投入车辆的车型和报废周期等因素确定。

第十七条 巡游出租汽车车辆经营权因故不能继续经营的，授予车辆经营权的出租汽车行政主管部门可优先收回。在车辆经营权有效期限内，需要变更车辆经营权经营主体的，应当到原许可机关办理变更许可手续。出租汽车行政主管部门在办理车辆经营权变更许可手续时，应当按照第八条的规定，审查新的车辆经营权经营主体的条件，提示车辆经营权期限等相关风险，并重新签订经营协议，经营期限为该车辆经营权的剩余期限。

第十八条 巡游出租汽车经营者在车辆经营权期限内，不得擅自暂停或者终止经营。需要变更许可事项或者暂停、终止经营的，应当提前30日向原许可机关提出申请，依法办理相关手续。巡游出租汽车经营者终止经营的，应当将相关的《道路运输经营许可证》和《道路运输证》等交回原许可机关。

巡游出租汽车经营者取得经营许可后无正当理由超过180天不投入符合要求的车辆运营或者运营后连续180天以上停运的，视为自动终止经营，由原许可机关收回相应的巡游出租汽车车辆经营权。

巡游出租汽车经营者合并、分立或者变更经营主体名称的，应当到原许可机关办理变更许可手续。

第十九条 巡游出租汽车车辆经营权到期后，巡游出租汽车经营者拟继续从事经营的，应当在车辆经营权有效期届满60日前，向原许可机关提出申请。原许可机关应当根据《出租汽车服务质量信誉考核办法》规定的出租汽车经营者服务质量信誉考核等级，审核巡游出租汽车经营者的服务质量信誉考核结果，并按照以下规定处理：

（一）考核等级在经营期限内均为AA级及以上的，应当批准其继续经营；

（二）考核等级在经营期限内有A级的，应当督促其加强内部管理，整改合格后准许其继续经营；

（三）考核等级在经营期限内有B级或者一半以上为A级的，可视情适当核减车辆经营权；

（四）考核等级在经营期限内有一半以上为B级的，应当收回车辆经营权，并按照第十三条的规定重新配置车辆经营权。

第三章　运营服务

第二十条 巡游出租汽车经营者应当为乘客提供安全、便捷、舒适的出租汽车服务。

鼓励巡游出租汽车经营者使用节能环保车辆和为残疾人提供服务的无障碍车辆。

第二十一条 巡游出租汽车经营者应当遵守下列规定：

（一）在许可的经营区域内从事经营活动，超出许可的经营区域的，起讫点一端应当在许可的经营区域内；

（二）保证营运车辆性能良好；

（三）按照国家相关标准运营服务；

（四）保障聘用人员合法权益，依法与其签订劳动合同或者经营合同；

（五）加强从业人员管理和培训教育；

（六）不得将巡游出租汽车交给未经从业资格注册的人员运营。

第二十二条 巡游出租汽车运营时，车容车貌、设施设备应当符合以下要求：

（一）车身外观整洁完好，车厢内整洁、卫生，无异味；

（二）车门功能正常，车窗玻璃密闭良好，无遮蔽物，升降功能有效；

（三）座椅牢固无塌陷，前排座椅可前后移动，靠背倾度可调，安全带和锁扣齐全、有效；

（四）座套、头枕套、脚垫齐全；

（五）计程计价设备、顶灯、运营标志、服务监督卡（牌）、车载信息化设备等完好有效。

第二十三条 巡游出租汽车驾驶员应当按照国家出租汽车服务标准提供服务，并遵守下列规定：

（一）做好运营前例行检查，保持车辆设施、设备完好，车容整洁，备齐发票、备足零钱；

（二）衣着整洁，语言文明，主动问候，提醒乘客系好安全带；

（三）根据乘客意愿升降车窗玻璃及使用空调、音响、视频等服务设备；

（四）乘客携带行李时，主动帮助乘客取放行李；

（五）主动协助老、幼、病、残、孕等乘客上下车；

（六）不得在车内吸烟，忌食有异味的食物；

（七）随车携带道路运输证、从业资格证，并按规定摆放、粘贴有关证件和标志；

（八）按照乘客指定的目的地选择合理路线行驶，不得拒载、议价、途中甩客、故意绕道行驶；

（九）在机场、火车站、汽车客运站、港口、公共交通枢纽等客流集散地载客时应当文明排队，服从调度，不得违反规定在非指定区域揽客；

（十）未经乘客同意不得搭载其他乘客；

（十一）按规定使用计程计价设备，执行收费标准并主动出具有效车费票据；

（十二）遵守道路交通安全法规，文明礼让行车。

第二十四条 巡游出租汽车驾驶员遇到下列特殊情形时，应当按照下列方式办理：

（一）乘客对服务不满意时，虚心听取批评意见；

（二）发现乘客遗失财物，设法及时归还失主。无法找到失主的，及时上交巡游出租汽车企业或者有关部门处理，不得私自留存；

（三）发现乘客遗留可疑危险物品的，立即报警。

第二十五条 巡游出租汽车乘客应当遵守下列规定：

（一）不得携带易燃、易爆、有毒等危害公共安全的物品乘车；

（二）不得携带宠物和影响车内卫生的物品乘车；

（三）不得向驾驶员提出违反道路交通安全法规的要求；

（四）不得向车外抛洒物品，不得破坏车内设施设备；

（五）醉酒者或者精神病患者乘车的，应当有陪同（监护）人员；

（六）遵守电召服务规定，按照约定的时间和地点乘车；

（七）按照规定支付车费。

第二十六条 乘客要求去偏远、冷僻地区或者夜间要求驶出城区的，驾驶员可以要求乘客随同到就近的有关部门办理验证登记手续；乘客不予配合的，驾驶员有权拒绝提供服务。

第二十七条 巡游出租汽车运营过程中有下列情形之一的，乘客有权拒绝支付费用：

（一）驾驶员不按照规定使用计程计价设备，或者计程计价设备发生故障时继续运营的；

（二）驾驶员不按照规定向乘客出具相应车费票据的；

（三）驾驶员因发生道路交通安全违法行为接受处理，不能将乘客及时送达目的地的；

（四）驾驶员拒绝按规定接受刷卡付费的。

第二十八条 巡游出租汽车电召服务应当符合下列要求：

（一）根据乘客通过电信、互联网等方式提出的服务需求，按照约定时间和地点提供巡游出租汽车运营服务；

（二）巡游出租汽车电召服务平台应当提供24小时不间断服务；

（三）电召服务人员接到乘客服务需求后，应当按照乘客需求及时调派巡游出租汽车；

（四）巡游出租汽车驾驶员接受电召任务后，应当按照约定时间到达约定地点。乘客未按约定候车时，驾驶员应当与乘客或者电召服务人员联系确认；

（五）乘客上车后，驾驶员应当向电召服务人员发送乘客上车确认信息。

第二十九条 巡游出租汽车经营者应当自觉接受社会监督，公布服务监督电话，指定部门或者人员受理投诉。

巡游出租汽车经营者应当建立24小时服务投诉值班制度，接到乘客投诉后，应当及时受理，10日内处理完毕，并将处理结果告知乘客。

第四章 运营保障

第三十条 县级以上地方人民政府出租汽车行政主管部门应当在本级人民政府的领导下，会同有关部门合理规划、建设巡游出租汽车综合服务区、停车场、停靠点等，并设置明显标识。

巡游出租汽车综合服务区应当为进入服务区的巡游出租汽车驾驶员提供餐饮、休息等服务。

第三十一条 县级以上地方人民政府出租汽车行政主管部门应当配合有关部门，按照有关规定，并综合考虑巡游出租汽车行业定位、运营成本、经济发展水平等因素合理制定运价标准，并适时进行调整。

县级以上地方人民政府出租汽车行政主管部门应当配合有关部门合理确定巡游出租汽车电召服务收费标准，并纳入出租汽车专用收费项目。

第三十二条 巡游出租汽车经营者应当建立健全和落实安全生产管理制度，依法加强管理，履行管理责任，提升运营服务水平。

第三十三条 巡游出租汽车经营者应当按照有关法律法规的规定保障驾驶员的合法权益，规范与驾驶员签订的劳动合同或者经营合同。

巡游出租汽车经营者应当通过建立替班驾驶员队伍、减免驾驶员休息日经营承包费用等方式保障巡游出租汽车驾驶员休息权。

第三十四条 巡游出租汽车经营者应当合理确定承包、管理费用，不得向驾驶员转嫁投资和经营风险。

巡游出租汽车经营者应当根据经营成本、运价变化等因素及时调整承包费标准或者定额任务等。

第三十五条 巡游出租汽车经营者应当建立车辆技术管理制度，按照车辆维护标准定期维护车辆。

第三十六条 巡游出租汽车经营者应当按照《出租汽车驾驶员从业资格管理规定》，对驾驶员等从业人员进行培训教育和监督管理，按照规范提供服务。驾驶员有私自转包经营等违法行为的，应当予以纠正；情节严重的，可按照约定解除合同。

第三十七条 巡游出租汽车经营者应当制定包括报告程序、应急指挥、应急车辆以及处置措施等内容的突发公共事件应急预案。

第三十八条 巡游出租汽车经营者应当按照县级以上地方人民政府出租

汽车行政主管部门要求,及时完成抢险救灾等指令性运输任务。

第三十九条 各地应当根据实际情况发展巡游出租汽车电召服务,采取多种方式建设巡游出租汽车电召服务平台,推广人工电话召车、手机软件召车等巡游出租汽车电召服务,建立完善电召服务管理制度。

巡游出租汽车经营者应当根据实际情况建设或者接入巡游出租汽车电召服务平台,提供巡游出租汽车电召服务。

第五章 监督管理

第四十条 县级以上地方人民政府出租汽车行政主管部门应当加强对巡游出租汽车经营行为的监督检查,会同有关部门纠正、制止非法从事巡游出租汽车经营及其他违法行为,维护出租汽车市场秩序。

第四十一条 县级以上地方人民政府出租汽车行政主管部门应当对巡游出租汽车经营者履行经营协议情况进行监督检查,并按照规定对巡游出租汽车经营者和驾驶员进行服务质量信誉考核。

第四十二条 巡游出租汽车不再用于经营的,县级以上地方人民政府出租汽车行政主管部门应当组织对巡游出租汽车配备的运营标志和专用设备进行回收处置。

第四十三条 县级以上地方人民政府出租汽车行政主管部门应当建立投诉举报制度,公开投诉电话、通信地址或者电子邮箱,接受乘客、驾驶员以及经营者的投诉和社会监督。

县级以上地方人民政府出租汽车行政主管部门受理的投诉,应当在10日内办结;情况复杂的,应当在30日内办结。

第四十四条 县级以上地方人民政府出租汽车行政主管部门应当对完成政府指令性运输任务成绩突出,经营管理、品牌建设、文明服务成绩显著,有拾金不昧、救死扶伤、见义勇为等先进事迹的出租汽车经营者和驾驶员,予以表彰和奖励。

第六章 法律责任

第四十五条 违反本规定,未取得巡游出租汽车经营许可,擅自从事巡游出租汽车经营活动的,由县级以上地方人民政府出租汽车行政主管部门责令改正,并处以5000元以上2万元以下罚款。构成犯罪的,依法追究刑事责任。

第四十六条 违反本规定,有下列行为之一的,由县级以上地方人民政府出租汽车行政主管部门责令改正，并处以3000元以上1万元以下罚款。构成犯罪的，依法追究刑事责任：

（一）起讫点均不在许可的经营区域从事巡游出租汽车经营活动的；

（二）使用未取得道路运输证的车辆，擅自从事巡游出租汽车经营活动的；

（三）使用失效、伪造、变造、被注销等无效道路运输证的车辆从事巡游出租汽车经营活动的。

第四十七条 巡游出租汽车经营者违反本规定，有下列行为之一的，由县级以上地方人民政府出租汽车行政主管部门责令改正，并处以5000元以上1万元以下罚款。构成犯罪的，依法追究刑事责任：

（一）擅自暂停、终止全部或者部分巡游出租汽车经营的；

（二）出租或者擅自转让巡游出租汽车车辆经营权的；

（三）巡游出租汽车驾驶员转包经营未及时纠正的；

（四）不按照规定保证车辆技术状况良好的；

（五）不按照规定配置巡游出租汽车相关设备的；

（六）不按照规定建立并落实投诉举报制度的。

第四十八条 巡游出租汽车驾驶员违反本规定，有下列情形之一的，由县级以上地方人民政府出租汽车行政主管部门责令改正，并处以200元以上500元以下罚款：

（一）拒载、议价、途中甩客或者故意绕道行驶的；

（二）未经乘客同意搭载其他乘客的；

（三）不按照规定使用计程计价设备、违规收费的；

（四）不按照规定出具相应车费票据的；

（五）不按照规定使用巡游出租汽车相关设备的；

（六）接受巡游出租汽车电召任务后未履行约定的；

（七）不按照规定使用文明用语，车容车貌不符合要求的；

（八）在机场、火车站、汽车客运站、港口、公共交通枢纽等客流集散地不服从调度私自揽客的；

（九）转让、倒卖、伪造巡游出租汽车相关票据的。

第四十九条 出租汽车行政主管部门的工作人员违反本规定，有下列情形之一的，依照有关规定给予行政处分；构成犯罪的，依法追究刑事责任：

（一）未按规定的条件、程序和期限实施行政许可的；

（二）参与或者变相参与巡游出租汽车经营的；

（三）发现违法行为不及时查处的；

（四）索取、收受他人财物，或者谋取其他利益的；

（五）其他违法行为。

第五十条 地方性法规、政府规章对巡游出租汽车经营违法行为需要承担的法律责任与本规定有不同规定的，从其规定。

第七章 附 则

第五十一条 网络预约出租汽车以外的其他预约出租汽车经营服务参照本规定执行。

第五十二条 本规定中下列用语的含义：

（一）“巡游出租汽车经营服务”，是指可在道路上巡游揽客、站点候客，喷涂、安装出租汽车标识，以七座及以下乘用车和驾驶劳务为乘客提供出行服务，并按照乘客意愿行驶，根据行驶里程和时间计费的经营活动；

（二）“预约出租汽车经营服务”，是指以符合条件的七座及以下乘用车通过预约方式承揽乘客，并按照乘客意愿行驶、提供驾驶劳务，根据行驶里程、时间或者约定计费的经营活动；

（三）“网络预约出租汽车经营服务”，是指以互联网技术为依托构建服务平台，整合供需信息，使用符合条件的车辆和驾驶员，提供非巡游的预约出租汽车服务的经营活动；

（四）“巡游出租汽车电召服务”，是指根据乘客通过电信、互联网等方式提出的服务需求，按照约定时间和地点提供巡游出租汽车运营服务；

（五）“拒载”，是指在道路上空车待租状态下，巡游出租汽车驾驶员在得知乘客去向后，拒绝提供服务的行为；或者巡游出租汽车驾驶员未按承诺提供电召服务的行为；

（六）“绕道行驶”，是指巡游出租汽车驾驶员未按合理路线行驶的行为；

（七）“议价”，是指巡游出租汽车驾驶员与乘客协商确定车费的行为；

（八）“甩客”，是指在运营途中，巡游出租汽车驾驶员无正当理由擅自中断载客服务的行为。

第五十三条 本规定自2015年1月1日起施行。

附件 1

巡游出租汽车经营申请表	受理申请机关专用

说明

1. 本表根据《巡游出租汽车经营服务管理规定》制作，申请从事巡游出租汽车经营应当按照《巡游出租汽车经营服务管理规定》第二章的有关规定向相应出租汽车行政主管部门提出申请，填写本表，并同时提交其它相关材料（材料要求见第 4 页）。

2. 本表可向各级出租汽车行政主管部门免费索取，也可自行从交通运输部网站（www.mot.gov.cn）下载打印。

3. 本表需用钢笔填写或者计算机打印，请用正楷，要求字迹工整。

申请人基本信息

申请人名称 ________________________________

要求填写企业（公司）全称或者企业预先核准全称、个体经营者姓名

负责人姓名 ______________　经办人姓名 ______________

通信地址 ________________________________

____

邮　　编 ______________　电　　话 ______________

手　　机 ______________　电子邮箱 ______________

营运车辆信息

拟购置营运车辆情况

序号	厂牌型号	数量	座位数（个）	车辆类型及等级	车辆技术等级	备注
1						
2						
3						
4						
5						
合计						

表格不够,可另附表填写

如申请扩大经营范围,请填写“现有营运车辆情况”表

现有营运车辆情况

序号	道路运输证号	厂牌型号	座位数（个）	车辆类型及等级	车辆技术等级	购置时间
1						
2						
3						
4						
5						
合计						

表格不够,可另附表填写

聘用或者拟聘用巡游出租汽车驾驶员情况

序号	姓名	性别	年龄	取得相应驾驶证时间	从业资格证类型	从业资格证号
1						
2						
3						
4						
5						
6						
7						
8						
9						
10						
11						
12						
13						
14						
15						
16						
17						
18						
19						
20						
21						
22						
23						
24						
25						
26						
27						
28						
29						
30						

表格不够，可另附表填写

申请材料核对表

请在□内划√

1.《巡游出租汽车经营申请表》(本表) □

2. 投资人、负责人身份、资信证明及其复印件,经办人的身份证明及其复印件和委托书 □

3. 拟投入车辆承诺书,包括车辆数量、座位数、类型及等级、技术等级 □

4. 聘用或者拟聘用驾驶员从业资格证及其复印件 □

5. 巡游出租汽车经营管理制度文本 □

6. 安全生产管理制度文本 □

7. 服务质量保障制度文本 □

8. 经营场所、停车场地有关使用证明 □

只有上述材料齐全有效后,你的申请才能受理

声明

我声明本表及其它相关材料中提供的信息均真实可靠

我知悉如此表中有故意填写的虚假信息,我取得的巡游出租汽车经营许可将被撤销

我承诺将遵守国家有关法律、行政法规及其它相关规章的规定

负责人签名 ____________　　　日期 ____________

负责人职位 ____________

附件2

拟投入车辆承诺书

________________：

按照《巡游出租汽车经营服务管理规定》要求，__________计划从事巡游出租汽车经营，现承诺如该申请获得许可，将按附表填报的数量、座位数、类型及等级、技术等级等要求，在180天内购置车辆并投入运营。如违反承诺，将自愿放弃巡游出租汽车车辆经营权。

承诺人印章（签字）：

年　月　日

附表：拟投入车辆情况

序号	厂牌型号	数量	座位数（个）	车辆类型及等级	车辆技术等级	备注
1						
2						
3						
4						
5						
合计						

附件 3

巡游出租汽车经营行政许可决定书

编号：

________________：

你于　　年　月　日提出________________申请。

经审查，你的申请符合________________的规定，决定准予巡游出租汽车经营行政许可。请按下列要求从事巡游出租汽车经营活动：

经营范围：________________

经营区域：________________

车辆数量及要求：________________

巡游出租汽车车辆经营权期限：________________

请于　　年　月　日去　　　　　　领取《道路运输经营许可证》，并于　　年　月　日前按上述要求落实拟投入车辆承诺书，然后办理相关手续。在确定的时间内未按经营协议及本许可要求落实拟投入车辆承诺书的，将撤销本经营许可。

（印　章）

年　月　日

交通运输部关于修改《小微型客车租赁经营服务管理办法》的决定

（2021年8月11日交通运输部令2021年第17号公布　自公布之日起施行　国司备字[2021004518]）

交通运输部决定对《小微型客车租赁经营服务管理办法》（交通运输部令2020年第22号）作如下修改：

将第二十五条中的“5000元以上3万元以下”修改为“3000元以上1万元以下”。

本决定自公布之日起施行。

《小微型客车租赁经营服务管理办法》根据本决定作相应修正，重新发布。

小微型客车租赁经营服务管理办法

（2020年12月20日交通运输部令2020年第22号发布　根据2021年8月11日《交通运输部关于修改〈小微型客车租赁经营服务管理办法〉的决定》修正）

第一章　总　　则

第一条　为规范小微型客车租赁经营服务行为，保护经营者和承租人合法权益，制定本办法。

第二条　从事小微型客车租赁经营服务，应当遵守本办法。

本办法所称小微型客车租赁经营服务，是指小微型客车租赁经营者与承租人订立租赁合同，将9座及以下的小微型客车交付承租人使用，收取租赁费用的经营活动。

第三条　交通运输部负责指导全国小微型客车租赁管理工作。

县级以上地方人民政府负责小微型客车租赁管理的行政主管部门（以下统称小微型客车租赁行政主管部门）负责本行政区域内小微型客车租赁管理

工作。

第四条 小微型客车租赁经营者应当依法经营，诚实守信，优质服务，公平竞争。

第五条 国家鼓励小微型客车租赁实行规模化、网络化经营，鼓励使用新能源汽车开展小微型客车租赁。

第二章 经营服务

第六条 从事小微型客车租赁经营的，应当具备下列条件：

（一）取得企业法人资格；

（二）投入经营的小微型客车应当经检验合格且登记的使用性质为租赁（以下称租赁小微型客车）；

（三）有与租赁业务相适应的经营场所、管理人员；

（四）在经营所在地有相应服务机构及服务能力；

（五）有健全的经营管理制度、服务规程、安全管理制度和应急救援预案。

从事分时租赁经营的，还应当具备以下服务能力：

（一）有与开展分时租赁业务相适应的信息数据交互及处理能力，保证服务平台运行可靠；

（二）有相应服务人员负责调配租赁小微型客车。

第七条 从事小微型客车租赁经营的，应当在向市场监督管理部门办理有关登记手续或者新设服务机构开展经营活动后 60 日内，就近向经营所在地市级或者县级小微型客车租赁行政主管部门办理备案，并附送本办法第六条相应的材料。

备案材料不完备或者不符合要求的，受理备案的小微型客车租赁行政主管部门应当书面通知备案人补充完善。

第八条 小微型客车租赁行政主管部门受理备案后，应当将小微型客车租赁经营者的企业名称、经营范围、企业注册地址、服务机构地址和联系方式，以及租赁小微型客车号牌号码、车辆类型、所有人、使用性质、品牌型号、注册日期、核定载人数等备案信息进行建档管理。

第九条 备案事项发生变更的，小微型客车租赁经营者应当在变更之日起 15 日内到原备案机构办理变更备案。

小微型客车租赁经营者暂停或者终止经营的，应当在暂停或者终止经营之日起 15 日内，向原备案机构书面报告。

暂停或者终止分时租赁经营的，应当提前 30 日向社会公告，并同时向原备案机构书面报告。

第十条 小微型客车租赁经营者和接受委托提供小微型客车租赁交易撮合、信息发布等服务的电子商务平台经营者，应当遵守国家网络安全、个人信息保护、数据安全、电子商务等方面的法律法规，依法收集相关信息和数据，严格保护个人信息和重要数据，维护网络数据安全，支持配合有关部门开展相关监管工作。

第十一条 小微型客车租赁经营者应当按照国家有关标准规范为承租人提供安全便利优质的小微型客车租赁服务，确保车辆安全、卫生状况良好。

小微型客车租赁经营者不得随车提供驾驶劳务。

第十二条 小微型客车租赁经营者还应当遵守下列规定：

（一）在经营场所或者服务平台以显著方式明示服务项目、租赁流程、租赁车辆类型、收费标准、押金收取与退还、客服与监督电话等事项；

（二）按照合同约定将租赁小微型客车交付承租人，交付的租赁小微型客车在租赁期间应当符合《中华人民共和国道路交通安全法》规定的上路行驶条件，车内设施设备功能齐全正常，外观内饰完好整洁；

（三）随车配备租赁小微型客车机动车行驶证；

（四）按照国家有关规定对租赁小微型客车进行检测、维护，确保技术性能良好；

（五）建立救援服务体系，租赁小微型客车在租赁期间出现故障或者发生事故时，按照合同约定提供救援、换车服务；

（六）建立租赁经营管理档案，保存租赁经营信息，并按照要求报送相关数据信息；

（七）从事分时租赁经营的，应当按照国家有关规定计程计时，收取承租人押金和预付资金的，还应当按照国家有关规定管理押金和预付资金。

第十三条 承租人应当遵守下列规定：

（一）承租人为自然人的，应当持其机动车驾驶证租赁小微型客车；承租人为法人或者其他组织的，应当持实际驾驶人的机动车驾驶证租赁小微型客车；

（二）上路行驶期间，随车携带租赁小微型客车机动车行驶证；

（三）按照操作规范驾驶租赁小微型客车，遵守道路交通安全相关法律法规；

（四）按照合同约定使用租赁小微型客车，不得携带易燃、易爆、毒害性、放射性、腐蚀性物质或者传染病病原体等危害公共安全的危险物质，不得利用租赁小微型客车从事违法犯罪活动；

（五）妥善保管租赁小微型客车，未经小微型客车租赁经营者同意，不得改动租赁小微型客车部件、设施和变更机动车使用性质，不得将租赁小微型客车抵押、变卖、转租；

（六）租赁期间租赁小微型客车发生交通违法、交通事故的，按照相关法律、行政法规接受处理。

第十四条 小微型客车租赁经营者应当与承租人订立租赁合同。在订立租赁合同前，小微型客车租赁经营者应当对承租人身份进行查验，并留存有关信息。承租人为自然人的，应当查验其身份证件。承租人为企业法人或者其他组织的，应当查验企业法人营业执照或者其他有效登记证件、授权委托书、经办人身份证件。

租赁小微型客车应当交付给经过身份查验的承租人，对身份不明、拒绝身份查验的，不得提供租赁服务。

第十五条 小微型客车租赁经营者应当按照安全生产相关法律法规，落实安全生产责任，完善安全生产规章制度，加强安全生产管理。

第十六条 鼓励小微型客车租赁经营者办理车上人员责任险等保险。

第十七条 小微型客车租赁经营者应当建立服务投诉制度，公布服务监督电话，指定部门或者人员受理投诉。接到投诉后，应当及时受理，于10日内处理完毕并告知投诉人处理结果。

第十八条 机动车使用性质登记为租赁的小微型客车不得擅自用于道路运输经营。利用租赁小微型客车从事道路运输经营的，应当先按照道路运输经营相关管理规定办理行政许可和机动车使用性质变更手续。

第十九条 租赁小微型客车按照租赁载客汽车使用年限执行报废管理。租赁小微型客车使用性质由租赁变更为营运的，应当按照小微型营运载客汽车使用年限执行报废管理。

第三章 监督管理

第二十条 小微型客车租赁行政主管部门应当在小微型客车租赁经营者办理备案后2个工作日内，通过政府监管平台或者相关政府网站向社会公布本办法第八条规定的建档信息，并传送至全国互联网道路运输便民政务服务系统。

鼓励小微型客车租赁经营者运营系统与政府监管平台实现信息对接。

第二十一条 小微型客车租赁行政主管部门应当依法加强市场监管和企业信用管理，定期组织开展小微型客车租赁服务质量信誉考核并及时公布考核情况。

第二十二条 小微型客车租赁行政主管部门应当按照法定职责督促指导小微型客车租赁经营者落实承租人身份查验要求。

第二十三条 小微型客车租赁行政主管部门应当建立投诉举报制度，公开投诉电话、通信地址或者电子邮箱，明确投诉办结时限，接受小微型客车租赁相关投诉和社会监督。

第二十四条 汽车租赁行业协会应当加强行业自律，建立完善行业自律性管理约束机制，规范会员行为，维护公平竞争的市场环境。

第四章 法律责任

第二十五条 小微型客车租赁经营者违反本办法，有下列行为之一的，由小微型客车租赁行政主管部门责令改正，并处3000元以上1万元以下罚款：

（一）未按照规定办理备案或者变更备案的；

（二）提供的租赁小微型客车不符合《中华人民共和国道路交通安全法》规定的上路行驶条件的；

（三）未建立小微型客车租赁经营管理档案或者未按照规定报送相关数据信息的；

（四）未在经营场所或者服务平台以显著方式明示服务项目、租赁流程、租赁车辆类型、收费标准、押金收取与退还、客服与监督电话等事项的。

小微型客车租赁经营者未取得道路运输经营许可或者出租汽车经营许可，随车提供驾驶劳务的，按照《中华人民共和国道路运输条例》《巡游出租汽车经营服务管理规定》《网络预约出租汽车经营服务管理暂行办法》中关于从事非法营运的规定进行处罚。

第二十六条 小微型客车租赁经营者和受委托的电子商务平台经营者，违反国家反恐怖、道路运输经营、网络安全、个人信息保护、数据安全、电子商务等方面的法律法规，按照相关规定进行处罚。

第五章 附 则

第二十七条 本办法所称分时租赁，是指利用移动互联网、卫星定位等信息技术构建服务平台，以分钟或者小时等为计时单位，为承租人提供自助式小微型客车预定和取还、费用结算等服务的租赁经营方式。

第二十八条 本办法自2021年4月1日起施行。

交通运输部关于修改《出租汽车驾驶员从业资格管理规定》的决定

（2021 年 8 月 11 日交通运输部令 2021 年第 15 号公布　自公布之日起施行　国司备字[2021004516]）

交通运输部决定对《出租汽车驾驶员从业资格管理规定》（交通运输部令2016 年第 63 号）作如下修改：

一、删去第四十条第一款第二项。

二、将第四十一条中的“1 万元以上 3 万元以下”修改为“200 元以上 2000元以下”。

三、将第四十二条中的“2000 元”修改为“500 元”。

四、将第四十三条中的“5000 元以上 1 万元以下”修改“3000 元以上 1 万元以下”。

条文序号和个别文字作相应调整。

本决定自公布之日起施行。

《出租汽车驾驶员从业资格管理规定》根据本决定作相应修正，重新发布。

出租汽车驾驶员从业资格管理规定

（2011 年 12 月 26 日交通运输部令 2011 年第 13 号发布　根据2016 年 8 月 26 日《交通运输部关于修改〈出租汽车驾驶员从业资格管理规定〉的决定》第一次修正　根据 2021 年 8 月 11 日《交通运输部关于修改〈出租汽车驾驶员从业资格管理规定〉的决定》第二次修正）

第一章　总　　则

第一条　为了规范出租汽车驾驶员从业行为，提升出租汽车客运服务水平，根据国家有关规定，制定本规定。

第二条　出租汽车驾驶员的从业资格管理适用本规定。

第三条 国家对从事出租汽车客运服务的驾驶员实行从业资格制度。

出租汽车驾驶员从业资格包括巡游出租汽车驾驶员从业资格和网络预约出租汽车驾驶员从业资格等。

第四条 出租汽车驾驶员从业资格管理工作应当公平、公正、公开和便民。

第五条 出租汽车驾驶员应当依法经营、诚实守信、文明服务、保障安全。

第六条 交通运输部负责指导全国出租汽车驾驶员从业资格管理工作。

各省、自治区人民政府交通运输主管部门在本级人民政府领导下，负责指导本行政区域内出租汽车驾驶员从业资格管理工作。

直辖市、设区的市级或者县级交通运输主管部门或者人民政府指定的其他出租汽车行政主管部门（以下称出租汽车行政主管部门）在本级人民政府领导下，负责具体实施出租汽车驾驶员从业资格管理。

第二章 考 试

第七条 出租汽车驾驶员从业资格考试包括全国公共科目和区域科目考试。

全国公共科目考试是对国家出租汽车法律法规、职业道德、服务规范、安全运营等具有普遍规范要求的知识测试。

巡游出租汽车驾驶员从业资格区域科目考试是对地方出租汽车政策法规、经营区域人文地理和交通路线等具有区域服务特征的知识测试。

网络预约出租汽车驾驶员从业资格区域科目考试是对地方出租汽车政策法规等具有区域规范要求的知识测试。设区的市级以上地方人民政府出租汽车行政主管部门可以根据区域服务特征自行确定其他考试内容。

第八条 全国公共科目考试实行全国统一考试大纲。全国公共科目考试大纲、考试题库由交通运输部负责编制。

区域科目考试大纲和考试题库由设区的市级以上地方人民政府出租汽车行政主管部门负责编制。

出租汽车驾驶员从业资格考试由设区的市级以上地方人民政府出租汽车行政主管部门按照交通运输部编制的考试工作规范和程序组织实施。鼓励推广使用信息化方式和手段组织实施出租汽车驾驶员从业资格考试。

第九条 拟从事出租汽车客运服务的，应当填写《出租汽车驾驶员从业资格证申请表》（式样见附件1），向所在地设区的市级出租汽车行政主管部门申请参加出租汽车驾驶员从业资格考试。

第十条 申请参加出租汽车驾驶员从业资格考试的,应当符合下列条件:

(一)取得相应准驾车型机动车驾驶证并具有3年以上驾驶经历;

(二)无交通肇事犯罪、危险驾驶犯罪记录,无吸毒记录,无饮酒后驾驶记录,最近连续3个记分周期内没有记满12分记录;

(三)无暴力犯罪记录;

(四)城市人民政府规定的其他条件。

第十一条 申请参加出租汽车驾驶员从业资格考试的,应当提供符合第十条规定的证明或者承诺材料:

(一)机动车驾驶证及复印件;

(二)无交通肇事犯罪、危险驾驶犯罪记录,无吸毒记录,无饮酒后驾驶记录,最近连续3个记分周期内没有记满12分记录的材料;

(三)无暴力犯罪记录的材料;

(四)身份证明及复印件;

(五)城市人民政府规定的其他材料。

第十二条 设区的市级出租汽车行政主管部门对符合申请条件的申请人,应当按照出租汽车驾驶员从业资格考试工作规范及时安排考试。

首次参加出租汽车驾驶员从业资格考试的申请人,全国公共科目和区域科目考试应当在首次申请考试的区域完成。

第十三条 设区的市级出租汽车行政主管部门应当在考试结束10日内公布考试成绩。考试合格成绩有效期为3年。

全国公共科目考试成绩在全国范围内有效,区域科目考试成绩在所在地行政区域内有效。

第十四条 出租汽车驾驶员从业资格考试全国公共科目和区域科目考试均合格的,设区的市级出租汽车行政主管部门应当自公布考试成绩之日起10日内向巡游出租汽车驾驶员核发《巡游出租汽车驾驶员证》、向网络预约出租汽车驾驶员核发《网络预约出租汽车驾驶员证》(《巡游出租汽车驾驶员证》和《网络预约出租汽车驾驶员证》以下统称从业资格证)。

从业资格证式样参照《中华人民共和国道路运输从业人员从业资格证》式样。

鼓励推广使用从业资格电子证件。采用电子证件的,应当包含证件式样所确定的相关信息。

第十五条 出租汽车驾驶员到从业资格证发证机关核定的范围外从事出租汽车客运服务的,应当参加当地的区域科目考试。区域科目考试合格的,由当地设区的市级出租汽车行政主管部门核发从业资格证。

第三章　注　　册

第十六条　取得从业资格证的出租汽车驾驶员，应当经出租汽车行政主管部门从业资格注册后，方可从事出租汽车客运服务。

出租汽车驾驶员从业资格注册有效期为3年。

第十七条　出租汽车经营者应当聘用取得从业资格证的出租汽车驾驶员，并在出租汽车驾驶员办理从业资格注册后再安排上岗。

第十八条　巡游出租汽车驾驶员申请从业资格注册或者延续注册的，应当填写《巡游出租汽车驾驶员从业资格注册登记表》（式样见附件2），持其从业资格证及与出租汽车经营者签订的劳动合同或者经营合同，到发证机关所在地出租汽车行政主管部门申请注册。

个体巡游出租汽车经营者自己驾驶出租汽车从事经营活动的，持其从业资格证及车辆运营证申请注册。

第十九条　受理注册申请的出租汽车行政主管部门应当在5日内办理完结注册手续，并在从业资格证中加盖注册章。

第二十条　巡游出租汽车驾驶员注册有效期届满需继续从事出租汽车客运服务的，应当在有效期届满30日前，向所在地出租汽车行政主管部门申请延续注册。

第二十一条　出租汽车驾驶员不具有完全民事行为能力，或者受到刑事处罚且刑事处罚尚未执行完毕的，不予延续注册。

第二十二条　巡游出租汽车驾驶员在从业资格注册有效期内，与出租汽车经营者解除劳动合同或者经营合同的，应当在20日内向原注册机构报告，并申请注销注册。

巡游出租汽车驾驶员变更服务单位的，应当重新申请注册。

第二十三条　网络预约出租汽车驾驶员的注册，通过出租汽车经营者向发证机关所在地出租汽车行政主管部门报备完成，报备信息包括驾驶员从业资格证信息、与出租汽车经营者签订的劳动合同或者协议等。

网络预约出租汽车驾驶员与出租汽车经营者解除劳动合同或者协议的，通过出租汽车经营者向发证机关所在地出租汽车行政主管部门报备完成注销。

第四章　继续教育

第二十四条　出租汽车驾驶员在注册期内应当按规定完成继续教育。

取得从业资格证超过3年未申请注册的，注册后上岗前应当完成不少于27学时的继续教育。

第二十五条 交通运输部统一制定出租汽车驾驶员继续教育大纲并向社会公布。继续教育大纲内容包括出租汽车相关政策法规、社会责任和职业道德、服务规范、安全运营和节能减排知识等。

第二十六条 出租汽车驾驶员继续教育由出租汽车经营者组织实施。

第二十七条 出租汽车驾驶员完成继续教育后，应当由出租汽车经营者向所在地出租汽车行政主管部门报备，出租汽车行政主管部门在出租汽车驾驶员从业资格证中予以记录。

第二十八条 出租汽车行政主管部门应当加强对出租汽车经营者组织继续教育情况的监督检查。

第二十九条 出租汽车经营者应当建立学员培训档案，将继续教育计划、继续教育师资情况、参培学员登记表等纳入档案管理，并接受出租汽车行政主管部门的监督检查。

第五章 从业资格证件管理

第三十条 出租汽车驾驶员从业资格证由交通运输部统一制发并制定编号规则。设区的市级出租汽车行政主管部门负责从业资格证的发放和管理工作。

第三十一条 出租汽车驾驶员从业资格证遗失、毁损的，应当到原发证机关办理证件补（换）发手续。

第三十二条 出租汽车驾驶员办理从业资格证补（换）发手续，应当填写《出租汽车驾驶员从业资格证补（换）发登记表》（式样见附件3）。出租汽车行政主管部门应当对符合要求的从业资格证补（换）发申请予以办理。

第三十三条 出租汽车驾驶员在从事出租汽车客运服务时，应当携带从业资格证。

第三十四条 出租汽车驾驶员从业资格证不得转借、出租、涂改、伪造或者变造。

第三十五条 出租汽车经营者应当维护出租汽车驾驶员的合法权益，为出租汽车驾驶员从业资格注册、继续教育等提供便利。

第三十六条 出租汽车行政主管部门应当加强对出租汽车驾驶员的从业管理，将其违法行为记录作为服务质量信誉考核的依据。

第三十七条 出租汽车行政主管部门应当建立出租汽车驾驶员从业资格管理档案。

出租汽车驾驶员从业资格管理档案包括：从业资格考试申请材料、从业资格证申请、注册及补（换）发记录、违法行为记录、交通责任事故情况、继续教育记录和服务质量信誉考核结果等。

第三十八条 出租汽车驾驶员有下列情形之一的，由发证机关注销其从业资格证。从业资格证被注销的，应当及时收回；无法收回的，由发证机关公告作废。

（一）持证人死亡的；

（二）持证人申请注销的；

（三）持证人达到法定退休年龄的；

（四）持证人机动车驾驶证被注销或者被吊销的；

（五）因身体健康等其他原因不宜继续从事出租汽车客运服务的。

第三十九条 出租汽车驾驶员有下列不具备安全运营条件情形之一的，由发证机关撤销其从业资格证，并公告作废：

（一）持证人身体健康状况不再符合从业要求且没有主动申请注销从业资格证的；

（二）有交通肇事犯罪、危险驾驶犯罪记录，有吸毒记录，有饮酒后驾驶记录，有暴力犯罪记录，最近连续3个记分周期内记满12分记录。

第四十条 出租汽车驾驶员在运营过程中，应当遵守国家对驾驶员在法律法规、职业道德、服务规范、安全运营等方面的资格规定，文明行车、优质服务。出租汽车驾驶员不得有下列行为：

（一）途中甩客或者故意绕道行驶；

（二）不按照规定使用出租汽车相关设备；

（三）不按照规定使用文明用语，车容车貌不符合要求；

（四）未经乘客同意搭载其他乘客；

（五）不按照规定出具相应车费票据；

（六）网络预约出租汽车驾驶员违反规定巡游揽客、站点候客；

（七）巡游出租汽车驾驶员拒载，或者未经约车人或乘客同意、网络预约出租汽车驾驶员无正当理由未按承诺到达约定地点提供预约服务；

（八）巡游出租汽车驾驶员不按照规定使用计程计价设备、违规收费或者网络预约出租汽车驾驶员违规收费；

（九）对举报、投诉其服务质量或者对其服务作出不满意评价的乘客实施报复。

出租汽车驾驶员有本条前款违法行为的，应当加强继续教育；情节严重的，出租汽车行政主管部门应当对其延期注册。

第六章　法律责任

第四十一条　违反本规定，有下列行为之一的人员，由县级以上出租汽车行政主管部门责令改正，并处200元以上2000元以下的罚款；构成犯罪的，依法追究刑事责任：

（一）未取得从业资格证或者超越从业资格证核定范围，驾驶出租汽车从事经营活动的；

（二）使用失效、伪造、变造的从业资格证，驾驶出租汽车从事经营活动的；

（三）转借、出租、涂改从业资格证的。

第四十二条　出租汽车驾驶员违反第十六条、第四十条规定的，由县级以上出租汽车行政主管部门责令改正，并处200元以上500元以下的罚款。

第四十三条　违反本规定，聘用未取得从业资格证的人员，驾驶出租汽车从事经营活动的，由县级以上出租汽车行政主管部门责令改正，并处3000元以上1万元以下的罚款；情节严重的，处1万元以上3万元以下的罚款。

第四十四条　违反本规定，有下列行为之一的出租汽车经营者，由县级以上出租汽车行政主管部门责令改正，并处1000元以上3000元以下的罚款：

（一）聘用未按规定办理注册手续的人员，驾驶出租汽车从事经营活动的；

（二）不按照规定组织实施继续教育的。

第四十五条　违反本规定，出租汽车行政主管部门及工作人员有下列情形之一的，对直接负责的主管人员和其他直接责任人员，依法给予行政处分；构成犯罪的，依法追究刑事责任：

（一）未按规定的条件、程序和期限组织从业资格考试及核发从业资格证的；

（二）发现违法行为未及时查处的；

（三）索取、收受他人财物及谋取其他不正当利益的；

（四）其他违法行为。

第四十六条　地方性法规、政府规章对出租汽车驾驶员违法行为需要承担的法律责任与本规定有不同规定的，从其规定。

第七章　附　　则

第四十七条　本规定施行前依法取得的从业资格证继续有效。可在原证件有效期届满前申请延续注册时申请换发新的从业资格证，并按规定进行注册。

其他预约出租汽车驾驶员的从业资格参照巡游出租汽车驾驶员执行。

第四十八条　本规定自2012年4月1日起施行。

附件 1

出租汽车驾驶员从业资格证申请表

<table>
<tr><td>姓　名</td><td colspan="2"></td><td colspan="2">性　别</td><td></td><td rowspan="4">照片</td></tr>
<tr><td>住　址</td><td colspan="5">（电话）</td></tr>
<tr><td>身份证号</td><td colspan="5"></td></tr>
<tr><td>培训单位</td><td colspan="5"></td></tr>
<tr><td>机动车驾驶证
准驾车型</td><td colspan="2"></td><td colspan="2">初领机动车
驾驶证日期</td><td colspan="2">年　　月　　日</td></tr>
<tr><td>材料清单</td><td colspan="6">申请材料清单：
□ 机动车驾驶证及复印件
□ 无交通肇事犯罪、危险驾驶犯罪记录，无吸毒记录，无饮酒后驾驶记录，最近连续 3 个记分周期内没有记满 12 分记录的材料
□ 无暴力犯罪记录的材料
□ 身份证明及复印件
□ 其他规定的材料
□ 近期 1 寸彩色照片</td></tr>
<tr><td>承　诺</td><td colspan="6">本人承诺上述所有内容真实、有效，并承担由此产生的法律责任。
本人签字：　　　　日期：</td></tr>
<tr><td>申请类别</td><td colspan="6">□ 巡游出租汽车驾驶员　　□网络预约出租汽车驾驶员</td></tr>
<tr><td rowspan="3">考试记录</td><td>类　别</td><td>考试时间</td><td>成　绩</td><td>考核员</td><td colspan="2">考核员</td></tr>
<tr><td>全国公共科目考试</td><td></td><td></td><td></td><td colspan="2"></td></tr>
<tr><td>区域科目考试</td><td></td><td></td><td></td><td colspan="2"></td></tr>
<tr><td>管理部门
意见</td><td colspan="6">经审核：
□ 同意发证（具备从业资格条件，且从业资格考试成绩合格）。
□ 不同意发证，理由：________________
（盖章）
年　月　日</td></tr>
<tr><td rowspan="3">从业资格证
发放</td><td>从业资格证号</td><td colspan="5"></td></tr>
<tr><td>发放人（签字）</td><td colspan="2"></td><td>日　期</td><td colspan="2"></td></tr>
<tr><td>领取人（签字）</td><td colspan="2"></td><td>日　期</td><td colspan="2"></td></tr>
</table>

注：1. 此表为申请核发从业资格证的原始记录，须存入从业资格管理档案。

2. 此表考试记录为考生参加从业资格证考试后的相关信息，可将考试成绩单等一并存入从业资格管理档案。

附件 2

巡游出租汽车驾驶员从业资格注册登记表

<table>
<tr><td>姓　名</td><td></td><td>性　别</td><td></td><td rowspan="4">照片</td></tr>
<tr><td>住　址</td><td colspan="3">（电话）</td></tr>
<tr><td>注册服务单位</td><td colspan="3">（电话）</td></tr>
<tr><td>身份证号</td><td colspan="3"></td></tr>
<tr><td>从业资格证号</td><td colspan="4"></td></tr>
<tr><td>申请种类</td><td colspan="2">□ 注册</td><td colspan="2">□ 延续注册</td></tr>
<tr><td>材料清单</td><td colspan="2">注册材料清单：
□ 从业资格证及复印件
□ 劳动合同或者经营合同原件及复印件</td><td colspan="2">延续注册材料清单：
□ 从业资格证及复印件
□ 劳动合同或者经营合同原件及复印件
□ 继续教育记录</td></tr>
<tr><td>承　诺</td><td colspan="4">本人承诺上述所有内容真实、有效，并承担由此产生的法律责任。
本人签字：　　　日期：</td></tr>
<tr><td>管理部门意见</td><td colspan="4">经审核，□ 同意注册；□ 不同意注册，理由：____________
（盖章）
年　月　日</td></tr>
<tr><td rowspan="3">证件注册信息</td><td>从业资格证号</td><td colspan="3"></td></tr>
<tr><td>从业资格证注册有效期</td><td></td><td>注册日期</td><td></td></tr>
<tr><td>经办人（签字）</td><td></td><td>日　期</td><td></td></tr>
</table>

注：此表为申请从业资格证注册的原始记录，须存入从业资格管理档案。

附件 3

出租汽车驾驶员从业资格证补(换)发申请表

<table>
<tr><td>姓　名</td><td></td><td>性　别</td><td></td><td rowspan="3">照片</td></tr>
<tr><td>住　址</td><td colspan="3">（电话）</td></tr>
<tr><td>身份证号</td><td colspan="3"></td></tr>
<tr><td>机动车驾驶证
准驾车型</td><td></td><td>初领机动车
驾驶证日期</td><td colspan="2">年　　月　　日</td></tr>
<tr><td>原从业资格
证件号</td><td></td><td>初领从业资格
证件日期</td><td colspan="2">年　　月　　日</td></tr>
<tr><td>申请种类</td><td colspan="4">☐ 补发　　　☐ 换发</td></tr>
<tr><td>承　诺</td><td colspan="4">本人承诺上述所有内容真实、有效,并承担由此产生的法律责任。

本人签字：　　日期：</td></tr>
<tr><td>管理部门
意见</td><td colspan="4">经审核,☐ 同意补(换)发证件;
☐ 不同意补(换)发证件,理由:____________

(盖章)
年　月　日</td></tr>
<tr><td rowspan="3">从业资格证
发放</td><td>从业资格证号</td><td colspan="3"></td></tr>
<tr><td>发放人(签字)</td><td></td><td>日　期</td><td></td></tr>
<tr><td>领取人(签字)</td><td></td><td>日　期</td><td></td></tr>
</table>

交通运输部关于修改《中华人民共和国海员外派管理规定》的决定

（2021年8月11日交通运输部令2021年第19号公布　自公布之日起施行　国司备字[2021004643]）

交通运输部决定对《中华人民共和国海员外派管理规定》（交通运输部令2019年第39号）作如下修改：

一、将第五条修改为："从事海员外派的机构，应当符合下列条件：

（一）符合企业法人条件；

（二）实缴注册资本不低于600万元人民币；

（三）有3名以上熟悉海员外派业务的管理人员；

（四）有健全的内部管理制度和突发事件应急处置制度；

（五）法定代表人没有故意犯罪记录。"

二、将第六条修改为："申请从事海员外派的机构，应当提交符合本规定第五条规定的相关证明材料。"

三、将第八条、第九条中的"15个工作日"修改为"10个工作日"。

四、将第四十三条中的"由海事管理机构责令改正，处5万元以上25万元以下罚款；有违法所得的，应当没收违法所得；使用非法证件的，收缴非法证件"修改为"由海事管理机构提请市场监督管理部门依照《无证无照经营查处办法》的规定查处"。

五、删去第四十四条。

六、第四十五条改为第四十四条，修改为："违反本规定，海员外派机构有下列情形之一的，由海事管理机构依照《对外劳务合作管理条例》第四十三条的规定进行处罚：

（一）未与境外船东签订船舶配员服务协议，开展海员外派服务的；

（二）未与外派海员签订上船协议或者劳动合同，开展海员外派服务的；

（三）与外派海员签订上船协议或者劳动合同，隐瞒有关信息或者提供虚假信息的；

（四）在国外发生突发事件时不及时处理的。"

条文序号和个别文字作相应调整。

本决定自公布之日起施行。

《中华人民共和国海员外派管理规定》根据本决定作相应修正，重新发布。

中华人民共和国海员外派管理规定

（2011 年 3 月 7 日交通运输部令 2011 年第 3 号发布　根据 2016 年 4 月 11 日《交通运输部关于修改〈中华人民共和国海员外派管理规定〉的决定》第一次修正　根据 2019 年 11 月 28 日《交通运输部关于修改〈中华人民共和国海员外派管理规定〉的决定》第二次修正　根据 2021 年 8 月 11 日《交通运输部关于修改〈中华人民共和国海员外派管理规定〉的决定》第三次修正）

第一章　总　　则

第一条　为规范海员外派管理，提高我国外派海员的整体素质和国际形象，维护外派海员的合法权益，促进海员外派事业的健康发展，根据《中华人民共和国船员条例》和对外劳务合作等法律法规，制定本规定。

第二条　在中华人民共和国境内依法设立的机构从事海员外派活动，适用本规定。

第三条　交通运输部主管全国海员外派工作。

国家海事管理机构负责统一实施全国海员外派的监督管理工作。

交通运输部直属海事管理机构依照各自职责负责具体实施海员外派的监督管理工作。

第四条　海员外派遵循“谁派出，谁负责”的原则。从事海员外派的机构应当对其派出的外派海员负责，做好外派海员在船工作期间及登、离船过程中的各项保障工作。

第二章　海员外派机构资质

第五条　从事海员外派的机构，应当符合下列条件：

（一）符合企业法人条件；

（二）实缴注册资本不低于 600 万元人民币；

（三）有 3 名以上熟悉海员外派业务的管理人员；

（四）有健全的内部管理制度和突发事件应急处置制度；

（五）法定代表人没有故意犯罪记录。

第六条　申请从事海员外派的机构，应当提交符合本规定第五条规定的相关证明材料。

第七条 机构申请从事海员外派，应当向其工商注册地的交通运输部直属海事管理机构提出，工商注册地没有交通运输部直属海事管理机构的，应当向国家海事管理机构指定的交通运输部直属海事管理机构提出。

第八条 直属海事管理机构自受理申请之日起 10 个工作日内完成申请材料的书面审核和现场核验，并将审核意见和核验情况连同申请材料一并报国家海事管理机构审批。

第九条 国家海事管理机构收到报送材料后，根据直属海事管理机构的审核意见、核验情况以及机构申请材料，于 10 个工作日内作出批准或者不予批准的决定。

第十条 国家海事管理机构作出准予从事海员外派决定的，向申请机构颁发海员外派机构资质证书；海员外派机构资质证书的有效期最长不超过 5 年。

第十一条 海员外派机构资质证书上记载的机构名称、地址、法定代表人等发生变更的，海员外派机构应当自变更发生之日起 30 个工作日内到海事管理机构办理变更手续。

第十二条 境外企业、机构在中国境内招收外派海员，应当委托海员外派机构进行。

外国驻华代表机构不得在境内开展海员外派业务。

第十三条 海员外派机构资质实施年审制度。

年审主要审查海员外派机构的资质条件符合情况及合法经营、规范运作情况。

交通运输部直属海事管理机构应当于每年度的 2 月份至 4 月份负责组织实施所属辖区的海员外派机构资质年审工作。

第十四条 海员外派机构应当于每年的 2 月 1 日前向所在辖区的海事管理机构申请进行年审，并提交下列材料：

（一）年审申请文书；

（二）年审报告书，包含海员外派机构资质条件符合情况、各项制度有效运行以及本规定执行情况。

第十五条 海员外派机构通过年审的，海事管理机构应当在其海员外派机构资质证书的年审情况栏中予以签注。

第十六条 海员外派机构年审不合格的，海事管理机构责令限期改正；如期改正的，海事管理机构应当在海员外派机构资质证书的年审情况栏中注明情况，予以通过年审；逾期未改正的，应当及时报请国家海事管理机构撤销其海员外派机构资质并依法办理注销手续。

第十七条 年审中被海事管理机构责令限期改正的,海员外派机构在改正期内不得继续选派船员及对外签订新的船舶配员协议,但仍应当承担对已派出外派海员的管理责任。

第十八条 海员外派机构应当在海员外派机构资质证书有效期届满之日60日以前向所在辖区的海事管理机构申请办理海员外派机构资质证书延续手续。申请办理海员外派机构资质证书延续手续,应当提交下列材料:

(一)海员外派机构资质证书延续申请;

(二)本规定第六条规定的材料。

第十九条 有下列情形之一的,海员外派机构应当到核发证书的海事管理机构办理资质证书注销手续:

(一)海员外派机构自行申请注销的;

(二)法人依法终止的;

(三)海员外派机构资质证书被依法撤销或者吊销的。

第二十条 海员外派备用金实行专户存储,专款专用。

备用金的使用管理应当遵守国家关于对外劳务合作备用金管理制度。

第三章 海员外派机构的责任与义务

第二十一条 海员外派机构应当遵守国家船员管理、船员服务管理、船员证件管理、劳动和社会保障及对外劳务合作等有关规定,遵守中华人民共和国缔结或加入的国际公约,履行诚实守信义务。

第二十二条 海员外派机构应当保证本规定第五条第(四)项所规定的各项海员外派管理制度的有效运行。

第二十三条 海员外派机构为海员提供海员外派服务,应当保证外派海员与下列单位之一签订有劳动合同:

(一)本机构;

(二)境外船东;

(三)我国的航运公司或者其他相关行业单位。

外派海员与我国的航运公司或者其他相关行业单位签订劳动合同的,海员外派机构在外派该海员时,应当事先经过外派海员用人单位同意。

外派海员与境外船东签订劳动合同的,海员外派机构应当负责审查劳动合同的内容,发现劳动合同内容不符合法律法规、相关国际公约规定或者存在侵害外派海员利益条款的,应当要求境外船东及时予以纠正。

第二十四条 海员外派机构应当为外派海员购买境外人身意外伤害保险。

第二十五条 海员外派机构应当在充分了解并确保境外船东资信和运营情况良好的前提下,方可与境外船东签订船舶配员服务协议。

第二十六条 海员外派机构与境外船东签订的船舶配员服务协议,应当符合国内法律、法规和相关国际公约要求,并至少包括以下内容:

(一)海员外派机构及境外船东的责任、权利和义务。包括外派船员的数量、素质要求,派出频率,培训责任,外派机构对船员违规行为的责任分担等;

(二)外派海员的工作、生活条件;

(三)协议期限和外派海员上下船安排;

(四)工资福利待遇及其支付方式;

(五)正常工作时间、加班、额外劳动和休息休假;

(六)船舶适航状况及船舶航行区域;

(七)境外船东为外派海员购买的人身意外、疾病保险和处理标准;

(八)社会保险的缴纳;

(九)外派海员跟踪管理;

(十)突发事件处理;

(十一)外派海员遣返;

(十二)外派海员伤病亡处理;

(十三)外派海员免责条款;

(十四)特殊情况及争议的处理;

(十五)违约责任。

海员外派机构应当将船舶配员服务协议中与外派海员利益有关的内容如实告知外派海员。

第二十七条 海员外派机构应当根据派往船舶的船旗国和公司情况对外派海员进行相关法律法规、管理制度、风俗习惯和注意事项等任职前培训,并根据海员外派实际需要对外派海员进行必要的岗位技能训练。

第二十八条 海员外派机构应当在外派海员上船工作前,与其签订上船协议,协议内容应当至少包括下列内容:

(一)船舶配员服务协议中涉及外派海员利益的所有条款;

(二)海员外派机构对外派海员工作期间的管理和服务责任;

(三)外派海员在境外发生紧急情况时海员外派机构对其的安置责任;

(四)违约责任。

第二十九条 海员外派机构应当建立与境外船东、外派海员的沟通机制,及时核查并妥善处理各种投诉。

海员外派机构应当对外派海员工作期间有关人身安全、身体健康、工作技能及职业发展等方面进行跟踪管理,为外派海员履行船舶配员服务合同提供必要支持。

第三十条 海员外派机构不得因提供就业机会而向外派海员收取费用。

海员外派机构不得克扣外派海员的劳动报酬。

海员外派机构不得要求外派海员提供抵押金或担保金等。

第三十一条 海员外派机构应当为所服务的每名外派海员建立信息档案,主要包括:

(一)外派海员船上任职资历(包括所服务的船公司和船舶的名称、船籍港、所属国家、上船工作起始时间等情况);

(二)外派海员基本安全培训、适任培训和特殊培训情况;

(三)外派海员适任状况、安全记录和健康情况;

(四)外派海员劳动合同、船舶配员服务协议、上船协议等。

海员外派机构应当按有关规定报送统计数据,并将自有外派海员名册、非自有外派海员名册及上述档案信息按要求定期报海事管理机构备案。

第三十二条 海员外派机构不得把海员外派到下列公司或者船舶:

(一)被港口国监督检查中列入黑名单的船舶;

(二)非经中国境内保险机构或者国际保赔协会成员保险的船舶;

(三)未建立安全营运和防治船舶污染管理体系的公司或者船舶。

第三十三条 海员外派机构资质被暂停、吊销、撤销的,应当继续履行已签订的合同及协议。

第四章　突发事件处理

第三十四条 突发事件发生时,海员外派机构应当按照应急处理制度的规定,立即启动应急预案,并及时向海事管理机构报告。

第三十五条 海员外派机构应当与境外船东共同做好突发事件的处置工作。当境外船东未能及时全面履行突发事件责任时,海员外派机构应妥善处理突发事件,避免外派海员利益受损。

第三十六条 当海员外派机构拒绝承担或者无力承担发生突发事件责任时,可以动用海员外派备用金,用于支付外派海员回国或者接受其他紧急救助所需费用。

第三十七条 海员外派备用金动用后,海员外派机构应当于30日内补齐备用金。

第三十八条 境外突发事件的处理按对外劳务合作有关规定执行。

第五章 监督检查

第三十九条 海事管理机构应当建立健全辖区内海员外派机构的管理档案,加强对海员外派机构的监督检查。

第四十条 海事管理机构实施监督检查,可以询问当事人,向有关海员外派机构或者个人了解情况,查阅、复制有关资料,并保守被调查海员外派机构的商业秘密或者个人隐私。

接受海事管理机构监督检查的海员外派机构或者个人,应当如实反映情况和提供资料,不得以任何理由拒绝或阻扰检查。

第四十一条 海事管理机构实施监督检查时发现海员外派机构不再具备规定条件的,由海事管理机构责令限期改正。

海员外派机构在规定期限内未能改正的,应当依法撤销海员外派机构资质,并依法办理海员外派机构资质证书的注销手续。

第四十二条 海事管理机构应当定期向社会公布海员外派机构名单及机构概况,以及依法履行相应职责和承担法律义务、维护外派海员合法权益、诚实守信等情况。

第六章 法律责任

第四十三条 违反本规定,未经批准擅自从事海员外派活动,有下列情形之一的,由海事管理机构提请市场监督管理部门依照《无证无照经营查处办法》的规定查处:

(一)未取得海员外派机构资质擅自开展海员外派的;

(二)以欺骗、贿赂、提供虚假材料等非法手段取得海员外派机构资质的;

(三)超出海员外派机构资质证书有效期擅自开展海员外派的;

(四)海员外派机构资质被依法暂停期间擅自开展海员外派的;

(五)伪造或者变造海员外派机构资质证书擅自开展海员外派的。

第四十四条 违反本规定,海员外派机构有下列情形之一的,由海事管理机构依照《对外劳务合作管理条例》第四十三条的规定进行处罚:

(一)未与境外船东签订船舶配员服务协议,开展海员外派服务的;

(二)未与外派海员签订上船协议或者劳动合同,开展海员外派服务的;

（三）与外派海员签订上船协议或者劳动合同，隐瞒有关信息或者提供虚假信息的；

（四）在国外发生突发事件时不及时处理的。

第四十五条 海事管理机构工作人员有下列情形之一的，依法给予行政处分：

（一）违反规定批准海员外派机构资质；

（二）不依法履行监督检查职责；

（三）不依法实施行政强制或者行政处罚；

（四）滥用职权、玩忽职守的其他行为。

第七章 附 则

第四十六条 本规定中下列用语的含义是：

（一）海员外派，指为外国籍或者港澳台地区籍船舶提供配员的船员服务活动。

（二）境外船东，指外国籍或港澳台地区籍船舶的所有人、经营人或管理人。

（三）自有外派海员，指仅与本海员外派机构签订劳动合同的船员。

（四）突发事件，指外派海员所在船舶或其本人突然发生意外情况，造成或者可能对外派海员造成危害，需要采取应急处置措施予以应对的事件。

第四十七条 我国与有关国家或地区签订有对外劳务合作相关协议的，按照协议规定执行。

第四十八条 本规定自2011年7月1日起施行。

交通运输部关于修改《水运工程建设项目招标投标管理办法》的决定

（2021年8月11日交通运输部令2021年第14号公布 自公布之日起施行 国司备字[2021004644]）

交通运输部决定对《水运工程建设项目招标投标管理办法》（交通运输部令2012年第11号）作如下修改：

一、删去第六十七条中的“可处二万元以下罚款”。

二、删去第六十八条中的“可处五千元以下罚款”。

本决定自公布之日起施行。

《水运工程建设项目招标投标管理办法》根据本决定作相应修正，重新发布。

水运工程建设项目招标投标管理办法

（2012 年 12 月 20 日交通运输部令 2012 年第 11 号发布　根据 2021 年 8 月 11 日《交通运输部关于修改〈水运工程建设项目招标投标管理办法〉的决定》修正）

第一章　总　　则

第一条　为了规范水运工程建设项目招标投标活动，保护招标投标活动当事人的合法权益，保证水运工程建设项目的质量，根据《中华人民共和国招标投标法》《中华人民共和国招标投标法实施条例》等法律法规，制定本办法。

第二条　在中华人民共和国境内依法必须进行的水运工程建设项目招标投标活动适用本办法。

水运工程建设项目是指水运工程以及与水运工程建设有关的货物、服务。

前款所称水运工程包括港口工程、航道整治、航道疏浚、航运枢纽、过船建筑物、修造船水工建筑物等及其附属建筑物和设施的新建、改建、扩建及其相关的装修、拆除、修缮等工程；货物是指构成水运工程不可分割的组成部分，且为实现工程基本功能所必需的设备、材料等；服务是指为完成水运工程所需的勘察、设计、监理等服务。

第三条　水运工程建设项目招标投标活动，应遵循公开、公平、公正和诚实信用的原则。

第四条　水运工程建设项目招标投标活动不受地区或者部门的限制。

任何单位和个人不得以任何方式非法干涉招标投标活动，不得将依法必须进行招标的项目化整为零或者以其他任何方式规避招标。

第五条　水运工程建设项目招标投标工作实行统一领导、分级管理。

交通运输部主管全国水运工程建设项目招标投标活动，并具体负责经国家发展和改革委员会等部门审批、核准和经交通运输部审批的水运工程建设项目招标投标活动的监督管理工作。

省级交通运输主管部门主管本行政区域内的水运工程建设项目招标投标

活动，并具体负责省级人民政府有关部门审批、核准的水运工程建设项目招标投标活动的监督管理工作。

省级以下交通运输主管部门按照各自职责对水运工程建设项目招标投标活动实施监督管理。

第六条 水运工程建设项目应当按照国家有关规定，进入项目所在地设区的市级以上人民政府设立的公共资源交易场所或者授权的其他招标投标交易场所开展招标投标活动。

鼓励利用依法建立的招标投标网络服务平台及现代信息技术进行水运工程建设项目电子招标投标。

第二章 招 标

第七条 水运工程建设项目招标的具体范围及规模标准执行国务院的有关规定。

鼓励水运工程建设项目的招标代理机构、专项科学试验研究项目、监测等承担单位的选取采用招标或者竞争性谈判等其他竞争性方式确定。

第八条 水运工程建设项目招标人是指提出招标项目并进行招标的水运工程建设项目法人。

第九条 按照国家有关规定需要履行项目立项审批、核准手续的水运工程建设项目，在取得批准后方可开展勘察、设计招标。

水运工程建设项目通过初步设计审批后，方可开展监理、施工、设备、材料等招标。

第十条 水运工程建设项目招标分为公开招标和邀请招标。

按照国家有关规定需要履行项目立项审批、核准手续的水运工程建设项目，招标人应当按照项目审批、核准时确定的招标范围、招标方式、招标组织形式开展招标；没有确定招标范围、招标方式、招标组织形式的，依据国家有关规定确定。

不需要履行项目立项审批、核准手续的水运工程建设项目，其招标范围、招标方式、招标组织形式，依据国家有关规定确定。

第十一条 招标人应当合理划分标段、确定工期，并在招标文件中载明。不得利用划分标段规避招标、虚假招标、限制或者排斥潜在投标人。

第十二条 国有资金占控股或者主导地位的水运工程建设项目，应当公开招标。但有下列情形之一的，可以进行邀请招标：

（一）技术复杂、有特殊要求或者受自然环境限制，只有少量潜在投标人可供选择；

（二）采用公开招标方式的费用占项目合同金额的比例过大。

本条所规定的水运工程建设项目，需要按照国家有关规定履行项目审批、核准手续的，由项目审批、核准部门对该项目是否具有前款第（二）项所列情形予以认定；其他项目由招标人向对项目负有监管职责的交通运输主管部门申请作出认定。

第十三条 有下列情形之一的水运工程建设项目，可以不进行招标：

（一）涉及国家安全、国家秘密、抢险救灾或者属于利用扶贫资金实行以工代赈、需要使用农民工等特殊情况，不适宜进行招标的；

（二）需要采用不可替代的专利或者专有技术的；

（三）采购人自身具有工程建设、货物生产或者服务提供的资格和能力，且符合法定要求的；

（四）已通过招标方式选定的特许经营项目投资人依法能够自行建设、生产或者提供的；

（五）需要向原中标人采购工程、货物或者服务，否则将影响施工或者功能配套要求的；

（六）国家规定的其他特殊情形。

招标人为适用前款规定弄虚作假的，属于招标投标法第四条规定的规避招标。

第十四条 水运工程建设项目设计招标可采用设计方案招标或设计组织招标。

第十五条 招标人可以依法对工程以及与工程建设有关的货物、服务全部或者部分实行总承包招标。

以暂估价形式包括在总承包范围内的工程、货物、服务，属于依法必须进行招标的项目范围且达到国家规定规模标准的，应当依法进行招标，其招标实施主体应当在总承包合同中约定，并统一由总承包发包的招标人按照第十八条的规定履行招标及备案手续。

前款所称暂估价，是指总承包招标时不能确定价格而由招标人在招标文件中暂时估定的工程、货物、服务的金额。

第十六条 招标人自行办理招标事宜的，应当具备下列条件：

（一）招标人应当是该水运工程建设项目的项目法人；

（二）具有与招标项目规模和复杂程度相适应的水运工程建设项目技术、经济等方面的专业人员；

（三）具有能够承担编制招标文件和组织评标的组织机构或者专职业务

人员；

（四）熟悉和掌握招标投标的程序及相关法规。

招标人自行办理招标事宜的，应当向具有监督管理职责的交通运输主管部门备案。

招标人不具备本条前款规定条件的，应当委托招标代理机构办理水运工程建设项目招标事宜。任何单位和个人不得为招标人指定招标代理机构。

第十七条 招标人采用招标或其他竞争性方式选择招标代理机构的，应当从业绩、信誉、从业人员素质、服务方案等方面进行考查。招标人与招标代理机构应当签订书面委托合同。合同约定的收费标准应当符合国家有关规定。

招标代理机构在其资格许可和招标人委托的范围内开展招标代理业务，不受任何单位、个人的非法干预或者限制。

第十八条 水运工程建设项目采用资格预审方式公开招标的，招标人应当按下列程序开展招标投标活动：

（一）编制资格预审文件和招标文件，报交通运输主管部门备案；

（二）发布资格预审公告并发售资格预审文件；

（三）对提出投标申请的潜在投标人进行资格预审，资格审查结果报交通运输主管部门备案；

国有资金占控股或者主导地位的依法必须进行招标的水运工程建设项目，招标人应当组建资格审查委员会审查资格预审申请文件；

（四）向通过资格预审的潜在投标人发出投标邀请书；向未通过资格预审的潜在投标人发出资格预审结果通知书；

（五）发售招标文件；

（六）需要时组织潜在投标人踏勘现场，并进行答疑；

（七）接收投标人的投标文件，公开开标；

（八）组建评标委员会评标，推荐中标候选人；

（九）公示中标候选人，确定中标人；

（十）编制招标投标情况书面报告报交通运输主管部门备案；

（十一）发出中标通知书；

（十二）与中标人签订合同。

第十九条 水运工程建设项目采用资格后审方式公开招标的，应当参照第十八条规定的程序进行，并应当在开标后由评标委员会按照招标文件规定的标准和方法对投标人的资格进行审查。

第二十条 水运工程建设项目实行邀请招标的，招标文件应当报有监督管理权限的交通运输主管部门备案。

第二十一条 招标人编制的资格预审文件、招标文件的内容违反法律、行政法规的强制性规定,违反公开、公平、公正和诚实信用原则,影响资格预审结果或者潜在投标人投标的,依法必须进行招标的项目的招标人应当在修改资格预审文件或者招标文件后重新招标。

依法必须进行招标的水运工程建设项目的资格预审文件和招标文件的编制,应当使用国务院发展改革部门会同有关行政监督部门制定的标准文本以及交通运输部发布的行业标准文本。

招标人在制定资格审查条件、评标标准和方法时,应利用水运工程建设市场信用信息成果以及招标投标违法行为记录公告平台发布的信息,对潜在投标人或投标人进行综合评价。

第二十二条 资格预审公告和招标公告除按照规定在指定的媒体发布外,招标人可以同时在交通运输行业主流媒体或者建设等相关单位的门户网站发布。

资格预审公告和招标公告的发布应当充分公开,任何单位和个人不得非法干涉、限制发布地点、发布范围或发布方式。

在网络上发布的资格预审公告和招标公告,至少应当持续到资格预审文件和招标文件发售截止时间为止。

第二十三条 招标人应当按资格预审公告、招标公告或者投标邀请书规定的时间、地点发售资格预审文件或者招标文件。资格预审文件或者招标文件的发售期不得少于5日。资格预审文件或者招标文件售出后,不予退还。

第二十四条 自资格预审文件停止发售之日起至提交资格预审申请文件截止之日止,不得少于5日。

对资格预审文件的澄清或修改可能影响资格预审申请文件编制的,应当在提交资格预审申请文件截止时间至少3日前以书面形式通知所有获取资格预审文件的潜在投标人。不足3日的,招标人应当顺延提交资格预审申请文件的截止时间。

依法必须招标的项目在资格预审文件停止发售之日止,获取资格预审文件的潜在投标人少于3个的,应当重新招标。

第二十五条 潜在投标人或者其他利害关系人对资格预审文件有异议的,应当在提交资格预审申请文件截止时间2日前提出。招标人应当自收到异议之日起3日内作出答复;作出答复前,应当暂停招标投标活动。对异议作出的答复如果实质性影响资格预审申请文件的编制,则相应顺延提交资格预审申请文件的截止时间。

第二十六条 资格预审审查方法分为合格制和有限数量制。一般情况下应当采用合格制,凡符合资格预审文件规定资格条件的资格预审申请人,均通过资格预审。潜在投标人过多的,可采用有限数量制,但该数额不得少于7个;符合资格条件的申请人不足该数额的,均视为通过资格预审。

通过资格预审的申请人少于3个的,应当重新招标。

资格预审应当按照资格预审文件载明的标准和方法进行。资格预审文件未载明的标准和方法,不得作为资格审查的依据。

第二十七条 自招标文件开始发售之日起至潜在投标人提交投标文件截止之日止,最短不得少于20日。

对招标文件的澄清或修改可能影响投标文件编制的,应当在提交投标文件截止时间至少15日前,以书面形式通知所有获取招标文件的潜在投标人;不足15日的,招标人应当顺延提交投标文件的截止时间。

获取招标文件的潜在投标人少于3个的,应当重新招标。

第二十八条 潜在投标人或者其他利害关系人对招标文件有异议的,应当在提交投标文件截止时间10日前提出;招标人应当自收到异议之日起3日内作出答复;作出答复前,应当暂停招标投标活动。对异议作出的答复如果实质性影响投标文件的编制,则相应顺延提交投标文件截止时间。

第二十九条 招标人应当在招标文件中载明投标有效期。投标有效期从提交投标文件的截止之日起算。

第三十条 招标人在招标文件中要求投标人提交投标保证金的,投标保证金不得超过招标项目估算价的2%,投标保证金有效期应当与投标有效期一致。

投标保证金的额度和支付形式应当在招标文件中确定。境内投标单位如果采用现金或者支票形式提交投标保证金的,应当从投标人的基本账户转出。

投标保证金不得挪用。

第三十一条 招标人可以自行决定是否编制标底。一个招标项目只能有一个标底。开标前标底必须保密。

接受委托编制标底的中介机构不得参加受托编制标底项目的投标,也不得为该项目的投标人编制投标文件或者提供咨询等相关的服务。

招标人设有最高投标限价的,应当在招标文件中明确最高投标限价或者最高投标限价的计算方法。招标人不得规定最低投标限价。

第三十二条 招标人组织踏勘项目现场的,应通知所有潜在投标人参与,不得组织单个或者部分潜在投标人踏勘项目现场。潜在投标人因自身原因不参与踏勘现场的,不得提出异议。

第三十三条 招标人在发布资格预审公告、招标公告、发出投标邀请书或者售出资格预审文件、招标文件后，无正当理由不得随意终止招标。招标人因特殊原因需要终止招标的，应当及时发布公告，或者以书面形式通知被邀请的或者已经获取资格预审文件、招标文件的潜在投标人。已经发售资格预审文件、招标文件或者已经收取投标保证金的，招标人应当及时退还所收取的购买资格预审文件、招标文件的费用，以及所收取的投标保证金及银行同期存款利息。利息的计算方法应当在招标文件中载明。

第三十四条 招标人不得以不合理的条件限制、排斥潜在投标人或者投标人。招标人有下列行为之一的，属于以不合理条件限制、排斥潜在投标人或者投标人：

（一）就同一招标项目向潜在投标人或者投标人提供有差别的项目信息；

（二）设定的资格、技术、商务条件与招标项目的具体特点和实际需要不相适应或者与合同履行无关；

（三）依法必须进行招标的项目以特定行政区域或者特定行业的业绩、奖项作为加分条件或者中标条件；

（四）对潜在投标人或者投标人采取不同的资格审查或者评标标准；

（五）限定或者指定特定的专利、商标、品牌、原产地或者供应商；

（六）依法必须进行招标的项目非法限定潜在投标人或者投标人的所有制形式或者组织形式；

（七）以其他不合理条件限制、排斥潜在投标人或者投标人。

第三章 投　　标

第三十五条 与招标人存在利害关系可能影响招标公正性的法人、其他组织或者个人，不得参加投标。

单位负责人为同一人或者存在控股、管理关系的不同单位，不得参加同一标段投标或者未划分标段的同一招标项目投标。

施工投标人与本标段的设计人、监理人、代建人或招标代理机构不得为同一个法定代表人、存在相互控股或参股或法定代表人相互任职、工作。

违反上述规定的，相关投标均无效。

第三十六条 投标人可以按照招标文件的要求由两个以上法人或者其他组织组成一个联合体，以一个投标人的身份共同投标。国家有关规定或者招标文件对投标人资格条件有规定的，联合体各方均应当具备规定的相应资格条件，资格条件考核以联合体协议书中约定的分工为依据。由同一专业的单位组成的联合体，按照资质等级较低的单位确定资质等级。

联合体成员间应签订共同投标协议，明确牵头人以及各方的责任、权利和义务，并将协议连同资格预审申请文件、投标文件一并提交招标人。联合体各方签署联合体协议后，不得再以自己名义单独或者参加其他联合体在同一招标项目中投标。联合体中标的，联合体各方应当共同与招标人签订合同，就中标项目向招标人承担连带责任。

招标人不得强制投标人组成联合体共同投标。

第三十七条 投标人发生合并、分立、破产等重大变化的，应当及时书面告知招标人。投标人不再具备资格预审文件、招标文件规定的资格条件或者投标影响公正性的，其投标无效。

招标人接受联合体投标并进行资格预审的，联合体应当在提交资格预审申请文件前组成。资格预审后联合体增减、更换成员的，其投标无效。

第三十八条 资格预审申请文件或投标文件按要求送达后，在资格预审文件、招标文件规定的截止时间前，招标人应允许潜在投标人或投标人对已提交的资格预审申请文件、投标文件进行撤回或补充、修改。潜在投标人或投标人如需撤回或者补充、修改资格预审申请文件、投标文件，应当以正式函件向招标人提出并做出说明。

修改资格预审申请文件、投标文件的函件是资格预审申请文件、投标文件的组成部分，其形式要求、密封方式、送达时间，适用本办法有关投标文件的规定。

第三十九条 招标人接收资格预审申请文件和投标文件，应当如实记载送达时间和密封情况，签收保存，不得开启。

资格预审申请文件、投标文件有下列情形之一的，招标人应当拒收：

（一）逾期送达的；

（二）未送达指定地点的；

（三）未按资格预审文件、招标文件要求密封的。

招标人拒收资格预审申请文件、投标文件的，应当如实记载送达时间和拒收情况，并将该记录签字存档。

第四十条 投标人在投标截止时间之前撤回已提交投标文件的，招标人应当自收到投标人书面撤回通知之日起5日内退还已收取的投标保证金。

投标截止后投标人撤销投标文件的，招标人可以不退还投标保证金。

出现特殊情况需要延长投标有效期的，招标人以书面形式通知所有投标人延长投标有效期。投标人同意延长的，应当延长其投标保证金的有效期，但不得要求或被允许修改其投标文件；投标人拒绝延长的，其投标失效，投标人有权撤销其投标文件，并收回投标保证金。

第四十一条 禁止投标人相互串通投标、招标人与投标人串通投标、以他人名义投标以及以其他方式弄虚作假的行为，认定标准执行《中华人民共和国招标投标法实施条例》有关规定。

第四章 开标、评标和定标

第四十二条 招标人应当按照招标文件中规定的时间、地点开标。

投标人少于3个的，不得开标，招标人应当重新招标。

第四十三条 开标由招标人或招标代理组织并主持。

开标应按照招标文件确定的程序进行，开标过程应当场记录，招标人、招标代理机构、投标人、参加开标的公证和监督机构等单位的代表应签字，并存档备查。开标记录应包括投标人名称、投标保证金、投标报价、工期、密封情况以及招标文件确定的其他内容。

投标人对开标有异议的，应当在开标现场提出，招标人或招标代理应当场作出答复，并制作记录。

第四十四条 招标人开标时，邀请所有投标人的法定代表人或其委托代理人准时参加。投标人未参加开标的，视为承认开标记录，事后对开标结果提出的任何异议无效。

第四十五条 评标由招标人依法组建的评标委员会负责。

依法必须进行招标的水运工程建设项目，其评标委员会成员由招标人的代表及有关技术、经济等方面的专家组成，人数为五人以上单数，其中技术、经济等方面的专家不得少于成员总数的三分之二。招标人的代表应具有相关专业知识和工程管理经验。

与投标人有利害关系的人员不得进入评标委员会。任何单位和个人不得以明示、暗示等任何方式指定或者变相指定参加评标委员会的专家成员。行政监督部门的工作人员不得担任本部门负责监督项目的评标委员会成员。

交通运输部具体负责监督管理的水运工程建设项目，其评标专家从交通运输部水运工程和交通支持系统综合评标专家库中随机抽取确定，其他水运工程建设项目的评标专家从省级交通运输主管部门建立的评标专家库或其他依法组建的综合评标专家库中随机抽取确定。

评标委员会成员名单在中标结果确定前应当保密。评标结束后，招标人应当按照交通运输主管部门的要求及时对评标专家的能力、履行职责等进行评价。

第四十六条 招标人设有标底的，应在开标时公布。标底只能作为评标的参考，不得以投标报价是否接近标底作为中标条件，也不得以投标报价超过标底上下浮动范围作为否决投标的条件。

第四十七条 招标人应当向评标委员会提供评标所必需的信息和数据，并根据项目规模和技术复杂程度等确定合理的评标时间；必要时可向评标委员会说明招标文件有关内容，但不得明示或者暗示其倾向或者排斥特定投标人。

在评标过程中，评标委员会成员因存在回避事由、健康等原因不能继续评标，或者擅离职守的，应当及时更换。被更换的评标委员会成员已作出的评审结论无效，由更换后的评标专家重新进行评审。已形成评标报告的，应当作相应修改。

第四十八条 有下列情形之一的，评标委员会应当否决其投标：

（一）投标文件未按招标文件要求盖章并由法定代表人或其书面授权的代理人签字的；

（二）投标联合体没有提交共同投标协议的；

（三）未按照招标文件要求提交投标保证金的；

（四）投标函未按照招标文件规定的格式填写，内容不全或者关键字迹模糊无法辨认的；

（五）投标人不符合国家或者招标文件规定的资格条件的；

（六）投标人名称或者组织结构与资格预审时不一致且未提供有效证明的；

（七）投标人提交两份或者多份内容不同的投标文件，或者在同一份投标文件中对同一招标项目有两个或者多个报价，且未声明哪一个为最终报价的，但按招标文件要求提交备选投标的除外；

（八）串通投标、以行贿手段谋取中标、以他人名义或者其他弄虚作假方式投标的；

（九）报价明显低于成本或者高于招标文件中设定的最高限价的；

（十）无正当理由不按照评标委员会的要求对投标文件进行澄清或说明的；

（十一）没有对招标文件提出的实质性要求和条件做出响应的；

（十二）招标文件明确规定废标的其他情形。

第四十九条 投标文件在实质上响应招标文件要求，但存在含义不明确的内容、明显文字或者计算错误，评标委员会不得随意否决投标，评标委员会认为需要投标人做出必要澄清、说明的，应当书面通知该投标人。投标人的澄清、说明应当采用书面形式,并不得超出投标文件的范围或者改变投标文件的实质性内容。

评标委员会不得暗示或者诱导投标人做出澄清、说明,不得接受投标人主动提出的澄清、说明。

第五十条 评标委员会经评审,认为所有投标都不符合招标文件要求的,或者否决不合格投标后,因有效投标不足3个使得投标明显缺乏竞争的,可以否决全部投标。

所有投标被否决的,招标人应当依法重新招标。

第五十一条 评标委员会应当遵循公平、公正、科学、择优的原则,按照招标文件规定的标准和方法,对投标文件进行评审和比较。

招标文件没有规定的评标标准和方法,不得作为评标的依据。

第五十二条 根据本办法第二十四条、第二十六条、第二十七条、第四十二条、第五十条规定重新进行了资格预审或招标,再次出现了需要重新资格预审或者重新招标的情形之一的,经书面报告交通运输主管部门后,招标人可不再招标,并可通过与已提交资格预审申请文件或投标文件的潜在投标人进行谈判确定中标人,将谈判情况书面报告交通运输主管部门备案。

第五十三条 中标人的投标应当符合下列条件之一:

(一)能够最大限度地满足招标文件规定的各项综合评价标准;

(二)能够满足招标文件的实质性要求,并且经评审的投标价格最低,但是投标价格低于成本的除外。

第五十四条 评标委员会完成评标后,应当向招标人提交书面评标报告并推荐中标候选人。中标候选人应当不超过三个,并标明排序。

评标报告由评标委员会全体成员签字。对评标结论持有异议的评标委员会成员可以书面方式阐述其不同意见和理由,评标报告应当注明该不同意见。评标委员会成员拒绝在评标报告上签字又不书面说明其不同意见和理由的,视为同意评标结论,评标委员会应当对此做出书面说明并记录。

第五十五条 评标报告应包括以下内容:

(一)评标委员会成员名单;

(二)对投标文件的符合性评审情况;

(三)否决投标情况;

(四)评标标准、评标方法或者评标因素一览表;

(五)经评审的投标价格或者评分比较一览表;

(六)经评审的投标人排序;

(七)推荐的中标候选人名单与签订合同前需要处理的事宜;

(八)澄清、说明、补正事项纪要。

第五十六条 依法必须进行招标的项目,招标人应当自收到书面评标报告之日起3日内按照国家有关规定公示中标候选人,公示期不得少于3日。

投标人或者其他利害关系人对评标结果有异议的,应当在中标候选人公示期间提出。招标人应当自收到异议之日起3日内作出答复;作出答复前,应当暂停招标投标活动。

第五十七条 公示期间没有异议、异议不成立、没有投诉或者投诉处理后没有发现问题的,招标人应当从评标委员会推荐的中标候选人中确定中标人。异议成立或者投诉发现问题的,应当及时更正。

国有资金占控股或者主导地位的水运工程建设项目,招标人应当确定排名第一的中标候选人为中标人。排名第一的中标候选人放弃中标、因不可抗力不能履行合同、不按照招标文件要求提交履约保证金,或者被查实存在影响中标结果的违法行为等情形,不符合中标条件的,招标人可以按照评标委员会提出的中标候选人名单排序依次确定其他中标候选人为中标人,也可以重新招标。

第五十八条 中标人确定后,招标人应当及时向中标人发出中标通知书,并同时将中标结果通知所有未中标的投标人。

第五十九条 招标人和中标人应当自中标通知书发出之日起30日内,按照招标文件和中标人的投标文件订立书面合同,合同的标的、价款、质量、履行期限等主要条款应当与招标文件和中标人的投标文件的内容一致。招标人和中标人不得再行订立背离合同实质性内容的其他协议。

招标文件要求中标人提交履约保证金的,中标人应当按照招标文件的要求提交。履约保证金不得超过中标金额的10%。

招标人最迟应当在书面合同签订后5日内向中标人和未中标的投标人退还投标保证金及银行同期存款利息。

第六十条 中标候选人的经营、财务状况发生较大变化或者存在违法行为,招标人认为可能影响其履约能力的,应当在发出中标通知书前由原评标委员会按照招标文件规定的标准和方法审查确认。

第六十一条 招标人应当自确定中标人之日起15日内,向具体负责本项目招标活动监督管理的交通运输主管部门提交招标投标情况的书面报告。

招标投标情况书面报告主要内容包括:招标项目基本情况、投标人开标签到表、开标记录、监督人员名单、评标标准和方法、评标委员会评分表和汇总表、评标委员会推荐的中标候选人名单、中标人、经评标委员会签字的评标报告、评标结果公示、投诉处理情况等。

第六十二条 中标人应当按照合同约定履行义务,完成中标项目。中标人不得向他人转让中标项目,也不得将中标项目肢解后分别向他人转让。

中标人按照合同约定或者经招标人同意,可以将中标项目的部分非主体、非关键性工作分包给他人完成。接受分包的人应当具备相应的资格条件,并不得再次分包。

中标人应当就分包项目向招标人负责,接受分包的人就分包项目承担连带责任。

第五章 投诉与处理

第六十三条 投标人或者其他利害关系人认为招标投标活动不符合法律、行政法规规定的,可以自知道或者应当知道之日起10日内向交通运输主管部门投诉。投诉应当有明确的请求和必要的证明材料。

就本办法第二十五条、第二十八条、第四十三条、第五十六条规定事项投诉的,应当先向招标人提出异议,异议答复期间不计算在前款规定的期限内。

第六十四条 投诉人就同一招标事项向两个以上交通运输主管部门投诉的,由具体承担该项目招标活动监督管理职责的交通运输主管部门负责处理。

交通运输主管部门应当自收到投诉之日起3个工作日内决定是否受理投诉,并自受理投诉之日起30个工作日内作出书面处理决定;需要检验、检测、鉴定、专家评审的,所需时间不计算在内。

投诉人捏造事实、伪造材料或者以非法手段取得证明材料进行投诉的,交通运输主管部门应当予以驳回。

第六十五条 交通运输主管部门处理投诉,有权查阅、复制有关文件、资料,调查有关情况,相关单位和人员应当予以配合。必要时,交通运输主管部门责令暂停该项目的招标投标活动。

交通运输主管部门的工作人员对监督检查过程中知悉的国家秘密、商业秘密,应当依法予以保密。

第六章 法律责任

第六十六条 违反本办法第九条规定,水运工程建设项目未履行相关审批、核准手续开展招标活动的,由交通运输主管部门责令改正,可处三万元以下罚款。

第六十七条 违反本办法第十六条规定,招标人不具备自行招标条件而自行招标的，由交通运输主管部门责令改正。

第六十八条 违反本办法第二十一条规定，资格预审文件和招标文件的编制，未使用国务院发展改革部门会同有关行政监督部门制定的标准文本或者交通运输部发布的行业标准文本的，由交通运输主管部门责令改正。

第六十九条 交通运输主管部门应当按照《中华人民共和国招标投标法》、《中华人民共和国招标投标法实施条例》等规定，对水运工程建设项目招标投标活动中的违法行为进行处理。

第七十条 交通运输主管部门应当建立健全水运工程建设项目招标投标信用制度，并应当对招标人、招标代理机构、投标人、评标委员会成员等当事人的违法行为及处理情况予以公告。

第七章 附 则

第七十一条 使用国际金融组织或者外国政府贷款、援助资金的项目进行招标，贷款方、资金提供方对招标投标的具体条件和程序有特殊要求的，可以适用其要求，但有损我国社会公共利益的除外。

第七十二条 水运工程建设项目机电产品国际招标投标活动，依照国家相关规定办理。

第七十三条 交通支持系统建设项目招标投标活动参照本办法执行。

第七十四条 本办法自2013年2月1日起施行，《水运工程施工招标投标管理办法》（交通部令2000年第4号）、《水运工程施工监理招标投标管理办法》（交通部令2002年第3号）、《水运工程勘察设计招标投标管理办法》（交通部令2003年第4号）、《水运工程机电设备招标投标管理办法》（交通部令2004年第9号）同时废止。

交通运输部关于修改《公路建设监督管理办法》的决定

（2021年8月11日交通运输部令2021年第11号公布 自公布之日起施行 国司备字[2021004647]）

交通运输部决定对《公路建设监督管理办法》（交通部令2006年第6号）作如下修改：

一、删去第四十一条中的“指定分包和指定采购”。

二、将第四十五条中的“对勘察、设计、施工和监理等单位视情节轻重给予警告、取消其2年至5年内参加依法必须进行招标项目的投标资格的处罚”修改为“对勘察、设计、施工和监理等单位给予警告”。

本决定自公布之日起施行。

《公路建设监督管理办法》根据本决定作相应修正,重新发布。

公路建设监督管理办法

（2006年6月8日交通部令2006年第6号发布　根据2021年8月11日《交通运输部关于修改〈公路建设监督管理办法〉的决定》修正）

第一章　总　　则

第一条　为促进公路事业持续、快速、健康发展,加强公路建设监督管理,维护公路建设市场秩序,根据《中华人民共和国公路法》、《建设工程质量管理条例》和国家有关法律、法规,制定本办法。

第二条　在中华人民共和国境内从事公路建设的单位和人员必须遵守本办法。

本办法所称公路建设是指公路、桥梁、隧道、交通工程及沿线设施和公路渡口的项目建议书、可行性研究、勘察、设计、施工、竣(交)工验收和后评价全过程的活动。

第三条　公路建设监督管理实行统一领导,分级管理。

交通部主管全国公路建设监督管理;县级以上地方人民政府交通主管部门主管本行政区域内公路建设监督管理。

第四条　县级以上人民政府交通主管部门必须依照法律、法规及本办法的规定对公路建设实施监督管理。

有关单位和个人应当接受县级以上人民政府交通主管部门依法进行的公路建设监督检查,并给予支持与配合,不得拒绝或阻碍。

第二章　监督部门的职责与权限

第五条　公路建设监督管理的职责包括:

（一）监督国家有关公路建设工作方针、政策和法律、法规、规章、强制性技术标准的执行；

（二）监督公路建设项目建设程序的履行；

（三）监督公路建设市场秩序；

（四）监督公路工程质量和工程安全；

（五）监督公路建设资金的使用；

（六）指导、检查下级人民政府交通主管部门的监督管理工作；

（七）依法查处公路建设违法行为。

第六条 交通部对全国公路建设项目进行监督管理，依据职责负责国家高速公路网建设项目和交通部确定的其他重点公路建设项目前期工作、施工许可、招标投标、工程质量、工程进度、资金、安全管理的监督和竣工验收工作。

除应当由交通部实施的监督管理职责外，省级人民政府交通主管部门依据职责负责本行政区域内公路建设项目的监督管理，具体负责本行政区域内的国家高速公路网建设项目、交通部和省级人民政府确定的其他重点公路建设项目的监督管理。

设区的市和县级人民政府交通主管部门按照有关规定负责本行政区域内公路建设项目的监督管理。

第七条 县级以上人民政府交通主管部门在履行公路建设监督管理职责时，有权要求：

（一）被检查单位提供有关公路建设的文件和资料；

（二）进入被检查单位的工作现场进行检查；

（三）对发现的工程质量和安全问题以及其他违法行为依法处理。

第三章 建设程序的监督管理

第八条 公路建设应当按照国家规定的建设程序和有关规定进行。

政府投资公路建设项目实行审批制，企业投资公路建设项目实行核准制。县级以上人民政府交通主管部门应当按职责权限审批或核准公路建设项目，不得越权审批、核准项目或擅自简化建设程序。

第九条 政府投资公路建设项目的实施，应当按照下列程序进行：

（一）根据规划，编制项目建议书；

（二）根据批准的项目建议书，进行工程可行性研究，编制可行性研究报告；

（三）根据批准的可行性研究报告，编制初步设计文件；

（四）根据批准的初步设计文件，编制施工图设计文件；

（五）根据批准的施工图设计文件，组织项目招标；

（六）根据国家有关规定，进行征地拆迁等施工前准备工作，并向交通主管部门申报施工许可；

（七）根据批准的项目施工许可，组织项目实施；

（八）项目完工后，编制竣工图表、工程决算和竣工财务决算，办理项目交、竣工验收和财产移交手续；

（九）竣工验收合格后，组织项目后评价。

国务院对政府投资公路建设项目建设程序另有简化规定的，依照其规定执行。

第十条 企业投资公路建设项目的实施，应当按照下列程序进行：

（一）根据规划，编制工程可行性研究报告；

（二）组织投资人招标工作，依法确定投资人；

（三）投资人编制项目申请报告，按规定报项目审批部门核准；

（四）根据核准的项目申请报告，编制初步设计文件，其中涉及公共利益、公众安全、工程建设强制性标准的内容应当按项目隶属关系报交通主管部门审查；

（五）根据初步设计文件编制施工图设计文件；

（六）根据批准的施工图设计文件组织项目招标；

（七）根据国家有关规定，进行征地拆迁等施工前准备工作，并向交通主管部门申报施工许可；

（八）根据批准的项目施工许可，组织项目实施；

（九）项目完工后，编制竣工图表、工程决算和竣工财务决算，办理项目交、竣工验收；

（十）竣工验收合格后，组织项目后评价。

第十一条 县级以上人民政府交通主管部门根据国家有关规定，按照职责权限负责组织公路建设项目的项目建议书、工程可行性研究工作、编制设计文件、经营性项目的投资人招标、竣工验收和项目后评价工作。

公路建设项目的项目建议书、工程可行性研究报告、设计文件、招标文件、项目申请报告等应按照国家颁发的编制办法或有关规定编制，并符合国家规定的工作质量和深度要求。

第十二条 公路建设项目法人应当依法选择勘察、设计、施工、咨询、监理单位，采购与工程建设有关的重要设备、材料，办理施工许可，组织项目实施，组织项目交工验收，准备项目竣工验收和后评价。

第十三条 公路建设项目应当按照国家有关规定实行项目法人责任制度、招标投标制度、工程监理制度和合同管理制度。

第十四条 公路建设项目必须符合公路工程技术标准。施工单位必须按批准的设计文件施工，任何单位和人员不得擅自修改工程设计。

已批准的公路工程设计，原则上不得变更。确需设计变更的，应当按照交通部制定的《公路工程设计变更管理办法》的规定履行审批手续。

第十五条 公路建设项目验收分为交工验收和竣工验收两个阶段。项目法人负责组织对各合同段进行交工验收，并完成项目交工验收报告报交通主管部门备案。交通主管部门在 15 天内没有对备案项目的交工验收报告提出异议，项目法人可开放交通进入试运营期。试运营期不得超过 3 年。

通车试运营 2 年后，交通主管部门应组织竣工验收，经竣工验收合格的项目可转为正式运营。对未进行交工验收、交工验收不合格或没有备案的工程开放交通进行试运营的，由交通主管部门责令停止试运营。

公路建设项目验收工作应当符合交通部制定的《公路工程竣（交）工验收办法》的规定。

第四章 建设市场的监督管理

第十六条 县级以上人民政府交通主管部门依据职责，负责对公路建设市场的监督管理，查处建设市场中的违法行为。对经营性公路建设项目投资人、公路建设从业单位和主要从业人员的信用情况应进行记录并及时向社会公布。

第十七条 公路建设市场依法实行准入管理。公路建设项目法人或其委托的项目建设管理单位的项目建设管理机构、主要负责人的技术和管理能力应当满足拟建项目的管理需要，符合交通部有关规定的要求。公路工程勘察、设计、施工、监理、试验检测等从业单位应当依法取得有关部门许可的相应资质后，方可进入公路建设市场。

公路建设市场必须开放，任何单位和个人不得对公路建设市场实行地方保护，不得限制符合市场准入条件的从业单位和从业人员依法进入公路建设市场。

第十八条 公路建设从业单位从事公路建设活动，必须遵守国家有关法律、法规、规章和公路工程技术标准，不得损害社会公共利益和他人合法权益。

第十九条 公路建设项目法人应当承担公路建设相关责任和义务，对建设项目质量、投资和工期负责。

公路建设项目法人必须依法开展招标活动，不得接受投标人低于成本价的投标，不得随意压缩建设工期，禁止指定分包和指定采购。

第二十条 公路建设从业单位应当依法取得公路工程资质证书并按照资质管理有关规定，在其核定的业务范围内承揽工程，禁止无证或越级承揽工程。

公路建设从业单位必须按合同规定履行其义务，禁止转包或违法分包。

第五章 质量与安全的监督管理

第二十一条 县级以上人民政府交通主管部门应当加强对公路建设从业单位的质量与安全生产管理机构的建立、规章制度落实情况的监督检查。

第二十二条 公路建设实行工程质量监督管理制度。公路工程质量监督机构应当根据交通主管部门的委托依法实施工程质量监督，并对监督工作质量负责。

第二十三条 公路建设项目实施过程中，监理单位应当依照法律、法规、规章以及有关技术标准、设计文件、合同文件和监理规范的要求，采用旁站、巡视和平行检验形式对工程实施监理，对不符合工程质量与安全要求的工程应当责令施工单位返工。

未经监理工程师签认，施工单位不得将建筑材料、构件和设备在工程上使用或安装，不得进行下一道工序施工。

第二十四条 公路工程质量监督机构应当具备与质量监督工作相适应的试验检测条件，根据国家有关工程质量的法律、法规、规章和交通部制定的技术标准、规范、规程以及质量检验评定标准等，对工程质量进行监督、检查和鉴定。任何单位和个人不得干预或阻挠质量监督机构的质量鉴定工作。

第二十五条 公路建设从业单位应当对工程质量和安全负责。工程实施中应当加强对职工的教育与培训，按照国家有关规定建立健全质量和安全保证体系，落实质量和安全生产责任制，保证工程质量和工程安全。

第二十六条 公路建设项目发生工程质量事故，项目法人应在24小时内按项目管理隶属关系向交通主管部门报告，工程质量事故同时报公路工程质量监督机构。

省级人民政府交通主管部门或受委托的公路工程质量监督机构负责调查处理一般工程质量事故；交通部会同省级人民政府交通主管部门负责调查处理重大工程质量事故；特别重大工程质量事故和安全事故的调查处理按照国家有关规定办理。

第六章　建设资金的监督管理

第二十七条　对于使用财政性资金安排的公路建设项目，县级以上人民政府交通主管部门必须对公路建设资金的筹集、使用和管理实行全过程监督检查，确保建设资金的安全。

公路建设项目法人必须按照国家有关法律、法规、规章的规定，合理安排和使用公路建设资金。

第二十八条　对于企业投资公路建设项目，县级以上人民政府交通主管部门要依法对资金到位情况、使用情况进行监督检查。

第二十九条　公路建设资金监督管理的主要内容：

（一）是否严格执行建设资金专款专用、专户存储、不准侵占、挪用等有关管理规定；

（二）是否严格执行概预算管理规定，有无将建设资金用于计划外工程；

（三）资金来源是否符合国家有关规定，配套资金是否落实、及时到位；

（四）是否按合同规定拨付工程进度款，有无高估冒算，虚报冒领情况，工程预备费使用是否符合有关规定；

（五）是否在控制额度内按规定使用建设管理费，按规定的比例预留工程质量保证金，有无非法扩大建设成本的问题；

（六）是否按规定编制项目竣工财务决算，办理财产移交手续，形成的资产是否及时登记入帐管理；

（七）财会机构是否建立健全，并配备相适应的财会人员。各项原始记录、统计台帐、凭证帐册、会计核算、财务报告、内部控制制度等基础性工作是否健全、规范。

第三十条　县级以上人民政府交通主管部门对公路建设资金监督管理的主要职责：

（一）制定公路建设资金管理制度；

（二）按规定审核、汇总、编报、批复年度公路建设支出预算、财务决算和竣工财务决算；

（三）合理安排资金，及时调度、拨付和使用公路建设资金；

（四）监督管理建设项目工程概预算、年度投资计划安排与调整、财务决算；

（五）监督检查公路建设项目资金筹集、使用和管理，及时纠正违法问题，对重大问题提出意见报上级交通主管部门；

（六）收集、汇总、报送公路建设资金管理信息，审查、编报公路建设项目投资效益分析报告；

（七）督促项目法人及时编报工程财务决算，做好竣工验收准备工作；

（八）督促项目法人及时按规定办理财产移交手续，规范资产管理。

第七章　社会监督

第三十一条　县级以上人民政府交通主管部门应定期向社会公开发布公路建设市场管理、工程进展、工程质量情况、工程质量和安全事故处理等信息，接受社会监督。

第三十二条　公路建设施工现场实行标示牌管理。标示牌应当标明该项工程的作业内容，项目法人、勘察、设计、施工、监理单位名称和主要负责人姓名，接受社会监督。

第三十三条　公路建设实行工程质量举报制度，任何单位和个人对公路建设中违反国家法律、法规的行为，工程质量事故和质量缺陷都有权向县级以上人民政府交通主管部门或质量监督机构检举和投诉。

第三十四条　县级以上人民政府交通主管部门可聘请社会监督员对公路建设活动和工程质量进行监督。

第三十五条　对举报内容属实的单位和个人，县级以上人民政府交通主管部门可予以表彰或奖励。

第八章　罚　　则

第三十六条　违反本办法第四条规定，拒绝或阻碍依法进行公路建设监督检查工作的，责令改正，构成犯罪的，依法追究刑事责任。

第三十七条　违反本办法第八条规定，越权审批、核准或擅自简化基本建设程序的，责令限期补办手续，可给予警告处罚；造成严重后果的，对全部或部分使用财政性资金的项目，可暂停项目执行或暂缓资金拨付，对直接责任人依法给予行政处分。

第三十八条　违反本办法第十二条规定，项目法人将工程发包给不具有相应资质等级的勘察、设计、施工和监理单位的，责令改正，处50万元以上100万元以下的罚款；未按规定办理施工许可擅自施工的，责令停止施工、限期改正，视情节可处工程合同价款1%以上2%以下罚款。

第三十九条　违反本办法第十四条规定，未经批准擅自修改工程设计，责令限期改正,可给予警告处罚;情节严重的,对全部或部分使用财政性资金的项目,可暂停项目执行或暂缓资金拨付。

第四十条 违反本办法第十五条规定,未组织项目交工验收或验收不合格擅自交付使用的,责令改正并停止使用,处工程合同价款2%以上4%以下的罚款;对收费公路项目应当停止收费。

第四十一条 违反本办法第十九条规定,项目法人随意压缩工期,侵犯他人合法权益的,责令限期改正,可处20万元以上50万元以下的罚款;造成严重后果的,对全部或部分使用财政性资金的项目,可暂停项目执行或暂缓资金拨付。

第四十二条 违反本办法第二十条规定,承包单位弄虚作假、无证或越级承揽工程任务的,责令停止违法行为,对勘察、设计单位或工程监理单位处合同约定的勘察费、设计费或监理酬金1倍以上2倍以下的罚款;对施工单位处工程合同价款2%以上4%以下的罚款,可以责令停业整顿,降低资质等级;情节严重的,吊销资质证书;有违法所得的,予以没收。承包单位转包或违法分包工程的,责令改正,没收违法所得,对勘察、设计、监理单位处合同约定的勘察费、设计费、监理酬金的25%以上50%以下的罚款;对施工单位处工程合同价款0.5%以上1%以下的罚款。

第四十三条 违反本办法第二十二条规定,公路工程质量监督机构不履行公路工程质量监督职责、不承担质量监督责任的,由交通主管部门视情节轻重,责令整改或者给予警告。公路工程质量监督机构工作人员在公路工程质量监督管理工作中玩忽职守、滥用职权、徇私舞弊的,由交通主管部门或者公路工程质量监督机构依法给予行政处分;构成犯罪的,依法追究刑事责任。

第四十四条 违反本办法第二十三条规定,监理单位将不合格的工程、建筑材料、构件和设备按合格予以签认的,责令改正,可给予警告处罚,情节严重的,处50万元以上100万元以下的罚款;施工单位在工程上使用或安装未经监理签认的建筑材料、构件和设备的,责令改正,可给予警告处罚,情节严重的,处工程合同价款2%以上4%以下的罚款。

第四十五条 违反本办法第二十五条规定,公路建设从业单位忽视工程质量和安全管理,造成质量或安全事故的,对项目法人给予警告、限期整改,情节严重的,暂停资金拨付;对勘察、设计、施工和监理等单位给予警告;对情节严重的监理单位,还可给予责令停业整顿、降低资质等级和吊销资质证书的处罚。

第四十六条 违反本办法第二十六条规定,项目法人对工程质量事故隐瞒不报、谎报或拖延报告期限的,给予警告处罚,对直接责任人依法给予行政处分。

第四十七条 违反本办法第二十九条规定,项目法人侵占、挪用公路建设资金,非法扩大建设成本,责令限期整改,可给予警告处罚;情节严重的,对全部或部分使用财政性资金的项目,可暂停项目执行或暂缓资金拨付,对直接责任人依法给予行政处分。

第四十八条 公路建设从业单位有关人员,具有行贿、索贿、受贿行为,损害国家、单位合法权益,构成犯罪的,依法追究刑事责任。

第四十九条 政府交通主管部门工作人员玩忽职守、滥用职权、徇私舞弊的,依法给予行政处分;构成犯罪的,依法追究刑事责任。

第九章 附 则

第五十条 本办法由交通部负责解释。

第五十一条 本办法自2006年8月1日起施行。交通部2000年8月28日公布的《公路建设监督管理办法》(交通部令2000年第8号)同时废止。

交通运输部关于修改《超限运输车辆行驶公路管理规定》的决定

(2021年8月11日交通运输部令2021年第12号公布 自公布之日起施行 国司备字[2021004642])

交通运输部决定对《超限运输车辆行驶公路管理规定》(交通运输部令2016年第62号)作如下修改:

一、删去第三十九条第二款中的“经确认后可以作为行政处罚的证据”。

二、将第五十条修改为:“违法行为地或者车籍所在地公路管理机构可以依照相关法律行政法规的规定利用技术监控设备记录资料,对违法超限运输车辆依法给予处罚,并提供适当方式,供社会公众查询违法超限运输记录。”

本决定自公布之日起施行。

《超限运输车辆行驶公路管理规定》根据本决定作相应修正,重新发布。

超限运输车辆行驶公路管理规定

（2016年8月19日交通运输部令2016年第62号发布　根据2021年8月11日《交通运输部关于修改〈超限运输车辆行驶公路管理规定〉的决定》修正）

第一章　总　　则

第一条　为加强超限运输车辆行驶公路管理，保障公路设施和人民生命财产安全，根据《公路法》《公路安全保护条例》等法律、行政法规，制定本规定。

第二条　超限运输车辆通过公路进行货物运输，应当遵守本规定。

第三条　本规定所称超限运输车辆，是指有下列情形之一的货物运输车辆：

（一）车货总高度从地面算起超过4米；

（二）车货总宽度超过2.55米；

（三）车货总长度超过18.1米；

（四）二轴货车，其车货总质量超过18000千克；

（五）三轴货车，其车货总质量超过25000千克；三轴汽车列车，其车货总质量超过27000千克；

（六）四轴货车，其车货总质量超过31000千克；四轴汽车列车，其车货总质量超过36000千克；

（七）五轴汽车列车，其车货总质量超过43000千克；

（八）六轴及六轴以上汽车列车，其车货总质量超过49000千克，其中牵引车驱动轴为单轴的，其车货总质量超过46000千克。

前款规定的限定标准的认定，还应当遵守下列要求：

（一）二轴组按照二个轴计算，三轴组按照三个轴计算；

（二）除驱动轴外，二轴组、三轴组以及半挂车和全挂车的车轴每侧轮胎按照双轮胎计算，若每轴每侧轮胎为单轮胎，限定标准减少3000千克，但安装符合国家有关标准的加宽轮胎的除外；

（三）车辆最大允许总质量不应超过各车轴最大允许轴荷之和；

（四）拖拉机、农用车、低速货车，以行驶证核定的总质量为限定标准；

（五）符合《汽车、挂车及汽车列车外廓尺寸、轴荷及质量限值》（GB1589）

规定的冷藏车、汽车列车、安装空气悬架的车辆，以及专用作业车，不认定为超限运输车辆。

第四条 交通运输部负责全国超限运输车辆行驶公路的管理工作。

县级以上地方人民政府交通运输主管部门负责本行政区域内超限运输车辆行驶公路的管理工作。

公路管理机构具体承担超限运输车辆行驶公路的监督管理。

县级以上人民政府相关主管部门按照职责分工，依法负责或者参与、配合超限运输车辆行驶公路的监督管理。交通运输主管部门应当在本级人民政府统一领导下，与相关主管部门建立治理超限运输联动工作机制。

第五条 各级交通运输主管部门应当组织公路管理机构、道路运输管理机构建立相关管理信息系统，推行车辆超限管理信息系统、道路运政管理信息系统联网，实现数据交换与共享。

第二章 大件运输许可管理

第六条 载运不可解体物品的超限运输（以下称大件运输）车辆，应当依法办理有关许可手续，采取有效措施后，按照指定的时间、路线、速度行驶公路。未经许可，不得擅自行驶公路。

第七条 大件运输的托运人应当委托具有大型物件运输经营资质的道路运输经营者承运，并在运单上如实填写托运货物的名称、规格、重量等相关信息。

第八条 大件运输车辆行驶公路前，承运人应当按下列规定向公路管理机构申请公路超限运输许可：

（一）跨省、自治区、直辖市进行运输的，向起运地省级公路管理机构递交申请书，申请机关需要列明超限运输途经公路沿线各省级公路管理机构，由起运地省级公路管理机构统一受理并组织协调沿线各省级公路管理机构联合审批，必要时可由交通运输部统一组织协调处理；

（二）在省、自治区范围内跨设区的市进行运输，或者在直辖市范围内跨区、县进行运输的，向该省级公路管理机构提出申请，由其受理并审批；

（三）在设区的市范围内跨区、县进行运输的，向该市级公路管理机构提出申请，由其受理并审批；

（四）在区、县范围内进行运输的，向该县级公路管理机构提出申请，由其受理并审批。

第九条 各级交通运输主管部门、公路管理机构应当利用信息化手段，建立公路超限运输许可管理平台,实行网上办理许可手续,并及时公开相关信息。

第十条 申请公路超限运输许可的,承运人应当提交下列材料:

(一)公路超限运输申请表,主要内容包括货物的名称、外廓尺寸和质量,车辆的厂牌型号、整备质量、轴数、轴距和轮胎数,载货时车货总体的外廓尺寸、总质量、各车轴轴荷,拟运输的起讫点、通行路线和行驶时间;

(二)承运人的道路运输经营许可证,经办人的身份证件和授权委托书;

(三)车辆行驶证或者临时行驶车号牌。

车货总高度从地面算起超过4.5米,或者总宽度超过3.75米,或者总长度超过28米,或者总质量超过100000千克,以及其他可能严重影响公路完好、安全、畅通情形的,还应当提交记录载货时车货总体外廓尺寸信息的轮廓图和护送方案。

护送方案应当包含护送车辆配置方案、护送人员配备方案、护送路线情况说明、护送操作细则、异常情况处理等相关内容。

第十一条 承运人提出的公路超限运输许可申请有下列情形之一的,公路管理机构不予受理:

(一)货物属于可分载物品的;

(二)承运人所持有的道路运输经营许可证记载的经营资质不包括大件运输的;

(三)承运人被依法限制申请公路超限运输许可未满限制期限的;

(四)法律、行政法规规定的其他情形。

载运单个不可解体物品的大件运输车辆,在不改变原超限情形的前提下,加装多个品种相同的不可解体物品的,视为载运不可解体物品。

第十二条 公路管理机构受理公路超限运输许可申请后,应当对承运人提交的申请材料进行审查。属于第十条第二款规定情形的,公路管理机构应当对车货总体外廓尺寸、总质量、轴荷等数据和护送方案进行核查,并征求同级公安机关交通管理部门意见。

属于统一受理、集中办理跨省、自治区、直辖市进行运输的,由起运地省级公路管理机构负责审查。

第十三条 公路管理机构审批公路超限运输申请,应当根据实际情况组织人员勘测通行路线。需要采取加固、改造措施的,承运人应当按照规定要求采取有效的加固、改造措施。公路管理机构应当对承运人提出的加固、改造措施方案进行审查,并组织验收。

承运人不具备加固、改造措施的条件和能力的,可以通过签订协议的方式，委托公路管理机构制定相应的加固、改造方案，由公路管理机构进行加固、改造，或者由公路管理机构通过市场化方式选择具有相应资质的单位进行加固、改造。

采取加固、改造措施所需的费用由承运人承担。相关收费标准应当公开、透明。

第十四条 采取加固、改造措施应当满足公路设施安全需要，并遵循下列原则：

（一）优先采取临时措施，便于实施、拆除和可回收利用；

（二）采取永久性或者半永久性措施的，可以考虑与公路设施的技术改造同步实施；

（三）对公路设施采取加固、改造措施仍无法满足大件运输车辆通行的，可以考虑采取修建临时便桥或者便道的改造措施；

（四）有多条路线可供选择的，优先选取桥梁技术状况评定等级高和采取加固、改造措施所需费用低的路线通行；

（五）同一时期，不同的超限运输申请，涉及对同一公路设施采取加固、改造措施的，由各承运人按照公平、自愿的原则分担有关费用。

第十五条 公路管理机构应当在下列期限内作出行政许可决定：

（一）车货总高度从地面算起未超过 4.2 米、总宽度未超过 3 米、总长度未超过 20 米且车货总质量、轴荷未超过本规定第三条、第十七条规定标准的，自受理申请之日起 2 个工作日内作出，属于统一受理、集中办理跨省、自治区、直辖市大件运输的，办理的时间最长不得超过 5 个工作日；

（二）车货总高度从地面算起未超过 4.5 米、总宽度未超过 3.75 米、总长度未超过 28 米且总质量未超过 100000 千克的，属于本辖区内大件运输的，自受理申请之日起 5 个工作日内作出，属于统一受理、集中办理跨省、自治区、直辖市大件运输的，办理的时间最长不得超过 10 个工作日；

（三）车货总高度从地面算起超过 4.5 米，或者总宽度超过 3.75 米，或者总长度超过 28 米，或者总质量超过 100000 千克的，属于本辖区内大件运输的，自受理申请之日起 15 个工作日内作出，属于统一受理、集中办理跨省、自治区、直辖市大件运输的，办理的时间最长不得超过 20 个工作日。

采取加固、改造措施所需时间不计算在前款规定的期限内。

第十六条 受理跨省、自治区、直辖市公路超限运输申请后，起运地省级公路管理机构应当在 2 个工作日内向途经公路沿线各省级公路管理机构转送其受理的申请资料。

属于第十五条第一款第二项规定的情形的，途经公路沿线各省级公路管理机构应当在收到转送的申请材料起5个工作日内作出行政许可决定；属于第十五条第一款第三项规定的情形的，应当在收到转送的申请材料起15个工作日内作出行政许可决定，并向起运地省级公路管理机构反馈。需要采取加固、改造措施的，由相关省级公路管理机构按照本规定第十三条执行；上下游省、自治区、直辖市范围内路线或者行驶时间调整的，应当及时告知承运人和起运地省级公路管理机构，由起运地省级公路管理机构组织协调处理。

第十七条 有下列情形之一的，公路管理机构应当依法作出不予行政许可的决定：

（一）采用普通平板车运输，车辆单轴的平均轴荷超过10000千克或者最大轴荷超过13000千克的；

（二）采用多轴多轮液压平板车运输，车辆每轴线（一线两轴8轮胎）的平均轴荷超过18000千克或者最大轴荷超过20000千克的；

（三）承运人不履行加固、改造义务的；

（四）法律、行政法规规定的其他情形。

第十八条 公路管理机构批准公路超限运输申请的，根据大件运输的具体情况，指定行驶公路的时间、路线和速度，并颁发《超限运输车辆通行证》。其中，批准跨省、自治区、直辖市运输的，由起运地省级公路管理机构颁发。

《超限运输车辆通行证》的式样由交通运输部统一制定，各省级公路管理机构负责印制和管理。申请人可到许可窗口领取或者通过网上自助方式打印。

第十九条 同一大件运输车辆短期内多次通行固定路线，装载方式、装载物品相同，且不需要采取加固、改造措施的，承运人可以根据运输计划向公路管理机构申请办理行驶期限不超过6个月的《超限运输车辆通行证》。运输计划发生变化的，需按原许可机关的有关规定办理变更手续。

第二十条 经批准进行大件运输的车辆，行驶公路时应当遵守下列规定：

（一）采取有效措施固定货物，按照有关要求在车辆上悬挂明显标志，保证运输安全；

（二）按照指定的时间、路线和速度行驶；

（三）车货总质量超限的车辆通行公路桥梁，应当匀速居中行驶，避免在桥上制动、变速或者停驶；

（四）需要在公路上临时停车的，除遵守有关道路交通安全规定外，还应当在车辆周边设置警告标志，并采取相应的安全防范措施；需要较长时间停车或者遇有恶劣天气的，应当驶离公路，就近选择安全区域停靠；

（五）通行采取加固、改造措施的公路设施，承运人应当提前通知该公路设

施的养护管理单位,由其加强现场管理和指导;

(六)因自然灾害或者其他不可预见因素而出现公路通行状况异常致使大件运输车辆无法继续行驶的,承运人应当服从现场管理并及时告知作出行政许可决定的公路管理机构,由其协调当地公路管理机构采取相关措施后继续行驶。

第二十一条 大件运输车辆应当随车携带有效的《超限运输车辆通行证》,主动接受公路管理机构的监督检查。

大件运输车辆及装载物品的有关情况应当与《超限运输车辆通行证》记载的内容一致。

任何单位和个人不得租借、转让《超限运输车辆通行证》,不得使用伪造、变造的《超限运输车辆通行证》。

第二十二条 对于本规定第十条第二款规定的大件运输车辆,承运人应当按照护送方案组织护送。

承运人无法采取护送措施的,可以委托作出行政许可决定的公路管理机构协调公路沿线的公路管理机构进行护送,并承担所需费用。护送收费标准由省级交通运输主管部门会同同级财政、价格主管部门按规定制定,并予以公示。

第二十三条 行驶过程中,护送车辆应当与大件运输车辆形成整体车队,并保持实时、畅通的通讯联系。

第二十四条 经批准的大件运输车辆途经实行计重收费的收费公路时,对其按照基本费率标准收取车辆通行费,但车辆及装载物品的有关情况与《超限运输车辆通行证》记载的内容不一致的除外。

第二十五条 公路管理机构应当加强与辖区内重大装备制造、运输企业的联系,了解其制造、运输计划,加强服务,为重大装备运输提供便利条件。

大件运输需求量大的地区,可以统筹考虑建设成本、运输需求等因素,适当提高通行路段的技术条件。

第二十六条 公路管理机构、公路经营企业应当按照有关规定,定期对公路、公路桥梁、公路隧道等设施进行检测和评定,并为社会公众查询其技术状况信息提供便利。

公路收费站应当按照有关要求设置超宽车道。

第三章 违法超限运输管理

第二十七条 载运可分载物品的超限运输(以下称违法超限运输)车辆,

禁止行驶公路。

在公路上行驶的车辆，其车货总体的外廓尺寸或者总质量未超过本规定第三条规定的限定标准，但超过相关公路、公路桥梁、公路隧道限载、限高、限宽、限长标准的，不得在该公路、公路桥梁或者公路隧道行驶。

第二十八条 煤炭、钢材、水泥、砂石、商品车等货物集散地以及货运站等场所的经营人、管理人（以下统称货运源头单位），应当在货物装运场（站）安装合格的检测设备，对出场（站）货运车辆进行检测，确保出场（站）货运车辆合法装载。

第二十九条 货运源头单位、道路运输企业应当加强对货运车辆驾驶人的教育和管理，督促其合法运输。

道路运输企业是防止违法超限运输的责任主体，应当按照有关规定加强对车辆装载及运行全过程监控，防止驾驶人违法超限运输。

任何单位和个人不得指使、强令货运车辆驾驶人违法超限运输。

第三十条 货运车辆驾驶人不得驾驶违法超限运输车辆。

第三十一条 道路运输管理机构应当加强对政府公布的重点货运源头单位的监督检查。通过巡查、技术监控等方式督促其落实监督车辆合法装载的责任，制止违法超限运输车辆出场（站）。

第三十二条 公路管理机构、道路运输管理机构应当建立执法联动工作机制，将违法超限运输行为纳入道路运输企业质量信誉考核和驾驶人诚信考核，实行违法超限运输“黑名单”管理制度，依法追究违法超限运输的货运车辆、车辆驾驶人、道路运输企业、货运源头单位的责任。

第三十三条 公路管理机构应当对货运车辆进行超限检测。超限检测可以采取固定站点检测、流动检测、技术监控等方式。

第三十四条 采取固定站点检测的，应当在经省级人民政府批准设置的公路超限检测站进行。

第三十五条 公路管理机构可以利用移动检测设备，开展流动检测。经流动检测认定的违法超限运输车辆，应当就近引导至公路超限检测站进行处理。

流动检测点远离公路超限检测站的，应当就近引导至县级以上地方交通运输主管部门指定并公布的执法站所、停车场、卸载场等具有停放车辆及卸载条件的地点或者场所进行处理。

第三十六条 经检测认定违法超限运输的，公路管理机构应当责令当事人自行采取卸载等措施，消除违法状态；当事人自行消除违法状态确有困难的，可以委托第三人或者公路管理机构协助消除违法状态。

属于载运不可解体物品，在接受调查处理完毕后，需要继续行驶公路的，应当依法申请公路超限运输许可。

第三十七条 公路管理机构对车辆进行超限检测，不得收取检测费用。对依法扣留或者停放接受调查处理的超限运输车辆，不得收取停车保管费用。由公路管理机构协助卸载、分装或者保管卸载货物的，超过保管期限经通知当事人仍不领取的，可以按照有关规定予以处理。

第三十八条 公路管理机构应当使用经国家有关部门检定合格的检测设备对车辆进行超限检测；未定期检定或者检定不合格的，其检测数据不得作为执法依据。

第三十九条 收费高速公路入口应当按照规定设置检测设备，对货运车辆进行检测，不得放行违法超限运输车辆驶入高速公路。其他收费公路实行计重收费的，利用检测设备发现违法超限运输车辆时，有权拒绝其通行。收费公路经营管理者应当将违法超限运输车辆及时报告公路管理机构或者公安机关交通管理部门依法处理。

公路管理机构有权查阅和调取公路收费站车辆称重数据、照片、视频监控等有关资料。

第四十条 公路管理机构应当根据保护公路的需要，在货物运输主通道、重要桥梁入口处等普通公路以及开放式高速公路的重要路段和节点，设置车辆检测等技术监控设备，依法查处违法超限运输行为。

第四十一条 新建、改建公路时，应当按照规划，将超限检测站点、车辆检测等技术监控设备作为公路附属设施一并列入工程预算，与公路主体工程同步设计、同步建设、同步验收运行。

第四章 法律责任

第四十二条 违反本规定，依照《公路法》《公路安全保护条例》《道路运输条例》和本规定予以处理。

第四十三条 车辆违法超限运输的，由公路管理机构根据违法行为的性质、情节和危害程度，按下列规定给予处罚：

（一）车货总高度从地面算起未超过4.2米、总宽度未超过3米且总长度未超过20米的，可以处200元以下罚款；车货总高度从地面算起未超过4.5米、总宽度未超过3.75米且总长度未超过28米的，处200元以上1000元以下罚款；车货总高度从地面算起超过4.5米、总宽度超过3.75米或者总长度超过28米的，处1000元以上3000元以下的罚款；

（二）车货总质量超过本规定第三条第一款第四项至第八项规定的限定标准，但未超过1000千克的，予以警告；超过1000千克的，每超1000千克罚款500元，最高不得超过30000元。

有前款所列多项违法行为的，相应违法行为的罚款数额应当累计，但累计罚款数额最高不得超过30000元。

第四十四条 公路管理机构在违法超限运输案件处理完毕后7个工作日内，应当将与案件相关的下列信息通过车辆超限管理信息系统抄告车籍所在地道路运输管理机构：

（一）车辆的号牌号码、车型、车辆所属企业、道路运输证号信息；

（二）驾驶人的姓名、驾驶人从业资格证编号、驾驶人所属企业信息；

（三）货运源头单位、货物装载单信息；

（四）行政处罚决定书信息；

（五）与案件相关的其他资料信息。

第四十五条 公路管理机构在监督检查中发现违法超限运输车辆不符合《汽车、挂车及汽车列车外廓尺寸、轴荷及质量限值》（GB1589），或者与行驶证记载的登记内容不符的，应当予以记录，定期抄告车籍所在地的公安机关交通管理部门等单位。

第四十六条 对1年内违法超限运输超过3次的货运车辆和驾驶人，以及违法超限运输的货运车辆超过本单位货运车辆总数10%的道路运输企业，由道路运输管理机构依照《公路安全保护条例》第六十六条予以处理。

前款规定的违法超限运输记录累计计算周期，从初次领取《道路运输证》、道路运输从业人员从业资格证、道路运输经营许可证之日算起，可跨自然年度。

第四十七条 大件运输车辆有下列情形之一的，视为违法超限运输：

（一）未经许可擅自行驶公路的；

（二）车辆及装载物品的有关情况与《超限运输车辆通行证》记载的内容不一致的；

（三）未按许可的时间、路线、速度行驶公路的；

（四）未按许可的护送方案采取护送措施的。

第四十八条 承运人隐瞒有关情况或者提供虚假材料申请公路超限运输许可的，除依法给予处理外，并在1年内不准申请公路超限运输许可。

第四十九条 违反本规定，指使、强令车辆驾驶人超限运输货物的，由道路运输管理机构责令改正，处30000元以下罚款。

第五十条 违法行为地或者车籍所在地公路管理机构可以依照相关法律

行政法规的规定利用技术监控设备记录资料，对违法超限运输车辆依法给予处罚，并提供适当方式，供社会公众查询违法超限运输记录。

第五十一条 公路管理机构、道路运输管理机构工作人员有玩忽职守、徇私舞弊、滥用职权的，依法给予行政处分；涉嫌犯罪的，移送司法机关依法查处。

第五十二条 对违法超限运输车辆行驶公路现象严重，造成公路桥梁垮塌等重大安全事故，或者公路受损严重、通行能力明显下降的，交通运输部、省级交通运输主管部门可以按照职责权限，在1年内停止审批该地区申报的地方性公路工程建设项目。

第五十三条 相关单位和个人拒绝、阻碍公路管理机构、道路运输管理机构工作人员依法执行职务，构成违反治安管理行为的，由公安机关依法给予治安管理处罚；构成犯罪的，依法追究刑事责任。

第五章 附 则

第五十四条 因军事和国防科研需要，载运保密物品的大件运输车辆确需行驶公路的，参照本规定执行；国家另有规定的，从其规定。

第五十五条 本规定自2016年9月21日起施行。原交通部发布的《超限运输车辆行驶公路管理规定》（交通部令2000年第2号）同时废止。

汽车数据安全管理若干规定（试行）

（2021年8月16日国家互联网信息办公室、国家发展和改革委员会、工业和信息化部、公安部、交通运输部令第7号公布 自2021年10月1日起施行 国司备字[2021004645]）

第一条 为了规范汽车数据处理活动，保护个人、组织的合法权益，维护国家安全和社会公共利益，促进汽车数据合理开发利用，根据《中华人民共和国网络安全法》、《中华人民共和国数据安全法》等法律、行政法规，制定本规定。

第二条 在中华人民共和国境内开展汽车数据处理活动及其安全监管，应当遵守相关法律、行政法规和本规定的要求。

第三条 本规定所称汽车数据，包括汽车设计、生产、销售、使用、运维等过程中的涉及个人信息数据和重要数据。

汽车数据处理，包括汽车数据的收集、存储、使用、加工、传输、提供、公开等。

汽车数据处理者，是指开展汽车数据处理活动的组织，包括汽车制造商、零部件和软件供应商、经销商、维修机构以及出行服务企业等。

个人信息，是指以电子或者其他方式记录的与已识别或者可识别的车主、驾驶人、乘车人、车外人员等有关的各种信息，不包括匿名化处理后的信息。

敏感个人信息，是指一旦泄露或者非法使用，可能导致车主、驾驶人、乘车人、车外人员等受到歧视或者人身、财产安全受到严重危害的个人信息，包括车辆行踪轨迹、音频、视频、图像和生物识别特征等信息。

重要数据是指一旦遭到篡改、破坏、泄露或者非法获取、非法利用，可能危害国家安全、公共利益或者个人、组织合法权益的数据，包括：

（一）军事管理区、国防科工单位以及县级以上党政机关等重要敏感区域的地理信息、人员流量、车辆流量等数据；

（二）车辆流量、物流等反映经济运行情况的数据；

（三）汽车充电网的运行数据；

（四）包含人脸信息、车牌信息等的车外视频、图像数据；

（五）涉及个人信息主体超过10万人的个人信息；

（六）国家网信部门和国务院发展改革、工业和信息化、公安、交通运输等有关部门确定的其他可能危害国家安全、公共利益或者个人、组织合法权益的数据。

第四条 汽车数据处理者处理汽车数据应当合法、正当、具体、明确，与汽车的设计、生产、销售、使用、运维等直接相关。

第五条 利用互联网等信息网络开展汽车数据处理活动，应当落实网络安全等级保护等制度，加强汽车数据保护，依法履行数据安全义务。

第六条 国家鼓励汽车数据依法合理有效利用，倡导汽车数据处理者在开展汽车数据处理活动中坚持：

（一）车内处理原则，除非确有必要不向车外提供；

（二）默认不收集原则，除非驾驶人自主设定，每次驾驶时默认设定为不收集状态；

（三）精度范围适用原则，根据所提供功能服务对数据精度的要求确定摄像头、雷达等的覆盖范围、分辨率；

（四）脱敏处理原则，尽可能进行匿名化、去标识化等处理。

第七条 汽车数据处理者处理个人信息应当通过用户手册、车载显示面板、语音、汽车使用相关应用程序等显著方式，告知个人以下事项：

（一）处理个人信息的种类，包括车辆行踪轨迹、驾驶习惯、音频、视频、图像和生物识别特征等；

（二）收集各类个人信息的具体情境以及停止收集的方式和途径；

（三）处理各类个人信息的目的、用途、方式；

（四）个人信息保存地点、保存期限，或者确定保存地点、保存期限的规则；

（五）查阅、复制其个人信息以及删除车内、请求删除已经提供给车外的个人信息的方式和途径；

（六）用户权益事务联系人的姓名和联系方式；

（七）法律、行政法规规定的应当告知的其他事项。

第八条 汽车数据处理者处理个人信息应当取得个人同意或者符合法律、行政法规规定的其他情形。

因保证行车安全需要，无法征得个人同意采集到车外个人信息且向车外提供的，应当进行匿名化处理，包括删除含有能够识别自然人的画面，或者对画面中的人脸信息等进行局部轮廓化处理等。

第九条 汽车数据处理者处理敏感个人信息，应当符合以下要求或者符合法律、行政法规和强制性国家标准等其他要求：

（一）具有直接服务于个人的目的，包括增强行车安全、智能驾驶、导航等；

（二）通过用户手册、车载显示面板、语音以及汽车使用相关应用程序等显著方式告知必要性以及对个人的影响；

（三）应当取得个人单独同意，个人可以自主设定同意期限；

（四）在保证行车安全的前提下，以适当方式提示收集状态，为个人终止收集提供便利；

（五）个人要求删除的，汽车数据处理者应当在十个工作日内删除。

汽车数据处理者具有增强行车安全的目的和充分的必要性，方可收集指纹、声纹、人脸、心律等生物识别特征信息。

第十条 汽车数据处理者开展重要数据处理活动，应当按照规定开展风险评估，并向省、自治区、直辖市网信部门和有关部门报送风险评估报告。

风险评估报告应当包括处理的重要数据的种类、数量、范围、保存地点与期限、使用方式，开展数据处理活动情况以及是否向第三方提供，面临的数据安全风险及其应对措施等。

第十一条 重要数据应当依法在境内存储，因业务需要确需向境外提供的，应当通过国家网信部门会同国务院有关部门组织的安全评估。未列入重要数据的涉及个人信息数据的出境安全管理，适用法律、行政法规的有关规定。

我国缔结或者参加的国际条约、协定有不同规定的，适用该国际条约、协定，但我国声明保留的条款除外。

第十二条 汽车数据处理者向境外提供重要数据，不得超出出境安全评估时明确的目的、范围、方式和数据种类、规模等。

国家网信部门会同国务院有关部门以抽查等方式核验前款规定事项，汽车数据处理者应当予以配合，并以可读等便利方式予以展示。

第十三条 汽车数据处理者开展重要数据处理活动，应当在每年十二月十五日前向省、自治区、直辖市网信部门和有关部门报送以下年度汽车数据安全管理情况：

（一）汽车数据安全管理负责人、用户权益事务联系人的姓名和联系方式；

（二）处理汽车数据的种类、规模、目的和必要性；

（三）汽车数据的安全防护和管理措施，包括保存地点、期限等；

（四）向境内第三方提供汽车数据情况；

（五）汽车数据安全事件和处置情况；

（六）汽车数据相关的用户投诉和处理情况；

（七）国家网信部门会同国务院工业和信息化、公安、交通运输等有关部门明确的其他汽车数据安全管理情况。

第十四条 向境外提供重要数据的汽车数据处理者应当在本规定第十三条要求的基础上，补充报告以下情况：

（一）接收者的基本情况；

（二）出境汽车数据的种类、规模、目的和必要性；

（三）汽车数据在境外的保存地点、期限、范围和方式；

（四）涉及向境外提供汽车数据的用户投诉和处理情况；

（五）国家网信部门会同国务院工业和信息化、公安、交通运输等有关部门明确的向境外提供汽车数据需要报告的其他情况。

第十五条 国家网信部门和国务院发展改革、工业和信息化、公安、交通运输等有关部门依据职责，根据处理数据情况对汽车数据处理者进行数据安全评估，汽车数据处理者应当予以配合。

参与安全评估的机构和人员不得披露评估中获悉的汽车数据处理者商业秘密、未公开信息，不得将评估中获悉的信息用于评估以外目的。

第十六条 国家加强智能（网联）汽车网络平台建设，开展智能（网联）汽车入网运行和安全保障服务等，协同汽车数据处理者加强智能（网联）汽车网络和汽车数据安全防护。

第十七条 汽车数据处理者开展汽车数据处理活动，应当建立投诉举报渠道，设置便捷的投诉举报入口，及时处理用户投诉举报。

开展汽车数据处理活动造成用户合法权益或者公共利益受到损害的，汽车数据处理者应当依法承担相应责任。

第十八条 汽车数据处理者违反本规定的，由省级以上网信、工业和信息化、公安、交通运输等有关部门依照《中华人民共和国网络安全法》、《中华人民共和国数据安全法》等法律、行政法规的规定进行处罚；构成犯罪的，依法追究刑事责任。

第十九条 本规定自2021年10月1日起施行。

医疗器械注册与备案管理办法

（2021年8月26日国家市场监督管理总局令第47号公布 自2021年10月1日起施行 国司备字[2021004666]）

第一章 总 则

第一条 为了规范医疗器械注册与备案行为，保证医疗器械的安全、有效和质量可控，根据《医疗器械监督管理条例》，制定本办法。

第二条 在中华人民共和国境内从事医疗器械注册、备案及其监督管理活动，适用本办法。

第三条 医疗器械注册是指医疗器械注册申请人（以下简称申请人）依照法定程序和要求提出医疗器械注册申请，药品监督管理部门依据法律法规，基于科学认知，进行安全性、有效性和质量可控性等审查，决定是否同意其申请的活动。

医疗器械备案是指医疗器械备案人（以下简称备案人）依照法定程序和要求向药品监督管理部门提交备案资料，药品监督管理部门对提交的备案资料存档备查的活动。

第四条 国家药品监督管理局主管全国医疗器械注册与备案管理工作，负责建立医疗器械注册与备案管理工作体系和制度，依法组织境内第三类和进口第二类、第三类医疗器械审评审批，进口第一类医疗器械备案以及相关监督管理工作，对地方医疗器械注册与备案工作进行监督指导。

第五条 国家药品监督管理局医疗器械技术审评中心（以下简称国家局器械审评中心）负责需进行临床试验审批的医疗器械临床试验申请以及境内第三类和进口第二类、第三类医疗器械产品注册申请、变更注册申请、延续注册申请等的技术审评工作。

国家药品监督管理局医疗器械标准管理中心、中国食品药品检定研究院、国家药品监督管理局食品药品审核查验中心(以下简称国家局审核查验中心)、国家药品监督管理局药品评价中心、国家药品监督管理局行政事项受理服务和投诉举报中心、国家药品监督管理局信息中心等其他专业技术机构,依职责承担实施医疗器械监督管理所需的医疗器械标准管理、分类界定、检验、核查、监测与评价、制证送达以及相应的信息化建设与管理等相关工作。

第六条 省、自治区、直辖市药品监督管理部门负责本行政区域内以下医疗器械注册相关管理工作:

(一)境内第二类医疗器械注册审评审批;

(二)境内第二类、第三类医疗器械质量管理体系核查;

(三)依法组织医疗器械临床试验机构以及临床试验的监督管理;

(四)对设区的市级负责药品监督管理的部门境内第一类医疗器械备案的监督指导。

省、自治区、直辖市药品监督管理部门设置或者指定的医疗器械专业技术机构,承担实施医疗器械监督管理所需的技术审评、检验、核查、监测与评价等工作。

设区的市级负责药品监督管理的部门负责境内第一类医疗器械产品备案管理工作。

第七条 医疗器械注册与备案管理遵循依法、科学、公开、公平、公正的原则。

第八条 第一类医疗器械实行产品备案管理。第二类、第三类医疗器械实行产品注册管理。

境内第一类医疗器械备案,备案人向设区的市级负责药品监督管理的部门提交备案资料。

境内第二类医疗器械由省、自治区、直辖市药品监督管理部门审查,批准后发给医疗器械注册证。

境内第三类医疗器械由国家药品监督管理局审查,批准后发给医疗器械注册证。

进口第一类医疗器械备案,备案人向国家药品监督管理局提交备案资料。

进口第二类、第三类医疗器械由国家药品监督管理局审查,批准后发给医疗器械注册证。

第九条 医疗器械注册人、备案人应当加强医疗器械全生命周期质量管理,对研制、生产、经营、使用全过程中的医疗器械的安全性、有效性和质量可控性依法承担责任。

第十条 国家药品监督管理局对临床急需医疗器械实行优先审批，对创新医疗器械实行特别审批，鼓励医疗器械的研究与创新，推动医疗器械产业高质量发展。

第十一条 国家药品监督管理局依法建立健全医疗器械标准、技术指导原则等体系，规范医疗器械技术审评和质量管理体系核查，指导和服务医疗器械研发和注册申请。

第十二条 药品监督管理部门依法及时公开医疗器械注册、备案相关信息，申请人可以查询审批进度和结果，公众可以查阅审批结果。

未经申请人同意，药品监督管理部门、专业技术机构及其工作人员、参与评审的专家等人员不得披露申请人或者备案人提交的商业秘密、未披露信息或者保密商务信息，法律另有规定或者涉及国家安全、重大社会公共利益的除外。

第二章 基本要求

第十三条 医疗器械注册、备案应当遵守相关法律、法规、规章、强制性标准，遵循医疗器械安全和性能基本原则，参照相关技术指导原则，证明注册、备案的医疗器械安全、有效、质量可控，保证全过程信息真实、准确、完整和可追溯。

第十四条 申请人、备案人应当为能够承担相应法律责任的企业或者研制机构。

境外申请人、备案人应当指定中国境内的企业法人作为代理人，办理相关医疗器械注册、备案事项。代理人应当依法协助注册人、备案人履行《医疗器械监督管理条例》第二十条第一款规定的义务，并协助境外注册人、备案人落实相应法律责任。

第十五条 申请人、备案人应当建立与产品相适应的质量管理体系，并保持有效运行。

第十六条 办理医疗器械注册、备案事项的人员应当具有相应的专业知识，熟悉医疗器械注册、备案管理的法律、法规、规章和注册管理相关规定。

第十七条 申请注册或者进行备案，应当按照国家药品监督管理局有关注册、备案的要求提交相关资料，申请人、备案人对资料的真实性负责。

注册、备案资料应当使用中文。根据外文资料翻译的，应当同时提供原文。引用未公开发表的文献资料时，应当提供资料权利人许可使用的文件。

第十八条 申请进口医疗器械注册、办理进口医疗器械备案，应当提交申请人、备案人注册地或者生产地所在国家（地区）主管部门准许该医疗器械上市销售的证明文件。

申请人、备案人注册地或者生产地所在国家（地区）未将该产品作为医疗器械管理的，申请人、备案人需提供相关文件，包括注册地或者生产地所在国家（地区）准许该产品上市销售的证明文件。

未在申请人、备案人注册地或者生产地所在国家（地区）上市的创新医疗器械，不需提交相关文件。

第十九条 医疗器械应当符合适用的强制性标准。产品结构特征、预期用途、使用方式等与强制性标准的适用范围不一致的，申请人、备案人应当提出不适用强制性标准的说明，并提供相关资料。

没有强制性标准的，鼓励申请人、备案人采用推荐性标准。

第二十条 医疗器械注册、备案工作应当遵循医疗器械分类规则和分类目录的有关要求。

第二十一条 药品监督管理部门持续推进审评审批制度改革，加强医疗器械监管科学研究，建立以技术审评为主导，核查、检验、监测与评价等为支撑的医疗器械注册管理技术体系，优化审评审批流程，提高审评审批能力，提升审评审批质量和效率。

第二十二条 医疗器械专业技术机构建立健全沟通交流制度，明确沟通交流的形式和内容，根据工作需要组织与申请人进行沟通交流。

第二十三条 医疗器械专业技术机构根据工作需要建立专家咨询制度，在审评、核查、检验等过程中就重大问题听取专家意见，充分发挥专家的技术支撑作用。

第三章 医疗器械注册

第一节 产品研制

第二十四条 医疗器械研制应当遵循风险管理原则，考虑现有公认技术水平，确保产品所有已知和可预见的风险以及非预期影响最小化并可接受，保证产品在正常使用中受益大于风险。

第二十五条 从事医疗器械产品研制实验活动，应当符合我国相关法律、法规和强制性标准等的要求。

第二十六条 申请人、备案人应当编制申请注册或者进行备案医疗器械的产品技术要求。

产品技术要求主要包括医疗器械成品的可进行客观判定的功能性、安全性指标和检测方法。

医疗器械应当符合经注册或者备案的产品技术要求。

第二十七条 申请人、备案人应当编制申请注册或者进行备案医疗器械的产品说明书和标签。

产品说明书和标签应当符合《医疗器械监督管理条例》第三十九条要求以及相关规定。

第二十八条 医疗器械研制，应当根据产品适用范围和技术特征开展医疗器械非临床研究。

非临床研究包括产品化学和物理性能研究，电气安全研究，辐射安全研究，软件研究，生物学特性研究，生物源材料安全性研究，消毒、灭菌工艺研究，动物试验研究，稳定性研究等。

申请注册或者进行备案，应当提交研制活动中产生的非临床证据，包括非临床研究报告综述、研究方案和研究报告。

第二十九条 医疗器械非临床研究过程中确定的功能性、安全性指标及方法应当与产品预期使用条件、目的相适应，研究样品应当具有代表性和典型性。必要时，应当进行方法学验证、统计学分析。

第三十条 申请注册或者进行备案，应当按照产品技术要求进行检验，并提交检验报告。检验合格的，方可开展临床试验或者申请注册、进行备案。

第三十一条 检验用产品应当能够代表申请注册或者进行备案产品的安全性和有效性，其生产应当符合医疗器械生产质量管理规范的相关要求。

第三十二条 申请注册或者进行备案提交的医疗器械产品检验报告可以是申请人、备案人的自检报告，也可以是委托有资质的医疗器械检验机构出具的检验报告。

第二节 临 床 评 价

第三十三条 除本办法第三十四条规定情形外，医疗器械产品注册、备案，应当进行临床评价。

医疗器械临床评价是指采用科学合理的方法对临床数据进行分析、评价，以确认医疗器械在其适用范围内的安全性、有效性的活动。

申请医疗器械注册，应当提交临床评价资料。

第三十四条 有下列情形之一的，可以免于进行临床评价：

(一)工作机理明确、设计定型，生产工艺成熟，已上市的同品种医疗器械临床应用多年且无严重不良事件记录，不改变常规用途的；

（二）其他通过非临床评价能够证明该医疗器械安全、有效的。

免于进行临床评价的，可以免于提交临床评价资料。

免于进行临床评价的医疗器械目录由国家药品监督管理局制定、调整并公布。

第三十五条 开展医疗器械临床评价，可以根据产品特征、临床风险、已有临床数据等情形，通过开展临床试验，或者通过对同品种医疗器械临床文献资料、临床数据进行分析评价，证明医疗器械的安全性、有效性。

按照国家药品监督管理局的规定，进行医疗器械临床评价时，已有临床文献资料、临床数据不足以确认产品安全、有效的医疗器械，应当开展临床试验。

国家药品监督管理局制定医疗器械临床评价指南，明确通过同品种医疗器械临床文献资料、临床数据进行临床评价的要求，需要开展临床试验的情形，临床评价报告的撰写要求等。

第三十六条 通过同品种医疗器械临床文献资料、临床数据进行临床评价的，临床评价资料包括申请注册产品与同品种医疗器械的对比，同品种医疗器械临床数据的分析评价，申请注册产品与同品种产品存在差异时的科学证据以及评价结论等内容。

通过临床试验开展临床评价的，临床评价资料包括临床试验方案、伦理委员会意见、知情同意书、临床试验报告等。

第三十七条 开展医疗器械临床试验，应当按照医疗器械临床试验质量管理规范的要求，在具备相应条件并按照规定备案的医疗器械临床试验机构内进行。临床试验开始前，临床试验申办者应当向所在地省、自治区、直辖市药品监督管理部门进行临床试验备案。临床试验医疗器械的生产应当符合医疗器械生产质量管理规范的相关要求。

第三十八条 第三类医疗器械进行临床试验对人体具有较高风险的，应当经国家药品监督管理局批准。

临床试验审批是指国家药品监督管理局根据申请人的申请，对拟开展临床试验的医疗器械的风险程度、临床试验方案、临床受益与风险对比分析报告等进行综合分析，以决定是否同意开展临床试验的过程。

需进行临床试验审批的第三类医疗器械目录由国家药品监督管理局制定、调整并公布。需进行临床试验审批的第三类医疗器械临床试验应在符合要求的三级甲等医疗机构开展。

第三十九条 需进行医疗器械临床试验审批的，申请人应当按照相关要求提交综述资料、研究资料、临床资料、产品说明书和标签样稿等申请资料。

第四十条 国家局器械审评中心对受理的临床试验申请进行审评。对临床试验申请应当自受理申请之日60日内作出是否同意的决定,并通过国家局器械审评中心网站通知申请人。逾期未通知的,视为同意。

第四十一条 审评过程中需要申请人补正资料的,国家局器械审评中心应当一次告知需要补正的全部内容。申请人应当在收到补正通知1年内,按照补正通知的要求一次提供补充资料。国家局器械审评中心收到补充资料后,按照规定的时限完成技术审评。

申请人对补正通知内容有异议的,可以向国家局器械审评中心提出书面意见,说明理由并提供相应的技术支持资料。

申请人逾期未提交补充资料的,终止技术审评,作出不予批准的决定。

第四十二条 对于医疗器械临床试验期间出现的临床试验医疗器械相关严重不良事件,或者其他严重安全性风险信息,临床试验申办者应当按照相关要求,分别向所在地和临床试验机构所在地省、自治区、直辖市药品监督管理部门报告,并采取风险控制措施。未采取风险控制措施的,省、自治区、直辖市药品监督管理部门依法责令申办者采取相应的风险控制措施。

第四十三条 医疗器械临床试验中出现大范围临床试验医疗器械相关严重不良事件,或者其他重大安全性问题时,申办者应当暂停或者终止医疗器械临床试验,分别向所在地和临床试验机构所在地省、自治区、直辖市药品监督管理部门报告。未暂停或者终止的,省、自治区、直辖市药品监督管理部门依法责令申办者采取相应的风险控制措施。

第四十四条 已批准开展的临床试验,有下列情形之一的,国家药品监督管理局可以责令申请人终止已开展的医疗器械临床试验:

(一)临床试验申请资料虚假的;

(二)已有最新研究证实原批准的临床试验伦理性和科学性存在问题的;

(三)其他应当终止的情形。

第四十五条 医疗器械临床试验应当在批准后3年内实施;医疗器械临床试验申请自批准之日起,3年内未有受试者签署知情同意书的,该医疗器械临床试验许可自行失效。仍需进行临床试验的,应当重新申请。

第四十六条 对正在开展临床试验的用于治疗严重危及生命且尚无有效治疗手段的疾病的医疗器械,经医学观察可能使患者获益,经伦理审查、知情同意后,可以在开展医疗器械临床试验的机构内免费用于其他病情相同的患者,其安全性数据可以用于医疗器械注册申请。

第三节 注册体系核查

第四十七条 申请人应当在申请注册时提交与产品研制、生产有关的质量管理体系相关资料,受理注册申请的药品监督管理部门在产品技术审评时认为有必要对质量管理体系进行核查的,应当组织开展质量管理体系核查,并可以根据需要调阅原始资料。

第四十八条 境内第三类医疗器械质量管理体系核查,由国家局器械审评中心通知申请人所在地的省、自治区、直辖市药品监督管理部门开展。

境内第二类医疗器械质量管理体系核查,由申请人所在地的省、自治区、直辖市药品监督管理部门组织开展。

第四十九条 省、自治区、直辖市药品监督管理部门按照医疗器械生产质量管理规范的要求开展质量管理体系核查,重点对申请人是否按照医疗器械生产质量管理规范的要求建立与产品相适应的质量管理体系,以及与产品研制、生产有关的设计开发、生产管理、质量控制等内容进行核查。

在核查过程中,应当同时对检验用产品和临床试验产品的真实性进行核查,重点查阅设计开发过程相关记录,以及检验用产品和临床试验产品生产过程的相关记录。

提交自检报告的,应当对申请人、备案人或者受托机构研制过程中的检验能力、检验结果等进行重点核查。

第五十条 省、自治区、直辖市药品监督管理部门可以通过资料审查或者现场检查的方式开展质量管理体系核查。根据申请人的具体情况、监督检查情况、本次申请注册产品与既往已通过核查产品生产条件及工艺对比情况等,确定是否现场检查以及检查内容,避免重复检查。

第五十一条 国家局器械审评中心对进口第二类、第三类医疗器械开展技术审评时,认为有必要进行质量管理体系核查的,通知国家局审核查验中心根据相关要求开展核查。

第四节 产品注册

第五十二条 申请人应当在完成支持医疗器械注册的安全性、有效性研究,做好接受质量管理体系核查的准备后,提出医疗器械注册申请,并按照相关要求,通过在线注册申请等途径向药品监督管理部门提交下列注册申请资料:

(一)产品风险分析资料;

(二)产品技术要求;

(三)产品检验报告;

(四)临床评价资料;

(五)产品说明书以及标签样稿;

（六）与产品研制、生产有关的质量管理体系文件；

（七）证明产品安全、有效所需的其他资料。

第五十三条 药品监督管理部门收到申请后对申请资料进行审核，并根据下列情况分别作出处理：

（一）申请事项属于本行政机关职权范围，申请资料齐全、符合形式审核要求的，予以受理；

（二）申请资料存在可以当场更正的错误的，应当允许申请人当场更正；

（三）申请资料不齐全或者不符合法定形式的，应当当场或者在5日内一次告知申请人需要补正的全部内容，逾期不告知的，自收到申请资料之日起即为受理；

（四）申请事项依法不属于本行政机关职权范围的，应当即时作出不予受理的决定，并告知申请人向有关行政机关申请。

药品监督管理部门受理或者不予受理医疗器械注册申请，应当出具加盖本行政机关专用印章和注明日期的受理或者不予受理的通知书。

医疗器械注册申请受理后，需要申请人缴纳费用的，申请人应当按规定缴纳费用。申请人未在规定期限内缴纳费用的，视为申请人主动撤回申请，药品监督管理部门终止其注册程序。

第五十四条 技术审评过程中需要申请人补正资料的，技术审评机构应当一次告知需要补正的全部内容。申请人应当在收到补正通知1年内，按照补正通知要求一次提供补充资料；技术审评机构收到补充资料后，在规定的时限内完成技术审评。

申请人对补正通知内容有异议的，可以向相应的技术审评机构提出书面意见，说明理由并提供相应的技术支持资料。

申请人逾期未提交补充资料的，终止技术审评，药品监督管理部门作出不予注册的决定。

第五十五条 对于已受理的注册申请，申请人可以在行政许可决定作出前，向受理该申请的药品监督管理部门申请撤回注册申请及相关资料，并说明理由。同意撤回申请的，药品监督管理部门终止其注册程序。

审评、核查、审批过程中发现涉嫌存在隐瞒真实情况或者提供虚假信息等违法行为的，依法处理，申请人不得撤回医疗器械注册申请。

第五十六条 对于已受理的注册申请，有证据表明注册申请资料可能虚假的，药品监督管理部门可以中止审评审批。经核实后，根据核实结论继续审查或者作出不予注册的决定。

第五十七条 医疗器械注册申请审评期间，对于拟作出不通过的审评结论的，技术审评机构应当告知申请人不通过的理由，申请人可以在15日内向技术审评机构提出异议，异议内容仅限于原申请事项和原申请资料。技术审评机构结合申请人的异议意见进行综合评估并反馈申请人。异议处理时间不计入审评时限。

第五十八条 受理注册申请的药品监督管理部门应当在技术审评结束后，作出是否批准的决定。对符合安全、有效、质量可控要求的，准予注册，发给医疗器械注册证，经过核准的产品技术要求以附件形式发给申请人。对不予注册的，应当书面说明理由，并同时告知申请人享有依法申请行政复议或者提起行政诉讼的权利。

医疗器械注册证有效期为5年。

第五十九条 对于已受理的注册申请，有下列情形之一的，药品监督管理部门作出不予注册的决定，并告知申请人：

（一）申请人对拟上市销售医疗器械的安全性、有效性、质量可控性进行的研究及其结果无法证明产品安全、有效、质量可控的；

（二）质量管理体系核查不通过，以及申请人拒绝接受质量管理体系现场检查的；

（三）注册申请资料虚假的；

（四）注册申请资料内容混乱、矛盾，注册申请资料内容与申请项目明显不符，不能证明产品安全、有效、质量可控的；

（五）不予注册的其他情形。

第六十条 法律、法规、规章规定实施行政许可应当听证的事项，或者药品监督管理部门认为需要听证的其他涉及公共利益的重大行政许可事项，药品监督管理部门应当向社会公告，并举行听证。医疗器械注册申请直接涉及申请人与他人之间重大利益关系的，药品监督管理部门在作出行政许可决定前，应当告知申请人、利害关系人享有要求听证的权利。

第六十一条 对用于治疗罕见疾病、严重危及生命且尚无有效治疗手段的疾病和应对公共卫生事件等急需的医疗器械，药品监督管理部门可以作出附条件批准决定，并在医疗器械注册证中载明有效期、上市后需要继续完成的研究工作及完成时限等相关事项。

第六十二条 对附条件批准的医疗器械，注册人应当在医疗器械上市后收集受益和风险相关数据，持续对产品的受益和风险开展监测与评估，采取有效措施主动管控风险，并在规定期限内按照要求完成研究并提交相关资料。

第六十三条 对附条件批准的医疗器械，注册人逾期未按照要求完成研究或者不能证明其受益大于风险的，注册人应当及时申请办理医疗器械注册证注销手续，药品监督管理部门可以依法注销医疗器械注册证。

第六十四条 对新研制的尚未列入分类目录的医疗器械，申请人可以直接申请第三类医疗器械产品注册，也可以依据分类规则判断产品类别并向国家药品监督管理局申请类别确认后，申请产品注册或者进行产品备案。

直接申请第三类医疗器械注册的，国家药品监督管理局按照风险程度确定类别。境内医疗器械确定为第二类或者第一类的，应当告知申请人向相应的药品监督管理部门申请注册或者进行备案。

第六十五条 已注册的医疗器械，其管理类别由高类别调整为低类别的，医疗器械注册证在有效期内继续有效。有效期届满需要延续的，应当在医疗器械注册证有效期届满6个月前，按照调整后的类别向相应的药品监督管理部门申请延续注册或者进行备案。

医疗器械管理类别由低类别调整为高类别的，注册人应当按照改变后的类别向相应的药品监督管理部门申请注册。国家药品监督管理局在管理类别调整通知中应当对完成调整的时限作出规定。

第六十六条 医疗器械注册证及其附件遗失、损毁的，注册人应当向原发证机关申请补发，原发证机关核实后予以补发。

第六十七条 注册申请审查过程中及批准后发生专利权纠纷的，应当按照有关法律、法规的规定处理。

第四章 特殊注册程序

第一节 创新产品注册程序

第六十八条 符合下列要求的医疗器械，申请人可以申请适用创新产品注册程序：

（一）申请人通过其主导的技术创新活动，在中国依法拥有产品核心技术发明专利权，或者依法通过受让取得在中国发明专利权或其使用权，且申请适用创新产品注册程序的时间在专利授权公告日起5年内；或者核心技术发明专利的申请已由国务院专利行政部门公开，并由国家知识产权局专利检索咨询中心出具检索报告，载明产品核心技术方案具备新颖性和创造性；

（二）申请人已完成产品的前期研究并具有基本定型产品，研究过程真实和受控，研究数据完整和可溯源；

（三）产品主要工作原理或者作用机理为国内首创，产品性能或者安全性与同类产品比较有根本性改进，技术上处于国际领先水平，且具有显著的临床应用价值。

第六十九条 申请适用创新产品注册程序的，申请人应当在产品基本定型后，向国家药品监督管理局提出创新医疗器械审查申请。国家药品监督管理局组织专家进行审查，符合要求的，纳入创新产品注册程序。

第七十条 对于适用创新产品注册程序的医疗器械注册申请，国家药品监督管理局以及承担相关技术工作的机构，根据各自职责指定专人负责，及时沟通，提供指导。

纳入创新产品注册程序的医疗器械，国家局器械审评中心可以与申请人在注册申请受理前以及技术审评过程中就产品研制中的重大技术问题、重大安全性问题、临床试验方案、阶段性临床试验结果的总结与评价等问题沟通交流。

第七十一条 纳入创新产品注册程序的医疗器械，申请人主动要求终止或者国家药品监督管理局发现不再符合创新产品注册程序要求的，国家药品监督管理局终止相关产品的创新产品注册程序并告知申请人。

第七十二条 纳入创新产品注册程序的医疗器械，申请人在规定期限内未提出注册申请的，不再适用创新产品注册程序。

第二节 优先注册程序

第七十三条 满足下列情形之一的医疗器械，可以申请适用优先注册程序：

（一）诊断或者治疗罕见病、恶性肿瘤且具有明显临床优势，诊断或者治疗老年人特有和多发疾病且目前尚无有效诊断或者治疗手段，专用于儿童且具有明显临床优势，或者临床急需且在我国尚无同品种产品获准注册的医疗器械；

（二）列入国家科技重大专项或者国家重点研发计划的医疗器械；

（三）国家药品监督管理局规定的其他可以适用优先注册程序的医疗器械。

第七十四条 申请适用优先注册程序的，申请人应当在提出医疗器械注册申请时，向国家药品监督管理局提出适用优先注册程序的申请。属于第七十三条第一项情形的，由国家药品监督管理局组织专家进行审核，符合的，纳入优先注册程序；属于第七十三条第二项情形的，由国家局器械审评中心进行审核，符合的，纳入优先注册程序；属于第七十三条第三项情形的，由国家药品监督管理局广泛听取意见，并组织专家论证后确定是否纳入优先注册程序。

第七十五条 对纳入优先注册程序的医疗器械注册申请，国家药品监督管理局优先进行审评审批，省、自治区、直辖市药品监督管理部门优先安排医疗器械注册质量管理体系核查。

国家局器械审评中心在对纳入优先注册程序的医疗器械产品开展技术审评过程中，应当按照相关规定积极与申请人进行沟通交流，必要时，可以安排专项交流。

第三节　应急注册程序

第七十六条　国家药品监督管理局可以依法对突发公共卫生事件应急所需且在我国境内尚无同类产品上市，或者虽在我国境内已有同类产品上市但产品供应不能满足突发公共卫生事件应急处理需要的医疗器械实施应急注册。

第七十七条　申请适用应急注册程序的，申请人应当向国家药品监督管理局提出应急注册申请。符合条件的，纳入应急注册程序。

第七十八条　对实施应急注册的医疗器械注册申请，国家药品监督管理局按照统一指挥、早期介入、随到随审、科学审批的要求办理，并行开展医疗器械产品检验、体系核查、技术审评等工作。

第五章　变更注册与延续注册

第一节　变更注册

第七十九条　注册人应当主动开展医疗器械上市后研究，对医疗器械的安全性、有效性和质量可控性进行进一步确认，加强对已上市医疗器械的持续管理。

已注册的第二类、第三类医疗器械产品，其设计、原材料、生产工艺、适用范围、使用方法等发生实质性变化，有可能影响该医疗器械安全、有效的，注册人应当向原注册部门申请办理变更注册手续；发生其他变化的，应当在变化之日起30日内向原注册部门备案。

注册证载明的产品名称、型号、规格、结构及组成、适用范围、产品技术要求、进口医疗器械的生产地址等，属于前款规定的需要办理变更注册的事项。注册人名称和住所、代理人名称和住所等，属于前款规定的需要备案的事项。境内医疗器械生产地址变更的，注册人应当在办理相应的生产许可变更后办理备案。

发生其他变化的，注册人应当按照质量管理体系要求做好相关工作，并按照规定向药品监督管理部门报告。

第八十条 对于变更注册申请,技术审评机构应当重点针对变化部分进行审评,对变化后产品是否安全、有效、质量可控形成审评意见。

在对变更注册申请进行技术审评时,认为有必要对质量管理体系进行核查的,药品监督管理部门应当组织开展质量管理体系核查。

第八十一条 医疗器械变更注册文件与原医疗器械注册证合并使用,有效期截止日期与原医疗器械注册证相同。

第二节 延续注册

第八十二条 医疗器械注册证有效期届满需要延续注册的,注册人应当在医疗器械注册证有效期届满 6 个月前,向原注册部门申请延续注册,并按照相关要求提交申请资料。

除有本办法第八十三条规定情形外,接到延续注册申请的药品监督管理部门应当在医疗器械注册证有效期届满前作出准予延续的决定。逾期未作决定的,视为准予延续。

第八十三条 有下列情形之一的,不予延续注册:

(一)未在规定期限内提出延续注册申请;

(二)新的医疗器械强制性标准发布实施,申请延续注册的医疗器械不能达到新要求;

(三)附条件批准的医疗器械,未在规定期限内完成医疗器械注册证载明事项。

第八十四条 延续注册的批准时间在原注册证有效期内的,延续注册的注册证有效期起始日为原注册证到期日次日;批准时间不在原注册证有效期内的,延续注册的注册证有效期起始日为批准延续注册的日期。

第八十五条 医疗器械变更注册申请、延续注册申请的受理与审批程序,本章未作规定的,适用本办法第三章的相关规定。

第六章 医疗器械备案

第八十六条 第一类医疗器械生产前,应当进行产品备案。

第八十七条 进行医疗器械备案,备案人应当按照《医疗器械监督管理条例》的规定向药品监督管理部门提交备案资料,获取备案编号。

第八十八条 已备案的医疗器械,备案信息表中登载内容及备案的产品技术要求发生变化的,备案人应当向原备案部门变更备案,并提交变化情况的说明以及相关文件。药品监督管理部门应当将变更情况登载于备案信息中。

第八十九条 已备案的医疗器械管理类别调整为第二类或者第三类医疗器械的，应当按照本办法规定申请注册。

第七章 工作时限

第九十条 本办法所规定的时限是医疗器械注册的受理、技术审评、核查、审批等工作的最长时间。特殊注册程序相关工作时限，按特殊注册程序相关规定执行。

国家局器械审评中心等专业技术机构应当明确本单位工作程序和时限，并向社会公布。

第九十一条 药品监督管理部门收到医疗器械注册申请及临床试验申请后，应当自受理之日起3日内将申请资料转交技术审评机构。临床试验申请的受理要求适用于本办法第五十三条规定。

第九十二条 医疗器械注册技术审评时限，按照以下规定执行：

（一）医疗器械临床试验申请的技术审评时限为60日，申请资料补正后的技术审评时限为40日；

（二）第二类医疗器械注册申请、变更注册申请、延续注册申请的技术审评时限为60日，申请资料补正后的技术审评时限为60日；

（三）第三类医疗器械注册申请、变更注册申请、延续注册申请的技术审评时限为90日，申请资料补正后的技术审评时限为60日。

第九十三条 境内第三类医疗器械质量管理体系核查时限，按照以下规定执行：

（一）国家局器械审评中心应当在医疗器械注册申请受理后10日内通知相关省、自治区、直辖市药品监督管理部门启动核查；

（二）省、自治区、直辖市药品监督管理部门原则上在接到核查通知后30日内完成核查，并将核查情况、核查结果等相关材料反馈至国家局器械审评中心。

第九十四条 受理注册申请的药品监督管理部门应当自收到审评意见之日起20日内作出决定。

第九十五条 药品监督管理部门应当自作出医疗器械注册审批决定之日起10日内颁发、送达有关行政许可证件。

第九十六条 因产品特性以及技术审评、核查等工作遇到特殊情况确需延长时限的，延长时限不得超过原时限的二分之一，经医疗器械技术审评、核查等相关技术机构负责人批准后,由延长时限的技术机构书面告知申请人,并通知其他相关技术机构。

第九十七条 原发证机关应当自收到医疗器械注册证补办申请之日起20日内予以补发。

第九十八条 以下时间不计入相关工作时限:

(一)申请人补充资料、核查后整改等所占用的时间;

(二)因申请人原因延迟核查的时间;

(三)外聘专家咨询、召开专家咨询会、药械组合产品需要与药品审评机构联合审评的时间;

(四)根据规定中止审评审批程序的,中止审评审批程序期间所占用的时间;

(五)质量管理体系核查所占用的时间。

第九十九条 本办法规定的时限以工作日计算。

第八章 监督管理

第一百条 药品监督管理部门应当加强对医疗器械研制活动的监督检查,必要时可以对为医疗器械研制提供产品或者服务的单位和个人进行延伸检查,有关单位和个人应当予以配合,提供相关文件和资料,不得拒绝、隐瞒、阻挠。

第一百零一条 国家药品监督管理局建立并分步实施医疗器械唯一标识制度,申请人、备案人应当按照相关规定提交唯一标识相关信息,保证数据真实、准确、可溯源。

第一百零二条 国家药品监督管理局应当及时将代理人信息通报代理人所在地省、自治区、直辖市药品监督管理部门。省、自治区、直辖市药品监督管理部门对本行政区域内的代理人组织开展日常监督管理。

第一百零三条 省、自治区、直辖市药品监督管理部门根据医疗器械临床试验机构备案情况,组织对本行政区域内已经备案的临床试验机构开展备案后监督检查。对于新备案的医疗器械临床试验机构,应当在备案后60日内开展监督检查。

省、自治区、直辖市药品监督管理部门应当组织对本行政区域内医疗器械临床试验机构遵守医疗器械临床试验质量管理规范的情况进行日常监督检查,监督其持续符合规定要求。国家药品监督管理局根据需要对医疗器械临床试验机构进行监督检查。

第一百零四条 药品监督管理部门认为有必要的,可以对临床试验的真实性、准确性、完整性、规范性和可追溯性进行现场检查。

第一百零五条 承担第一类医疗器械产品备案工作的药品监督管理部门在备案后监督中,发现备案资料不规范的,应当责令备案人限期改正。

第一百零六条 药品监督管理部门未及时发现本行政区域内医疗器械注册管理系统性、区域性风险,或者未及时消除本行政区域内医疗器械注册管理系统性、区域性隐患的,上级药品监督管理部门可以对下级药品监督管理部门主要负责人进行约谈。

第九章 法律责任

第一百零七条 违反本办法第七十九条的规定,未按照要求对发生变化进行备案的,责令限期改正;逾期不改正的,处1万元以上3万元以下罚款。

第一百零八条 开展医疗器械临床试验未遵守临床试验质量管理规范的,依照《医疗器械监督管理条例》第九十四条予以处罚。

第一百零九条 医疗器械技术审评机构未依照本办法规定履行职责,致使审评工作出现重大失误的,由负责药品监督管理的部门责令改正,通报批评,给予警告;造成严重后果的,对违法单位的法定代表人、主要负责人、直接负责的主管人员和其他责任人员,依法给予处分。

第一百一十条 负责药品监督管理的部门工作人员违反规定,滥用职权、玩忽职守、徇私舞弊的,依法给予处分。

第十章 附 则

第一百一十一条 医疗器械注册或者备案单元原则上以产品的技术原理、结构组成、性能指标和适用范围为划分依据。

第一百一十二条 获准注册的医疗器械,是指与该医疗器械注册证及附件限定内容一致且在医疗器械注册证有效期内生产的医疗器械。

第一百一十三条 医疗器械注册证中"结构及组成"栏内所载明的组合部件,以更换耗材、售后服务、维修等为目的,用于原注册产品的,可以单独销售。

第一百一十四条 申请人在申请医疗器械产品注册、变更注册、临床试验审批中可以经医疗器械主文档所有者授权,引用经登记的医疗器械主文档。医疗器械主文档登记相关工作程序另行规定。

第一百一十五条 医疗器械注册证格式由国家药品监督管理局统一

制定。

注册证编号的编排方式为：

×1 械注×2××××3×4××5××××6。其中：

×1 为注册审批部门所在地的简称：

境内第三类医疗器械、进口第二类、第三类医疗器械为“国”字；

境内第二类医疗器械为注册审批部门所在地省、自治区、直辖市简称；

×2 为注册形式：

“准”字适用于境内医疗器械；

“进”字适用于进口医疗器械；

“许”字适用于香港、澳门、台湾地区的医疗器械；

××××3 为首次注册年份；

×4 为产品管理类别；

××5 为产品分类编码；

××××6 为首次注册流水号。

延续注册的，××××3 和××××6 数字不变。产品管理类别调整的，应当重新编号。

第一百一十六条 第一类医疗器械备案编号的编排方式为：

×1 械备××××2××××3。其中：

×1 为备案部门所在地的简称：

进口第一类医疗器械为“国”字；

境内第一类医疗器械为备案部门所在地省、自治区、直辖市简称加所在地设区的市级行政区域的简称（无相应设区的市级行政区域时，仅为省、自治区、直辖市的简称）；

××××2 为备案年份；

××××3 为备案流水号。

第一百一十七条 药品监督管理部门制作的医疗器械注册证、变更注册文件电子文件与纸质文件具有同等法律效力。

第一百一十八条 根据工作需要，国家药品监督管理局可以依法委托省、自治区、直辖市药品监督管理部门或者技术机构、社会组织承担有关的具体工作。

第一百一十九条 省、自治区、直辖市药品监督管理部门可以参照本办法第四章规定制定本行政区域内第二类医疗器械特殊注册程序，并报国家药品监督管理局备案。

第一百二十条 医疗器械产品注册收费项目、收费标准按照国务院财政、价格主管部门的有关规定执行。

第一百二十一条 按照医疗器械管理的体外诊断试剂的注册与备案，适用《体外诊断试剂注册与备案管理办法》。

第一百二十二条 定制式医疗器械监督管理的有关规定，由国家药品监督管理局另行制定。

药械组合产品注册管理的有关规定，由国家药品监督管理局另行制定。

医疗器械紧急使用的有关规定，由国家药品监督管理局会同有关部门另行制定。

第一百二十三条 香港、澳门、台湾地区医疗器械的注册、备案，参照进口医疗器械办理。

第一百二十四条 本办法自2021年10月1日起施行。2014年7月30日原国家食品药品监督管理总局令第4号公布的《医疗器械注册管理办法》同时废止。

体外诊断试剂注册与备案管理办法

（2021年8月26日国家市场监督管理总局令第48号公布 自2021年10月1日起施行 国司备字[2021004665]）

第一章 总 则

第一条 为了规范体外诊断试剂注册与备案行为，保证体外诊断试剂的安全、有效和质量可控，根据《医疗器械监督管理条例》，制定本办法。

第二条 在中华人民共和国境内开展体外诊断试剂注册、备案及其监督管理活动，适用本办法。

第三条 本办法所称体外诊断试剂，是指按医疗器械管理的体外诊断试剂，包括在疾病的预测、预防、诊断、治疗监测、预后观察和健康状态评价的过程中，用于人体样本体外检测的试剂、试剂盒、校准品、质控品等产品，可以单独使用，也可以与仪器、器具、设备或者系统组合使用。

按照药品管理的用于血源筛查的体外诊断试剂、采用放射性核素标记的体外诊断试剂不属于本办法管理范围。

第四条 体外诊断试剂注册是指体外诊断试剂注册申请人（以下简称申请人）依照法定程序和要求提出体外诊断试剂注册申请，药品监督管理部门依据法律法规，基于科学认知，进行安全性、有效性和质量可控性等审查，决定是否同意其申请的活动。

体外诊断试剂备案是指体外诊断试剂备案人(以下简称备案人)依照法定程序和要求向药品监督管理部门提交备案资料,药品监督管理部门对提交的备案资料存档备查的活动。

第五条 国家药品监督管理局主管全国体外诊断试剂注册与备案管理工作,负责建立体外诊断试剂注册与备案管理工作体系,依法组织境内第三类和进口第二类、第三类体外诊断试剂审评审批,进口第一类体外诊断试剂备案以及相关监督管理工作,对地方体外诊断试剂注册与备案工作进行监督指导。

第六条 国家药品监督管理局医疗器械技术审评中心(以下简称国家局器械审评中心)负责境内第三类和进口第二类、三类体外诊断试剂产品注册申请、变更注册申请、延续注册申请等的技术审评工作。

国家药品监督管理局医疗器械标准管理中心、中国食品药品检定研究院、国家药品监督管理局食品药品审核查验中心(以下简称国家局审核查验中心)、国家药品监督管理局药品评价中心、国家药品监督管理局行政事项受理服务和投诉举报中心、国家药品监督管理局信息中心等其他专业技术机构,依职责承担实施体外诊断试剂监督管理所需的体外诊断试剂标准管理、分类界定、检验、核查、监测与评价、制证送达以及相应的信息化建设与管理等相关工作。

第七条 省、自治区、直辖市药品监督管理部门负责本行政区域内以下体外诊断试剂注册相关管理工作:

(一)境内第二类体外诊断试剂注册审评审批;

(二)境内第二类、第三类体外诊断试剂质量管理体系核查;

(三)依法组织医疗器械临床试验机构以及临床试验的监督管理;

(四)对设区的市级负责药品监督管理的部门境内第一类体外诊断试剂备案的监督指导。

省、自治区、直辖市药品监督管理部门设置或者指定的医疗器械专业技术机构,承担实施体外诊断试剂监督管理所需的技术审评、检验、核查、监测与评价等工作。

设区的市级负责药品监督管理的部门负责境内第一类体外诊断试剂产品备案管理工作。

第八条 体外诊断试剂注册与备案遵循依法、科学、公开、公平、公正的原则。

第九条 第一类体外诊断试剂实行产品备案管理。第二类、第三类体外诊断试剂实行产品注册管理。

境内第一类体外诊断试剂备案，备案人向设区的市级负责药品监督管理的部门提交备案资料。

境内第二类体外诊断试剂由省、自治区、直辖市药品监督管理部门审查，批准后发给医疗器械注册证。

境内第三类体外诊断试剂由国家药品监督管理局审查，批准后发给医疗器械注册证。

进口第一类体外诊断试剂备案，备案人向国家药品监督管理局提交备案资料。

进口第二类、第三类体外诊断试剂由国家药品监督管理局审查，批准后发给医疗器械注册证。

第十条 体外诊断试剂注册人、备案人应当加强体外诊断试剂全生命周期质量管理，对研制、生产、经营、使用全过程中的体外诊断试剂的安全性、有效性和质量可控性依法承担责任。

第十一条 国家药品监督管理局对临床急需体外诊断试剂实行优先审批，对创新体外诊断试剂实行特别审批。鼓励体外诊断试剂的研究与创新，推动医疗器械产业高质量发展。

第十二条 国家药品监督管理局依法建立健全体外诊断试剂标准、技术指导原则等体系，规范体外诊断试剂技术审评和质量管理体系核查，指导和服务体外诊断试剂研发和注册申请。

第十三条 药品监督管理部门依法及时公开体外诊断试剂注册、备案相关信息，申请人可以查询审批进度和结果，公众可以查阅审批结果。

未经申请人同意，药品监督管理部门、专业技术机构及其工作人员、参与评审的专家等人员不得披露申请人或者备案人提交的商业秘密、未披露信息或者保密商务信息，法律另有规定或者涉及国家安全、重大社会公共利益的除外。

第二章 基本要求

第十四条 体外诊断试剂注册、备案，应当遵守相关法律、法规、规章、强制性标准，遵循体外诊断试剂安全和性能基本原则，参照相关技术指导原则，证明注册、备案的体外诊断试剂安全、有效、质量可控，保证信息真实、准确、完整和可追溯。

第十五条 申请人、备案人应当为能够承担相应法律责任的企业或者研制机构。

境外申请人、备案人应当指定中国境内的企业法人作为代理人，办理相关体外诊断试剂注册、备案事项。代理人应当依法协助注册人、备案人履行《医疗器械监督管理条例》第二十条第一款规定的义务，并协助境外注册人、备案人落实相应法律责任。

第十六条 申请人、备案人应当建立与产品研制、生产有关的质量管理体系，并保持有效运行。

第十七条 办理体外诊断试剂注册、备案事项的人员应当具有相关专业知识，熟悉体外诊断试剂注册、备案管理的法律、法规、规章和注册管理相关规定。

第十八条 申请注册或者进行备案，应当按照国家药品监督管理局有关注册、备案的要求提交相关资料，申请人、备案人对资料的真实性负责。

注册、备案资料应当使用中文。根据外文资料翻译的，应当同时提供原文。引用未公开发表的文献资料时，应当提供资料权利人许可使用的文件。

第十九条 申请进口体外诊断试剂注册、办理进口体外诊断试剂备案，应当提交申请人、备案人注册地或者生产地所在国家（地区）主管部门准许上市销售的证明文件。

申请人、备案人注册地或者生产地所在国家（地区）未将该产品作为医疗器械管理的，申请人、备案人需提供相关文件，包括注册地或者生产地所在国家（地区）准许该产品上市销售的证明文件。

未在申请人、备案人注册地或者生产地所在国家（地区）上市的按照创新产品注册程序审批的体外诊断试剂，不需提交相关文件。

第二十条 体外诊断试剂应当符合适用的强制性标准。产品结构特征、技术原理、预期用途、使用方式等与强制性标准的适用范围不一致的，申请人、备案人应当提出不适用强制性标准的说明，并提供相关资料。

没有强制性标准的，鼓励申请人、备案人采用推荐性标准。

第二十一条 体外诊断试剂注册、备案工作应当遵循体外诊断试剂分类规则和分类目录的有关要求。

第二十二条 药品监督管理部门持续推进审评审批制度改革，加强监管科学研究，建立以技术审评为主导，核查、检验、监测与评价等为支撑的体外诊断试剂注册管理技术体系，优化审评审批流程，提高审评审批能力，提升审评审批质量和效率。

第二十三条 医疗器械专业技术机构建立健全沟通交流制度，明确沟通交流的形式和内容，根据工作需要组织与申请人进行沟通交流。

第二十四条 医疗器械专业技术机构根据工作需要建立专家咨询制度，

在审评、核查、检验等过程中就重大问题听取专家意见，充分发挥专家的技术支撑作用。

第三章 体外诊断试剂注册

第一节 产品研制

第二十五条 体外诊断试剂研制应当遵循风险管理原则，考虑现有公认技术水平，确保产品所有已知和可预见的风险以及非预期影响最小化并可接受，保证产品在正常使用中受益大于风险。

第二十六条 从事体外诊断试剂产品研制实验活动，应当符合我国相关法律、法规和强制性标准等的要求。

第二十七条 申请人、备案人应当编制申请注册或者进行备案体外诊断试剂的产品技术要求。

产品技术要求主要包括体外诊断试剂成品的可进行客观判定的功能性、安全性指标和检测方法。

第三类体外诊断试剂的产品技术要求中应当以附录形式明确主要原材料以及生产工艺要求。

体外诊断试剂应当符合经注册或者备案的产品技术要求。

第二十八条 申请人、备案人应当编制申请注册或者进行备案体外诊断试剂的产品说明书和标签。

产品说明书和标签应当符合《医疗器械监督管理条例》第三十九条要求以及相关规定。

第二十九条 体外诊断试剂研制，应当根据产品预期用途和技术特征开展体外诊断试剂非临床研究。

非临床研究指在实验室条件下对体外诊断试剂进行的试验或者评价，包括主要原材料的选择及制备、产品生产工艺、产品分析性能、阳性判断值或者参考区间、产品稳定性等的研究。

申请注册或者进行备案，应当提交研制活动中产生的非临床证据。

第三十条 体外诊断试剂非临床研究过程中确定的功能性、安全性指标及方法应当与产品预期使用条件、目的相适应，研究样品应当具有代表性和典型性。必要时，应当进行方法学验证、统计学分析。

第三十一条 申请注册或者进行备案，应当按照产品技术要求进行检验，并提交检验报告。检验合格的，方可开展临床试验或者申请注册、进行备案。

第三十二条 同一注册申请包括不同包装规格时,可以只进行一种包装规格产品的检验,检验用产品应当能够代表申请注册或者进行备案产品的安全性和有效性,其生产应当符合医疗器械生产质量管理规范的相关要求。

第三十三条 申请注册或者进行备案提交的检验报告可以是申请人、备案人的自检报告,也可以是委托有资质的医疗器械检验机构出具的检验报告。

第三类体外诊断试剂应当提供3个不同生产批次产品的检验报告。

第三十四条 对于有适用的国家标准品的,应当使用国家标准品对试剂进行检验。中国食品药品检定研究院负责组织国家标准品的制备和标定工作。

第二节 临床评价

第三十五条 体外诊断试剂临床评价是指采用科学合理的方法对临床数据进行分析、评价,对产品是否满足使用要求或者预期用途进行确认,以证明体外诊断试剂的安全性、有效性的过程。

第三十六条 体外诊断试剂临床试验是指在相应的临床环境中,对体外诊断试剂的临床性能进行的系统性研究。

国家药品监督管理局制定体外诊断试剂临床试验指南,明确开展临床试验的要求、临床试验报告的撰写要求等。

第三十七条 开展体外诊断试剂临床评价,应当进行临床试验证明体外诊断试剂的安全性、有效性。

符合如下情形的,可以免于进行临床试验:

(一)反应原理明确、设计定型、生产工艺成熟,已上市的同品种体外诊断试剂临床应用多年且无严重不良事件记录,不改变常规用途的;

(二)通过进行同品种方法学比对的方式能够证明该体外诊断试剂安全、有效的。

免于进行临床试验的第二类、第三类体外诊断试剂目录由国家药品监督管理局制定、调整并公布。

第三十八条 免于进行临床试验的体外诊断试剂,申请人应当通过对符合预期用途的临床样本进行同品种方法学比对的方式证明产品的安全性、有效性。

国家药品监督管理局制定免于进行临床试验的体外诊断试剂临床评价相关指南。

第三十九条 体外诊断试剂临床评价资料是指申请人进行临床评价所形成的文件。

开展临床试验的，临床试验资料包括临床试验方案、伦理委员会意见、知情同意书、临床试验报告以及相关数据等。

列入免于进行临床试验目录的体外诊断试剂，临床评价资料包括与同类已上市产品的对比分析、方法学比对数据、相关文献数据分析和经验数据分析等。

第四十条 同一注册申请包括不同包装规格时，可以只采用一种包装规格的产品进行临床评价，临床评价用产品应当代表申请注册或者进行备案产品的安全性和有效性。

校准品、质控品单独申请注册不需要提交临床评价资料。

第四十一条 开展体外诊断试剂临床试验，应当按照医疗器械临床试验质量管理规范的要求，在具备相应条件并按照规定备案的医疗器械临床试验机构内进行。临床试验开始前，临床试验申办者应当向所在地省、自治区、直辖市药品监督管理部门进行临床试验备案。临床试验体外诊断试剂的生产应当符合医疗器械生产质量管理规范的相关要求。

第四十二条 对于体外诊断试剂临床试验期间出现的临床试验体外诊断试剂相关严重不良事件，或者其他严重安全性风险信息，临床试验申办者应当按照相关要求，分别向所在地和临床试验机构所在地省、自治区、直辖市药品监督管理部门报告，并采取风险控制措施。未采取风险控制措施的，省、自治区、直辖市药品监督管理部门依法责令申办者采取相应的风险控制措施。

第四十三条 体外诊断试剂临床试验中出现大范围临床试验体外诊断试剂相关严重不良事件，或者其他重大安全性问题时，申办者应当暂停或者终止体外诊断试剂临床试验，分别向所在地和临床试验机构所在地省、自治区、直辖市药品监督管理部门报告。未暂停或者终止的，省、自治区、直辖市药品监督管理部门依法责令申办者采取相应的风险控制措施。

第四十四条 对预期供消费者个人自行使用的体外诊断试剂开展临床评价时，申请人还应当进行无医学背景的消费者对产品说明书认知能力的评价。

第四十五条 对正在开展临床试验的用于诊断严重危及生命且尚无有效诊断手段的疾病的体外诊断试剂，经医学观察可能使患者获益，经伦理审查、知情同意后，可以在开展体外诊断试剂的临床试验的机构内免费用于其他病情相同的患者，其安全性数据可以用于体外诊断试剂注册申请。

第三节 注册体系核查

第四十六条 申请人应当在申请注册时提交与产品研制、生产有关的质量管理体系相关资料，受理注册申请的药品监督管理部门在产品技术审评时认为有必要对质量管理体系进行核查的,应当组织开展质量管理体系核查,并可以根据需要调阅原始资料。

第四十七条 境内第三类体外诊断试剂质量管理体系核查,由国家局器械审评中心通知申请人所在地的省、自治区、直辖市药品监督管理部门开展。

境内第二类体外诊断试剂质量管理体系核查,由申请人所在地省、自治区、直辖市药品监督管理部门组织开展。

第四十八条 省、自治区、直辖市药品监督管理部门按照医疗器械生产质量管理规范的要求开展质量管理体系核查,重点对申请人是否按照医疗器械生产质量管理规范的要求建立与产品相适应的质量管理体系,以及与产品研制、生产有关的设计开发、生产管理、质量控制等内容进行核查。

在核查过程中,应当同时对检验用产品和临床试验产品的真实性进行核查,重点查阅设计开发过程相关记录,以及检验用产品和临床试验产品生产过程的相关记录。

提交自检报告的,应当对申请人、备案人或者受托机构研制过程中的检验能力、检验结果等进行重点核查。

第四十九条 省、自治区、直辖市药品监督管理部门可以通过资料审查或者现场检查的方式开展质量管理体系核查。根据申请人的具体情况、监督检查情况、本次申请注册产品与既往已通过核查产品生产条件及工艺对比情况等,确定是否现场检查以及检查内容,避免重复检查。

第五十条 国家局器械审评中心对进口第二类、第三类体外诊断试剂开展技术审评时,认为有必要进行质量管理体系核查的,通知国家局审核查验中心根据相关要求开展核查。

第四节 产品注册

第五十一条 申请人应当在完成支持体外诊断试剂注册的安全性、有效性研究,做好接受质量管理体系核查的准备后,提出体外诊断试剂注册申请,并按照相关要求,通过在线注册申请等途径向药品监督管理部门提交下列注册申请资料:

(一)产品风险分析资料;

(二)产品技术要求;

(三)产品检验报告;

(四)临床评价资料;

(五)产品说明书以及标签样稿;

(六)与产品研制、生产有关的质量管理体系文件;

（七）证明产品安全、有效所需的其他资料。

第五十二条 药品监督管理部门收到申请后对申请资料进行审核，并根据下列情况分别作出处理：

（一）申请事项属于本行政机关职权范围，申请资料齐全、符合形式审核要求的，予以受理；

（二）申请资料存在可以当场更正的错误的，应当允许申请人当场更正；

（三）申请资料不齐全或者不符合法定形式的，应当当场或者在5日内一次告知申请人需要补正的全部内容，逾期不告知的，自收到申请资料之日起即为受理；

（四）申请事项依法不属于本行政机关职权范围的，应当即时作出不予受理的决定，并告知申请人向有关行政机关申请。

药品监督管理部门受理或者不予受理体外诊断试剂注册申请，应当出具加盖本行政机关专用印章和注明日期的受理或者不予受理的通知书。

体外诊断试剂注册申请受理后，需要申请人缴纳费用的，申请人应当按规定缴纳费用。申请人未在规定期限内缴纳费用的，视为申请人主动撤回申请，药品监督管理部门终止其注册程序。

第五十三条 技术审评过程中需要申请人补正资料的，技术审评机构应当一次告知需要补正的全部内容。申请人应当在收到补正通知1年内，按照补正通知要求一次提供补充资料；技术审评机构收到补充资料后，在规定的时限内完成技术审评。

申请人对补正通知内容有异议的，可以向相应的技术审评机构提出书面意见，说明理由并提供相应的技术支持资料。

申请人逾期未提交补充资料的，终止技术审评，药品监督管理部门作出不予注册的决定。

第五十四条 对于已受理的注册申请，申请人可以在行政许可决定作出前，向受理该申请的药品监督管理部门申请撤回注册申请及相关资料，并说明理由。同意撤回申请的，药品监督管理部门终止其注册程序。

审评、核查、审批过程中发现涉嫌存在隐瞒真实情况或者提供虚假信息等违法行为的，依法处理，申请人不得撤回注册申请。

第五十五条 对于已受理的注册申请，有证据表明注册申请资料可能虚假的，药品监督管理部门可以中止审评审批。经核实后，根据核实结论继续审查或者作出不予注册的决定。

第五十六条 体外诊断试剂注册申请审评期间，对于拟作出不通过的审评结论的，技术审评机构应当告知申请人不通过的理由，申请人可以在15日内向技术审评机构提出异议，异议内容仅限于原申请事项和原申请资料。技术审评机构结合申请人的异议意见进行综合评估并反馈申请人。异议处理时间不计入审评时限。

第五十七条 受理注册申请的药品监督管理部门应当在技术审评结束后，作出是否批准的决定。对符合安全、有效、质量可控要求的，准予注册，发给医疗器械注册证，经过核准的产品技术要求和产品说明书以附件形式发给申请人。对不予注册的，应当书面说明理由，并同时告知申请人享有依法申请行政复议或者提起行政诉讼的权利。

医疗器械注册证有效期为5年。

第五十八条 对于已受理的注册申请，有下列情形之一的，药品监督管理部门作出不予注册的决定，并告知申请人：

（一）申请人对拟上市销售体外诊断试剂的安全性、有效性、质量可控性进行的研究及其结果无法证明产品安全、有效、质量可控的；

（二）质量管理体系核查不通过，以及申请人拒绝接受质量管理体系现场检查的；

（三）注册申请资料虚假的；

（四）注册申请资料内容混乱、矛盾，注册申请资料内容与申请项目明显不符，不能证明产品安全、有效、质量可控的；

（五）不予注册的其他情形。

第五十九条 法律、法规、规章规定实施行政许可应当听证的事项，或者药品监督管理部门认为需要听证的其他涉及公共利益的重大行政许可事项，药品监督管理部门应当向社会公告，并举行听证。医疗器械注册申请直接涉及申请人与他人之间重大利益关系的，药品监督管理部门在作出行政许可决定前，应当告知申请人、利害关系人享有要求听证的权利。

第六十条 对用于罕见疾病、严重危及生命且尚无有效诊断手段的疾病和应对公共卫生事件等急需的体外诊断试剂，药品监督管理部门可以作出附条件批准决定，并在医疗器械注册证中载明有效期、上市后需要继续完成的研究工作及完成时限等相关事项。

第六十一条 对附条件批准的体外诊断试剂，注册人应当在体外诊断试剂上市后收集受益和风险相关数据，持续对产品的受益和风险开展监测与评估，采取有效措施主动管控风险，并在规定期限内按照要求完成研究并提交相关资料。

第六十二条 对附条件批准的体外诊断试剂，注册人逾期未按照要求完成研究或者不能证明其受益大于风险的，注册人应当及时申请办理医疗器械注册证注销手续,药品监督管理部门可以依法注销医疗器械注册证。

第六十三条 对新研制的尚未列入体外诊断试剂分类目录的体外诊断试剂,申请人可以直接申请第三类体外诊断试剂产品注册,也可以依据分类规则判断产品类别并向国家药品监督管理局申请类别确认后,申请产品注册或者进行产品备案。

直接申请第三类体外诊断试剂注册的,国家药品监督管理局按照风险程度确定类别。境内体外诊断试剂确定为第二类或者第一类的,应当告知申请人向相应的药品监督管理部门申请注册或者进行备案。

第六十四条 已注册的体外诊断试剂,其管理类别由高类别调整为低类别的,医疗器械注册证在有效期内继续有效。有效期届满需要延续的,注册人应当在医疗器械注册证有效期届满6个月前,按照调整后的类别向相应的药品监督管理部门申请延续注册或者进行备案。

体外诊断试剂管理类别由低类别调整为高类别的,注册人应当按照改变后的类别向相应的药品监督管理部门申请注册。国家药品监督管理局在管理类别调整通知中应当对完成调整的时限作出规定。

第六十五条 医疗器械注册证及其附件遗失、损毁的,注册人应当向原发证机关申请补发,原发证机关核实后予以补发。

第六十六条 注册申请审查过程中及批准后发生专利权纠纷的,应当按照有关法律、法规的规定处理。

第四章 特殊注册程序

第一节 创新产品注册程序

第六十七条 符合下列要求的体外诊断试剂,申请人可以申请适用创新产品注册程序:

(一)申请人通过其主导的技术创新活动,在中国依法拥有产品核心技术发明专利权,或者依法通过受让取得在中国发明专利权或其使用权,且申请适用创新产品注册程序的时间在专利授权公告日起5年内;或者核心技术发明专利的申请已由国务院专利行政部门公开,并由国家知识产权局专利检索咨询中心出具检索报告,载明产品核心技术方案具备新颖性和创造性;

(二)申请人已完成产品的前期研究并具有基本定型产品,研究过程真实和受控,研究数据完整和可溯源;

(三)产品主要工作原理或者作用机理为国内首创,产品性能或者安全性与同类产品比较有根本性改进，技术上处于国际领先水平，且具有显著的临床应用价值。

第六十八条 申请适用创新产品注册程序的，申请人应当在产品基本定型后，向国家药品监督管理局提出创新医疗器械审查申请。国家药品监督管理局组织专家进行审查，符合要求的，纳入创新产品注册程序。

第六十九条 对于适用创新产品注册程序的体外诊断试剂注册申请，国家药品监督管理局以及承担相关技术工作的机构，根据各自职责指定专人负责，及时沟通，提供指导。

纳入创新产品注册程序的体外诊断试剂，国家局器械审评中心可与申请人在注册申请受理前以及技术审评过程中就产品研制中的重大技术问题、重大安全性问题、临床试验方案、阶段性临床试验结果的总结与评价等问题沟通交流。

第七十条 纳入创新产品注册程序的体外诊断试剂，申请人主动要求终止或者国家药品监督管理局发现不再符合创新产品注册程序要求的，国家药品监督管理局可终止相关产品的创新产品注册程序并告知申请人。

第七十一条 纳入创新产品注册程序的体外诊断试剂，申请人在规定期限内未提出注册申请的，不再适用创新产品注册程序。

第二节 优先注册程序

第七十二条 满足下列情形之一的体外诊断试剂，可以申请适用优先注册程序：

（一）诊断罕见病、恶性肿瘤，且具有明显临床优势，诊断老年人特有和多发疾病且目前尚无有效诊断手段，专用于儿童且具有明显临床优势，或者临床急需且在我国尚无同品种产品获准注册的医疗器械；

（二）列入国家科技重大专项或者国家重点研发计划的医疗器械；

（三）国家药品监督管理局规定的其他可以适用优先注册程序的医疗器械。

第七十三条 申请适用优先注册程序的，申请人应当在提出体外诊断试剂注册申请时，向国家药品监督管理局提出适用优先注册程序的申请。属于第七十二条第一项情形的，由国家药品监督管理局组织专家进行审核，符合的，纳入优先注册程序；属于第七十二条第二项情形的，由国家局器械审评中心进行审核，符合的，纳入优先注册程序；属于第七十二条第三项情形的，由国家药品监督管理局广泛听取意见，并组织专家论证后确定是否纳入优先注册程序。

第七十四条 对纳入优先注册程序的体外诊断试剂注册申请,国家药品监督管理局优先进行审评审批,省、自治区、直辖市药品监督管理部门优先安排注册质量管理体系核查。

国家局器械审评中心在对纳入优先注册程序的医疗器械产品开展技术审评过程中,应当按照相关规定积极与申请人进行沟通交流,必要时,可以安排专项交流。

第三节 应急注册程序

第七十五条 国家药品监督管理局可以依法对突发公共卫生事件应急所需且在我国境内尚无同类产品上市,或者虽在我国境内已有同类产品上市但产品供应不能满足突发公共卫生事件应急处理需要的体外诊断试剂实施应急注册。

第七十六条 申请适用应急注册程序的,申请人应当向国家药品监督管理局提出应急注册申请。符合条件的,纳入应急注册程序。

第七十七条 对实施应急注册的体外诊断试剂注册申请,国家药品监督管理局按照统一指挥、早期介入、随到随审、科学审批的要求办理,并行开展体外诊断试剂产品检验、体系核查、技术审评等工作。

第五章 变更注册与延续注册

第一节 变更注册

第七十八条 注册人应当主动开展体外诊断试剂上市后研究,对体外诊断试剂的安全性、有效性和质量可控性进行进一步确认,加强对已上市体外诊断试剂的持续管理。

已注册的第二类、第三类体外诊断试剂产品,其设计、原材料、生产工艺、适用范围、使用方法等发生实质性变化,有可能影响该体外诊断试剂安全、有效的,注册人应当向原注册部门申请办理变更注册手续;发生其他变化的,应当在变化之日起30日内向原注册部门备案。

注册证载明的产品名称、包装规格、主要组成成分、预期用途、产品技术要求、产品说明书、进口体外诊断试剂的生产地址等,属于前款规定的需要办理变更注册的事项。注册人名称和住所、代理人名称和住所等,属于前款规定的需要备案的事项。境内体外诊断试剂生产地址变更的,注册人应当在办理相应的生产许可变更后办理备案。

发生其他变化的，注册人应当按照质量管理体系要求做好相关工作，并按照规定向药品监督管理部门报告。

第七十九条 已注册的第二类、第三类体外诊断试剂，产品的核心技术原理等发生实质性改变，或者发生其他重大改变、对产品安全有效性产生重大影响，实质上构成新的产品的，不属于本章规定的变更申请事项，应当按照注册申请的规定办理。

第八十条 对于变更注册申请，技术审评机构应当重点针对变化部分进行审评，对变化后产品是否安全、有效、质量可控形成审评意见。

在对变更注册申请进行技术审评时，认为有必要对质量管理体系进行核查的，药品监督管理部门应当组织开展质量管理体系核查。

第八十一条 医疗器械变更注册文件与原医疗器械注册证合并使用，有效期截止日期与原医疗器械注册证相同。

第二节 延续注册

第八十二条 医疗器械注册证有效期届满需要延续注册的，注册人应当在医疗器械注册证有效期届满6个月前，向原注册部门申请延续注册，并按照相关要求提交申请资料。

除有本办法第八十三条规定情形外，接到延续注册申请的药品监督管理部门应当在医疗器械注册证有效期届满前作出准予延续的决定。逾期未作决定的，视为准予延续。

第八十三条 有下列情形之一的，不予延续注册：

（一）未在规定期限内提出延续注册申请；

（二）新的体外诊断试剂强制性标准或者国家标准品发布实施，申请延续注册的体外诊断试剂不能达到新要求；

（三）附条件批准的体外诊断试剂，未在规定期限内完成医疗器械注册证载明事项。

第八十四条 延续注册的批准时间在原注册证有效期内的，延续注册的注册证有效期起始日为原注册证到期日次日；批准时间不在原注册证有效期内的，延续注册的注册证有效期起始日为批准延续注册的日期。

第八十五条 体外诊断试剂变更注册申请、延续注册申请的受理与审批程序，本章未作规定的，适用本办法第三章的相关规定。

第六章 体外诊断试剂备案

第八十六条 第一类体外诊断试剂生产前，应当进行产品备案。

第八十七条 进行体外诊断试剂备案,备案人应当按照《医疗器械监督管理条例》的规定向药品监督管理部门提交备案资料,获取备案编号。

第八十八条 已备案的体外诊断试剂,备案信息表中登载内容及备案的产品技术要求发生变化的,备案人应当向原备案部门变更备案,并提交变化情况的说明以及相关文件。药品监督管理部门应当将变更情况登载于备案信息中。

第八十九条 已备案的体外诊断试剂管理类别调整为第二类或者第三类体外诊断试剂的,应当按照本办法规定申请注册。

第七章 工作时限

第九十条 本办法所规定的时限是体外诊断试剂注册的受理、技术审评、核查、审批等工作的最长时间。特殊注册程序相关工作时限,按特殊注册程序相关规定执行。

国家局器械审评中心等专业技术机构应当明确本单位工作程序和时限,并向社会公布。

第九十一条 药品监督管理部门收到体外诊断试剂注册申请后,应当自受理之日起3日内将申请资料转交技术审评机构。

第九十二条 体外诊断试剂注册技术审评时限,按照以下规定执行:

(一)第二类体外诊断试剂注册申请、变更注册申请、延续注册申请的技术审评时限为60日,申请资料补正后的技术审评时限为60日;

(二)第三类体外诊断试剂注册申请、变更注册申请、延续注册申请的技术审评时限为90日,申请资料补正后的技术审评时限为60日。

第九十三条 境内第三类体外诊断试剂质量管理体系核查时限,按照以下规定执行:

(一)国家局器械审评中心应当在体外诊断试剂注册申请受理后10日内通知相关省、自治区、直辖市药品监督管理部门启动核查;

(二)省、自治区、直辖市药品监督管理部门原则上在接到核查通知后30日内完成核查,并将核查情况、核查结果等相关材料反馈至国家局器械审评中心。

第九十四条 受理注册申请的药品监督管理部门应当自收到审评意见之日起20日内作出决定。

第九十五条 药品监督管理部门应当自作出体外诊断试剂注册审批决定之日起10日内颁发、送达有关行政许可证件。

第九十六条 因产品特性以及技术审评、核查等工作遇到特殊情况确需延长时限的，延长时限不得超过原时限的二分之一，经医疗器械技术审评、核查等相关技术机构负责人批准后，由延长时限的技术机构书面告知申请人，并通知其他相关技术机构。

第九十七条 原发证机关应当自收到医疗器械注册证补办申请之日起20日内予以补发。

第九十八条 以下时间不计入相关工作时限：

（一）申请人补充资料、核查后整改等所占用的时间；

（二）因申请人原因延迟核查的时间；

（三）外聘专家咨询、召开专家咨询会、需要与药品审评机构联合审评的时间；

（四）根据规定中止审评审批程序的，中止审评审批程序期间所占用的时间；

（五）质量管理体系核查所占用的时间。

第九十九条 本办法规定的时限以工作日计算。

第八章 监督管理

第一百条 药品监督管理部门应当加强体外诊断试剂研制活动的监督检查，必要时可以对为体外诊断试剂研制提供产品或者服务的单位和个人进行延伸检查，有关单位和个人应当予以配合，提供相关文件和资料，不得拒绝、隐瞒、阻挠。

第一百零一条 国家药品监督管理局建立并分步实施医疗器械唯一标识制度，申请人、备案人应当按照相关规定提交唯一标识相关信息，保证数据真实、准确、可溯源。

第一百零二条 国家药品监督管理局应当及时将代理人信息通报代理人所在地省、自治区、直辖市药品监督管理部门。省、自治区、直辖市药品监督管理部门对本行政区域内的代理人组织开展日常监督管理。

第一百零三条 省、自治区、直辖市药品监督管理部门根据医疗器械临床试验机构备案情况，组织对本行政区域内已经备案的临床试验机构开展备案后监督检查。对于新备案的医疗器械临床试验机构，应当在备案后60日内开展监督检查。

省、自治区、直辖市药品监督管理部门应当组织对本行政区域内医疗器械临床试验机构遵守医疗器械临床试验质量管理规范的情况进行日常监督检查，监督其持续符合规定要求。国家药品监督管理局根据需要对医疗器械临床试验机构进行监督检查。

第一百零四条 药品监督管理部门认为有必要的，可以对临床试验的真实性、准确性、完整性、规范性和可追溯性进行现场检查。

第一百零五条 承担第一类体外诊断试剂产品备案工作的药品监督管理部门在备案后监督中，发现备案资料不规范的，应当责令备案人限期改正。

第一百零六条 药品监督管理部门未及时发现本行政区域内体外诊断试剂注册管理系统性、区域性风险，或者未及时消除本行政区域内体外诊断试剂注册管理系统性、区域性隐患的，上级药品监督管理部门可以对下级药品监督管理部门主要负责人进行约谈。

第九章 法律责任

第一百零七条 违反本办法第七十八条的规定，未按照要求对发生变化进行备案的，责令限期改正；逾期不改正的，处1万元以上3万元以下罚款。

第一百零八条 开展体外诊断试剂临床试验未遵守临床试验质量管理规范的，依照《医疗器械监督管理条例》第九十四条予以处罚。

第一百零九条 医疗器械技术审评机构未依照本办法规定履行职责，致使审评工作出现重大失误的，由负责药品监督管理的部门责令改正，通报批评，给予警告；造成严重后果的，对违法单位的法定代表人、主要负责人、直接负责的主管人员和其他责任人员，依法给予处分。

第一百一十条 负责药品监督管理的部门工作人员违反规定，滥用职权、玩忽职守、徇私舞弊的，依法给予处分。

第十章 附则

第一百一十一条 体外诊断试剂的命名应当遵循以下原则：

体外诊断试剂的产品名称一般由三部分组成。第一部分：被测物质的名称；第二部分：用途，如测定试剂盒、质控品等；第三部分：方法或者原理，如磁微粒化学发光免疫分析法、荧光PCR法、荧光原位杂交法等，本部分应当在括号中列出。

如果被测物组分较多或者有其他特殊情况，可以采用与产品相关的适应症名称或者其他替代名称。

第一类产品和校准品、质控品，依据其预期用途进行命名。

第一百一十二条 体外诊断试剂的注册或者备案单元应为单一试剂或者单一试剂盒,一个注册或者备案单元可以包括不同的包装规格。

校准品、质控品可以与配合使用的体外诊断试剂合并申请注册,也可以单独申请注册。

第一百一十三条 获准注册的体外诊断试剂,是指与该医疗器械注册证及附件限定内容一致且在医疗器械注册证有效期内生产的体外诊断试剂。

第一百一十四条 医疗器械注册证中"主要组成成分"栏内所载明的独立试剂组分,用于原注册产品的,可以单独销售。

第一百一十五条 申请人在申请体外诊断试剂产品注册、变更注册中可以经医疗器械主文档所有者授权,引用经登记的医疗器械主文档。医疗器械主文档由其所有者或代理机构办理登记,相关工作程序另行规定。

第一百一十六条 医疗器械注册证格式由国家药品监督管理局统一制定。

注册证编号的编排方式为:

×1 械注×2××××3×4××5××××6。其中:

×1 为注册审批部门所在地的简称:

境内第三类体外诊断试剂、进口第二类、第三类体外诊断试剂为"国"字;

境内第二类体外诊断试剂为注册审批部门所在地省、自治区、直辖市简称;

×2 为注册形式:

"准"字适用于境内体外诊断试剂;

"进"字适用于进口体外诊断试剂;

"许"字适用于香港、澳门、台湾地区的体外诊断试剂;

××××3 为首次注册年份;

×4 为产品管理类别;

××5 为产品分类编码;

××××6 为首次注册流水号。

延续注册的,××××3 和××××6 数字不变。产品管理类别调整的,应当重新编号。

第一百一十七条 第一类医疗器械备案编号的编排方式为:

×1 械备××××2××××3。

其中:

×1 为备案部门所在地的简称:

进口第一类体外诊断试剂为"国"字;

境内第一类体外诊断试剂为备案部门所在地省、自治区、直辖市简称加所在地设区的市级行政区域的简称（无相应设区的市级行政区域时，仅为省、自治区、直辖市的简称）；

××××2 为备案年份；

××××3 为备案流水号。

第一百一十八条 药品监督管理部门制作的医疗器械注册证、变更注册文件电子文件与纸质文件具有同等法律效力。

第一百一十九条 根据工作需要，国家药品监督管理局可以依法委托省、自治区、直辖市药品监督管理部门或者技术机构、社会组织承担有关的具体工作。

第一百二十条 省、自治区、直辖市药品监督管理部门可以参照本办法第四章规定制定本行政区域内第二类体外诊断试剂特殊注册程序，并报国家药品监督管理局备案。

第一百二十一条 体外诊断试剂产品注册收费项目、收费标准按照国务院财政、价格主管部门的有关规定执行。

第一百二十二条 体外诊断试剂紧急使用的有关规定，由国家药品监督管理局会同有关部门另行制定。

第一百二十三条 国内尚无同品种产品上市，医疗机构根据本单位的临床需要自行研制，在执业医师指导下在本单位内使用的体外诊断试剂，相关管理规定由国家药品监督管理局会同有关部门另行制定。

第一百二十四条 香港、澳门、台湾地区体外诊断试剂的注册、备案，参照进口体外诊断试剂办理。

第一百二十五条 本办法自2021年10月1日起施行。2014年7月30日原国家食品药品监督管理总局令第5号公布的《体外诊断试剂注册管理办法》同时废止。

交通运输部关于修改《中华人民共和国海事行政许可条件规定》的决定

（2021年9月1日交通运输部令2021年第26号公布　自公布之日起施行　国司备字[2021004650]）

交通运输部决定对《中华人民共和国海事行政许可条件规定》（交通运输

部令 2018 年第 22 号)作如下修改:

一、删去第六条、第七条、第八条、第九条、第十一条、第十六条、第二十一条、第二十二条、第二十五条。

二、第十条改为第六条,修改为:“在内河通航水域载运、拖带超重、超长、超高、超宽、半潜物体或者拖放竹、木等物体许可的条件:

(一)确有拖带的需求和必要的理由;

(二)拖轮适航、适拖,船员适任;

(三)已制定拖带计划和方案,有明确的拖带预计起止时间和地点及航经的水域;

(四)满足水上交通安全和防污染要求,并已制定保障水上交通安全、防污染的措施以及应急预案。”

三、第十二条改为第七条,修改为:“沿海专用航标的设置、撤除、位置移动和其他状况改变审批的条件:

(一)拟设置、撤除、位置移动和其他状况改变的航标属于依法由海洋工程、海岸工程的建设单位、所有人或者经营人设置的专用航标;

(二)航标的设置、撤除、位置移动和其他状况改变符合航行安全、经济、便利等要求及航标正常使用的要求;

(三)航标及其配布符合国家有关技术规范和标准;

(四)航标设计、施工方案,已经专门的技术评估或者专家论证;

(五)申请设置航标的,已制定航标维护方案,方案中确定的维护单位已建立航标维护质量保证体系。”

四、第十三条改为第八条,修改为:“外国籍船舶临时进入非对外开放水域许可的条件:

(一)船舶具有齐备、有效的证书、文书与资料;

(二)船舶配员符合最低安全配员的要求,船员具备适任资格;

(三)船舶拟临时进入的非对外开放水域已经当地口岸检查机关、军事主管部门、地方人民政府同意并获国家有关主管部门批准允许国际航行船舶临时进入;停靠的码头、泊位、港外装卸点满足安全、防污染和保安要求;

(四)载运货物的船舶,所载货物没有国家禁止入境的货物或者物品;载运危险货物和污染危害性货物的船舶,按规定已办理船舶载运危险货物和污染危害性货物进港许可;

(五)核动力船舶或者其他特定的船舶,符合我国法律、行政法规、规章的相关规定。

外国籍船舶驶离非对外开放水域应依据第九条有关规定,办理国际航行船舶出口岸许可。”

五、第十四条改为第九条,修改为:“国际航行船舶进出口岸审批的条件:

国际航行船舶进口岸审批的条件:

(一)船舶具有齐备、有效的证书、文书与资料;

(二)船舶配员符合最低安全配员的要求,船员具备适任资格;

(三)船舶拟进入水域为对国际航行船舶开放水域,停靠的码头、泊位、港外装卸点满足安全、防污染和保安要求;

(四)载运货物的船舶所载货物没有国家禁止入境的货物或者物品;载运危险货物和污染危害性货物的船舶,按规定已办理船舶载运危险货物和污染危害性货物进港审批;

(五)核动力船舶或者其他特定的船舶,符合我国法律、行政法规、规章的相关规定。

国际航行船舶出口岸审批的条件:

(一)船舶具有齐备、有效的证书、文书与资料;

(二)船舶配员符合最低安全配员的要求,船员具备适任资格;

(三)载运货物的船舶所载货物,符合安全积载和系固的要求;

(四)载运危险货物和污染危害性货物的船舶,按规定已办理船舶载运危险货物和污染危害性货物出港审批,载运情况符合船舶载运危险货物的安全、防污染和保安管理要求;

(五)船舶船旗国或者港口国对船舶的安全检查情况和缺陷纠正情况符合规定的要求,对海事管理机构的警示,已经采取有效的措施;

(六)已依法缴纳税、费和其他应当在开航前交付的费用,或者已提供适当的担保;

(七)违反海事行政管理的行为已经依法予以处理;

(八)禁止船舶航行的司法或者行政强制措施已经依法解除;

(九)核动力船舶或者其他特定的船舶,符合我国法律、行政法规、规章的相关规定;

(十)已经其他口岸检查机关同意。”

六、第十七条改为第十一条,将“船舶油污损害民事责任保险或其他财务保证证书核发的条件”修改为“海船油污损害民事责任保险或其他财务保证证书核发的条件”。

七、第十八条改为第十二条,修改为:“载运危险货物或者海上载运污染危害性货物进出港口审批的条件:

(一)所载运的危险货物或者污染危害性货物符合水上安全运输和防治船

舶污染水域环境要求，且不属于国家规定禁止通过水路运输的货物；

（二）船舶的装载符合所持有的证书、文书的要求；

（三）拟靠泊或者进行危险货物或者污染危害性货物装卸作业的港口、码头、泊位具备有关法律、行政法规规定的危险货物作业经营资质；

（四）需要办理货物进出口手续的已按有关规定办理。

船舶载运的污染危害性货物同时属于危险货物的，其货物所有人、承运人或者代理人可将船舶载运污染危害性货物进出港口申报和船舶载运危险货物进出港口申报合并办理。对于过境停留的污染危害性货物，免于办理货物适运申报或者报告。”

八、第十九条改为第十三条，修改为：“船舶从事散装液体污染危害性货物过驳作业，在港口水域外从事内河危险货物过驳作业或者海上散装液体危险货物过驳作业审批的条件：

（一）拟进行过驳作业的船舶或者水上设施满足水上交通安全与防治船舶污染水域环境的要求；

（二）拟过驳的货物符合安全过驳要求；

（三）参加过驳作业的人员具备法律、行政法规规定的过驳作业能力；

（四）拟作业水域及其底质、周边环境适宜过驳作业；

（五）过驳作业对水域资源以及附近的军事目标、重要民用目标不构成威胁；

（六）有符合安全与防治船舶污染要求的过驳作业方案、安全保障措施和应急预案。”

九、第二十三条改为第十五条，修改为：“海员证核发的条件：

（一）是中华人民共和国公民；

（二）持有国际航行船舶或者特殊航线船舶船员适任证书，或者有确定的船员出境任务；

（三）无法律、行政法规规定的禁止出境的情形。”

十、第二十六条改为第十七条，将“（五）申请人如是《符合证明》或者《临时符合证明》失效的公司，还应当满足距前一《符合证明》或者《临时符合证明》失效日已超过6个月”修改为“（五）《符合证明》或者《临时符合证明》被吊销的，自吊销之日起应满6个月。”

条文序号和个别文字作相应调整。

本决定自公布之日起施行。

《中华人民共和国海事行政许可条件规定》根据本决定作相应修正，重新发布。

中华人民共和国海事行政许可条件规定

（2015年5月29日交通运输部令2015年第7号发布　根据2016年9月2日《交通运输部关于修改〈中华人民共和国海事行政许可条件规定〉的决定》第一次修正　根据2017年5月23日《交通运输部关于修改〈中华人民共和国海事行政许可条件规定〉的决定》第二次修正　根据2018年10月20日《交通运输部关于修改〈中华人民共和国海事行政许可条件规定〉的决定》第三次修正　根据2021年9月1日《交通运输部关于修改〈中华人民共和国海事行政许可条件规定〉的决定》第四次修正）

第一章　总　　则

第一条　为依法实施海事行政许可，维护海事行政许可各方当事人的合法权益，根据《中华人民共和国行政许可法》和有关海事管理的法律、行政法规以及中华人民共和国缔结或者加入的有关国际海事公约，制定本规定。

第二条　申请及受理、审查、决定海事行政许可所依照的海事行政许可条件，应当遵守本规定。

本规定所称海事行政许可，是指依据有关水上交通安全、防治船舶污染水域等海事管理的法律、行政法规、国务院决定设定的，由海事管理机构实施，或者由交通运输部实施、海事管理机构具体办理的行政许可。

第三条　海事管理机构在审查、决定海事行政许可时，不得擅自增加、减少或者变更海事行政许可条件。不符合本规定相应条件的，不得做出准予的海事行政许可决定。

第四条　海事行政许可条件应当按照《交通行政许可实施程序规定》予以公示。申请人要求对海事行政许可条件予以说明的，海事管理机构应当予以说明。

第五条　国家海事管理机构应当根据海事行政许可条件，统一明确申请人应当提交的材料。有关海事管理机构应当将材料目录予以公示。

申请人申请海事行政许可时，应当按照规定提交申请书和相关的材料，并对所提交材料的真实性和有效性负责。

申请变更海事行政许可、延续海事行政许可期限的，申请人可以仅就发生变更的事项或者情况提交相关的材料；已提交过的材料情况未发生变化的可以不再提交。

第二章　海事行政许可条件

第六条　在内河通航水域载运、拖带超重、超长、超高、超宽、半潜物体或者拖放竹、木等物体许可的条件：

（一）确有拖带的需求和必要的理由；

（二）拖轮适航、适拖，船员适任；

（三）已制定拖带计划和方案，有明确的拖带预计起止时间和地点及航经的水域；

（四）满足水上交通安全和防污染要求，并已制定保障水上交通安全、防污染的措施以及应急预案。

第七条　沿海专用航标的设置、撤除、位置移动和其他状况改变审批的条件：

（一）拟设置、撤除、位置移动和其他状况改变的航标属于依法由海洋工程、海岸工程的建设单位、所有人或者经营人设置的专用航标；

（二）航标的设置、撤除、位置移动和其他状况改变符合航行安全、经济、便利等要求及航标正常使用的要求；

（三）航标及其配布符合国家有关技术规范和标准；

（四）航标设计、施工方案，已经专门的技术评估或者专家论证；

（五）申请设置航标的，已制定航标维护方案，方案中确定的维护单位已建立航标维护质量保证体系。

第八条　外国籍船舶临时进入非对外开放水域许可的条件：

（一）船舶具有齐备、有效的证书、文书与资料；

（二）船舶配员符合最低安全配员的要求，船员具备适任资格；

（三）船舶拟临时进入的非对外开放水域已经当地口岸检查机关、军事主管部门、地方人民政府同意并获国家有关主管部门批准允许国际航行船舶临时进入；停靠的码头、泊位、港外装卸点满足安全、防污染和保安要求；

（四）载运货物的船舶，所载货物没有国家禁止入境的货物或者物品；载运危险货物和污染危害性货物的船舶，按规定已办理船舶载运危险货物和污染危害性货物进港许可；

（五）核动力船舶或者其他特定的船舶，符合我国法律、行政法规、规章的相关规定。

外国籍船舶驶离非对外开放水域应依据第九条有关规定，办理国际航行船舶出口岸许可。

第九条 国际航行船舶进出口岸审批的条件：

国际航行船舶进口岸审批的条件：

（一）船舶具有齐备、有效的证书、文书与资料；

（二）船舶配员符合最低安全配员的要求，船员具备适任资格；

（三）船舶拟进入水域为对国际航行船舶开放水域，停靠的码头、泊位、港外装卸点满足安全、防污染和保安要求；

（四）载运货物的船舶所载货物没有国家禁止入境的货物或者物品；载运危险货物和污染危害性货物的船舶，按规定已办理船舶载运危险货物和污染危害性货物进港审批；

（五）核动力船舶或者其他特定的船舶，符合我国法律、行政法规、规章的相关规定。

国际航行船舶出口岸审批的条件：

（一）船舶具有齐备、有效的证书、文书与资料；

（二）船舶配员符合最低安全配员的要求，船员具备适任资格；

（三）载运货物的船舶所载货物，符合安全积载和系固的要求；

（四）载运危险货物和污染危害性货物的船舶，按规定已办理船舶载运危险货物和污染危害性货物出港审批，载运情况符合船舶载运危险货物的安全、防污染和保安管理要求；

（五）船舶船旗国或者港口国对船舶的安全检查情况和缺陷纠正情况符合规定的要求，对海事管理机构的警示，已经采取有效的措施；

（六）已依法缴纳税、费和其他应当在开航前交付的费用，或者已提供适当的担保；

（七）违反海事行政管理的行为已经依法予以处理；

（八）禁止船舶航行的司法或者行政强制措施已经依法解除；

（九）核动力船舶或者其他特定的船舶，符合我国法律、行政法规、规章的相关规定；

（十）已经其他口岸检查机关同意。

第十条 船舶国籍证书核发的条件：

船舶国籍证书签发的条件：

（一）船舶已依法办理船舶所有权登记；

（二）船舶具备适航技术条件，并经船舶检验机构检验合格；

（三）船舶不具有造成双重国籍或者两个及以上船籍港的情形；

（四）船舶国籍登记申请人为船舶所有人。

船舶临时国籍证书签发的条件：

（一）申请签发临时国籍证书的船舶属于下列情形之一：

1. 向境外出售新造的船舶，属于境外到岸交船的；

2. 从境外购买或建造的新造船舶，属于境外离岸交船的；

3. 境内异地建造船舶，需要航行至拟登记港的；

4. 以光船条件从境外租进船舶的；

5. 从境外购买二手船舶，需要办理临时船舶国籍证书的；

6. 因船舶买卖发生船籍港变化，需要办理临时船舶国籍证书的；

7. 因船舶所有人住所或者船舶航线变更导致变更船舶登记机关，需要办理临时船舶国籍证书的。

（二）已取得船舶所有权或者签订了生效的光船租赁合同；

（三）船舶临时国籍登记申请人为船舶所有人或者以光船条件从境外租进船舶的光船承租人；

（四）船舶具备相应的适航技术条件，并经船舶检验机构检验合格；

（五）船舶不具有造成双重国籍或者两个及以上船籍港的情形；

（六）船舶已取得经海事管理机构核定的船名和船舶识别号。

第十一条 海船油污损害民事责任保险或其他财务保证证书核发的条件：

（一）船舶为海事管理机构登记的本船籍港船舶；

（二）其所持的油污保险或其他财务保证证书，为具有相应赔偿能力的金融机构或者互助性保险机构办理；

（三）其保险金额不得低于《中华人民共和国船舶油污损害民事责任保险实施办法》的规定。

第十二条 载运危险货物或者海上载运污染危害性货物进出港口审批的条件：

（一）所载运的危险货物或者污染危害性货物符合水上安全运输和防治船舶污染水域环境要求，且不属于国家规定禁止通过水路运输的货物；

（二）船舶的装载符合所持有的证书、文书的要求；

（三）拟靠泊或者进行危险货物或者污染危害性货物装卸作业的港口、码头、泊位具备有关法律、行政法规规定的危险货物作业经营资质；

（四）需要办理货物进出口手续的已按有关规定办理。

船舶载运的污染危害性货物同时属于危险货物的，其货物所有人、承运人或者代理人可将船舶载运污染危害性货物进出港口申报和船舶载运危险货物进出港口申报合并办理。对于过境停留的污染危害性货物，免于办理货物适运申报或者报告。

第十三条 船舶从事散装液体污染危害性货物过驳作业,在港口水域外从事内河危险货物过驳作业或者海上散装液体危险货物过驳作业审批的条件:

(一)拟进行过驳作业的船舶或者水上设施满足水上交通安全与防治船舶污染水域环境的要求;

(二)拟过驳的货物符合安全过驳要求;

(三)参加过驳作业的人员具备法律、行政法规规定的过驳作业能力;

(四)拟作业水域及其底质、周边环境适宜过驳作业;

(五)过驳作业对水域资源以及附近的军事目标、重要民用目标不构成威胁;

(六)有符合安全与防治船舶污染要求的过驳作业方案、安全保障措施和应急预案。

第十四条 危险化学品水路运输人员(申报人员、集装箱现场检查员)资格认可的条件:

(一)具有中华人民共和国国籍;

(二)年满18周岁,具有完全民事行为能力;

(三)近2年内经海事管理机构考核合格;

(四)首次申请的,应当具有在同1个从业单位连续3个月的相应业务实习经历;

(五)检查员具有正常辨色力;

(六)无因谎报、瞒报危险化学品违规行为曾被吊销从业资格的情形。

第十五条 海员证核发的条件:

(一)是中华人民共和国公民;

(二)持有国际航行船舶或者特殊航线船舶船员适任证书,或者有确定的船员出境任务;

(三)无法律、行政法规规定的禁止出境的情形。

第十六条 培训机构从事船员(引航员)培训业务审批的条件:

(一)有符合交通运输部规定的与培训类别和项目相匹配的具体技术要求的场地、设施和设备;

(二)有符合交通运输部规定的与培训类别和项目相匹配的具体技术要求的教学人员,教学人员的80%应当通过中华人民共和国海事局组织的考试,并取得相应证明;

(三)有与船员培训项目相适应的管理人员:

1. 配备专职教学管理人员、教学设施设备管理人员、培训发证管理人员和档案管理人员；

2. 教学管理人员至少2人，具有航海类中专以上学历或者其他专业大专以上学历，熟悉相关法规，熟悉所管理的培训项目；

3. 教学设施设备管理人员至少1人，具有中专以上学历，能够熟练操作所管理的设施、设备。

（四）有健全的船员培训管理制度，具体包括学员管理制度、教学人员管理制度、培训课程设置制度、培训证明发放制度、教学设施设备管理制度和档案管理制度；

（五）有健全的安全防护制度，具体包括人身安全防护制度和突发事件应急制度等；

（六）有符合交通运输部规定的船员培训质量控制体系。

第十七条 航运公司安全营运与防污染能力符合证明核发的条件：

公司《临时符合证明》签发的条件：

（一）具有法人资格；

（二）新建立或者重新运行安全管理体系，或者在公司《临时符合证明》或者《符合证明》上增加新的船舶种类；

（三）已作出在取得《临时符合证明》后6个月内运行安全管理体系的计划安排；

（四）已通过海事管理机构对公司的安全管理体系审核；

（五）《符合证明》或者《临时符合证明》被吊销的，自吊销之日起应满6个月。

公司《符合证明》签发的条件：

（一）具有法人资格；

（二）安全管理体系已在岸基和每一船种至少1艘船上运行3个月；

（三）持有有效的《临时符合证明》；

（四）已通过海事管理机构对公司的安全管理体系审核。

船舶《临时安全管理证书》签发的条件：

（一）新纳入或者重新纳入公司安全管理体系进行管理；

（二）已配备公司制定的适用于本船的安全管理体系文件；

（三）公司已取得适用于该船舶种类的《临时符合证明》或《符合证明》；

（四）在船舶所有人未变更的情况下，前两次未连续持有《临时安全管理证书》；

（五）船舶委托管理的，负责管理船舶的公司与船舶所有人或者经营人签订了船舶管理书面协议；

(六)已通过海事管理机构对船舶的安全管理体系审核。

船舶《安全管理证书》签发的条件:

(一)已配备公司制定的适用于本船的安全管理体系文件;

(二)安全管理体系已在本船运行至少3个月;

(三)公司已取得适用于该船种的《符合证明》;

(四)持有有效的《临时安全管理证书》;

(五)已通过海事管理机构对船舶的安全管理体系审核。

第十八条 设立验船机构审批的条件:

(一)具有与拟从事的船舶检验业务相适应的检验场所、设备、仪器、资料;

(二)具有拟从事的船舶检验业务的验船能力和责任能力;

(三)具有与拟从事的船舶检验业务相适应的执业验船人员;

(四)具有相应的检验工作制度和保证船舶检验质量的管理体系;

(五)拟从事的船舶检验业务范围符合交通运输部的规定;

(六)需要设立分支机构的,设置方案和管理制度符合船舶检验管理的要求;

(七)外国船舶检验机构在我国设立验船公司的,除满足上述条件外,验船公司雇佣的外国公民应当符合相应国家机关规定的资格和符合我国关于外国人从业的规定,并持有船旗国政府允许在华从事法定船舶检验业务的授权文件。

第三章 附 则

第十九条 本规定自2015年7月1日起施行。2006年1月9日以交通部令2006年第1号公布的《中华人民共和国海事行政许可条件规定》同时废止。

公路养护作业单位资质管理办法

(2021年9月1日交通运输部令2021年第22号公布 自2022年1月1日起施行 国司备字[2021004653])

第一章 总 则

第一条 为了加强公路养护作业单位资质管理,规范公路养护市场秩序,保证公路养护质量和安全,根据《中华人民共和国公路法》《公路安全保护条例》等法律、行政法规，制定本办法。

第二条 对公路养护作业单位资质的管理，适用本办法。

本办法所称公路养护作业，是指为保证已建公路符合相关技术要求而采取的预防或者修复作业活动，不包括公路日常养护。

第三条 交通运输部主管全国公路养护作业单位资质的管理工作。

省、自治区、直辖市人民政府交通运输主管部门负责本行政区域内公路养护作业单位资质的许可和管理工作。

市、县人民政府交通运输主管部门在职责范围内对公路养护作业单位资质进行监督管理。

第四条 从事路基路面、桥梁、隧道、交通安全设施养护作业的单位应当按照本办法的规定取得公路养护作业资质。

第五条 公路养护作业单位资质管理应当遵循公开、公平、公正、有序竞争的原则。

第二章 资质分类与条件

第六条 公路养护作业单位资质分为路基路面、桥梁、隧道、交通安全设施养护四个序列。

路基路面、桥梁、隧道养护资质下设甲、乙两个等级，交通安全设施养护资质不分等级。

第七条 申请公路养护作业资质的单位应当是经依法登记注册的企业法人。

第八条 路基路面养护甲级资质可以承担各等级公路路基路面（含绿化）的各类养护工程。

申请路基路面养护甲级资质的单位，应当具备下列条件：

1. 技术人员要求：

（1）企业技术负责人具有 10 年以上从事公路工程管理的工作经历，且具有公路工程相关专业高级职称；近 10 年累计完成公路路基路面各类养护工程不少于 100 公里，其中二级及以上公路不少于 50 公里，且工程质量合格。

（2）企业具有专业技术人员（包括注册建造师、造价工程师、中级及以上职称人员，下同）不少于 20 人，其中具有公路工程专业一级注册建造师不少于 1 人或者二级及以上注册建造师不少于 4 人；公路工程相关专业中级及以上职称人员不少于 10 人，高级职称人员不少于 2 人；中高级会计师不少于 1 人，中高级经济师或者二级及以上造价工程师不少于 1 人。

(3)企业具有从事公路工程的技术工人不少于30人,其中高级工不少于6人,中级工不少于12人。

2. 有与业务范围相适应的技术设备。

3. 企业净资产3000万元以上,近3年财务主要指标状况良好。

4. 企业近5年累计完成公路路基路面修复养护工程不少于150公里,其中一级及以上公路不少于50公里或者二级及以上公路不少于100公里,且工程质量合格。

第九条 路基路面养护乙级资质可以承担二级及以下等级公路路基路面(含绿化)的各类养护工程。

申请路基路面养护乙级资质的单位,应当具备下列条件:

1. 技术人员要求:

(1)企业技术负责人具有6年以上从事公路工程管理的工作经历,且具有公路工程相关专业高级职称;近10年累计完成公路路基路面各类养护工程不少于70公里,其中二级及以上公路不少于30公里,且工程质量合格。

(2)企业具有专业技术人员不少于10人,其中具有公路工程专业二级及以上注册建造师不少于2人;公路工程相关专业中级及以上职称人员不少于5人;中高级会计师不少于1人。

(3)企业具有从事公路工程的技术工人不少于20人,其中高级工不少于3人,中级工不少于6人。

2. 有与业务范围相适应的技术设备。

3. 企业净资产1000万元以上,近3年财务主要指标状况良好。

第十条 桥梁养护甲级资质可以承担所有公路桥梁的各类养护工程。

申请桥梁养护甲级资质的单位,应当具备下列条件:

1. 技术人员要求:

(1)企业技术负责人具有10年以上从事公路工程管理的工作经历,且具有公路工程相关专业高级职称;近10年累计完成大桥及以上公路桥梁修复养护工程不少于2座,其中特大桥不少于1座,且工程质量合格。

(2)企业具有专业技术人员不少于15人,其中具有公路工程专业一级注册建造师不少于1人;公路工程相关专业中级及以上职称人员不少于8人,高级职称人员不少于2人;中高级会计师不少于1人,中高级经济师或者二级及以上造价工程师不少于1人。

(3)企业具有从事公路工程的技术工人不少于20人,其中高级工不少于4人,中级工不少于8人。

2. 有与业务范围相适应的技术设备。

3. 企业净资产2000万元以上,近3年财务主要指标状况良好。

4. 企业近5年累计完成公路桥梁养护工程不少于10座,其中特大桥养护工程不少于1座、大桥及以上修复养护工程不少于2座,且工程质量合格;或者完成中桥及以上修复养护工程不少于10座,且工程质量合格。

第十一条 桥梁养护乙级资质可以承担所有公路桥梁的预防养护工程,以及中、小公路桥梁的修复养护工程。

申请桥梁养护乙级资质的单位,应当具备下列条件:

1. 技术人员要求:

(1)企业技术负责人具有6年以上从事公路工程管理的工作经历,且具有公路工程相关专业高级职称;近10年累计完成大桥及以上预防养护工程不少于1座、中桥及以上修复养护工程不少于1座,且工程质量合格。

(2)企业具有专业技术人员不少于10人,其中具有公路工程专业二级及以上注册建造师不少于2人;公路工程相关专业中级及以上职称人员不少于3人;中高级会计师不少于1人。

(3)企业具有从事公路工程的技术工人不少于10人,其中高级工不少于2人,中级工不少于3人。

2. 有与业务范围相适应的技术设备。

3. 企业净资产800万元以上,近3年财务主要指标状况良好。

第十二条 隧道养护甲级资质可以承担所有公路隧道土建结构的各类养护工程。

申请隧道养护甲级资质的单位,应当具备下列条件:

1. 技术人员要求:

(1)企业技术负责人具有10年以上从事公路工程管理的工作经历,且具有公路工程相关专业高级职称;近10年累计完成公路隧道土建结构修复养护工程不少于2座,其中长或者特长隧道不少于1座,且工程质量合格。

(2)企业具有专业技术人员不少于15人,其中具有公路工程专业一级注册建造师不少于1人;公路工程相关专业中级及以上职称人员不少于8人,高级职称人员不少于2人;中高级会计师不少于1人,中高级经济师或者二级及以上造价工程师不少于1人。

(3)企业具有从事公路工程的技术工人不少于20人,其中高级工不少于4人,中级工不少于8人。

2. 有与业务范围相适应的技术设备。

3. 企业净资产2000万元以上,近3年财务主要指标状况良好。

4. 企业近5年累计完成公路隧道土建结构养护工程不少于6座,其中长或者特长隧道养护工程不少于1座、中隧道及以上修复养护工程不少于3座，且工程质量合格；或者完成短隧道及以上修复养护工程不少于6座，且工程质量合格。

第十三条 隧道养护乙级资质可以承担所有公路隧道土建结构的预防养护工程，以及中、短公路隧道（不良或者特殊地质条件隧道除外）土建结构的修复养护工程。

申请隧道养护乙级资质的单位，应当具备下列条件：

1. 技术人员要求：

（1）企业技术负责人具有6年以上从事公路工程管理的工作经历，且具有公路工程相关专业高级职称；近10年累计完成公路长隧道及以上土建结构养护工程不少于1座、中隧道及以上土建结构修复养护工程不少于1座，且工程质量合格。

（2）企业具有专业技术人员不少于10人，其中具有公路工程专业二级及以上注册建造师不少于3人；公路工程相关专业中级及以上职称人员不少于5人；中高级会计师不少于1人。

（3）企业具有从事公路工程的技术工人不少于10人，其中高级工不少于2人，中级工不少于3人。

2. 有与业务范围相适应的技术设备。

3. 企业净资产800万元以上，近3年财务主要指标状况良好。

第十四条 交通安全设施养护资质可以承担各等级公路交通安全设施的各类养护工程。

申请交通安全设施养护资质的单位，应当具备下列条件：

1. 技术人员要求：

（1）企业技术负责人具有10年以上从事公路工程管理的工作经历，且具有公路工程相关专业高级职称；近10年累计完成公路交通安全设施养护工程不少于100公里，其中一级及以上公路不少于40公里。

（2）企业具有专业技术人员不少于10人，其中具有公路工程专业二级及以上注册建造师不少于2人；公路工程相关专业中级及以上职称人员不少于6人；中高级会计师不少于1人。

（3）企业具有从事公路工程的技术工人不少于10人，其中高级工不少于2人，中级工不少于3人。

2. 有与业务范围相适应的技术设备。

3. 企业净资产1500万元以上，近3年财务主要指标状况良好。

4. 企业近5年累计完成公路交通安全设施养护工程不少于150公里，其中一级及以上公路不少于50公里或者二级及以上公路不少于100公里，且工程质量合格。

申请交通安全设施养护资质的单位具备前款第1至3项条件但不具备第4项条件的，可以承担二级及以下公路交通安全设施的各类养护工程。

第三章 资质申请与许可

第十五条 拟从事公路养护作业的单位，应当向所在地的省、自治区、直辖市人民政府交通运输主管部门提出申请。

公路养护作业单位可以申请一项或者多项公路养护作业资质。

第十六条 申请公路养护作业资质的单位，应当提交以下材料：

（一）公路养护作业单位资质申请表；

（二）企业财务报表；

（三）企业法定代表人身份文件；

（四）企业技术人员、技术设备及从业经历等相关材料。

对于能够通过部门间信息共享、内部核查等方式获取的材料，省、自治区、直辖市人民政府交通运输主管部门应当不再要求申请人提供。

第十七条 申请人应当如实向省、自治区、直辖市人民政府交通运输主管部门提交有关材料、反映真实情况，并对其提交材料的真实性负责。

第十八条 省、自治区、直辖市人民政府交通运输主管部门应当自收到完整齐备的申请材料之日起20个工作日内作出许可或者不予许可的决定。

省、自治区、直辖市人民政府交通运输主管部门可以聘请专家对申请材料进行评审，并且将评审结果向社会公示。专家评审的时间不计算在许可期限内，但应当将专家评审需要的时间书面告知申请人。专家评审的时间最长不得超过60日。

第十九条 注册地在自由贸易试验区的单位拟申请路基路面养护乙级资质的，只需提交公路养护作业单位资质申请表和已具备本办法第九条第二款规定条件的承诺书。

省、自治区、直辖市人民政府交通运输主管部门应当经形式审查后当场作出许可或者不予许可的决定。准予许可的，许可机关应当在作出许可决定后30日内，按照告知承诺有关要求开展情况核查。

第二十条 省、自治区、直辖市人民政府交通运输主管部门准予许可的，应当自作出决定之日起10个工作日内向申请人颁发相应的资质证书。

资质许可有效期5年，并在全国范围内适用。

第二十一条 省、自治区、直辖市人民政府交通运输主管部门应当及时将许可决定向社会公开,并为公众查询提供便利。

第二十二条 省、自治区、直辖市人民政府交通运输主管部门应当建立公路养护作业单位资质网上申报、审批和监管平台;交通运输部应当建立公路养护作业单位资质网上监管和服务平台。

第二十三条 取得公路养护作业资质的单位,应当按照所取得的资质类别开展养护作业活动。

禁止公路养护作业单位从事下列活动:

(一)超越本单位资质等级或者以其他单位的名义承揽业务,或者允许其他单位、个人以本单位的名义承揽业务的;

(二)伪造、变造、倒卖、出租、出借或者以其他形式非法转让公路养护作业单位资质证书的。

第四章 延续与变更

第二十四条 公路养护作业单位资质许可有效期届满,拟继续从事公路养护作业的,应当在资质许可有效期届满3个月之前,向原许可机关提交延续申请,并按照本办法第三章的规定报送相关材料。

第二十五条 许可机关接到延续申请后,应当在公路养护作业单位资质许可有效期届满前,对作业单位是否符合本办法规定的资质条件进行审查。符合条件的,许可机关应当作出准予延续的决定;不符合条件的,应当责令限期整改,整改后仍不符合条件的,许可机关应当作出不予延续的决定。

第二十六条 在公路养护作业单位资质许可有效期内,养护作业单位的名称、地址、法定代表人、技术负责人等发生变更的,应当在变更事项发生后30日内向原许可机关提交变更申请,办理资质证书变更手续。

第二十七条 公路养护作业单位发生合并、分立等事项,且需承继原单位资质的,应当申请重新核定公路养护作业单位资质。

第二十八条 公路养护作业单位需要更换、补办公路养护作业单位资质证书的,应当向原许可机关申请办理。许可机关应当自受理申请之日起10个工作日内办结。

公路养护作业单位资质证书遗失的,养护作业单位应当在原许可机关指定的公开媒体和网站上刊登遗失声明。

第五章 监督管理

第二十九条 县级以上人民政府交通运输主管部门应当依照职责，对公路养护作业单位取得资质后是否满足资质条件和从业行为进行监督管理。

第三十条 县级以上人民政府交通运输主管部门对公路养护作业单位的监督管理，原则上采取随机抽取检查对象、随机选派执法检查人员方式。监督检查结果应当及时向社会公布。

第三十一条 公路养护作业单位隐瞒有关真实情况或者提供虚假材料申请公路养护作业单位资质的，许可机关不予许可，并给予警告。以欺骗、贿赂等不正当手段取得公路养护作业单位资质的，由许可机关依法予以撤销。

公路养护作业单位在资质申请及从业过程中不得使用非本单位技术人员的职业资格、专业技术证书。

第三十二条 有下列情形之一的，许可机关应当依法注销公路养护作业资质，并向社会公布：

（一）公路养护作业单位依法终止的；

（二）资质证书依法被撤销、撤回或者吊销的；

（三）公路养护作业单位提出注销申请的；

（四）资质许可有效期届满未延续的。

第三十三条 取得公路养护作业资质的单位，应当保持资产、技术人员、技术设备等方面满足相应资质条件。

公路养护作业单位不再符合相应资质条件的，许可机关应当责令其限期整改并向社会公告，整改期限最长不超过 3 个月。

第三十四条 公路养护作业单位违法从事养护作业活动的，违法行为发生地的省、自治区、直辖市人民政府交通运输主管部门应当依法查处，并将违法事实、处理结果或者处理建议及时告知资质证书的许可机关。

第三十五条 省、自治区、直辖市人民政府交通运输主管部门应当建立公路养护作业单位信用管理制度，并按照规定将有关信息纳入信用信息共享平台。

第六章 附 则

第三十六条 公路养护作业单位资质证书由许可机关按照交通运输部规定的统一格式印制，正本一份，副本二份，副本与正本具有同等法律效力。

第三十七条 本办法实施前已经依法取得公路养护作业资质的单位，可以按照原许可范围、区域从事养护作业。

本办法实施后，省、自治区、直辖市不得另行设置公路养护作业单位资质。

第三十八条 本办法自2022年1月1日起施行。

交通运输部关于修改《水上交通事故统计办法》的决定

（2021年9月1日交通运输部令2021年第23号公布　自公布之日起施行　国司备字［2021004651］）

交通运输部决定对《水上交通事故统计办法》（交通运输部令2014年第15号）作如下修改：

一、将第三条第三款修改为："交通运输部在中央管理水域设立的直属海事管理机构和省、自治区、直辖市人民政府在中央管理水域以外的其他水域设立的承担水上交通安全管理职责的机构（以下统称海事管理机构）依照职责分工负责辖区内发生的水上交通事故的统计工作。直属海事管理机构负责中国籍船舶在中华人民共和国管辖水域以外发生的水上交通事故的统计工作。"

二、将第六条修改为："本办法第五条第（一）项至第（八）项规定的事故以及第（十）项规定的其他引起人员伤亡、直接经济损失的事故，按照人员伤亡、直接经济损失分为以下等级：

（一）特别重大事故，指造成30人以上死亡（含失踪）的，或者100人以上重伤的，或者1亿元以上直接经济损失的事故；

（二）重大事故，指造成10人以上30人以下死亡（含失踪）的，或者50人以上100人以下重伤的，或者5000万元以上1亿元以下直接经济损失的事故；

（三）较大事故，指造成3人以上10人以下死亡（含失踪）的，或者10人以上50人以下重伤的，或者1000万元以上5000万元以下直接经济损失的事故；

（四）一般事故，指造成1人以上3人以下死亡（含失踪）的，或者1人以上10人以下重伤的，或者1000万元以下直接经济损失的事故。

前款规定的事故发生在海上的，其等级划分的直接经济损失标准按照国务院批准的相关规定执行。"

三、增加一条，作为第七条："本办法第五条中引起水域环境污染的事故，按照船舶溢油数量、直接经济损失分为以下等级：

（一）特别重大事故，指船舶溢油 1000 吨以上致水域环境污染的，或者在海上造成 2 亿元以上、在内河造成 1 亿元以上直接经济损失的事故；

（二）重大事故，指船舶溢油 500 吨以上 1000 吨以下致水域环境污染的，或者在海上造成 1 亿元以上 2 亿元以下、在内河造成 5000 万元以上 1 亿元以下直接经济损失的事故；

（三）较大事故，指船舶溢油 100 吨以上 500 吨以下致水域环境污染的，或者在海上造成 5000 万元以上 1 亿元以下、在内河造成 1000 万元以上 5000 万元以下直接经济损失的事故；

（四）一般事故，指船舶溢油 100 吨以下致水域环境污染的，或者在海上造成 5000 万元以下、在内河造成 1000 万元以下直接经济损失的事故。”

四、将第八条改为第九条，第一款第一项修改为：“（一）事故件数统计为一件；”第二款修改为：“船舶发生碰撞事故，一方当事船舶逃逸，事故等级暂按另一方船舶的人员伤亡、船舶溢油数量或者直接经济损失确定。查获逃逸船舶，事故等级及统计要素有变化的，事故统计数据应当予以更正。”

五、将第九条改为第十条，第一款修改为：“船舶搁置在浅滩上，造成停航或者损害的，按搁浅事故统计。”

六、将第二十三条改为第二十四条，修改为：“省、自治区、直辖市人民政府交通运输主管部门、海事管理机构应当按照统计报表制度对水上交通事故进行分类统计，统计报表逐级上报至交通运输部海事局。”

七、将第二十七条改为第二十八条，第二款修改为：“在船人员自杀或者他杀事件，突发疾病导致人员伤亡事件，不作为水上交通事故。”

八、将第二十八条改为第二十九条，增加一款，作为第一款：“一般事故等级中没有造成人员伤亡且直接经济损失小于 100 万元的小事故（停航 7 日以上的搁浅事故除外），不纳入本办法统计，按照交通运输部海事局的相关规定统计。”

条文序号和个别文字作相应调整。

本决定自公布之日起施行。

《水上交通事故统计办法》根据本决定作相应修正，重新发布。

水上交通事故统计办法

（2014 年 9 月 30 日交通运输部令 2014 年第 15 号公布　根据 2021 年 9 月 1 日《交通运输部关于修改〈水上交通事故统计办法〉的决定》修正）

第一条　为保障水上交通事故统计资料准确、及时，提高水上交通安全管理水平，依据《中华人民共和国统计法》《中华人民共和国海上交通安全法》《中华人民共和国水污染防治法》《防治船舶污染海洋环境管理条例》和《中华人民共和国内河交通安全管理条例》等法律法规，制定本办法。

第二条　中华人民共和国管辖水域内发生的水上交通事故及中国籍船舶在中华人民共和国管辖水域以外发生的水上交通事故的统计和上报，适用本办法。

本办法所称水上交通事故，是指船舶在航行、停泊、作业过程中发生的造成人员伤亡、财产损失、水域环境污染损害的事件。

第三条　交通运输部主管全国水上交通事故的统计管理工作。

县级以上地方人民政府交通运输主管部门主管本行政区域内登记注册的水路运输经营者所属船舶发生的水上交通事故的统计工作。

交通运输部在中央管理水域设立的直属海事管理机构和省、自治区、直辖市人民政府在中央管理水域以外的其他水域设立的承担水上交通安全管理职责的机构（以下统称海事管理机构）依照职责分工负责辖区内发生的水上交通事故的统计工作。直属海事管理机构负责中国籍船舶在中华人民共和国管辖水域以外发生的水上交通事故的统计工作。

第四条　县级以上地方人民政府交通运输主管部门、海事管理机构及航运企业、船舶应当遵守统计法律、行政法规和本办法，健全和落实水上交通事故统计工作责任制度，如实提供水上交通事故统计资料，准确、及时地完成水上交通事故统计工作。

第五条　水上交通事故按照下列分类进行统计：

（一）碰撞事故；

（二）搁浅事故；

（三）触礁事故；

（四）触碰事故；

（五）浪损事故；

（六）火灾、爆炸事故；

（七）风灾事故；

（八）自沉事故；

（九）操作性污染事故；

（十）其他引起人员伤亡、直接经济损失或者水域环境污染的水上交通事故。

第六条　本办法第五条第（一）项至第（八）项规定的事故以及第（十）项规定的其他引起人员伤亡、直接经济损失的事故，按照人员伤亡、直接经济损失分为以下等级：

（一）特别重大事故，指造成30人以上死亡（含失踪）的，或者100人以上重伤的，或者1亿元以上直接经济损失的事故；

（二）重大事故，指造成10人以上30人以下死亡（含失踪）的，或者50人以上100人以下重伤的，或者5000万元以上1亿元以下直接经济损失的事故；

（三）较大事故，指造成3人以上10人以下死亡（含失踪）的，或者10人以上50人以下重伤的，或者1000万元以上5000万元以下直接经济损失的事故；

（四）一般事故，指造成1人以上3人以下死亡（含失踪）的，或者1人以上10人以下重伤的，或者1000万元以下直接经济损失的事故。

前款规定的事故发生在海上的，其等级划分的直接经济损失标准按照国务院批准的相关规定执行。

第七条　本办法第五条中引起水域环境污染的事故，按照船舶溢油数量、直接经济损失分为以下等级：

（一）特别重大事故，指船舶溢油1000吨以上致水域环境污染的，或者在海上造成2亿元以上、在内河造成1亿元以上直接经济损失的事故；

（二）重大事故，指船舶溢油500吨以上1000吨以下致水域环境污染的，或者在海上造成1亿元以上2亿元以下、在内河造成5000万元以上1亿元以下直接经济损失的事故；

（三）较大事故，指船舶溢油100吨以上500吨以下致水域环境污染的，或者在海上造成5000万元以上1亿元以下、在内河造成1000万元以上5000万元以下直接经济损失的事故；

（四）一般事故，指船舶溢油100吨以下致水域环境污染的，或者在海上造成5000万元以下、在内河造成1000万元以下直接经济损失的事故。

第八条　统计水上交通事故，应当符合以下基本计算方法：

（一）重伤人数参照国家有关人体伤害鉴定标准确定；

（二）死亡（含失踪）人数按事故发生后7日内的死亡（含失踪）人数进行

统计；

（三）船舶溢油数量按实际流入水体的数量进行统计；

（四）除原油、成品油以外的其他污染危害性物质泄漏按直接经济损失划分事故等级；

（五）船舶沉没或者全损按发生沉没或者全损的船舶价值进行统计；

（六）直接经济损失按水上交通事故对船舶和其他财产造成的直接损失进行统计，包括船舶救助费、打捞费、清污费、污染造成的财产损失、货损、修理费、检（查勘）验费等；船舶全损时，直接经济损失还应包括船舶价值；

（七）一件事故造成的人员死亡（含失踪）、重伤、水域环境污染和直接经济损失如同时符合2个以上等级划分标准的，按最高事故等级进行统计。

第九条 两艘以上船舶之间发生撞击造成损害的，按碰撞事故统计，计算方法如下：

（一）事故件数统计为一件；

（二）伤亡人数、沉船艘数、船舶溢油数量、直接经济损失按发生伤亡、沉船、溢油及受损失的船舶方进行统计；

（三）事故等级按照所有当事船舶的人员伤亡、船舶溢油数量或者直接经济损失确定。

船舶发生碰撞事故，一方当事船舶逃逸，事故等级暂按另一方船舶的人员伤亡、船舶溢油数量或者直接经济损失确定。查获逃逸船舶，事故等级及统计要素有变化的，事故统计数据应当予以更正。

第十条 船舶搁置在浅滩上，造成停航或者损害的，按搁浅事故统计。

船舶发生事故后为减少损失主动抢滩的，事故种类按照搁浅前的事故种类、损失按最终造成的损失进行统计。

第十一条 船舶触碰礁石，或者搁置在礁石上，造成损害的，按触礁事故统计。触礁事故等级的计算方法参照搁浅事故等级的计算方法。

第十二条 船舶触碰岸壁、码头、航标、桥墩、浮动设施、钻井平台等水上水下建筑物或者沉船、沉物、木桩、鱼栅等碍航物并造成损害，按触碰事故统计。船舶本身和岸壁、码头、航标、桥墩、钻井平台、浮动设施、鱼栅等水上水下建筑物的人员伤亡和损失，均应当列入触碰事故的伤亡和直接经济损失。

第十三条 船舶因其他船舶兴波冲击造成损害，按浪损事故统计，其事故等级的计算方法参照船舶碰撞事故等级的计算方法。

第十四条 船舶因自然或者人为因素致使船舶失火或者爆炸造成损害，按火灾、爆炸事故统计。

第十五条 船舶遭受较强风暴袭击造成损失，按风灾事故统计，一艘船舶计为一件事故。

第十六条 船舶因超载、积载或者装载不当、操作不当、船体进水等原因或者不明原因造成船舶沉没、倾覆、全损，按自沉事故统计，但其他事故造成的船舶沉没除外。

第十七条 船舶因发生碰撞、搁浅、触礁、触碰、浪损、火灾、爆炸、风灾及自沉事故造成水域环境污染的，按照造成水域环境污染的事故种类统计。

船舶造成的前款规定情形之外的水域环境污染，按照操作性污染事故统计。

第十八条 影响适航性能的机件或者重要属具的损坏或者灭失，以及在船人员工伤、意外落水等事故，按照"其他引起人员伤亡、直接经济损失、水域环境污染的水上交通事故"统计。

第十九条 船舶因外来原因使舱内进水、失去浮力，导致货舱或者驳船的甲板、机动船最高一层连续甲板浸没二分之一以上，按沉没统计。

船舶因外来原因造成严重损害，推定为船舶全损的，按沉船统计。

十米以下的船舶发生沉没或者推定全损，不计入沉船或者全损艘数和吨位。

第二十条 船舶附属艇、筏发生的水上交通事故按其所属船舶事故统计。

第二十一条 船舶因发生交通事故需要在国外进行修理的，实际修船费用按照中国人民银行公布的同期人民币与外汇比价折合人民币计算。

第二十二条 水上交通事故应当按月度、年度进行统计，并按下列时间报送：

（一）月度统计期为每月 1 日至月末，于次月 5 日前上报；

（二）年度统计期为每年 1 月 1 日至 12 月 31 日，于次年 1 月 15 日前上报。

第二十三条 在统计期内发生但尚未调查处理完毕的水上交通事故，统计时难以确定船舶溢油数量、直接经济损失的，先按初步核定值统计，待水上交通事故调查处理完毕后再按确定的数据予以更正。

第二十四条 省、自治区、直辖市人民政府交通运输主管部门、海事管理机构应当按照统计报表制度对水上交通事故进行分类统计，统计报表逐级上报至交通运输部海事局。

第二十五条 船舶在中国管辖水域内发生水上交通事故，应当按有关规定及时向事故发生地海事管理机构报告。同时，中国籍船舶的所有人、经营人或者管理人应当向登记注册地人民政府交通运输主管部门报告。

中国籍船舶在中国管辖水域以外发生水上交通事故，中国籍船舶所有人、经营人或者管理人应当在事故发生后 24 小时内向船籍港海事管理机构报告。

第二十六条　相关单位应当使用计算机信息系统等现代化手段进行水上交通事故信息采集、统计和上报工作。

第二十七条　水上交通事故统计资料，应当按照信息公开的相关规定予以公布。

交通运输主管部门、海事管理机构的工作人员违反本办法，虚报、瞒报、伪造、拒报、屡次迟报水上交通事故统计资料，根据情节轻重，依法给予行政处分。

第二十八条　船舶在船厂修造期间发生的事故不作为水上交通事故统计。

在船人员自杀或者他杀事件，突发疾病导致人员伤亡事件，不作为水上交通事故。

第二十九条　一般事故等级中没有造成人员伤亡且直接经济损失小于100万元的小事故（停航7日以上的搁浅事故除外），不纳入本办法统计，按照交通运输部海事局的相关规定统计。

本办法中所称的“以上”包含本数，“以下”不含本数。

第三十条　本办法自2015年1月1日起施行。2002年8月26日交通部第5号令发布的《水上交通事故统计办法》同时废止。

中华人民共和国水上水下作业和活动通航安全管理规定

（2021年9月1日交通运输部令2021年第24号公布　自公布之日起施行　国司备字［2021004652］）

第一章　总　　则

第一条　为了维护水上交通秩序，保障船舶航行、停泊和作业安全，保护水域环境，依据《中华人民共和国海上交通安全法》《中华人民共和国内河交通安全管理条例》等法律、行政法规，制定本规定。

第二条　公民、法人或者其他组织在中华人民共和国管辖水域从事水上水下作业和活动，适用本规定。

第三条　水上水下作业和活动通航安全管理应当遵循安全第一、预防为主、方便群众、依法管理的原则。

第四条　交通运输部主管全国水上水下作业和活动通航安全管理工作。

交通运输部海事局负责全国水上水下作业和活动通航安全监督管理工作。

交通运输部直属海事管理机构和其他承担水上交通安全管理职责的机构(以下统称海事管理机构),依照各自的职责权限,负责本辖区水上水下作业和活动通航安全监督管理工作。

第二章　作业和活动许可

第五条　在管辖海域内进行下列施工作业,应当经海事管理机构许可,并核定相应安全作业区:

(一)勘探,港外采掘、爆破;

(二)构筑、维修、拆除水上水下构筑物或者设施;

(三)航道建设、疏浚(航道养护疏浚除外)作业;

(四)打捞沉船沉物。

第六条　在内河通航水域或者岸线上进行下列水上水下作业或者活动,应当经海事管理机构许可,并根据需要核定相应安全作业区:

(一)勘探,港外采掘、爆破;

(二)构筑、设置、维修、拆除水上水下构筑物或者设施;

(三)架设桥梁、索道;

(四)铺设、检修、拆除水上水下电缆或者管道;

(五)设置系船浮筒、浮趸、缆桩等设施;

(六)航道建设施工、码头前沿水域疏浚;

(七)举行大型群众性活动、体育比赛;

(八)打捞沉船沉物。

第七条　在管辖水域内从事需经许可的水上水下作业或者活动,应当符合下列条件:

(一)水上水下作业或者活动的单位、人员、船舶、海上设施或者内河浮动设施符合安全航行、停泊和作业的要求;

(二)已制定水上水下作业或者活动方案;

(三)有符合水上交通安全和防治船舶污染水域环境要求的保障措施、应急预案和责任制度。

第八条　在管辖水域内从事需经许可的水上水下作业或者活动,建设单位、主办单位或者施工单位应当向作业地或者活动地的海事管理机构提出申

请并报送下列材料:

(一)申请书;

(二)申请人、经办人相关证明材料;

(三)作业或者活动方案,包括基本概况、进度安排、施工作业图纸、活动方式,可能影响的水域范围,参与的船舶、海上设施或者内河浮动设施及其人员等,法律、行政法规规定需经其他有关部门许可的,还应当包括与作业或者活动有关的许可信息;

(四)作业或者活动保障措施方案、应急预案和责任制度文本。

在港口进行可能危及港口安全的采掘、爆破等活动,建设单位、施工单位应当报经港口行政管理部门许可。港口行政管理部门应当将许可情况及时通报海事管理机构。

第九条 建设单位、主办单位或者施工单位应当根据作业或者活动的范围、气象、海况和通航环境等因素,综合分析水上交通安全和船舶污染水域环境的风险,科学合理编制作业或者活动方案、保障措施方案和应急预案。

第十条 水上水下作业或者活动水域涉及两个以上海事管理机构的,许可证的申请应当向其共同的上一级海事管理机构或者共同的上一级海事管理机构指定的海事管理机构提出。

第十一条 海事管理机构应当自受理申请之日起15个工作日内作出许可或者不予许可的决定。准予许可的,应当颁发水上水下作业或者活动许可证。

对通航安全可能构成重大影响的水上水下作业或者活动,海事管理机构应当在许可前组织专家进行技术评审。

第十二条 许可证应当注明允许从事水上水下作业或者活动的单位名称、船名、设施名称、时间、水域、作业或者活动内容、有效期等事项。

第十三条 许可证的有效期由海事管理机构根据作业或者活动的期限及水域环境的特点确定。许可证有效期届满不能结束水上水下作业或者活动的,建设单位、主办单位或者施工单位应当于许可证有效期届满5个工作日前向海事管理机构申请办理延续手续,提交延续申请书和相关说明材料,由海事管理机构在原许可证上签注延续期限后方能继续从事相应作业或者活动。许可证有效期最长不得超过3年。

第十四条 许可证上注明的船舶、海上设施或者内河浮动设施在水上水下作业或者活动期间发生变更的,建设单位、主办单位或者施工单位应当及时向作出许可决定的海事管理机构申请办理变更手续,提交变更申请书和相关说明材料。在变更手续未办妥前,变更的船舶、海上设施或者内河浮动设施不得从事相应的水上水下作业或者活动。

许可证上注明的从事水上水下作业或者活动的单位、内容、水域发生变更的，建设单位、主办单位或者施工单位应当重新申请许可证。

第十五条 有下列情形之一的，建设单位、主办单位或者施工单位应当及时向原发证的海事管理机构报告，并办理许可证注销手续：

(一)水上水下作业或者活动中止的；

(二)3个月以上未开工的；

(三)提前完工的；

(四)因许可事项变更而重新办理了新的许可证的；

(五)因不可抗力导致许可的水上水下作业或者活动无法实施的。

第三章 作业和活动管理

第十六条 在管辖海域内从事体育、娱乐、演练、试航、科学观测等水上水下活动，应当编制活动方案、安全保障和应急方案，并遵守海上交通安全管理规定；可能影响海上交通安全的，应当提前10个工作日将活动涉及的海域范围报告海事管理机构。

在内河通航水域进行气象观测、测量、地质调查、大面积清除水面垃圾和可能影响内河通航水域交通安全的其他作业的，应当在作业前将作业方案报海事管理机构备案。

第十七条 从事维护性疏浚、清障等影响通航的航道养护活动，或者确需限制通航的养护作业的，应当提前向海事管理机构通报。

第十八条 海事管理机构应当根据作业或者活动水域的范围、自然环境、交通状况等因素合理核定安全作业区的范围，并向社会公告。需要改变的，应当由海事管理机构重新核定公告。

水上水下作业或者活动已经海事管理机构核定安全作业区的，船舶、海上设施或者内河浮动设施应当在安全作业区内进行作业或者活动。无关船舶、海上设施或者内河浮动设施不得进入安全作业区。

建设单位、主办单位或者施工单位应当在安全作业区设置相关的安全警示标志、配备必要的安全设施或者警戒船。

第十九条 从事按规定需要发布航行警告、航行通告的水上水下作业或者活动，应当在作业或者活动开始前办妥相关手续。

第二十条 水上水下作业或者活动的建设单位、主办单位或者施工单位应当加强安全生产管理，落实安全生产主体责任。

第二十一条 建设单位应当根据国家有关法律、法规及规章要求，明确本单位和施工单位安全责任人，督促施工单位加强施工作业期间安全管理，落实水上交通安全的各项要求。

建设单位应当确保水上交通安全设施与主体工程同时设计、同时施工、同时投入生产和使用。

第二十二条 水上水下作业需要招投标的，建设单位应当在招投标前明确参与作业的船舶、海上设施或者内河浮动设施应当具备的安全标准和条件，在工程招投标后督促施工单位落实施工过程中各项安全保障措施，将作业船舶、海上设施或者内河浮动设施及人员和为作业服务的船舶及其人员纳入水上交通安全管理体系，并与其签订安全生产管理协议。

第二十三条 主办单位、施工单位应当落实安全生产法律法规要求，完善安全生产条件，保障施工作业、活动及其周边水域交通安全。

第二十四条 建设单位、主办单位或者施工单位在水上水下作业或者活动过程中应当遵守以下规定：

（一）按照海事管理机构许可的作业或者活动内容、水域范围和使用核准的船舶、海上设施或者内河浮动设施进行作业或者活动，不得妨碍其他船舶的正常航行；

（二）及时向海事管理机构通报作业或者活动进度及计划，并保持作业或者活动水域良好的通航环境；

（三）使船舶、海上设施或者内河浮动设施保持在适于安全航行、停泊或者从事有关作业或者活动的状态；

（四）船舶、海上设施或者内河浮动设施应当按照有关规定在明显处昼夜显示规定的号灯号型。在现场作业或者活动的船舶或者警戒船上配备有效的通信设备，作业或者活动期间指派专人警戒，并在指定的频道上守听。

第二十五条 建设单位、主办单位或者施工单位应当及时清除水上水下作业或者活动过程中产生的碍航物，不得遗留任何有碍航行和作业安全的隐患。在碍航物未清除前，必须设置规定的标志、显示信号，并将碍航物的名称、形状、尺寸、位置和深度准确地报告海事管理机构。

第二十六条 建设单位应当在工程涉及通航安全的部分完工后或者工程竣工后，将工程有关通航安全的技术参数报海事管理机构备案。

第二十七条 海事管理机构应当建立作业或者活动现场监督检查制度，依法检查建设单位、主办单位和施工单位所属船舶、海上设施或者内河浮动设施、人员水上通航安全作业条件、采取的通航安全保障措施、应急预案、责任制度落实情况。有关单位和人员应当予以配合。

第四章　法律责任

第二十八条　有下列情形之一的,海事管理机构应当责令建设单位、主办单位或者施工单位立即停止作业或者活动,并采取安全防范措施:

(一)因恶劣自然条件严重影响作业或者活动及通航安全的;

(二)作业或者活动水域内发生水上交通事故或者存在严重危害水上交通安全隐患,危及周围人命、财产安全的。

第二十九条　有下列情形之一的,海事管理机构应当责令改正;拒不改正的,应当责令其停止作业或者活动:

(一)建设单位、主办单位或者施工单位未落实安全生产主体责任的;

(二)未按照规定设置相关的安全警示标志、配备必要的安全设施或者警戒船的;

(三)未经许可擅自更换或者增加作业或者活动船舶、海上设施或者内河浮动设施的;

(四)未按照规定采取通航安全保障措施进行水上水下作业或者活动的;

(五)雇佣不符合安全标准的船舶、海上设施或者内河浮动设施进行水上水下作业或者活动的。

第三十条　违反本规定,隐瞒有关情况或者提供虚假材料,以欺骗或者其他不正当手段取得许可证的,由海事管理机构撤销其水上水下作业或者活动许可,收回其许可证,处5000元以上3万元以下的罚款。

第三十一条　在管辖海域内有下列情形之一的,海事管理机构应当责令改正,对违法船舶、海上设施的所有人、经营人或者管理人处3万元以上30万元以下的罚款,对船长、责任船员处3000元以上3万元以下的罚款,或者暂扣船员适任证书6个月至12个月;情节严重的,吊销船长、责任船员的船员适任证书。

(一)船舶、海上设施未取得许可证或者使用涂改、非法受让的许可证从事施工作业的;

(二)未按照许可明确的作业方案、保障措施、应急预案和责任制度相关要求开展施工作业的;

(三)超出核定的安全作业区进行施工作业的。

从事可能影响海上交通安全的水上水下活动,未按规定提前报告海事管理机构的,由海事管理机构对违法船舶、海上设施的所有人、经营人或者管理人处1万元以上3万元以下的罚款,对船长、责任船员处2000元以上2万元以下的罚款。

第三十二条 在内河通航水域或者岸线上进行水上水下作业或者活动，有下列情形之一的，海事管理机构应当责令立即停止作业或者活动，责令限期改正，处5000元以上5万元以下的罚款：

（一）未取得许可证擅自进行水上水下作业或者活动的；

（二）使用涂改或者非法受让的许可证进行水上水下作业或者活动的；

（三）未按照本规定报备水上水下作业的；

（四）擅自扩大作业或者活动水域范围的。

第三十三条 有下列情形之一的，海事管理机构应当责令停止作业或者活动，可以处2000元以下的罚款：

（一）未按有关规定申请发布航行警告、航行通告即行实施水上水下作业或者活动的；

（二）水上水下作业或者活动与航行警告、航行通告中公告的内容不符的。

第三十四条 未按照本规定取得许可证，擅自构筑、设置的水上水下构筑物或者设施，船舶不得进行靠泊作业。影响通航环境的，应当责令构筑、设置者限期搬迁或者拆除，搬迁或者拆除的有关费用由构筑、设置者承担。

第三十五条 违反本规定，建设单位、主办单位或者施工单位在管辖海域内未对有碍航行和作业安全的隐患采取设置标志、显示信号等措施的，海事管理机构应当责令改正，处2万元以上20万元以下的罚款。

建设单位、主办单位或者施工单位在内河通航水域或者岸线水上水下作业或者活动，未按照规定采取设置标志、显示信号等措施的，海事管理机构应当责令改正，处5000元以上5万元以下的罚款。

第三十六条 海事管理机构工作人员不按法定的条件进行海事行政许可或者不依法履行职责进行监督检查，有滥用职权、徇私舞弊、玩忽职守等行为的，由其所在机构或上级机构依法处理；构成犯罪的，由司法机关依法追究刑事责任。

第五章　附　　则

第三十七条 在军港、渔港内从事相关水上水下作业或者活动，按照国家有关规定执行。

第三十八条 本规定自公布之日起施行。2019年1月28日以交通运输部令2019年第2号公布的《中华人民共和国水上水下活动通航安全管理规定》同时废止。

中华人民共和国海上海事行政处罚规定

（2021年9月1日交通运输部令2021年第27号公布　自公布之日起施行　国司备字[2021004649]）

第一章　总　　则

第一条　为规范海上海事行政处罚行为，保护当事人的合法权益，保障和监督海上海事行政管理，维护海上交通秩序，防治船舶污染水域，根据《海上交通安全法》《海洋环境保护法》《行政处罚法》及其他有关法律、行政法规，制定本规定。

第二条　实施海事行政处罚，应当遵循合法、公开、公正，处罚与教育相结合的原则。

第三条　海事行政处罚，由海事管理机构依法实施。

第二章　海事行政处罚的适用

第四条　海事管理机构实施海事行政处罚时，应当责令当事人改正或者限期改正海事行政违法行为。

第五条　对有两个或者两个以上海事行政违法行为的同一当事人，应当分别处以海事行政处罚，合并执行。

对有共同海事行政违法行为的当事人，应当分别处以海事行政处罚。

第六条　实施海事行政处罚，应当与海事行政违法行为的事实、性质、情节以及社会危害程度相适应。

第七条　海事行政违法行为的当事人有下列情形之一的，应当依法从轻或者减轻给予海事行政处罚：

（一）主动消除或者减轻海事行政违法行为危害后果的；

（二）受他人胁迫或者诱骗实施海事行政违法行为的；

（三）主动供述海事管理机构尚未掌握的违法行为的；

（四）配合海事管理机构查处海事行政违法行为有立功表现的；

（五）法律、法规、规章规定应当依法从轻或者减轻行政处罚的其他情形。

海事行政违法行为轻微并及时改正，没有造成危害后果的，不予海事行政处罚。初次违法且危害后果轻微并及时改正的，可以不予海事行政处罚。

本条第一款所称依法从轻给予海事行政处罚，是指在法定的海事行政处罚种类、幅度范围内给予较轻的海事行政处罚。

本条第一款所称依法减轻给予海事行政处罚，是指在法定的海事行政处罚种类、幅度最低限以下给予海事行政处罚。

有海事行政违法行为的中国籍船舶和船员在境外已经受到处罚的，不得重复给予海事行政处罚。

第八条 对当事人的同一个海事行政违法行为，不得给予两次以上罚款的行政处罚。同一个违法行为违反多个法律规范应当给予罚款处罚的，按照罚款数额高的规定处罚。

第三章 海事行政违法行为和行政处罚

第一节 违反船舶、海上设施管理秩序

第九条 违反《海上交通安全法》第九条的规定，船舶、海上设施未持有有效的证书、文书的，由海事管理机构责令改正，对违法船舶或者海上设施的所有人、经营人或者管理人处 3 万元以上 30 万元以下的罚款，对船长和有关责任人员处 3000 元以上 3 万元以下的罚款；情节严重的，对违法船舶或者海上设施的所有人、经营人或者管理人处 3 万元以上 30 万元以下的罚款，暂扣船长、责任船员的船员适任证书 18 个月至 30 个月，直至吊销船员适任证书；对船舶持有的伪造、变造证书、文书，予以没收；对存在严重安全隐患的船舶，可以依法予以没收。

前款所称“有效的证书、文书”包括船舶国籍证书、船舶最低安全配员证书、符合证明、安全管理证书、海事劳工证书、海上船舶载重线证书、水上移动通信业务标识码证书、船舶制式无线电台执照、航海日志、轮机日志等。

本条第一款所称“船舶、海上设施未持有有效的证书、文书”，包括以下情形：

（一）未取得证书、文书的；

（二）超过所持证书、文书限定范围的；

（三）持有的证书、文书超过有效期限的。

本条第一款所称“存在严重安全隐患的船舶”，是指未持有任何有效的船舶证书，且存在以下任一情形的船舶：

（一）处于航行、作业状态，已达强制报废年限；或经船舶检验机构评估，船舶结构、稳性、强度等低于强制性标准和技术规范，且经督促在三个月内未整

改到位的;

(二)从事客运或者危险货物运输的。

第十条 违反《海上交通安全法》第九条的规定,以欺骗、贿赂等不正当手段为中国籍船舶取得相关证书、文书的,由海事管理机构撤销有关许可,没收相关证书、文书,对船舶所有人、经营人或者管理人处4万元以上40万元以下的罚款。

前款所称"欺骗"是指以提供虚假材料,隐瞒真实情况等方式骗取相关证书、文书。

第十一条 违反《海上交通安全法》第九条、第十条、第三十三条的规定,船舶、海上设施有下列情形之一的,由海事管理机构责令改正,对违法船舶或者海上设施的所有人、经营人或者管理人处2万元以上20万元以下的罚款,对船长和有关责任人员处2000元以上2万元以下的罚款;情节严重的,吊销违法船舶所有人、经营人或者管理人的有关证书、文书,暂扣船长、责任船员的船员适任证书12个月至24个月,直至吊销船员适任证书:

(一)船舶、海上设施的实际状况与持有的证书、文书不符;

(二)船舶未依法悬挂国旗,或者违法悬挂其他国家、地区或者组织的旗帜;

(三)船舶未按规定标明船名、船舶识别号、船籍港、载重线标志。

前款所称"船舶所有人、经营人或者管理人的有关证书、文书"包括由海事管理机构颁发给船舶所有人、经营人或者管理人的证书、文书,如符合证明等,也包括船舶所有人、经营人或者管理人依法为其所属船舶办理的证书、文书,如船舶国籍证书、安全管理证书、海事劳工证书等。

第二节　违反船员管理秩序

第十二条 违反《海上交通安全法》第十三条的规定,在船舶上工作未持有船员适任证书、船员健康证明或者所持船员适任证书、健康证明不符合要求的,由海事管理机构对船舶的所有人、经营人或者管理人处1万元以上10万元以下的罚款,对责任船员处3000元以上3万元以下的罚款;情节严重的,对船舶的所有人、经营人或者管理人处3万元以上30万元以下的罚款,暂扣责任船员的船员适任证书6个月至12个月,直至吊销船员适任证书。

前款所称"船员适任证书、健康证明不符合要求",包括以下情形:

(一)所服务船舶的航区(线)、种类和等级或者所任职务超越所持船员适任证书限定的范围,或所任职务超越所持船员健康证明限定的范围;

(二)超过证书、证明有效期限;

（三）持伪造、变造、转让、买卖或者租借的证书、证明。

以欺骗、贿赂等不正当手段取得船员适任证书的，由海事管理机构撤销有关许可，没收船员适任证书，对责任人员处5000元以上5万元以下的罚款。

第十三条 船员用人单位、船舶所有人有下列未按照规定招用外国籍船员在中国籍船舶上任职情形的，依照《船员条例》第五十五条的规定，由海事管理机构责令改正，处3万元以上15万元以下罚款：

（一）在中国籍船舶上工作的外国籍船员未依照法律、行政法规和国家其他有关规定取得就业许可；

（二）在中国籍船舶上工作的外国籍船员未持有国务院交通运输主管部门规定的相应证书和其所属国政府签发的相关身份证件；

（三）擅自招用外国籍船员担任中国籍船舶船长的。

第十四条 船员服务机构和船员用人单位未将其招用或者管理的船员的有关情况定期向海事管理机构备案的，按照《船员条例》第五十八条的规定，由海事管理机构对责任单位处5000元以上2万元以下罚款。

前款所称船员服务机构和船员用人单位未定期向海事管理机构备案，包括下列情形：

（一）未按规定进行备案，或者备案内容不全面、不真实；

（二）未按照规定时间备案；

（三）未按照规定的形式备案。

第三节　违反航行、停泊和作业管理秩序

第十五条 违反《海上交通安全法》第三十三条的规定，船舶、海上设施配员不符合最低安全配员要求的，由海事管理机构责令改正，对违法船舶或者海上设施的所有人、经营人或者管理人处2万元以上20万元以下的罚款，对船长和有关责任人员处2000元以上2万元以下的罚款；情节严重的，吊销违法船舶所有人、经营人或者管理人的有关证书、文书，暂扣船长、责任船员的船员适任证书12个月至24个月，直至吊销船员适任证书。

前款所称“不符合最低安全配员要求”，包括以下情形：

（一）持有有效船舶最低安全配员证书的船舶，所配船员数量低于船舶最低安全配员证书要求的；

（二）未持有有效船舶最低安全配员证书的船舶，配员低于船舶最低安全配员标准的；

（三）所配船员不符合船舶、航区、等级、职务等要求的；

（四）海上设施未按规定配备掌握避碰、信号、通信、消防、救生等专业技能

的人员的。

第十六条 违反《海上交通安全法》第四十二条的规定，船员未保持安全值班，在履行值班职责前和值班期间摄入可能影响安全值班的食品、药品或者其他物品，或者有其他违反海上船员值班规则的行为的，由海事管理机构对船长、责任船员处1000元以上1万元以下的罚款，或者暂扣船员适任证书3个月至12个月；情节严重的，吊销船长、责任船员的船员适任证书。

前款所称的“食品、药品或者其他物品”是指酒精、毒品等可能影响安全值班的物品。

本条第一款所称“其他违反海上船员值班规则的行为”是指未按照《中华人民共和国海船船员值班规则》和国际公约中关于航行、值班的要求保持安全值班的其他行为。

第十七条 违反《船员条例》第十六条的规定，船员有下列情形之一的，由海事管理机构处1000元以上1万元以下罚款；情节严重的，并给予暂扣船员适任证书6个月以上2年以下直至吊销船员适任证书的处罚：

（一）未如实填写或者记载有关船舶、船员法定文书的；

（二）隐匿、篡改或者销毁有关船舶、船员法定证书、文书的。

隐藏掩饰，拒不出示船舶、船员法定证书、文书的，视为隐匿。

第十八条 违反《海上交通安全法》第三十四条、第三十五条、第三十六条、第四十三条、第四十四条、第四十五条、第四十七条、第五十七条、第五十八条、第五十九条和第六十一条的规定，船舶在海上航行、停泊、作业，有下列情形之一的，由海事管理机构责令改正，对违法船舶的所有人、经营人或者管理人处2万元以上20万元以下的罚款，对船长、责任船员处2000元以上2万元以下的罚款，暂扣船员适任证书3个月至12个月；情节严重的，对违法船舶的所有人、经营人或者管理人处2万元以上20万元以下的罚款，吊销船长、责任船员的船员适任证书：

（一）船舶进出港口、锚地或者通过桥区水域、海峡、狭水道、重要渔业水域、通航船舶密集的区域、船舶定线区、交通管制区时，未加强瞭望、保持安全航速并遵守前述区域的特殊航行规则；

（二）未按照有关规定显示信号、悬挂标志或者保持足够的富余水深；

（三）不符合安全开航条件冒险开航，违章冒险操作、作业，或者未按照船舶检验证书载明的航区航行、停泊、作业；

（四）未按照有关规定开启船舶的自动识别、航行数据记录、远程识别和跟踪、通信等与航行安全、保安、防治污染相关的装置，并持续进行显示和记录；

（五）擅自拆封、拆解、初始化、再设置航行数据记录装置或者读取其记录的信息；

（六）船舶穿越航道妨碍航道内船舶的正常航行，抢越他船船艏或者超过桥梁通航尺度进入桥区水域；

（七）船舶违反规定进入或者穿越禁航区；

（八）船舶载运或者拖带超长、超高、超宽、半潜的船舶、海上设施或者其他物体航行，未采取特殊的安全保障措施，未在开航前向海事管理机构报告航行计划，未按规定显示信号、悬挂标志，或者拖带移动式平台、浮船坞等大型海上设施未依法交验船舶检验机构出具的拖航检验证书；

（九）船舶在不符合安全条件的码头、泊位、装卸站、锚地、安全作业区停泊，或者停泊危及其他船舶、海上设施的安全；

（十）船舶违反规定超过检验证书核定的载客定额、载重线、载货种类载运乘客、货物，或者客船载运乘客同时载运危险货物；

（十一）客船未向乘客明示安全须知、设置安全标志和警示；

（十二）未按照有关法律、行政法规、规章以及强制性标准和技术规范的要求安全装卸、积载、隔离、系固和管理货物；

（十三）其他违反海上航行、停泊、作业规则的行为。

第十九条　违反《海上交通安全法》第二十条、第二十二条、第二十六条和第四十四条的规定，有下列情形之一的，由海事管理机构责令改正；情节严重的，处3万元以上10万元以下的罚款：

（一）建设海洋工程、海岸工程未按规定配备相应的防止船舶碰撞的设施、设备并设置专用航标；

（二）损坏海上交通支持服务系统或者妨碍其工作效能；

（三）未经海事管理机构同意设置、撤除专用航标，移动专用航标位置或者改变航标灯光、功率等其他状况，或者设置临时航标不符合海事管理机构确定的航标设置点；

（四）在安全作业区、港外锚地范围内从事养殖、种植、捕捞以及其他影响海上交通安全的作业或者活动。

第二十条　违反《海上交通安全法》第二十四条的规定，有下列情形之一的，由海事管理机构责令改正，对有关责任人员处3万元以下的罚款；情节严重的，处3万元以上10万元以下的罚款，并暂扣责任船员的船员适任证书1个月至3个月：

（一）承担无线电通信任务的船员和岸基无线电台（站）的工作人员未保持海上交通安全通信频道的值守和畅通，或者使用海上交通安全通信频率交流与海上交通安全无关的内容；

（二）违反国家有关规定使用无线电台识别码，影响海上搜救的身份识别；

（三）其他违反海上无线电通信规则的行为。

第二十一条　违反《海上交通安全法》第四十六条、第五十三条、第五十四条和第五十五条的规定，外国籍船舶进出中华人民共和国内水、领海有下列情形之一的，由海事管理机构对违法船舶的所有人、经营人或者管理人处5万元以上50万元以下的罚款，对船长处1万元以上3万元以下的罚款：

（一）外国籍船舶临时进入非对外开放水域，未依照国务院关于船舶进出口岸的规定取得许可的；

（二）外国籍船舶在中华人民共和国领海非无害通过的；

（三）外国籍船舶进出中华人民共和国领海，应当向海事管理机构报告而未报告的；

（四）外国籍船舶进出中华人民共和国领海，未持有有关证书，未采取符合中华人民共和国法律、行政法规和规章规定的特别预防措施，或不接受海事管理机构指令和监督的；

（五）外国籍船舶因紧急情况未及获得许可进入中华人民共和国内水的，未及时向海事管理机构紧急报告，或不接受海事管理机构指令和监督的。

前款第（三）（四）项规定的"外国籍船舶"是指潜水器、核动力船舶、载运放射性物质或者其他有毒有害物质的船舶以及法律、行政法规或者国务院规定的可能危及中华人民共和国海上交通安全的其他船舶。

第二十二条　违反《海上交通安全法》第四十六条的规定，国际航行船舶未经许可进出口岸的，由海事管理机构对违法船舶的所有人、经营人或者管理人处3000元以上3万元以下的罚款，对船长、责任船员或者其他责任人员，处2000元以上2万元以下的罚款；情节严重的，对违法船舶的所有人、经营人或者管理人处3000元以上3万元以下的罚款，吊销船长、责任船员的船员适任证书。

第二十三条　违反《海上交通安全法》第四十六条的规定，国内航行船舶进出港口、港外装卸站未依法向海事管理机构报告的，由海事管理机构对违法船舶的所有人、经营人或者管理人处3000元以上3万元以下的罚款，对船长、责任船员或者其他责任人员处500元以上5000元以下的罚款。

第二十四条　违反《海上航行警告和航行通告管理规定》第八条规定，海上航行警告、航行通告发布后，申请人未在国家主管机关或者区域主管机关核准的时间和区域内进行活动，或者需要变更活动时间或者改换活动区域的，未按规定重新申请发布海上航行警告、航行通告，依照《海上航行警告和航行通告管理规定》第十七条的规定，由海事管理机构责令其停止活动，并可以处

2000元以下罚款。

第二十五条 违反《海上航行警告和航行通告管理规定》，造成海上交通事故的，依照《海上航行警告和航行通告管理规定》第二十条，由海事管理机构对船舶、设施所有人、经营人或者管理人处3000元以上1万元以下罚款；对船长或者设施主要负责人处2000元以上1万元以下罚款并对其他直接责任人员处1000元以上1万元以下罚款；情节严重的，并给予暂扣船员适任证书6个月至24个月直至吊销船员适任证书的处罚。

第二十六条 违反《海上交通安全法》第五十一条的规定，碍航物的所有人、经营人或者管理人有下列情形之一的，由海事管理机构责令改正，处2万元以上20万元以下的罚款；逾期未改正的，海事管理机构有权依法实施代履行，代履行的费用由碍航物的所有人、经营人或者管理人承担：

（一）未按照有关强制性标准和技术规范的要求及时设置警示标志；

（二）未向海事管理机构报告碍航物的名称、形状、尺寸、位置和深度；

（三）未在海事管理机构限定的期限内打捞清除碍航物。

第二十七条 违反《海上交通安全法》第八十四条、第八十八条和第八十九条的规定，有关单位、个人拒绝、阻碍海事管理机构监督检查，或者在接受监督检查时弄虚作假的，由海事管理机构处2000元以上2万元以下的罚款，暂扣船长、责任船员的船员适任证书6个月至24个月，直至吊销船员适任证书。

第四节 违反危险货物载运安全监督管理秩序

第二十八条 违反《危险化学品安全管理条例》第四十四条的规定，危险化学品运输申报人员、集装箱装箱现场检查员未取得从业资格，依照《危险化学品安全管理条例》第八十六条的规定，由海事管理机构责令改正，处5万元以上10万元以下的罚款；拒不改正的，责令停航、停业整顿。

第二十九条 违反《危险化学品安全管理条例》第十八条的规定，运输危险化学品的船舶配载容器未经检验合格而投入使用的，依照《危险化学品安全管理条例》第七十九条的规定，由海事管理机构责令改正，对船舶所有人、经营人或者管理人处10万元以上20万元以下的罚款；有违法所得的，没收违法所得；拒不改正的，责令停航整顿。

前款所称的"船舶配载容器"包括船用刚性中型散装容器、船用可移动罐柜等。

第三十条 违反《海上交通安全法》第六十二条、第六十四条和第六十五条的规定，载运危险货物的船舶有下列情形之一的，海事管理机构应当责令改正，对违法船舶的所有人、经营人或者管理人处5万元以上50万元以下的罚款，对船长、责任船员或者其他责任人员，处5000元以上5万元以下的罚款；情节严重的，责令停止作业或者航行，对违法船舶的所有人、经营人或者管理人处5万元以上50万元以下的罚款，暂扣船长、责任船员的船员适任证书6个月至12个月，直至吊销船员适任证书：

（一）未经许可进出港口或者从事散装液体危险货物过驳作业；

（二）未按规定编制相应的应急处置预案，配备相应的消防、应急设备和器材；

（三）违反有关强制性标准和安全作业操作规程的要求从事危险货物装卸、过驳作业。

第三十一条 违反《海上交通安全法》第六十三条的规定，托运人托运危险货物，有下列情形之一的，由海事管理机构责令改正，处5万元以上30万元以下的罚款：

（一）未将托运的危险货物的正式名称、危险性质以及应当采取的防护措施通知承运人；

（二）未按照有关法律、行政法规、规章以及强制性标准和技术规范的要求对危险货物妥善包装，设置明显的危险品标志和标签；

（三）在托运的普通货物中夹带危险货物或者将危险货物谎报为普通货物托运；

（四）未依法提交有关专业机构出具的表明该货物危险特性以及应当采取的防护措施等情况的文件。

第五节 违反海上搜寻救助管理秩序

第三十二条 违反《海上交通安全法》第七十二条、第八十条和第八十六条的规定，船舶、海上设施遇险或者发生海上交通事故后未履行报告义务，或者存在瞒报、谎报情形的，由海事管理机构对违法船舶、海上设施的所有人、经营人或者管理人处3000元以上3万元以下的罚款，对船长、责任船员处2000元以上2万元以下的罚款，暂扣船员适任证书6个月至24个月；情节严重的，对违法船舶、海上设施的所有人、经营人或者管理人处1万元以上10万元以下的罚款，吊销船长、责任船员的船员适任证书。

第三十三条 违反《海上交通安全法》第七十三条、第七十四条、第七十五条、第七十六条和第七十七条的规定，船舶、海上设施不依法履行海上救助义务，不服从海上搜救中心指挥的，由海事管理机构对船舶、海上设施的所有人、经营人或者管理人处3万元以上30万元以下的罚款，暂扣船长、责任船员的船员适任证书6个月至12个月，直至吊销船员适任证书。

第三十四条 违反《海上交通安全法》第七十三条的规定，船舶发生海上交通事故后逃逸的，由海事管理机构对违法船舶的所有人、经营人或者管理人处10万元以上50万元以下的罚款，对船长、责任船员处5000元以上5万元以下的罚款并吊销船员适任证书，被吊销适任证书者终身不得重新申请。

第六节 违反海上船舶污染海域环境管理秩序

第三十五条 本节所称水上拆船、船舶，其含义分别与《防止拆船污染环境管理条例》使用的同一用语的含义相同。

本节所称海洋环境污染损害、排放，其含义分别与《海洋环境保护法》使用的同一用语的含义相同。

第三十六条 违反《防止拆船污染环境管理条例》规定，有下列情形之一的，依照《防止拆船污染环境管理条例》第十七条的规定，海事管理机构除责令其限期纠正外，还可以根据不同情节，处1万元以上10万元以下的罚款：

（一）发生污染损害事故，不向监督拆船污染的海事管理机构报告也不采取消除或控制污染措施的；

（二）废油船未经洗舱、排污、清舱和测爆即行拆解的；

（三）任意排放或者丢弃污染物造成严重污染的。

第三十七条 违反《防止拆船污染环境管理条例》规定，有下列情形之一的，依照《防止拆船污染环境管理条例》第十八条的规定，海事管理机构除责令其限期纠正外，还可以根据不同情节，处警告或者1万元以下的罚款：

（一）拒绝或阻挠海事管理机构进行现场检查或在被检查时弄虚作假的；

（二）水上拆船单位未按规定要求配备和使用防污设施、设备和器材，造成环境污染的；

（三）发生污染损害事故，虽采取消除或者控制污染措施，但不向监督拆船污染的海事管理机构报告的；

（四）水上拆船单位关闭、搬迁后，原厂址的现场清理不合格的。

第三十八条 违反《海洋环境保护法》有关规定，船舶有下列行为之一的，依照《海洋环境保护法》第七十三条的规定，由海事管理机构责令停止违法行为、限期改正，并对船舶所有人、经营人或者管理人处以罚款；拒不改正的，海事管理机构可以自责令改正之日的次日起，按照原罚款数额按日连续处罚：

（一）向海域排放《海洋环境保护法》禁止排放的污染物或者其他物质的；

（二）不按照《海洋环境保护法》规定向海洋排放污染物，或者超过标准排放污染物的；

（三）因发生事故或者其他突发性事件，造成海洋环境污染事故，不立即采取处理措施的。

有前款第(一)项行为的,处 3 万元以上 20 万元以下的罚款;有前款第(二)项、第(三)项行为之一的,处 2 万元以上 10 万元以下的罚款。

第三十九条 违反《海洋环境保护法》规定,船舶造成珊瑚礁、红树林等海洋生态系统及海洋水产资源、海洋保护区破坏的,依照《海洋环境保护法》第七十六条的规定,由海事管理机构责令限期改正和采取补救措施,并对船舶所有人、经营人或者管理人处 1 万元以上 10 万元以下的罚款;有违法所得的,没收其违法所得。

第四十条 违反《海洋环境保护法》规定,有下列行为之一的,依照《海洋环境保护法》第八十七条的规定,由海事管理机构予以警告,或者处以罚款:

(一)船舶、港口、码头、装卸站未按规定配备防污设施、器材的;

(二)船舶未取得并随船携带防污证书、防污文书的;

(三)船舶未如实记录污染物处置情况;

(四)从事水上和港区水域拆船、旧船改装、打捞和其他水上、水下施工作业,造成海洋环境污染损害的;

(五)船舶载运的货物不具备防污适运条件的。

有前款第(一)项、第(五)项行为之一的,处 2 万元以上 10 万元以下的罚款;有前款第(二)项、第(三)项行为的,处 2 万元以下的罚款;有前款第(四)项行为的,处 5 万元以上 20 万元以下的罚款。

第四十一条 违反《海洋环境保护法》规定,船舶不编制溢油应急计划的,依照《海洋环境保护法》第八十八条的规定,由海事管理机构对船舶所有人、经营人或者管理人予以警告,或者责令限期改正。

第七节 违反海上交通事故调查处理秩序

第四十二条 本规定所称海上交通事故,其含义与《海上交通安全法》使用的同一用语的含义相同。

第四十三条 违反《海上交通事故调查处理条例》规定,有下列行为之一的,依照《海上交通事故调查处理条例》第二十九条的规定予以处罚:

(一)发生海上交通事故,未按规定的时间向海事管理机构提交《海上交通事故报告书》;

(二)中国籍船舶在中华人民共和国管辖水域以外发生海上交通事故,船舶所有人、经营人或者管理人未按《海上交通事故调查处理条例》第三十二条规定将判决书、裁决书或者调解书的副本或者影印件报船籍港的海事管理机构备案;

（三）发生海上交通事故，未按海事管理机构的要求驶往指定地点，或者在未发现危及船舶安全的情况下未经海事管理机构同意擅自驶离指定地点；

（四）发生海上交通事故，报告的内容或者《海上交通事故报告书》的内容不符合《海上交通事故调查处理条例》第五条、第七条规定的要求，影响事故调查或者给有关部门造成损失；

（五）发生海上交通事故，不按《海上交通事故调查处理条例》第九条的规定，向当地或者船舶第一到达港的船舶检验机构、公安消防监督机关申请检验、鉴定，并将检验报告副本送交海事管理机构备案，影响事故调查；

（六）拒绝接受事故调查或者无理阻挠、干扰海事管理机构进行事故调查的；

（七）在接受事故调查时故意隐瞒事实或者提供虚假证明。

第四章 附 则

第四十四条 本规定所称船舶、海上设施、内水、危险货物，其含义与《海上交通安全法》使用的同一用语的含义相同，但有关法律、行政法规和本规定另有规定的除外。

第四十五条 本规定所称的以上、以下包括本数。

本规定所称月，按自然月计算。

第四十六条 海上海事行政处罚程序适用《交通运输行政执法程序规定》。

海事行政处罚可以由违法行为发生地或者发现地的海事管理机构管辖。

第四十七条 本规定自公布之日起施行。2015 年 5 月 29 日以交通运输部令 2015 年第 8 号公布的《中华人民共和国海上海事行政处罚规定》，2017 年 5 月 23 日以交通运输部令 2017 年第 21 号公布的《关于修改〈中华人民共和国海上海事行政处罚规定〉的决定》，2019 年 4 月 12 日以交通运输部令 2019 年第 10 号公布的《关于修改〈中华人民共和国海上海事行政处罚规定〉的决定》同时废止。

交通运输部关于修改《中华人民共和国海上船舶污染事故调查处理规定》的决定

（2021 年 9 月 3 日交通运输部令 2021 年第 28 号公布　自公布之日起施行　国司备字[2021004655]）

交通运输部决定对《中华人民共和国海上船舶污染事故调查处理规定》（交通运输部令 2013 年第 16 号）作如下修改：

将第三十二条第一款修改为："在事故调查结束后，海事管理机构对造成船舶污染事故的责任船舶、有关作业单位，依照《中华人民共和国海洋环境保护法》第九十条的规定进行处罚。"

本决定自公布之日起施行。

《中华人民共和国海上船舶污染事故调查处理规定》根据本决定作相应修正，重新发布。

中华人民共和国海上船舶污染事故调查处理规定

（2011 年 11 月 14 日交通运输部令 2011 年第 10 号发布　根据 2013 年 12 月 24 日《交通运输部关于修改〈中华人民共和国海上船舶污染事故调查处理规定〉的决定》第一次修正　根据 2021 年 9 月 3 日《交通运输部关于修改〈中华人民共和国海上船舶污染事故调查处理规定〉的决定》第二次修正）

第一章　总　　则

第一条　为了规范船舶污染事故调查处理工作，依据《中华人民共和国海洋环境保护法》《中华人民共和国防治船舶污染海洋环境管理条例》等规定，制定本规定。

第二条　本规定适用于造成中华人民共和国管辖海域污染的船舶污染事故的调查处理。

第三条 国务院交通运输主管部门主管船舶污染事故调查处理工作。

国家海事管理机构负责指导、管理和实施船舶污染事故调查处理工作。

各级海事管理机构依照各自职责负责具体开展船舶污染事故调查处理工作。

第四条 船舶污染事故调查处理应当遵循及时、客观、公平、公正的原则，查明事故原因，认定事故责任。

第二章 事故报告

第五条 发现船舶及其有关水上交通事故、作业活动造成或者可能造成海洋环境污染的单位和个人，应当立即将有关情况向就近的海事管理机构报告。海事管理机构接到报告后，应当按照应急预案的要求进行报告和通报。

第六条 发生污染事故的船舶、有关作业单位，应当在采取应急措施的同时及时、妥善地保存相关事故信息，立即向就近的海事管理机构报告以下事项：

（一）船舶的名称、国籍、呼号、识别号或者编号；

（二）船舶所有人、经营人或者管理人、污染损害赔偿责任保险人的名称、地址和联系方式；

（三）相关水文和气象情况；

（四）污染物的种类、基本特性、数量、装载位置等情况；

（五）事故原因或者事故原因的初步判断；

（六）事故污染情况；

（七）已经采取或者准备采取的污染控制、清除措施以及救助要求；

（八）签订了船舶污染清除协议的，还应当报告船舶污染清除单位的名称和联系方式；

（九）船舶、有关作业单位认为需要报告的其它事项。

船舶、有关作业单位向海事管理机构报告后，经核实发现报告内容与事实情况不符的，应当立即对报告内容予以更正。

第七条 发生污染事故的船舶、有关作业单位，应当在事故发生后 24 小时内向就近的海事管理机构提交《船舶污染事故报告书》。因特殊情况不能在规定时间内提交《船舶污染事故报告书》的，经海事管理机构同意后可予适当延迟，但最长不得超过 48 小时。

《船舶污染事故报告书》至少应当包括以下内容：

（一）船舶及船舶所有人、经营人或者管理人的有关情况；

（二）污染事故概况；

（三）应急处置情况；

（四）污染损害赔偿责任保险情况；

（五）其它与事故有关的事项。

第八条 中国籍船舶在中华人民共和国管辖海域外发生的船舶污染事故，其所有人或经营人应当立即向船籍港所在地直属海事管理机构报告，并在48小时内提交《船舶污染事故报告书》；船舶应当在到达国内第一港口之前提前24小时向船籍港直属海事管理机构报告，并接受调查处理。

第九条 船舶污染事故报告后出现的新情况及污染事故的处置进展情况，船舶、有关单位应当及时补充报告。

第三章 事故调查

第十条 船舶污染事故调查处理依照下列规定组织实施：

（一）特别重大船舶污染事故由国务院或者国务院授权国务院交通运输主管部门等部门组织事故调查处理；

（二）重大船舶污染事故由国家海事管理机构组织事故调查处理；

（三）较大船舶污染事故由事故发生地直属海事管理机构负责调查处理；

（四）一般船舶污染事故由事故发生地海事管理机构负责事故调查处理。

船舶污染事故发生地不明的，由事故发现地海事管理机构负责调查处理。事故发生地或者事故发现地跨管辖区域或者相关海事管理机构对管辖权有争议的，由共同的上级海事管理机构确定调查处理机构。

在中华人民共和国管辖海域外发生的船舶污染事故，造成中华人民共和国管辖海域污染的，调查处理机构由国家海事管理机构指定。

中国籍船舶在中华人民共和国管辖海域外发生重大及以上船舶污染事故造成或者可能造成严重影响的，国家海事管理机构可派员开展事故调查。

船舶污染事故给渔业造成损害的，应当吸收渔业主管部门参与调查处理；给军事港口水域造成损害的，应当吸收军队有关主管部门参与调查处理。

第十一条 船舶因发生海上交通事故造成海洋环境污染的，海事管理机构对船舶污染事故的调查应当与船舶交通事故的调查同时进行。

第十二条 海事管理机构接到船舶污染事故报告后，应当及时进行核查取证，开展现场调查工作。

经核实不属于船舶污染事故的，及时通报相关部门处理。

第十三条 船舶污染事故调查应当由至少两名船舶污染事故调查人员实施。

船舶污染事故调查人员应当经过国家海事管理机构组织的培训，具有相应的船舶污染事故调查处理能力。

第十四条　发生下列情况时，船舶污染事故调查处理机构可以组织开展国际、国内船舶污染事故协查：

（一）污染事故肇事船舶逃逸的；

（二）污染事故嫌疑船舶已经开航离港的；

（三）辖区发生污染事故但暂时无法确认污染来源，经分析可能为过往船舶所为的；

（四）其它需要组织协查的情况。

国际间的船舶污染事故协查，由国家海事管理机构统一组织协调。

第十五条　船舶污染事故调查处理机构调查船舶污染事故，应当勘验事故现场，检查相关船舶，询问相关人员，收集证据，查明事故原因。

第十六条　下列材料可以作为船舶污染事故调查的证据：

（一）书证、物证、视听资料；

（二）证人证言；

（三）当事人陈述；

（四）鉴定结论；

（五）勘验笔录、调查笔录、现场笔录；

（六）其他可以证明事实的证据。

第十七条　船舶污染事故的当事人和其他有关人员应当配合调查，如实反映情况和提供资料，不得伪造、隐匿、毁灭证据或者以其他方式妨碍调查取证。

船舶污染事故的当事人和其他有关人员提供的书证、物证、视听资料应当是原件原物，提供抄录件、复印件、照片等非原件原物的，应当签字确认；拒绝确认的，事故调查人员应当注明有关情况。

第十八条　船舶污染事故调查处理机构根据调查处理工作的需要可以行使以下职权：

（一）责令船舶污染事故当事人提供相关技术鉴定或者检验、检测报告；

（二）暂扣相应的证书、文书、资料；

（三）禁止船舶驶离港口或者责令停航、改航、驶往指定地点、停止作业、暂扣船舶。

第四章　事故处理

第十九条　船舶污染事故调查处理机构应当根据船舶污染事故现场勘

验、检查、调查情况和有关的技术鉴定、检验、检测报告，完成船舶污染事故调查。

第二十条 船舶污染事故调查处理机构应当自事故调查结束之日起20个工作日内制作《船舶污染事故认定书》，并送达当事人。

《船舶污染事故认定书》应当载明事故基本情况、事故原因和事故责任。

海事管理机构在接到船舶污染事故报告或者发现船舶污染事故之日起6个月内无法查明污染源或者无法找到造成污染船舶的，经船舶污染事故调查处理机构负责人批准可以终止事故调查，并在《船舶污染事故认定书》中注明终止调查的原因。

第二十一条 船舶污染事故当事人对事故认定不服的，可以在收到《船舶污染事故认定书》之日起15日内，向船舶污染事故调查处理机构或者其上级机构申请一次重新认定。

第二十二条 造成海洋环境污染的船舶应当在开航前缴清海事管理机构为减轻污染损害而采取的清除、打捞、拖航、引航过驳等应急处置措施的相关费用或者提供相应的财务担保。

财务担保应当是现金担保、由境内银行或者境内保险机构提供的信用担保。

第二十三条 重大以上船舶污染事故的调查处理报告应当向国务院交通运输主管部门备案。其中重大以上船舶海上溢油事故的调查处理情况，国务院交通运输主管部门应当向国家海上溢油应急处置部际联席会议通报。

第二十四条 海上船舶污染事故调查处理的信息发布应当及时、准确。

海上船舶污染事故调查处理信息，由负责组织调查处理工作的机构审核后按照新闻发布的相关规定发布。参与事故调查处理的单位或者个人不得擅自发布相关信息。

第二十五条 船舶污染事故引起的污染损害赔偿争议，当事人可以向海事管理机构申请调解，海事管理机构也可以主动调解。

当事人一方拒绝调解的，海事管理机构不得调解。

征得所有当事人同意后，调解可以邀请其他利害关系人参加。

第二十六条 调解人员应当按照有关法律、法规的规定，对船舶污染损害赔偿争议进行调解。调解成功的，由各方当事人共同签署《船舶污染事故民事纠纷调解协议书》。

《船舶污染事故民事纠纷调解协议书》由当事人各执一份，调查处理机构留存一份。

第二十七条 在调解过程中，当事人向人民法院提起诉讼或者申请仲裁的，应当及时通知海事管理机构，调解自动终止。

当事人中途退出调解的，应当向海事管理机构提交退出调解的书面申请，海事管理机构应当终止调解，并及时通知其他当事人。

海事管理机构调解不成，或者在3个月内未达成调解协议的，应当终止调解。

第五章 法律责任

第二十八条 船舶、有关作业单位违反本规定的，海事管理机构应当责令改正；拒不改正的，海事管理机构可以责令停止作业、强制卸载，禁止船舶进出港口、靠泊、过境停留，或者责令停航、改航、离境、驶向指定地点。

第二十九条 违反本规定，船舶污染事故的当事人和其他有关人员有下列行为之一的，由海事管理机构处以1万元以上5万元以下的罚款：

（一）未如实向组织事故调查处理的机关或者海事管理机构反映情况的；

（二）伪造、隐匿、毁灭证据或者以其他方式妨碍调查取证的。

第三十条 发生船舶污染事故，船舶、有关作业单位迟报、漏报事故的，对船舶、有关作业单位，由海事管理机构处5万元以上25万元以下的罚款；对直接负责的主管人员和其他直接责任人员，由海事管理机构处1万元以上5万元以下的罚款。直接负责的主管人员和其他直接责任人员属于船员的，并处给予暂扣适任证书或者其他有关证件3个月至6个月的处罚。

本条所称迟报、漏报包括下列情形：

（一）发生船舶污染事故后，未立即向就近的海事管理机构报告的，因不可抗力无法报告的除外；

（二）船舶污染事故报告的内容与事实情况不符，未及时对报告内容予以更正的；

（三）未在规定时限内向海事管理机构提交《船舶污染事故报告书》的；

（四）提交的《船舶污染事故报告书》内容不完整。

第三十一条 发生船舶污染事故，船舶、有关作业单位瞒报、谎报事故的，对船舶、有关作业单位，由海事管理机构处25万元以上50万元以下的罚款；对直接负责的主管人员和其他直接责任人员，由海事管理机构处5万元以上10万元以下的罚款。直接负责的主管人员和其他直接责任人员属于船员的，并处给予吊销适任证书或者其他有关证件的处罚。

本条所称瞒报、谎报包括下列情形：

（一）发生船舶污染事故后，故意不向海事管理机构报告的；

(二)发现船舶污染事故报告的内容与事实情况不符,故意不对报告内容予以更正的;

(三)发生船舶污染事故后,编造虚假信息或者伪造、变造证据,不如实向海事管理机构报告的;

(四)提交《船舶污染事故报告书》弄虚作假的。

第三十二条 在事故调查结束后,海事管理机构对造成船舶污染事故的责任船舶、有关作业单位,依照《中华人民共和国海洋环境保护法》第九十条的规定进行处罚。

直接经济损失是指与船舶污染事故有直接因果关系而造成的财产毁损、减少的实际价值。包括:

(一)为防止或者减轻船舶污染损害采取预防措施所发生的费用,以及预防措施造成的进一步灭失或者损害;

(二)船舶污染事故造成该船舶之外的财产损害;

(三)对受污染的环境已采取或将要采取合理恢复措施的费用。

第三十三条 船舶污染事故造成珊瑚礁、红树林等海洋生态系统及海洋水产资源、海洋保护区破坏的,海事管理机构应当责令相关责任船舶、作业单位限期改正和采取补救措施,并处 1 万元以上 10 万元以下的罚款;有违法所得的,没收其违法所得。

第六章 附 则

第三十四条 国务院交通运输主管部门所辖港区水域内军事船舶和港区水域外渔业船舶、军事船舶污染事故的调查处理,国家法律、行政法规另有规定的,从其规定。

第三十五条 《船舶污染事故报告书》《船舶污染事故认定书》《船舶污染事故民事纠纷调解协议书》及《船舶污染事故民事纠纷调解终止通知书》的格式由国家海事管理机构规定。

第三十六条 本规定自 2012 年 2 月 1 日起施行。

交通运输部关于修改《危险货物水路运输从业人员考核和从业资格管理规定》的决定

（2021年9月3日交通运输部令2021年第29号公布　自公布之日起施行　国司备字[2021004654]）

交通运输部决定对《危险货物水路运输从业人员考核和从业资格管理规定》（交通运输部令2016年第59号）作如下修改：

一、将第二十六条修改为："港口危货储存单位主要安全管理人员未按照本规定经考核合格的，由所在地设区的市级港口行政管理部门按照《中华人民共和国安全生产法》第九十七条的规定进行处罚。"

二、将第二十八条修改为："未按本规定第二十五条报送信息的，分别由所在地港口行政管理部门或者海事管理机构按照职责分工责令限期改正，可处以1000元以下罚款；提供虚假信息或者1年之内多次未报信息的，处以3000元以上1万元以下罚款。"

本决定自公布之日起施行。

《危险货物水路运输从业人员考核和从业资格管理规定》根据本决定作相应修正，重新发布。

危险货物水路运输从业人员考核和从业资格管理规定

（2016年6月28日交通运输部令2016年第59号发布　根据2021年9月3日《交通运输部关于修改〈危险货物水路运输从业人员考核和从业资格管理规定〉的决定》修正）

第一章　总　　则

第一条　为规范危险货物水路运输从业人员的从业资格，提高从业人员的安全、法制、业务素质，防止和减少生产安全事故，依据《中华人民共和国安全生产法》《危险化学品安全管理条例》等有关法律、行政法规，制定本规定。

第二条 危险货物水路运输从业人员的考核和从业资格管理适用本规定。

前款所称危险货物水路运输从业人员包括：

（一）从事港口危险货物储存作业的港口经营人的主要负责人和安全生产管理人员（以下简称港口危货储存单位主要安全管理人员）；

（二）危险化学品港口经营人的装卸管理人员（以下简称装卸管理人员）；

（三）水路运输企业从事船舶载运危险化学品进出港口申报的人员（以下简称申报员）；

（四）水路运输企业从事船舶载运危险化学品集装箱装箱现场检查的人员（以下简称检查员）。

本规定所称水路运输企业包括港口经营人、水路运输经营者、无船承运业务经营者、船舶代理业务经营者和水路货物运输代理经营者等。

本条第一款所称从业人员的考核和从业资格管理，包括港口危货储存单位主要安全管理人员的考核管理和装卸管理人员、申报员、检查员的从业资格管理。

本条第二款所称船舶载运危险化学品集装箱装箱现场检查，是指托运人委托检查员对其托运的危险化学品的装箱过程、标牌标志、积载隔离等是否符合国际公约、规则和国内技术标准要求进行的现场检查。

第三条 交通运输部指导全国危险货物水路运输从业人员的考核和从业资格管理。

县级以上地方人民政府交通运输主管部门（含港口行政管理部门）负责本行政区域内港口危货储存单位主要安全管理人员考核和装卸管理人员的从业资格管理。

各级海事管理机构依据职责负责申报员、检查员的从业资格管理。

第四条 危险货物水路运输企业应当对危险货物水路运输从业人员进行安全教育、法制教育和岗位技术培训，制定培训计划，安排安全生产培训经费，建立培训管理档案。

危险货物水路运输从业人员应当接受教育和培训，未经安全生产教育和培训合格的，不得上岗作业。

第五条 港口行政管理部门及各级海事管理机构应当依据职责对辖区内装卸管理人员和申报员、检查员的从业资格进行监督检查。

监督检查中可以行使以下职权：

（一）查阅相应岗位人员的劳动合同、培训档案、年度考核材料等有关资料，向有关人员了解情况；

（二）检查核对相应岗位人员从业资格证书。

第二章　港口危货储存单位主要安全管理人员考核管理

第六条　港口危货储存单位主要安全管理人员应当按照《中华人民共和国安全生产法》的规定，经安全生产知识和管理能力考核合格。

第七条　交通运输部负责组织制定港口危货储存单位主要安全管理人员安全生产知识和管理能力考核大纲。

省级交通运输主管部门应当根据考核大纲编制考核题库，制定考核程序。

第八条　设区的市级港口行政管理部门应当按照省级交通运输主管部门编制的考核题库和制定的考核程序，组织港口危货储存单位主要安全管理人员安全生产知识和管理能力考核。考核不得收费。

组织考核的港口行政管理部门应当在考核结束后 20 个工作日内公布考核合格人员名单。参加考核人员可以向组织考核部门查询考核成绩。

第九条　从事港口危险货物储存作业的港口经营人应当及时组织本单位的主要安全管理人员报名参加考核，并向组织考核的港口行政管理部门提交报名申请及以下报名材料：

（一）申请考核人有效身份证件的复印件；

（二）能够证明其为主要安全管理人员的有效文件。

第十条　经考核合格的港口危货储存单位主要安全管理人员变动工作单位，担任其他港口危货储存单位主要安全管理人员的，可不再参加考核。

第十一条　从事港口危险货物储存作业的港口经营人应当加强经考核合格的主要安全管理人员的继续教育，及时更新法制、安全、业务方面的知识与技能。

第三章　装卸管理人员、申报员、检查员从业资格管理

第十二条　装卸管理人员、申报员、检查员应当按照本规定经考核合格，具备相应从业条件，取得相应种类的《危险化学品水路运输从业资格证书》（以下简称《资格证书》，见附件），方可从事相应的作业。

《资格证书》按照危险化学品国际水路运输和国内水路运输类型，细分为包装、散装固体、散装液体等种类，并在证书备注栏中予以注明。

《资格证书》由交通运输部统一式样及编号，在全国范围内有效。

第十三条 交通运输部负责制定装卸管理人员、申报员、检查员从业资格考核大纲。

省级交通运输主管部门应当按照交通运输部制定的考核大纲，编制装卸管理人员考核题库，并制定本行政区域内装卸管理人员的考核程序。

交通运输部海事局应当按照交通运输部制定的考核大纲，编制申报员和检查员的考核题库，制定考核程序。

第十四条 省级交通运输主管部门按照考核程序和考核题库，组织装卸管理人员的从业资格考核工作。

交通运输部直属海事管理机构应当按照交通运输部海事局制定的考核程序和编制的考核题库，组织开展辖区内申报员和检查员的从业资格考核工作。

省级地方海事管理机构应当按照交通运输部海事局制定的考核程序和编制的考核题库，组织开展辖区内仅从事危险化学品国内水路运输的申报员和检查员的从业资格考核工作。

交通运输部直属海事管理机构、省级地方海事管理机构可以决定由下一级海事管理机构具体实施申报员、检查员的从业资格考核。实施机构的名录应当向社会公告。

第十五条 报名参加考核的人员应当向组织考核的机关提交报名申请和有效身份证件的复印件。

第十六条 组织从业资格考核的部门，应当在考核结束后 20 个工作日内公布考核合格人员名单。参加考核人员可以向组织考核部门查询考核成绩。

第十七条 组织装卸管理人员从业资格考核的部门，应当在公布考核合格人员名单后 10 个工作日内，向考核合格人员颁发《资格证书》。

第十八条 装卸管理人员的《资格证书》有效期为 5 年。

装卸管理人员的《资格证书》到期需要换发的，应当在《资格证书》有效期届满前 30 日至 90 日，由申请人向原发证机关或其从业单位所在地发证机关提出申请，并提交申请人在证书有效期内的培训经历。

装卸管理人员《资格证书》的发证机关应当在《资格证书》有效期届满前完成审核工作。审核合格的，由发证机关重新颁发《资格证书》；不合格的，不予换证并说明理由。

第十九条 申请换发装卸管理人员《资格证书》的人员有下列情形之一的，应当按照本规定重新参加考核合格后取得《资格证书》：

（一）按照《中华人民共和国安全生产法》规定接受安全生产教育和培训的时间未达到16个小时且培训不合格的；

（二）未履行安全生产管理职责，导致发生生产安全事故，受到行政处罚的。

第二十条 经考核合格拟从业申报员和检查员的，应当向组织考核的海事管理机构申请从业资格证书。

第二十一条 申请申报员、检查员从业资格的，应当符合以下条件并提供相应的证明材料：

（一）近2年内的考核合格证明；

（二）首次申请的，应当具有在同1个从业单位连续3个月的相应业务实习经历，提交从业单位的实习证明；

（三）检查员具有正常辨色力，提交医疗机构出具的体检证明；

（四）无因谎报、瞒报危险化学品违规行为曾被吊销从业资格的情形。

第二十二条 符合第二十一条规定的，海事管理机构应当在10个工作日内，做出是否给予从业资格的决定。同意的，应当签发《资格证书》；不同意的，应当向申请人说明原因。

第二十三条 2年内未从事船舶运输危险化学品申报或者危险化学品集装箱装箱现场检查的，应当重新申请考核和从业资格。

第二十四条 需要聘用装卸管理人员、申报员、检查员的水路运输企业，应当聘用依照本规定取得相应从业资格的装卸管理人员、申报员、检查员。

装卸管理人员、申报员、检查员应当按照所取得的《资格证书》注明的类型和种类范围从事相关作业活动。

第二十五条 水路运输企业应当将本单位的装卸管理人员、申报员、检查员的以下信息及时报送具有相应职责的管理部门，装卸管理人员信息报送港口所在地港口行政管理部门，申报员、检查员信息报送所在地海事管理机构：

（一）被聘用从业人员的有效身份证明复印件；

（二）被聘用从业人员的《资格证书》编号；

（三）被聘用从业人员的从业区域；

（四）解聘从业人员的姓名、有效身份证明证号和《资格证书》编号。

第四章 法律责任

第二十六条 港口危货储存单位主要安全管理人员未按照本规定经考核合格的，由所在地设区的市级港口行政管理部门按照《中华人民共和国安全生产法》第九十七条的规定进行处罚。

第二十七条 水路运输企业的装卸管理人员、申报员、检查员未取得从业资格上岗作业的，由所在地港口行政管理部门或者海事管理机构责令改正，处5万元以上10万元以下的罚款；拒不改正的，责令停产停业整顿。

第二十八条 未按本规定第二十五条报送信息的，分别由所在地港口行政管理部门或者海事管理机构按照职责分工责令限期改正，可处以1000元以下罚款；提供虚假信息或者1年之内多次未报信息的，处以3000元以上1万元以下罚款。

第二十九条 装卸管理人员、申报员和检查员有下列行为之一的，分别由所在地港口行政管理部门或者海事管理机构按照职责分工责令改正，并处以5000元的罚款：

（一）将《资格证书》转借他人使用的；

（二）涂改《资格证书》的。

第三十条 各级交通运输主管部门、港口行政管理部门和海事管理机构的工作人员在从业人员的安全生产培训、考核、从业资格管理等工作中滥用职权、玩忽职守、徇私舞弊的，依照有关规定给予处分；构成犯罪的，依法追究刑事责任。

第五章　附　　则

第三十一条 本规定自2016年10月1日起施行。

附件

危险化学品水路运输从业资格证书

危险化学品水路运输从业资格证书

（小 2 寸证件照）

证书编号：

二维码

姓　名		性别	
身份证号码			
出生日期			
资格类型			
发证机关	（盖　章） 发证日期　年　月　日		

背面：备注特殊说明。

准予从事的作业类型

	包　装	散装固体	散装液体
国际水路运输			
国内水路运输			

交通运输部关于修改《港口和船舶岸电管理办法》的决定

（2021年9月13日交通运输部令2021年第31号公布　自公布之日起施行　国司备字[2021004663]）

交通运输部决定对《港口和船舶岸电管理办法》（交通运输部令2019年第45号）作如下修改：

一、将第一条修改为："为减少船舶靠港期间大气污染物排放，保障船舶靠港安全规范使用岸电，依据《中华人民共和国港口法》《中华人民共和国大气污染防治法》《中华人民共和国长江保护法》等法规的规定，制定本办法。"

二、将第三条第三款修改为："各级海事管理机构按照职责，负责船舶受电设施安装和船舶使用岸电情况的监督管理。"

三、将第四条修改为："地方各级交通运输（港口）主管部门应当积极争取地方人民政府出台资金补贴、电价优惠等扶持政策，支持码头岸电设施改造和船舶受电设施安装，鼓励船舶靠港使用岸电。"

四、第六条增加一款，作为第二款："长江流域的港口经营人应当按照所在地人民政府制定的港口岸电设施建设和改造计划实施建设和改造。"

五、第十条增加一款，作为第二款："长江流域的水路运输经营者应当按照所在地人民政府制定的船舶受电设施建设和改造计划实施建设和改造。"

六、将第十三条第一款修改为："港口经营人、岸电供电企业应当将码头岸电设施主要技术参数、检测情况等信息通过网站等渠道向社会公开、及时更新，并报送所在地交通运输（港口）主管部门。"

七、将第二十二条第一款修改为："码头岸电设施建设和检测，港口经营人、岸电供电企业向靠港船舶提供岸电服务以及水路运输经营者组织实施船舶受电设施安装等情况由市、县级交通运输（港口）主管部门监督检查。船舶发现港口经营人、岸电供电企业未按照规定提供岸电服务的，应当及时报告所在地交通运输（港口）主管部门。"第二款修改为："海事管理机构可以通过文件查阅等方式，核查船舶受电设施满足本办法和船舶法定检验技术规则要求、船舶使用岸电等情况。港口经营人、岸电供电企业发现船舶未按照规定使用岸电的，应当及时报告海事管理机构。"

八、第二十四条增加一款，作为第二款："长江流域的水路运输经营者未按照第十条规定实施船舶受电设施建设和改造的，由注册地交通运输主管部门责令限期改正。”

九、第二十五条增加三款，作为第二款、第三款、第四款：“在长江流域港口靠泊的船舶违反本办法第十一条第一款规定的，由海事管理机构责令停止违法行为，给予警告，并视情节轻重处以罚款：

（一）船舶发电机组总额定功率2000千瓦（含）以下的，处一万元以上二万元以下罚款；情节严重的，处十万元以上二十万元以下罚款；

（二）船舶发电机组总额定功率2000千瓦以上8000千瓦（含）以下的，处二万元以上五万元以下罚款；情节严重的，处二十万元以上三十万元以下罚款；

（三）船舶发电机组总额定功率8000千瓦以上的，处五万元以上十万元以下罚款；情节严重的，处三十万元以上五十万元以下罚款。

前款所称情节严重，是指船舶靠泊同一港口连续3次及以上或者连续12个月内累计6次及以上未按规定使用岸电，或者船舶受电设施出现故障不及时维修导致6个月以上无法正常使用。

初次违法且情节轻微并及时改正的，可以不予行政处罚，由海事管理机构进行教育。”

本决定自公布之日起施行。

《港口和船舶岸电管理办法》根据本决定作相应修改，重新发布。

港口和船舶岸电管理办法

（2019年12月9日交通运输部令2019年第45号发布　根据2021年9月13日《交通运输部关于修改〈港口和船舶岸电管理办法〉的决定》修正）

第一章　总　则

第一条　为减少船舶靠港期间大气污染物排放，保障船舶靠港安全规范使用岸电，依据《中华人民共和国港口法》《中华人民共和国大气污染防治法》《中华人民共和国长江保护法》等法规的规定，制定本办法。

第二条　中华人民共和国境内港口和船舶岸电建设、使用及有关活动，应当遵守本办法。

第三条　交通运输部主管全国港口和船舶岸电建设、使用等工作。

县级以上地方人民政府交通运输(港口)主管部门按照职责负责辖区水路运输经营者船舶受电设施安装、码头岸电设施建设以及向靠港船舶提供岸电服务等活动的监督管理。

各级海事管理机构按照职责,负责船舶受电设施安装和船舶使用岸电情况的监督管理。

第四条 地方各级交通运输(港口)主管部门应当积极争取地方人民政府出台资金补贴、电价优惠等扶持政策,支持码头岸电设施改造和船舶受电设施安装,鼓励船舶靠港使用岸电。

第二章 建设和使用

第五条 码头工程项目单位应当按照法律法规和强制性标准等要求,对新建、改建、扩建码头工程(油气化工码头除外)同步设计、建设岸电设施。

第六条 港口经营人应当按照法律法规、强制性标准和国家有关规定,对已建码头(油气化工码头除外)逐步实施岸电设施改造。

长江流域的港口经营人应当按照所在地人民政府制定的港口岸电设施建设和改造计划实施建设和改造。

第七条 码头岸电设施的供电能力应当与靠泊船舶的用电需求相适应。

第八条 为保障船舶靠港使用岸电安全,码头工程项目单位或者港口经营人在岸电设施投入使用前,应当按照相关强制性标准组织对岸电设施检测,其中高压岸电设施投入使用前,应当由具备相应能力的专业机构检测。

第九条 新建和已建中国籍船舶受电设施安装应当符合船舶法定检验技术规则,投入使用前需经船舶检验机构检验合格。

第十条 在船舶大气污染排放控制区靠泊的中国籍船舶,需要满足大气污染排放要求加装船舶受电设施的,相应水路运输经营者应当制定船舶受电设施安装计划并组织实施。

长江流域的水路运输经营者应当按照所在地人民政府制定的船舶受电设施建设和改造计划实施建设和改造。

第十一条 具备受电设施的船舶(液货船除外),在沿海港口具备岸电供应能力的泊位靠泊超过3小时,在内河港口具备岸电供应能力的泊位靠泊超过2小时,且未使用有效替代措施的,应当使用岸电;船舶、码头岸电设施临时发生故障,或者恶劣气候、意外事故等紧急情况下无法使用岸电的除外。

船舶靠泊不足前款规定时间的,鼓励使用岸电。

第十二条 船舶靠港使用岸电的用电量不计入港口能耗统计范围。

第三章 服务和安全

第十三条 港口经营人、岸电供电企业应当将码头岸电设施主要技术参数、检测情况等信息通过网站等渠道向社会公开、及时更新，并报送所在地交通运输（港口）主管部门。

所在地交通运输（港口）主管部门应当汇总辖区全部码头岸电设施信息，通过网站等渠道向社会公开，并通报海事管理机构。

第十四条 船舶应当在靠泊前，向港口经营人提供船舶受电设施的配备情况以及主要技术参数等信息。

第十五条 按照第十一条规定应当使用岸电的，港口经营人应当将用电船舶安排在具备相应岸电供应能力的泊位靠泊，对其他具备受电设施的船舶，鼓励安排在具备岸电设施的泊位靠泊。

第十六条 鼓励有关单位对使用岸电的船舶实施优先靠泊、减免岸电服务费、优先过闸或者优先通行等措施。

第十七条 岸电供电企业和水路运输经营者应当建立健全码头岸电设施、船舶受电设施的管理、使用、维护保养制度和操作规程等，发生故障应当及时修复。

第十八条 岸电供电企业和船舶应当如实记录岸电设备设施使用情况，并至少保存2年。记录内容主要包括泊位名称、船舶名称、靠离泊时间、岸电使用起止时间、用电量等。码头岸电设施、船舶受电设施发生故障的，还应当记录故障时间、故障情况及修复时间等。

岸电供电企业应当按照有关规定将岸电供应情况报送所在地交通运输（港口）主管部门。船舶应当按照船舶能耗数据收集管理的要求，向海事管理机构报告岸电使用情况，将岸电使用情况记录留船备查。

第十九条 港口经营人、岸电供电企业和船舶应当制定事故应急预案，明确岸电使用过程中各类事故的应急处置流程，并定期进行演练，适时修订。

第二十条 岸电供电企业和水路运输经营者应当组织作业人员进行操作技能、设备使用、作业程序、安全防护和应急处置等培训。

第二十一条 港口经营人、岸电供电企业和水路运输经营者应明确划分岸电使用安全责任。鼓励港口经营人、岸电供电企业和水路运输经营者购买岸电安全责任相关保险。

第四章　监督检查

第二十二条　码头岸电设施建设和检测，港口经营人、岸电供电企业向靠港船舶提供岸电服务以及水路运输经营者组织实施船舶受电设施安装等情况由市、县级交通运输（港口）主管部门监督检查。船舶发现港口经营人、岸电供电企业未按照规定提供岸电服务的，应当及时报告所在地交通运输（港口）主管部门。

海事管理机构可以通过文件查阅等方式，核查船舶受电设施满足本办法和船舶法定检验技术规则要求、船舶使用岸电等情况。港口经营人、岸电供电企业发现船舶未按照规定使用岸电的，应当及时报告海事管理机构。

交通运输（港口）主管部门和海事管理机构应当制定相关监督检查制度，并定期相互通报有关信息。

第二十三条　新建、改建、扩建港口工程的项目单位、已建码头的港口经营人违反第五条、第六条，港口经营人违反第十五条规定的，由所在地交通运输（港口）主管部门责令限期改正。

第二十四条　国内航行船舶未按照第十条规定安装受电设施的，由海事管理机构通报水路运输经营者注册地交通运输主管部门；国际航行船舶未按照第十条规定安装受电设施的，由直属海事机构汇总后定期报告交通运输部。

长江流域的水路运输经营者未按照第十条规定实施船舶受电设施建设和改造的，由注册地交通运输主管部门责令限期改正。

第二十五条　船舶违反本办法第十一条第一款规定的，由海事管理机构责令限期改正。

在长江流域港口靠泊的船舶违反本办法第十一条第一款规定的，由海事管理机构责令停止违法行为，给予警告，并视情节轻重处以罚款：

（一）船舶发电机组总额定功率2000千瓦（含）以下的，处一万元以上二万元以下罚款；情节严重的，处十万元以上二十万元以下罚款；

（二）船舶发电机组总额定功率2000千瓦以上8000千瓦（含）以下的，处二万元以上五万元以下罚款；情节严重的，处二十万元以上三十万元以下罚款；

（三）船舶发电机组总额定功率8000千瓦以上的，处五万元以上十万元以下罚款；情节严重的，处三十万元以上五十万元以下罚款。

前款所称情节严重，是指船舶靠泊同一港口连续3次及以上或者连续12个月内累计6次及以上未按规定使用岸电，或者船舶受电设施出现故障不及时维修导致6个月以上无法正常使用。

初次违法且情节轻微并及时改正的,可以不予行政处罚,由海事管理机构进行教育。

第二十六条 水路运输经营者未按照第十七条、第十九条规定制定相关制度、应急预案,由注册地交通运输主管部门责令限期改正。

第二十七条 岸电供电企业和船舶未按照第十七条、第十八条、第十九条、第二十条规定建立相关制度或者应急预案、记录或者报送岸电供电信息、提供岸电服务,或者岸电设施出现故障不及时维修导致3个月以上无法正常使用,由所在地交通运输(港口)主管部门和海事管理机构责令限期改正。

第二十八条 船舶未按照第十八条第二款规定报告岸电使用情况,由海事管理机构责令限期改正。

第五章 附 则

第二十九条 岸电供电质量、供电安全、电力供应与使用、供电价格等应当符合电力、价格等法规,以及电力领域的强制性标准和技术规范。

第三十条 本办法所称船舶受电设施是指船舶岸电系统船载装置。

岸电供电企业是指为靠港船舶提供岸电服务的组织或单位,可为港口经营人或者受港口经营人委托的第三方。

有效替代措施是指船舶靠港期间使用电能、LNG等新能源、清洁能源作为动力,或者关闭辅机等其他等效措施。

岸电设施是指由岸侧电力系统向停靠码头的船舶提供电能的设备及装置的整体,主要包括开关柜、岸电电源、接电装置、电缆管理装置等。

第三十一条 公务船舶和工程船舶使用岸电参照本办法执行。

第三十二条 军事船舶、渔船和体育船舶不适用本办法。

第三十三条 本办法自2020年2月1日起施行。

司法解释

最高人民检察院关于印发《最高人民检察院关于推进行政执法与刑事司法衔接工作的规定》的通知

（2021 年 6 月 2 日最高人民检察院第十三届检察委员会第六十八次会议通过　2021 年 9 月 6 日最高人民检察院公告公布　自公布之日起施行　高检发释字〔2021〕4 号）

各省、自治区、直辖市人民检察院，解放军军事检察院，新疆生产建设兵团人民检察院：

《最高人民检察院关于推进行政执法与刑事司法衔接工作的规定》已经 2021 年 6 月 2 日最高人民检察院第十三届检察委员会第六十八次会议通过。现印发你们，请认真遵照执行。

最高人民检察院关于推进行政执法与刑事司法衔接工作的规定

第一条　为了健全行政执法与刑事司法衔接工作机制，根据《中华人民共和国人民检察院组织法》《中华人民共和国行政处罚法》《中华人民共和国刑事诉讼法》等有关规定，结合《行政执法机关移送涉嫌犯罪案件的规定》，制定本规定。

第二条　人民检察院开展行政执法与刑事司法衔接工作，应当严格依法、准确及时，加强与监察机关、公安机关、司法行政机关和行政执法机关的协调配合，确保行政执法与刑事司法有效衔接。

第三条　人民检察院开展行政执法与刑事司法衔接工作由负责捕诉的部门按照管辖案件类别办理。负责捕诉的部门可以在办理时听取其他办案部门的意见。

本院其他办案部门在履行检察职能过程中，发现涉及行政执法与刑事司法衔接线索的，应当及时移送本院负责捕诉的部门。

第四条 人民检察院依法履行职责时，应当注意审查是否存在行政执法机关对涉嫌犯罪案件应当移送公安机关立案侦查而不移送，或者公安机关对行政执法机关移送的涉嫌犯罪案件应当立案侦查而不立案侦查的情形。

第五条 公安机关收到行政执法机关移送涉嫌犯罪案件后应当立案侦查而不立案侦查，行政执法机关建议人民检察院依法监督的，人民检察院应当依法受理并进行审查。

第六条 对于行政执法机关应当依法移送涉嫌犯罪案件而不移送，或者公安机关应当立案侦查而不立案侦查的举报，属于本院管辖且符合受理条件的，人民检察院应当受理并进行审查。

第七条 人民检察院对本规定第四条至第六条的线索审查后，认为行政执法机关应当依法移送涉嫌犯罪案件而不移送的，经检察长批准，应当向同级行政执法机关提出检察意见，要求行政执法机关及时向公安机关移送案件并将有关材料抄送人民检察院。人民检察院应当将检察意见抄送同级司法行政机关，行政执法机关实行垂直管理的，应当将检察意见抄送其上级机关。

行政执法机关收到检察意见后无正当理由仍不移送的，人民检察院应当将有关情况书面通知公安机关。

对于公安机关可能存在应当立案而不立案情形的，人民检察院应当依法开展立案监督。

第八条 人民检察院决定不起诉的案件，应当同时审查是否需要对被不起诉人给予行政处罚。对被不起诉人需要给予行政处罚的，经检察长批准，人民检察院应当向同级有关主管机关提出检察意见，自不起诉决定作出之日起三日以内连同不起诉决定书一并送达。人民检察院应当将检察意见抄送同级司法行政机关，主管机关实行垂直管理的，应当将检察意见抄送其上级机关。

检察意见书应当写明采取和解除刑事强制措施，查封、扣押、冻结涉案财物以及对被不起诉人予以训诫或者责令具结悔过、赔礼道歉、赔偿损失等情况。对于需要没收违法所得的，人民检察院应当将查封、扣押、冻结的涉案财物一并移送。对于在办案过程中收集的相关证据材料，人民检察院可以一并移送。

第九条 人民检察院提出对被不起诉人给予行政处罚的检察意见，应当要求有关主管机关自收到检察意见书之日起两个月以内将处理结果或者办理情况书面回复人民检察院。因情况紧急需要立即处理的，人民检察院可以根据实际情况确定回复期限。

第十条 需要向上级有关单位提出检察意见的，应当层报其同级人民检察院决定并提出，或者由办理案件的人民检察院制作检察意见书后，报上级有关单位的同级人民检察院审核并转送。

需要向下级有关单位提出检察意见的，应当指令对应的下级人民检察院提出。

需要异地提出检察意见的，应当征求有关单位所在地同级人民检察院意见。意见不一致的，层报共同的上级人民检察院决定。

第十一条 有关单位在要求的期限内不回复或者无正当理由不作处理的，经检察长决定，人民检察院可以将有关情况书面通报同级司法行政机关，或者提请上级人民检察院通报其上级机关。必要时可以报告同级党委和人民代表大会常务委员会。

第十二条 人民检察院发现行政执法人员涉嫌职务违法、犯罪的，应当将案件线索移送监察机关处理。

第十三条 行政执法机关就刑事案件立案追诉标准、证据收集固定保全等问题咨询人民检察院，或者公安机关就行政执法机关移送的涉嫌犯罪案件主动听取人民检察院意见建议的，人民检察院应当及时答复。书面咨询的，人民检察院应当在七日以内书面回复。

人民检察院在办理案件过程中，可以就行政执法专业问题向相关行政执法机关咨询。

第十四条 人民检察院应当定期向有关单位通报开展行政执法与刑事司法衔接工作的情况。发现存在需要完善工作机制等问题的，可以征求被建议单位的意见，依法提出检察建议。

第十五条 人民检察院根据工作需要，可以会同有关单位研究分析行政执法与刑事司法衔接工作中的问题，提出解决方案。

第十六条 人民检察院应当配合司法行政机关建设行政执法与刑事司法衔接信息共享平台。已经接入信息共享平台的人民检察院，应当自作出相关决定之日起七日以内，录入相关案件信息。尚未建成信息共享平台的人民检察院，应当及时向有关单位通报相关案件信息。

第十七条 本规定自公布之日起施行，《人民检察院办理行政执法机关移送涉嫌犯罪案件的规定》（高检发释字〔2001〕4 号）同时废止。

最高人民法院关于推动新时代人民法庭工作高质量发展的意见

（2021年9月13日　法发〔2021〕24号）

为深入贯彻习近平法治思想，更加注重强基导向，强化人民法庭建设，提升基层人民法院司法水平，更好服务全面推进乡村振兴，服务基层社会治理，服务人民群众高品质生活需要，现就推动新时代人民法庭工作高质量发展提出如下意见。

一、加强新时代人民法庭工作的重要意义和指导思想

1. 重要意义。人民法庭作为基层人民法院的派出机构，是服务全面推进乡村振兴、基层社会治理、人民群众高品质生活需要的重要平台，也是体现中国特色社会主义司法制度优越性的重要窗口。加强新时代人民法庭工作，有利于夯实党的执政基础，巩固党的执政地位；有利于满足人民群众公平正义新需求，依法维护人民群众权益；有利于以法治方式服务巩固拓展脱贫攻坚成果，全面推进乡村振兴；有利于健全覆盖城乡的司法服务网络，促进基层治理体系和治理能力现代化。

2. 指导思想。坚持以习近平新时代中国特色社会主义思想为指导，深入贯彻习近平法治思想，增强“四个意识”、坚定“四个自信”、做到“两个维护”，牢记“国之大者”，坚持党的绝对领导，坚持以人民为中心，坚持强基导向，深刻把握人民法庭处于服务群众、解决纠纷第一线与守护公平正义最后一道防线的辩证统一关系，有效发挥桥梁、窗口作用，推动更高水平的平安中国、法治中国建设，为实现“十四五”时期经济行稳致远、社会安定和谐，为实现人民对美好生活的向往、促进全体人民共同富裕，为全面建设社会主义现代化强国提供更加有力的司法服务和保障。

二、准确把握新时代人民法庭工作原则

3. 坚持“三个便于”。紧紧围绕“努力让人民群众在每一个司法案件中感受到公平正义”的目标，主动回应人民对美好生活的向往和公平正义新期待，坚持便于当事人诉讼，便于人民法院依法独立公正高效行使审判权，便于人民群众及时感受到公平正义的工作原则，不断弘扬人民司法优良传统和时代价值。

4. 坚持“三个服务”。紧扣“三农”工作重心历史性转移，发挥面向农村优

势，积极服务全面推进乡村振兴；紧扣推进国家治理体系和治理能力现代化，发挥面向基层优势，积极服务基层社会治理；紧扣新时代社会主要矛盾新变化，发挥面向群众优势，积极服务人民群众高品质生活需要。

5. 坚持“三个优化”。综合考虑城乡差异，一要优化法庭布局。区分城区法庭、城乡结合法庭、乡村法庭，不断优化人民法庭区域布局。二要优化队伍结构。结合案件数量、区域面积、人口数量、交通条件、信息化发展状况、参与乡村振兴和社会治理任务等因素，建立并实行人员编制动态调整机制。三要优化专业化建设。坚持综合性与专业化建设相结合，实现人民法庭专业化建设更好服务乡村振兴和辖区基层治理需要。农村地区要继续加强和完善综合性人民法庭建设；城市近郊或者城区，可以由相关人民法庭专门或者集中负责审理道交、劳动、物业、旅游、少年、家事、金融商事、环境资源等案件；产业特色明显地区，可以由专业化人民法庭专门负责审理涉及特定区域或者特定产业的案件。

三、积极服务全面推进乡村振兴

6. 服务乡村产业振兴。妥善处理涉“三农”领域传统纠纷以及休闲农业、乡村旅游、民宿经济、健康养老等新业态纠纷，促进农村产业融合发展，推动建立现代农业产业体系、生产体系和经营体系。深入贯彻粮食安全战略，积极参加保护种业知识产权专项行动，依法服务种业科技自立自强、种源自主可控，助推种业振兴。依法妥善处理涉及农业农村发展要素保障、城乡经济循环、征用征收等案件，保障农业农村改革，促进农业产业发展。

7. 维护农民合法权益。依法妥善审理涉及农村土地“三权分置”、乡村产业发展等纠纷，落实“资源变资产、资金变股金、农民变股东”，让农民更多分享产业增值收益。依法保障进城落户农民农村土地承包权、宅基地使用权、集体收益分配权，促进在城镇稳定就业生活的农民自愿有序进城落户。推动落实城乡劳动者平等就业、同工同酬，依法保障农民工工资支付和其他劳动权益。

8. 推动乡村文明进步。依法妥善处理家事、邻里纠纷，注重矛盾纠纷实质性、源头化解，依法治理高价彩礼、干预婚姻自由、虐待遗弃家庭成员等不良习气，依法打击封建迷信活动，培育和弘扬社会主义核心价值观。依法保护农村文化遗产和非物质文化遗产，加强保护历史文化名镇名村、传统村落、民族村寨，促进优秀传统乡土文化保护和乡村文化产业发展。引导依法制定村规民约，推进移风易俗，推动创建文明村镇、文明家庭。

9. 保护农村生态环境。深入践行“绿水青山就是金山银山”理念，依法妥善审理环境资源案件，会同农业农村、自然资源、生态环境等部门健全执法司法协调联动机制，加强农业面源污染防治，推动国土综合整治和生态修复，推动解决“垃圾围村”和乡村黑臭水体等突出环境问题，助推农业生产方式绿色转型，改善乡村生态环境，助力建设美丽宜居乡村。

四、积极服务基层社会治理

10. 推动健全基层社会治理体系。坚持和发展新时代“枫桥经验”，积极融入党委领导的基层治理体系，充分利用辖区党委组织优势，与城乡基层党组织广泛开展联建共建，推进基层党建创新与基层治理创新相结合，强化党建引领基层治理作用，促进完善中国特色基层治理制度。推广“群众说事、法官说法”“寻乌经验”等做法，依托“街乡吹哨、部门报到、接诉即办”等基层治理机制，推动司法资源向街乡、村镇、社区下沉。充分运用平安建设考核和创建“无讼”乡村社区等政策制度，服务基层党委政府以更大力度加强矛盾纠纷多元化解机制建设。

11. 明确参与基层治理途径。立足人民法庭法定职责，依法有序参与基层社会治理。对没有形成纠纷但具有潜在风险的社会问题，可以向乡镇、社区有关单位提出法律风险防控预案；对已经发生矛盾纠纷的社会问题，可以提出可能适用的法律依据以及相应裁判尺度，但是不宜在诉讼外对已经立案的纠纷提出处理意见；对审判、执行、信访等工作中发现普遍存在的社会问题，应当通过司法建议、白皮书、大数据研究报告等方式，及时向党委、政府反馈，服务科学决策。

12. 加强源头预防化解矛盾。加强辖区多发常见类型化纠纷的源头治理，形成源头预防、非诉挺前、多元化解的分层递进前端治理路径。强化与当地乡镇街道的衔接、与综治中心的协同，充分利用网格化管理机制平台，及时掌握和研判综治矛盾纠纷信息，发挥网格员、特邀调解员作用，促进基层纠纷源头化解。充分运用人民法院调解平台等工作平台，推动人民法庭进乡村、进社区、进网格，广泛对接基层解纷力量，形成基层多元解纷网络，在线开展化解、调解、司法确认等工作。推动人民调解员进人民法庭、法官进基层全覆盖，加强委托调解、委派调解的实践应用，充分释明调解优势特点，引导人民群众通过非诉讼方式解决矛盾纠纷。

13. 加强基层法治宣传。推动建立以人民法庭为重要支点的基层社会法治体系，充分利用专业优势，加强对特邀调解员、人民调解员等在诉前或者诉中开展调解工作的指导，引导支持社会力量参与基层治理。通过巡回审判、公开审理、以案说法、送法下乡等活动，增强基层干部群众法治观念和依法办事能力。发挥司法裁判示范引领功能，推动裁判文书网、人民法庭信息平台与普法宣传平台对接，加强法治宣传教育，推动社会主义核心价值观和法治精神深入人心。

14. 完善相关纠纷审理规则。人民法庭在案件审理过程中，遇到审理依据和裁判标准不明确等类型化问题，可以及时按程序报告。高级人民法院应当依照民法典、乡村振兴促进法等法律规定，对辖区内反映强烈、处理经验成熟的问题以纪要、审判指南、参考性案例等方式及时明确裁判指引。最高人民法院应当适时就重点法律适用问题出台司法解释或者其他规范性文件。

五、积极服务人民群众高品质生活需要

15. 加强民生司法保障。切实实施民法典，依法妥善审理家事、民间借贷、人身损害赔偿等基层易发多发案件，畅通权利救济渠道，维护人民群众合法权益。深化家事审判改革，用好心理辅导干预、家事调查、诉前调解、案后回访等措施，加大人身安全保护令制度落实力度，保障留守儿童、留守妇女、留守老人以及困难群体和特殊人群的人身安全和人格尊严。依法妥善审理养老育幼、教育培训、就业创业、社会保险、医疗卫生、社会服务、住房保障等领域案件，促进提高公共服务质量水平。维护军人军属合法权益，最大限度把涉军纠纷化解在基层，解决在初始阶段。

16. 提升一站式诉讼服务能力。坚持因地制宜，在人民法庭建立诉讼服务站，在人民法庭及辖区乡镇街道综治中心或者矛盾调解中心设立自助诉讼服务设备，方便当事人随时随地办理诉讼业务。建立健全诉讼服务辅导机制，为人民群众提供在线调解、开庭等事务现场辅导服务。进一步增强人民法庭跨域立案诉讼服务质效，更加方便群众就近起诉、办理诉讼事务。有条件的人民法庭，可以设立视频调解室，提供跨地域视频调解等服务。

17. 完善直接立案机制。推进完善人民法庭直接立案或者基层人民法院派驻立案机制。推进人民法庭跨域立案服务，确保能够作为立案协作端办理跨辖区、跨县、跨市、跨省立案。适应人民法庭辖区主导产业或者中心工作需要，合理确定收案范围。

18. 推进案件繁简分流。积极优化司法确认程序，完善小额诉讼程序和简易程序规则，健全审判组织适用模式，推行在线审理机制，依法综合运用督促程序、司法确认程序、小额诉讼程序、简易程序、独任制审理等，积极推广适用令状式、要素式、表格式等裁判文书，有效降低当事人诉讼成本，提升司法效率，充分保障人民群众合法诉讼权益。

19. 推动解决送达难。发挥数字化时代电子通讯优势，加强电子送达，推行集约化送达方式。发挥基层网格员作用，充分调动网格员积极性，发挥其熟悉社区情况、了解辖区人员信息的优势，综合运用现代和传统手段破解送达难题。

20. 推进直接执行机制。探索部分案件由人民法庭直接执行的工作机制，由人民法庭执行更加方便当事人的案件，可以由人民法庭负责执行。可以根据人员条件设立专门执行团队或者相对固定人员负责执行。案件较多的人民法庭，探索由基层人民法院派驻执行组等方式，提高执行效率，最大限度方便群众实现诉讼权益。人民法庭执行工作由基层人民法院执行机构统一管理，专职或者兼职人员纳入执行人员名册，案件纳入统一的执行案件管理平台，切实预防廉政风险。

六、不断深化新时代人民法庭人员管理机制改革

21. 完善司法责任制综合配套改革。落实独任庭、合议庭办案责任制，完善审判权力和责任清单，健全"四类案件"识别监管机制，落实统一法律适用机制，建立符合人民法庭实际的审判监督管理机制，坚持放权与监督相统一。落实法官员额制改革要求，综合考虑人员结构、案件类型、难易程度等因素，适应繁简分流和专业化建设需要，配强审判辅助力量，探索完善符合实际的审判团队组建和运行模式。

22. 探索建立编制动态调整机制。坚持以案定员、以任务定员，每个人民法庭至少配备1名审判员、1名法官助理、1名书记员、1名司法警察或者安保人员，逐步实现有条件有需求的人民法庭配备3名以上审判员；可以根据辖区面积、人口、案件数量、基层社会治理任务等因素合理调整人员配置。针对部分人民法庭人员编制不足、人民法庭之间办案数量不均的情况，高级人民法院要积极协调地方编制部门，建立省级层面人员编制动态调整机制，基层人民法院要在核定编制内将编制向案件数量多、基层治理任务重的人民法庭倾斜。结合四级法院审级职能定位改革，推动人员编制向基层和办案一线倾斜。

23. 完善干部锻炼培养机制。探索建立基层人民法院新入职人员选派到人民法庭工作锻炼，无人民法庭工作经历的新晋人员尤其是审判人员、审判辅助人员优先到人民法庭挂职锻炼，基层人民法院机关与人民法庭人员之间定期轮岗交流等机制。人民法庭庭长在同一职位工作满一定年限的，应当根据有关规定进行交流。提拔晋升时适度向长期在人民法庭工作的干警倾斜，选配基层人民法院院领导时，具有人民法庭庭长任职经历的人员在同等条件下优先考虑；入额遴选时，具有三年以上人民法庭工作经历的法官助理，同等条件下优先选任；中级人民法院遴选法官，应当接收适当比例具有人民法庭工作经历的法官。积极争取省级人社部门支持，建立聘用制书记员便捷招录机制，推动下放招聘权限，减少招聘环节；积极协调省级有关部门，探索建立聘用制书记员定向培养模式，委托定点学校定向招生、培养，毕业后回原籍人民法庭工作。

24. 落实人民陪审员选任、参审和保障制度。加强对人民陪审员的日常监督管理，规范选任及退出机制，落实随机抽选为主、个人申请与组织推荐为补充以及年度参审案件数量上限等规定。积极与同级财政部门等研究落实现有政策规定，加大经费投入，规范使用范围，激发人民陪审员参与人民法庭案件审理的积极性。

25. 切实加强履职保障。完善人民法庭干警精准培训机制，设置与人民法庭职能定位相对应的培训内容，全面提升人民法庭干警依法履职能力。因依法履职遭受不实举报的，应当协调有关单位，及时澄清事实，消除不良影响，依法追究相关单位或者个人的责任。人民法庭干警及其近亲属受到人身威胁的，协调当地公安机关采取必要保护措施；认真落实关于依法惩治袭警违法犯罪行为的指导意见，依法加强对人民法庭司法警察的履职保护。推动完善法院因公伤亡干警特殊补助政策。积极落实中央有关因公牺牲法官、司法警察抚恤政策，认真做好“两金”申报、发放和备案工作。鼓励各地法院为人民法庭干警投保工伤保险和人身意外伤害保险。

七、建立健全新时代人民法庭工作考核机制

26. 完善考核内容。探索建立符合人民法庭工作规律的专门考核办法，综合考虑执法办案、指导调解、诉源治理等因素，适当增加诉源治理、诉前调解等考核权重，重点考核“化解矛盾”质效。建立健全与执法办案和参与社会治理职责相适应，区分人员类别、岗位特点的考评体系，制定针对性强、简便易行的绩效考核办法。可以采取定量与定性相结合、量化为主的方式，科学制定和使用量化指标，采用加权测算等计算方法，合理设置权重比例。坚决清理、取消不合理、不必要的考评项目和指标，切实为基层减负，为干警减压。乡村振兴服务任务重、参与基层社会治理好的基层人民法院，可以先行先试。

27. 优化考核指标。执法办案考核应当遵循司法规律，综合考虑案件类型、繁简程度、适用程序、巡回审判等因素，包括办案数量、办案质量、办案效率和办案效果等基本内容。指导调解考核应当充分利用人民法院调解平台数据，通过诉前调解案件占一审立案比、调解案件成功率、调解案件自动履行率等指标，量化指导调解的数量和效果。加强诉源治理考核，对于法治宣传、法律培训、矛盾纠纷研判通报、司法建议等可以考核次数，对于推动制定村规民约和居民公约、召开综治联席会、重大事项法律风险提示法律意见等，既要考核量化次数，也要考核质量效果。

八、切实提升新时代人民法庭建设保障

28. 加强基础设施建设。高级人民法院要按照科学论证、统筹规划、优化布局的原则，合理安排年度建设计划，力争在“十四五”期间实现人民法庭办公办案和辅助用房得到充分保障，规范化标准化建设得到显著加强，业务装备配备水平得到较大提升，网上立案、电子送达、网上开庭等信息化设施设备配备齐全，信息化建设应用效果进一步强化，人民法庭外观标识完全统一，人民法庭工作生活条件得到较大改善。

29. 加强法庭安保工作。基层人民法院院长是人民法庭安保工作的第一责任人，人民法庭庭长是直接责任人。完善安全防范设施装备配备，每个人民法庭应当配备必要的防爆安检、防暴防护等设备。强化案件风险评估和安全隐患排查，加强防范措施和应急处突演练，落实“人防、物防、技防”措施。加强司法警察部门对人民法庭安保工作的督察指导培训，增强干警安全意识和风险防范处置能力。加强人民法庭与驻地公安派出所联防联动，推动有条件的人民法庭设立驻庭警务室。

30. 完善经费保障制度。推动适时调整人民法庭建设标准，争取省级有关部门加大对人民法庭基础设施经费保障力度，增加对车辆、安保设备、信息化运维等支出投入。持续加大对革命老区、民族地区、边疆地区和脱贫地区人民法庭经费保障的政策倾斜力度，充分运用好有关转移支付资金，帮助解决办案经费保障和物资装备建设等问题。主动争取地方党委政府领导和支持，继续落实好人民法庭庭长职级待遇和干警工作津贴、补贴等政策，切实解决人民法庭在人财物保障方面存在的问题困难。对于已经实施省以下地方法院财物省级统一管理的地区，根据事权与财权相统一的原则，积极争取由当地财政保障人民法庭服务保障辖区经济社会发展的经费，由高级人民法院争取协调省级有关部门根据实际，下放人民法庭新建、维修等经费项目审批权。

31. 加强购买社会化服务的规模化、规范化。结合各地实际，加强人民法庭编外人员配备保障，梳理适合购买社会化服务的事务性工作范围和项目，规范有序开展向社会购买服务，建立健全公开竞标、运营监管、业务培训等制度，所需经费列入年度预算统筹保障。完善事务性工作的集约化管理工作流程，探索组建专业工作团队，集中办理文书送达、财产保全等事务。

32. 加强人民法庭“两个平台”建设。各级人民法院应当强化人民法庭工作平台应用，加强对人民法庭数据的收集、填报、分析和运用，实时监测办案数据，全面掌握人民法庭工作动态，准确研判存在的问题和原因，提高工作针对性、实效性和预见性。加强人民法庭信息平台建设，发动基层人民法院干警特别是人民法庭干警参与宣传工作，及时推送人民法庭工作成效、典型案件，深入挖掘先进典型和感人事迹，加大人民法庭工作宣传力度，全面展现人民法庭干警良好精神风貌和工作作风。人民法庭“两个平台”建设情况应当作为人民法庭工作的考核内容。

九、有效加强新时代人民法庭工作的组织领导

33. 加强党的建设。坚持"支部建在庭上"，实现党的组织和党的工作全覆盖。坚持以党建带队建促审判，推进人民法庭党支部标准化、规范化建设，高质量推进基层党建创新，把党建引领贯穿人民法庭工作全过程。推动全面从严治党、从严治院、从严管理向基层延伸，推动队伍教育管理走深走实，严格落实防止干预司法"三个规定"等铁规禁令，完善人民法庭内部管理和日常监督制度，确保公正廉洁司法。

34. 加强汇报协调。要定期或者不定期就人民法庭工作向当地党委作专题汇报，推动把加强人民法庭工作作为强基导向、乡村振兴、基层治理体系和治理能力现代化等重点工作纳入党委政府总体工作格局，切实解决人民法庭工作实际困难。

35. 健全工作机制。探索地方三级人民法院院长抓人民法庭工作的组织领导思路，切实把人民法庭工作当做"一把手"工程，将法院工作重心下移到基层基础。各级人民法院院领导应当深入人民法庭开展调查研究，高级、中级人民法院院领导应当确定 1-2 个人民法庭作为联系点，并适时调整，经常性到人民法庭调查研究。强化发挥各级人民法院人民法庭领导小组及其办事机构的实际作用，加强归口管理，统筹推进人民法庭工作，定期研究解决人民法庭在职能发挥、人财物保障等方面存在的问题困难和解决思路举措，积极推动人民法庭工作融入当地社会治理体制。

本意见自 2021 年 9 月 22 日起实施，之前有关人民法庭的规定与本意见不一致的，按照本意见执行。

最高人民法院关于调整中级人民法院管辖第一审民事案件标准的通知

（2021 年 9 月 17 日　法发〔2021〕27 号）

各省、自治区、直辖市高级人民法院，解放军军事法院，新疆维吾尔自治区高级人民法院生产建设兵团分院：

为适应新时代经济社会发展和民事诉讼需要，准确适用民事诉讼法关于中级人民法院管辖第一审民事案件的规定，合理定位四级法院民事审判职能，现就调整中级人民法院管辖第一审民事案件标准问题，通知如下：

一、当事人住所地均在或者均不在受理法院所处省级行政辖区的，中级人民法院管辖诉讼标的额5亿元以上的第一审民事案件。

二、当事人一方住所地不在受理法院所处省级行政辖区的，中级人民法院管辖诉讼标的额1亿元以上的第一审民事案件。

三、战区军事法院、总直属军事法院管辖诉讼标的额1亿元以上的第一审民事案件。

四、对新类型、疑难复杂或者具有普遍法律适用指导意义的案件，可以依照民事诉讼法第三十八条的规定，由上级人民法院决定由其审理，或者根据下级人民法院报请决定由其审理。

五、本通知调整的级别管辖标准不适用于知识产权案件、海事海商案件和涉外涉港澳台民商事案件。

六、最高人民法院以前发布的关于中级人民法院第一审民事案件级别管辖标准的规定，与本通知不一致的，不再适用。

本通知自2021年10月1日起实施，执行过程中遇到的问题，请及时报告我院。

最高人民法院关于印发《关于完善四级法院审级职能定位改革试点的实施办法》的通知

（2021年9月27日　法〔2021〕242号）

各省、自治区、直辖市高级人民法院，新疆维吾尔自治区高级人民法院生产建设兵团分院：

根据中央全面深化改革委员会审议通过的《关于完善四级法院审级职能定位的改革方案》（中政委〔2021〕45号）和第十三届全国人大常委会第三十次会议作出的《全国人民代表大会常务委员会关于授权最高人民法院组织开展四级法院审级职能定位改革试点工作的决定》（人大常会字〔2021〕38号），结合工作实际，经认真研究，最高人民法院制定了《关于完善四级法院审级职能定位改革试点的实施办法》，已于2021年9月16日由最高人民法院审判委员会第1846次会议通过，自2021年10月1日起施行。现将文件印发给你们，请认真组织实施。实施过程中遇有情况和问题，请及时层报最高人民法院。

关于完善四级法院审级职能定位改革试点的实施办法

为进一步深化诉讼制度改革，明确四级法院审级职能定位，加强审级制约监督体系建设，实现依法纠错与维护生效裁判权威相统一，推动法律正确统一适用，根据中央全面深化改革委员会审议通过的《关于完善四级法院审级职能定位的改革方案》、第十三届全国人民代表大会常务委员会第三十次会议作出的《关于授权最高人民法院组织开展四级法院审级职能定位改革试点工作的决定》和相关法律规定，结合审判工作实际，制定本办法。

一、一般规定

第一条 各级人民法院应当根据本办法，健全工作衔接机制、完善内设机构设置、优化审判力量配置，在实现审判重心进一步下沉的同时，推动将涉及重大国家利益、社会公共利益和具有普遍法律适用指导意义的案件交由较高层级法院审理，逐步实现基层人民法院重在准确查明事实、实质化解纠纷；中级人民法院重在二审有效终审、精准定分止争；高级人民法院重在再审依法纠错、统一裁判尺度；最高人民法院监督指导全国审判工作、确保法律正确统一适用。通过依法有序开展试点工作，充分发挥四级两审审级制度优势，加快推进审判体系和审判能力现代化，为全面建设社会主义现代化国家提供有力司法服务和保障。

二、完善行政案件级别管辖制度

第二条 下列以县级、地市级人民政府为被告的第一审行政案件，由基层人民法院管辖：

（一）政府信息公开案件；

（二）不履行法定职责的案件；

（三）行政复议机关不予受理或者程序性驳回复议申请的案件；

（四）土地、山林等自然资源权属争议行政裁决案件。

第三条 中级人民法院对于公民、法人或者其他组织以县级、地市级人民政府为被告提起的诉讼，根据本办法第二条不属于本院管辖的，应当及时告知其向有管辖权的基层人民法院提起诉讼；当事人坚持起诉的，可以将案件直接移送有管辖权的基层人民法院。

三、完善案件提级管辖机制

第四条 基层人民法院对所管辖的第一审民事、刑事、行政案件，认为属于下列情形之一，需要由中级人民法院审理的，可以报请上一级人民法院审理：

（一）涉及重大国家利益、社会公共利益，不宜由基层人民法院审理的；

（二）在辖区内属于新类型，且案情疑难复杂的；

（三）具有普遍法律适用指导意义的；

（四）上一级人民法院或者其辖区内各基层人民法院之间近三年裁判生效的同类案件存在重大法律适用分歧，截至案件审理时仍未解决的；

（五）由中级人民法院一审更有利于公正审理的。

中级人民法院对辖区基层人民法院已经受理的第一审民事、刑事、行政案件，认为属于上述情形之一，有必要由本院审理的，应当决定提级管辖。

第五条 中级人民法院对所管辖的第一审民事、刑事、行政案件，认为属于下列情形之一，需要由高级人民法院审理的，可以报请上一级人民法院审理：

（一）具有普遍法律适用指导意义的；

（二）上一级人民法院或者其辖区内各中级人民法院之间近三年裁判生效的同类案件存在重大法律适用分歧，截至案件审理时仍未解决的；

（三）由高级人民法院一审更有利于公正审理的。

高级人民法院对辖区中级人民法院已经受理的第一审民事、刑事、行政案件，认为属于上述情形之一，有必要由本院审理的，应当决定提级管辖。

第六条 本办法所称具有普遍法律适用指导意义的案件，是指法律、司法解释规定不明确或者司法解释没有规定，需要通过司法裁判进一步明确法律适用的案件。

第七条 案件报请上一级人民法院审理的，应当经本院院长批准，至迟于案件法定审理期限届满三十日前报送；涉及法律统一适用问题的，应当经审判委员会讨论决定。

第八条 上级人民法院收到下一级人民法院根据本办法第四条、第五条提出的请求后，由立案庭转相关审判庭审查，并应当在十五日内作出下述处理：

（一）同意提级管辖；

（二）不同意提级管辖。

中级、高级人民法院根据本办法第四条、第五条提级管辖的案件，应当报上一级人民法院立案庭备案。

第九条 上级人民法院决定提级管辖的案件，由检察机关提起公诉的，应当同时书面通知同级人民检察院。

原受诉人民法院收到上一级人民法院同意提级管辖的文书后，应当在十日内将案卷材料移送上一级人民法院，并书面通知当事人；对检察机关提起公诉的案件，应当书面通知同级人民检察院，将案卷材料退回检察机关，并书面通知当事人。

第十条 按本办法提级管辖案件的审理期限，自上一级人民法院立案之日起重新计算。

向上一级人民法院报送期间和上一级人民法院审查处理期间，不计入原审案件审理期限。

四、改革再审程序

第十一条 当事人对高级人民法院作出的已经发生法律效力的民事、行政判决、裁定，认为有错误的，应当向原审高级人民法院申请再审；符合下列情形之一的，可以向最高人民法院申请再审：

（一）再审申请人对原判决、裁定认定的基本事实、主要证据和诉讼程序无异议，但认为适用法律有错误的；

（二）原判决、裁定经高级人民法院审判委员会讨论决定的。

当事人对高级人民法院作出的已经发生法律效力的民事、行政调解书申请再审的，应当向相关高级人民法院提出。

第十二条 当事人根据本办法第十一条第一款第一项向最高人民法院申请再审的，除依法必须载明的事项外，应当在再审申请书中声明对原判决、裁定认定的基本事实、认定事实的主要证据、适用的诉讼程序没有异议，同时载明案件所涉法律适用问题的争议焦点、生效裁判适用法律存在错误的论证理由和依据。

再审申请人提交的再审申请书不符合前款要求的，最高人民法院应当给予指导和释明，一次性全面告知其在十日内予以补正。再审申请人无正当理由逾期未予补正的，按撤回申请处理。

第十三条 最高人民法院应当自收到民事、行政再审申请书之日起三十日内，决定由本院或者作出生效判决、裁定的高级人民法院审查。民事、行政申请再审案件符合下列情形之一的，最高人民法院可以决定由原审高级人民法院审查：

（一）案件可能存在基本事实不清、诉讼程序违法、遗漏诉讼请求情形的；

（二）原判决、裁定适用法律可能存在错误，但不具有法律适用指导意义的。

最高人民法院决定将案件交原审高级人民法院审查的，应当在十日内将决定书、再审申请书和相关材料送原审高级人民法院立案庭，并书面通知再审申请人。

第十四条 原判决、裁定适用法律确有错误，且符合下列情形之一的，最高人民法院应当裁定提审：

（一）具有普遍法律适用指导意义的；

（二）最高人民法院或者不同高级人民法院之间近三年裁判生效的同类案件存在重大法律适用分歧，截至案件审理时仍未解决的；

（三）最高人民法院认为应当提审的其他情形。

最高人民法院对地方各级人民法院、专门人民法院已经发生法律效力的判决、裁定，发现确有错误，且符合前款所列情形之一的，可以裁定提审。

第十五条 高级人民法院对受理的民事、行政申请再审案件，认为原判决、裁定适用法律确有错误，且符合本办法第十四条第一款第一项、第二项所列情形之一，需要由最高人民法院审理的，经审判委员会讨论决定后，可以报请最高人民法院审理。

最高人民法院收到高级人民法院根据前款规定提出的请求后，认为有必要由本院审理的，裁定提审；认为没有必要的，不予提审。

第十六条 当事人向最高人民法院申请再审的，最高人民法院应当向其释明委托律师作为诉讼代理人的必要性。

对于委托律师有困难的再审申请人，最高人民法院应当及时告知其有权申请法律援助。

五、完善最高人民法院审判权力运行机制

第十七条 最高人民法院立案庭和各巡回法庭、知识产权法庭的诉讼服务中心根据法律、司法解释和本办法第十二条的规定收取申请再审材料，确保材料齐全；材料齐全的，交由相关审判庭、巡回法庭、知识产权法庭的审判人员审核。

第十八条 因统一法律适用、审判监督管理等工作需要，最高人民法院相关审判庭和各巡回法庭、知识产权法庭可以向审判管理办公室提出申请，报院长批准后，组成跨审判机构的五人以上合议庭。最高人民法院院长认为确有必要的，可以直接要求就特定案件组成跨审判机构的合议庭，并指定一名大法官担任审判长。

最高人民法院开庭审理具有普遍法律适用指导意义的案件，可以结合案件情况，优化庭审程序，重点围绕案件所涉法律适用问题展开。

第十九条 最高人民法院相关审判庭和各巡回法庭、知识产权法庭认为有必要召开跨审判机构的专业法官会议，研究解决跨部门的法律适用分歧或者跨领域的重大法律适用问题的，可以向审判管理办公室提出申请。

最高人民法院各审判机构或者跨审判机构召开的专业法官会议，涉及法律适用问题的，应当形成纪要，统一送审判管理办公室备案。各审判机构之间存在重大法律适用分歧，经专业法官会议讨论未能解决的，由审判管理办公室呈报院长提交审判委员会讨论。

六、附则

第二十条 本办法第二条、第三条仅适用于北京、天津、辽宁、上海、江苏、浙江、山东、河南、广东、重庆、四川、陕西省(市)高级人民法院辖区内的中级、基层人民法院。

本办法关于中级人民法院的规定，海事法院、知识产权法院、金融法院和铁路运输中级法院等可以参照适用；关于基层人民法院的规定，互联网法院、铁路运输法院等可以参照适用。

第二十一条 各高级人民法院应当根据本办法，结合对应开展的试点工作，制定具体实施方案和相关制度规定，并于 2021 年 11 月 5 日前报最高人民法院备案。

各高级人民法院在制定实施方案、修订现有规范、做好机制衔接的前提下，自本办法实施之日起全面启动试点工作，试点时间两年。2022 年 7 月 31 日前，各高级人民法院应当形成试点工作中期报告报最高人民法院。

各高级人民法院应当结合试点工作实际，在中央相关政策指导下，积极争取省级组织部门、机构编制部门的支持配合，优化辖区法院的机构人员编制、员额，推动编制、员额配置向基层和办案一线倾斜。关于优化各级人民法院编制机构、法官配备的相关问题，另行规定。

第二十二条 本办法由最高人民法院负责解释。

第二十三条 本办法报全国人民代表大会常务委员会备案，自 2021 年 10 月 1 日起施行。之前有关司法解释、司法指导性文件的规定与本办法不一致的，按照本办法执行。

中级人民法院于本办法实施之前受理的第一审行政案件，实施当日尚未审结的，应当继续审理，并按照相关法律规定作出裁判。

最高人民法院于本办法实施之前受理的民事、行政申请再审案件，实施当日尚未审查完毕的，应当继续审查，并按照相关法律规定作出处理。

附件：

1. 民事决定书(最高人民法院决定交高级人民法院审查用)
2. 民事通知书(最高人民法院通知再审申请人用)
3. 民事请示(高级人民法院向最高人民法院报请提审用)

4. 民事裁定书(依高级人民法院报请同意提审用)
5. 民事批复(最高人民法院不同意提审用)
6. 行政诉讼决定书(最高人民法院决定交高级人民法院审查用)
7. 行政诉讼通知书(最高人民法院通知再审申请人用)
8. 行政诉讼请示(高级人民法院向最高人民法院报请提审用)
9. 行政诉讼裁定书(依高级人民法院报请同意提审用)
10. 行政诉讼批复(最高人民法院不同意提审用)

附件 1

民事决定书(最高人民法院决定交高级人民法院审查用)

中华人民共和国最高人民法院
决 定 书

(××××)最高法民决……号

××××高级人民法院:

根据《全国人民代表大会常务委员会关于授权最高人民法院组织开展四级法院审级职能定位改革试点工作的决定》和《最高人民法院关于完善四级法院审级职能定位改革试点的实施办法》第十一条、第十三条的规定,现将再审申请人×××因不服你院(××××)……号民事判决/民事裁定(写明再审申请对应的生效判决、裁定案号)提起的再审申请,交由你院审查。请你院依照《中华人民共和国民事诉讼法》及相关司法解释的规定审查处理。

××××年××月××日

(院印)

附件 2

民事通知书(最高人民法院通知再审申请人用)

中华人民共和国最高人民法院

通 知 书

(××××)最高法民通……号

×××(再审申请人):

根据《全国人民代表大会常务委员会关于授权最高人民法院组织开展四级法院审级职能定位改革试点工作的决定》和《最高人民法院关于完善四级法院审级职能定位改革试点的实施办法》第十一条、第十三条的规定,本院将你/你单位因不服××××高级人民法院(××××)……号民事判决/民事裁定(写明再审申请对应的生效判决、裁定案号)提起的再审申请,交××××高级人民法院审查处理。请等待审查结果。对高级人民法院审查后作出的判决、裁定仍然不服的,可以依照《中华人民共和国民事诉讼法》第二百零九条的规定,向人民检察院申请检察建议或者抗诉。

特此通知。

××××年××月××日

(院印)

附件 3

民事请示(高级人民法院向最高人民法院报请提审用)

关于……(写明再审申请人及案由)一案报请提审的请示

(××××)……民申……号

最高人民法院:

再审申请人×××因与被申请人×××……(写明案由)一案,不服××××人民法院/本院(××××)……号民事判决/民事裁定,向本院申请再审。本院依法组成合议庭进行了审查,并经审判委员会讨论,现已审查终结。

×××申请再审称,……(概述再审请求、事实和理由)。

本院认为,×××的再审申请符合《中华人民共和国民事诉讼法》第二百条第×项规定的情形,同时……(写明报请提审的事实和理由)。

依据《全国人民代表大会常务委员会关于授权最高人民法院组织开展四级法院审级职能定位改革试点工作的决定》和《最高人民法院关于完善四级法院审级职能定位改革试点的实施办法》第十五条的规定,现报请你院提审该案。

以上请示,请批复。

附:案卷×宗

××××年××月××日

(院印)

附件 4

民事裁定书(依高级人民法院报请同意提审用)

中华人民共和国最高人民法院

民 事 裁 定 书

(××××)最高法民申……号

再审申请人(一、二审诉讼地位):×××,……。

法定代理人/指定代理人/法定代表人/主要负责人:×××,……。

委托诉讼代理人:×××,……。

被申请人(一、二审诉讼地位):×××,……。

法定代理人/指定代理人/法定代表人/主要负责人:×××,……。

委托诉讼代理人:×××,……。

二审上诉人/二审被上诉人/第三人(一审诉讼地位):×××,……。

法定代理人/指定代理人/法定代表人/主要负责人:×××,……。

委托诉讼代理人:×××,……。

(以上写明当事人和其他诉讼参加人的姓名或者名称等基本信息)

再审申请人×××因与被申请人×××……(写明案由)一案,不服××××人民法院(××××)……号民事判决/民事裁定,提起再审申请。

××××高级人民法院经审查认为……(写明高级人民法院审查意见及报请提审的理由)。

本院认为,……(写明对高级人民法院报请提审的事实与理由的分析意见)。

依照《中华人民共和国民事诉讼法》第二百条第×项、《全国人民代表大会常务委员会关于授权最高人民法院组织开展四级法院审级职能定位改革试点工作的决定》和《最高人民法院关于完善四级法院审级职能定位改革试点的实施办法》第十五条的规定,裁定如下:

一、本案由本院提审。

二、再审期间,中止原判决/原裁定的执行。

审 判 长 ×××
审 判 员 ×××
审 判 员 ×××
××××年××月××日
(院印)
法官助理 ×××
书 记 员 ×××

附件 5

民事批复(最高人民法院不同意提审用)

关于对……(写明再审申请人及案由)一案报请提审的批复

(××××)最高法民申……号

××××高级人民法院：

你院《关于……一案报请提审的请示》收悉。经研究,批复如下：

不同意……一案由我院提审。

此复。

××××年××月××日

(院印)

附件 6

行政诉讼决定书(最高人民法院决定交高级人民法院审查用)

中华人民共和国最高人民法院

决 定 书

(××××)最高法行决……号

××××高级人民法院：

根据《全国人民代表大会常务委员会关于授权最高人民法院组织开展四级法院审级职能定位改革试点工作的决定》和《最高人民法院关于完善四级法院审级职能定位改革试点的实施办法》第十一条、第十三条的规定,现将再审申请人因不服你院(××××)……号行政判决/行政裁定(写明再审申请对应的生效判决、裁定案号)提起的再审申请,交由你院审查。请你院依照《中华人民共和国行政诉讼法》及相关司法解释的规定审查处理。

××××年××月××日

(院印)

附件 7

行政诉讼通知书(最高人民法院通知再审申请人用)

中华人民共和国最高人民法院

通 知 书

(××××)最高法行通……号

×××(再审申请人):

根据《全国人民代表大会常务委员会关于授权最高人民法院组织开展四级法院审级职能定位改革试点工作的决定》和《最高人民法院关于完善四级法院审级职能定位改革试点的实施办法》第十一条、第十三条的规定,本院将你/你单位因不服××××高级人民法院(××××)……号行政判决/行政裁定(写明再审申请对应的生效判决、裁定案号)提起的再审申请,交由××××高级人民法院审查。请等待审查结果。对高级人民法院审查后作出的判决、裁定仍然不服的,可以依照《最高人民法院关于适用〈中华人民共和国行政诉讼法〉的解释》第一百一十七条的规定,向人民检察院申请抗诉或者检察建议。

特此通知。

××××年××月××日

(院印)

附件 8

行政诉讼请示(高级人民法院向最高人民法院报请提审用)

关于……(写明再审申请人及案由)一案报请提审的请示

(××××)……行申……号

最高人民法院:

再审申请人×××因与被申请人×××……(写明案由)一案,不服××××人民法院/本院(××××)……号行政判决/行政裁定,向本院申请再审。本院依法组成合议庭进行了审查,并经审判委员会讨论,现已审查终结。

×××申请再审称,……(概述再审请求、事实和理由)。

本院认为,×××的再审申请符合《中华人民共和国行政诉讼法》第九十一条第×项规定的情形,同时,……(写明报请提审的事实和理由)。

依据《全国人民代表大会常务委员会关于授权最高人民法院组织开展四级法院审级职能定位改革试点工作的决定》和《最高人民法院关于完善四级法院审级职能定位改革试点的实施办法》第十五条的规定,现报请你院提审该案。

以上请示,请批复。

附:案卷×宗

××××年××月××日

(院印)

附件 9

行政诉讼裁定书(依高级人民法院报请同意提审用)

中华人民共和国最高人民法院
行政裁定书

(××××)最高法行申……号

再审申请人(一、二审诉讼地位):×××,……。

法定代理人/指定代理人/法定代表人/主要负责人:×××,……。

委托诉讼代理人:×××,……。

被申请人(一、二审诉讼地位):×××,……。

法定代理人/指定代理人/法定代表人/主要负责人:×××,……。

委托诉讼代理人:×××,……。

二审上诉人/二审被上诉人/第三人(一审诉讼地位):×××,……。

法定代理人/指定代理人/法定代表人/主要负责人:×××,……。

委托诉讼代理人:×××,……。

(以上写明当事人和其他诉讼参加人的姓名或者名称等基本信息)

再审申请人×××因与被申请人×××……(写明案由)一案,不服××××人民法院(××××)……号行政判决/行政裁定,提起再审申请。

××××高级人民法院经审查认为……(写明高级人民法院审查意见及报请提审的理由)。

本院认为,……(写明对高级人民法院报请提审的事实与理由的分析意见)。

依照《中华人民共和国行政诉讼法》第九十一条第×项、《全国人民代表大会常务委员会关于授权最高人民法院组织开展四级法院审级职能定位改革试点工作的决定》和《最高人民法院关于完善四级法院审级职能定位改革试点的实施办法》第十五条的规定,裁定如下:

一、本案由本院提审。

二、再审期间,中止原判决/原裁定的执行。

审 判 长 ×××

审 判 员 ×××

审 判 员 ×××

××××年××月××日

(院印)

法官助理 ×××

书 记 员 ×××

附件 10

行政诉讼批复(最高人民法院不同意提审用)

关于对……(写明再审申请人及案由)一案报请提审的批复

(××××)最高法行申……号

××××高级人民法院:

你院《关于……一案报请提审的请示》收悉。经研究,批复如下:

不同意……一案由我院提审。

此复。

××××年××月××日

(院印)

最高人民法院关于深化人民法院一站式多元解纷机制建设推动矛盾纠纷源头化解的实施意见

（2021年9月28日　法发〔2021〕25号）

为深入贯彻落实《关于加强诉源治理推动矛盾纠纷源头化解的意见》，推动构建源头防控、排查梳理、纠纷化解、应急处置的社会矛盾综合治理机制，促进基层治理体系和治理能力现代化，建设更高水平的平安中国，现就深化人民法院一站式多元解纷机制建设，推动矛盾纠纷源头化解工作提出如下意见。

一、总体要求

（一）指导思想。以习近平新时代中国特色社会主义思想为指导，全面贯彻党的十九大和十九届二中、三中、四中、五中全会精神，深入贯彻习近平法治思想，主动适应社会主要矛盾新变化，紧盯矛盾纠纷产生、发展、演变三个阶段，突出源头预防、前端化解、关口把控重点环节，加强部门联动和统筹协调，促进人民法院工作重心前移、力量下沉、内外衔接，从源头上减少矛盾纠纷产生，减少衍生诉讼案件发生，切实维护社会稳定和安全。

（二）工作原则。坚持党的全面领导，把党的领导贯穿人民法院源头预防和多元化解矛盾纠纷全过程。坚持以人民为中心，充分满足人民群众多层次、多样化的司法需求。坚持和发展新时代"枫桥经验"，促进基层社会治理从化讼止争向少讼无讼转变。坚持系统治理、依法治理、综合治理、源头治理，重塑人民法院前端纠纷解决格局。坚持把非诉讼纠纷解决机制挺在前面，完善诉讼与非诉讼衔接机制，发挥司法在多元化纠纷解决机制中的引领、推动和保障作用。坚持面向实际，因地制宜，分类建设，形成适合地区实际的诉源治理模式。

（三）工作要求。在深化一站式多元解纷机制建设中准确把握人民法院职能定位，既积极参与、主动融入党委领导下的诉源治理工作，发挥专业优势，为非诉讼方式解决纠纷提供司法保障；又认真把好案件"入口关"，对起诉到人民法院的纠纷，发挥主导作用，促进纠纷一站式多元化解。按照自愿、合法原则做好纠纷化解方式引导，对于当事人不同意非诉讼方式解决的，严格落实立案登记制要求，对依法应该受理的案件，有案必立，有诉必理，切实保障当事人诉权。

（四）工作目标。推动人民法院一站式多元解纷向基层延伸，向社会延伸，向网上延伸，向重点行业领域延伸，健全预防在先、分层递进、专群结合、衔接配套、全面覆盖、线上线下的一站式多元解纷机制，做到矛盾纠纷村村可解、多元化解、一网通调，推动将民事、行政案件万人起诉率稳步下降至合理区间。

二、完善人民法院源头化解矛盾纠纷工作格局

（五）建立分类分级预防化解矛盾纠纷路径。深入分析社会矛盾纠纷成因特点，结合市域、乡村、民族、侨乡、边境等地域特点，以及重点行业领域风险点，将人民法院预防化解职能精准延伸到纠纷产生的初始源头、讼争源头，因地制宜、分门别类建立递进式预防化解工作路径，确保矛盾纠纷有效分流、源头化解。

（六）强化人民法院分流对接功能。以诉讼服务中心、人民法院调解平台作为人民法院参与诉源治理、开展分流对接总枢纽，与基层、重点行业领域形成预防化解链条，对起诉到人民法院的纠纷，开展分流引导、诉非衔接、调裁对接、登记立案、繁简分流等工作。

（七）建立健全基层解纷服务体系。在党委领导下，按照“基层预防调处优先、法院提供政策指引、法律指导、资源经验支持、诉讼服务和司法保障”工作思路，构建以基层人民法院及人民法庭为主体，纵向延伸至乡镇（街道）、村（社区），横向对接基层治理单位、基层党组织、公共法律服务中心（站）等，群众广泛参与的多元解纷和诉讼服务体系，形成村（社区）——乡镇（街道）——基层人民法院及人民法庭三级路径，及时就地预防化解纠纷，就近或者上门提供诉讼服务。创新基层人民法院及人民法庭对村（社区）人民调解的业务指导，强化乡村司法保障。

（八）推动重点行业领域矛盾纠纷预防化解工作。对金融、建筑、教育、物业、环境、消费、房地产、互联网、交通运输、医疗卫生等行业领域多发易发纠纷，积极会同行业主管部门研究源头治理举措，建立信息共享、业务协同和诉非衔接机制，统一类型化纠纷赔偿标准、证据规则等，预防和减少纠纷产生。完善各类调解联动工作体系，形成内部和解、协商先行，行业性专业性调解、仲裁等非诉方式挺前、诉讼托底的分级化解模式。加强行政争议预防化解工作，在党委政法委领导下，与政府职能部门开展制度共建、治理协同、联防联控，多元化解行政争议。合力推进商会调解，支持工商联、商协会调解组织化解涉企纠纷。建立吸纳军地机关共同参与的军民融合发展纠纷协调处理机制。推动退役军人矛盾纠纷预防调处和多元化解工作。

（九）发挥社会各方力量协同作用。拓宽与政府部门对接途径，加大与人民调解、行业专业调解、行政调解、律师调解、仲裁、公证等衔接，邀请人大代表、政协委员、专家学者等社会第三方参与调解、化解,并将符合条件的组织和人员纳入人民法院特邀调解名册。完善群众参与源头预防和多元化解的制度化渠道,创新互联网时代群众参与机制,充分发挥社会力量在释明多元解纷优势、引导诉前调解、宣传调解平台方面作用。

三、创新人民法院源头化解矛盾纠纷方法路径

(十)推动人民法院调解平台进乡村、进社区、进网格。深化"互联网+枫桥经验"实践,通过在线方式集约集成基层解纷力量,促进矛盾纠纷在基层得到实质性化解。基层人民法院及人民法庭邀请本辖区街道党政领导、派出所、司法所、村(社区)等单位负责人、人民调解员、网格员、五老乡贤、村(社区)法律顾问等入驻人民法院调解平台,对适宜在乡镇(街道)、村(社区)处理的纠纷,通过平台逐级分流至基层组织或人员进行化解、调解,并提供法律指导、在线司法确认、在线立案等服务。乡镇(街道)、村(社区)需要人民法院指导处理的纠纷,可以通过人民法院调解平台在线提出申请,由人民法院协同做好疏导化解和联合调解工作。

(十一)积极入驻一站式社会矛盾纠纷调处化解中心。参与党委政府牵头的一站式社会矛盾纠纷调处化解中心建设,根据中心工作部署及法院职能作用,因地制宜指派诉讼服务、速裁快审团队或者人员入驻中心,指导调解,进行司法确认,开展速裁快审,并提供相配套的便民诉讼服务。

(十二)增强诉讼服务中心多元解纷能力。充分尊重群众到人民法院解决纠纷的意愿,深化"分调裁审"机制改革,在诉讼服务中心设立调解速裁区,配备速裁团队,建立类型化调解工作室或者综合调解室,邀请调解组织或者调解员入驻人民法院,为人民群众诉前调解提供更多选择,方便在一个地方就能解决全部诉讼事项。

(十三)创新密切联系群众有效载体。参与创建无讼村(社区、连队),在乡村街道、企业园区等需求集中的地方建立诉讼服务站点,推广"群众说事、法官说法""法官进网格""吹哨报到""五链共治"等有益做法,加强社会主义法治文化建设,完善示范裁判机制,送法上门,做到办理一案、化解类案、教育一片。健全中级、基层人民法院领导干部与辖区内基层单位挂钩联系、定期下访、包案化解等制度,加强巡回审判,及时就地化解矛盾纠纷。

四、健全人民法院源头化解矛盾纠纷工作机制

(十四)完善司法建议运用机制。深度应用司法大数据,并与其他信息数据资源开展对接,加强对诉讼高发领域、新类型纠纷、涉诉信访案件,以及社会治理动态和热点问题的分析研判,对发现的普遍性、倾向性、趋势性问题提出司法建议,并向有关部门提供大数据分析报告,督促有关部门和企业主动承担出台政策、完善规则、风险评估、合规审查、安全生产等责任。各级人民法院对于本院作出的司法建议，应当进行编号管理，做好落实情况的跟踪指导和效果评估。及时发布类型化纠纷典型案例，以案释法，提高人民群众对纠纷化解结果的预判能力。

（十五）完善矛盾纠纷排查梳理和风险评估机制。主动加强与基层网格、专属网格的网格员沟通联系，有针对性开展排查梳理、纠纷化解等工作，减少涉诉矛盾隐患，预防民事纠纷转为刑事案件。在出台重大司法政策、办理重大敏感案件时，坚持把风险评估作为前置环节，有效预防纠纷，第一时间解决问题、控制事态。

（十六）完善诉讼与非诉讼实质性对接机制。以人民法院调解平台为依托，强化非诉讼与诉讼的平台对接、机制对接、人员对接和保障对接，加强对非诉讼解纷力量的法律指引和业务指导。强化诉前调解与诉前鉴定评估工作对接，打通人民法院调解平台与委托鉴定平台，明确在诉前调解过程中开展鉴定评估的工作流程。进一步完善调解与诉讼材料衔接机制，对特邀调解组织或者特邀调解员在调解过程中形成的送达地址确认、无争议事实等材料，以及关于当事人调解意愿的评价，可以在诉讼阶段使用。规范调解案号编立、使用工作，实现对诉非分流、委派案件全程在线管理。创新诉前调解衍生案件单独管理模式，对诉前调解成功，需要进行司法确认或者出具调解书的案件，以“诉前调确”“诉前调书”号出具法律文书。

（十七）优化联动调解机制。与相关单位建立工作协调和信息共享机制，用足用好最高人民法院“总对总”在线诉调对接调解资源库，加大“道交一体化”平台应用力度，针对道路交通、劳动争议、医疗纠纷、银行保险、证券期货、涉企纠纷、知识产权、教育管理、消费者权益保护、价格争议、国际商事、涉侨涉外等领域纠纷，征得当事人同意后，在线推送各单位调解组织或者调解员进行调解。进一步扩大各地区特邀调解资源库，将更多符合条件的人民调解员、行业性专业性调解组织、律师纳入特邀调解名册。在涉外及涉港澳台民商事案件中，邀请符合条件的外国人或者香港、澳门特别行政区和台湾地区同胞参与调解。建立健全行政争议诉前调解化解机制，鼓励开展先行调解。推动轻微刑事案件诉前和解和第三方化解工作，加强与刑事速裁程序衔接。在商事等领域探索开展市场化调解，推动建立公益性调解与市场化调解并行模式。

（十八）完善诉前辅导分流机制。对到诉讼服务大厅现场或者通过网上立案系统提交诉状或者申请书的当事人，先行通过人工服务或者智能设备评估等方式，开展辅导分流、中立评估、解释疏导等工作。能够通过行政裁决解决的，在登记立案前指引通过行政裁决化解纠纷。适宜调解、和解的，告知诉前调解、刑事和解优势特点，鼓励当事人调解、和解；当事人同意诉前委派调解的，通过人民法院调解平台指派调解组织或者调解员，提供“菜单式”调解服务。案件不适宜调解、当事人已经调解但无法达成调解协议的，依法登记立案，并告知当事人。

（十九）建立健全衍生诉讼案件预防机制。完善调解协议履行保障机制，在诉前调解时加强对当事人履行能力评估，更加注重调解内容可履行性。对促成协议自动履行的调解员，在绩效考评、以案定补等方面给予倾斜。建立健全自动履行正向激励机制，在诉前调解、立案等环节向当事人发放自动履行告知书，探索与有关部门建立诚信履行激励机制。加强立审执各环节释明疏导和调解化解工作，提高审判执行质效，强化涉诉信访源头治理、综合治理，减少上诉、再审和申诉信访案件。

（二十）建立健全虚假诉讼防范和惩治机制。全面应用立案辅助系统，加强对虚假诉讼的精准识别和提前预警。强化民事诉讼中防范惩治虚假诉讼的审判指引，明确民间借贷、买卖合同、执行案件等虚假诉讼多发领域案件的甄别要点、证据审查重点和防范处理措施。对认定存在虚假诉讼行为的，根据情节轻重采取相应强制措施，并向参与实施虚假诉讼的诉讼代理人、鉴定、公证、仲裁等相关组织或人员的主管部门、行业协会或所在单位通报情况，提出依法惩处司法建议。加强与公安、检察机关协作配合，建立线索移送、结果反馈机制，依法合力严惩虚假诉讼。及时发布虚假诉讼惩戒典型案件，引导当事人依法行使诉权。

（二十一）完善诚信诉讼保障机制。建立诚信诉讼承诺制度，引导当事人在诉前调解或者登记立案前填写诚信诉讼承诺。对滥用诉权以及恶意拖延调解、故意不履行调解协议、无正当理由否定已经记载的无争议事实等不诚信行为，探索通过律师费转付、诉讼费用合理分担、赔偿无过错方诉前调解额外支出等方式进行规制。加强对调解员培训指导，提高防范虚假调解能力水平。

五、加强重点领域矛盾纠纷源头化解工作

（二十二）加强疫情等重大突发事件引发矛盾纠纷预防化解工作。做好涉疫情矛盾纠纷源头预防和排查预警工作，针对合同、侵权、劳动争议、医疗损害赔偿、涉外海事海商、涉外商事等受疫情影响较大领域纠纷，在诉前开展多元化解。高度关注就业、教育、社会保障、医疗卫生、食品安全、安全生产、社会治安、住房市场调控等领域因重大突发事件可能引发的诉讼，积极开展预判应对和前端化解工作。

（二十三）加强金融领域矛盾纠纷源头化解工作。高度关注金融借款合同、信用卡、融资租赁、保险、委托理财等金融领域纠纷，会同金融管理部门、金融机构等加强信息共享和数据联通,运用司法大数据为识别合格投资者、建立健全金融产品或服务全流程管控机制等提供支持。建立示范调解机制,鼓励当事人平等协商,自行和解。加大对行业主管部门、行业协会商会等开展金融纠纷集中调解、先行调解的司法保障力度,促进纠纷在诉前批量化解。

(二十四)加强劳动争议源头化解工作。针对劳动争议先行仲裁的特点,加强调解、仲裁与诉讼衔接,依托人民法院调解平台,对接人力资源社会保障相关调解仲裁信息系统,建立调裁诉一体化在线解纷机制,实现劳动争议仲裁前调解与诉前调解的数据资源共享,统一案件处理标准,推动更多调解力量在仲裁前开展调解工作。建立全国性、区域性专家调解资源库,参与化解重大疑难复杂劳动争议。会同工会、人力资源社会保障部门加强对用工企业、劳动者普法宣传,制定推广劳动合同示范文本。

(二十五)加强婚恋家庭矛盾纠纷源头化解工作。与共青团、妇联、公安、民政等部门加强协作,完善婚恋家庭矛盾纠纷信息共享和通报机制,联合开展矛盾排查、普法宣传和以案释法工作。建立婚恋家庭纠纷分级预警化解模式,推动调解前置,加强心理疏导和危机干预,避免矛盾激化升级。建立诉后跟踪机制,预防"民转刑"案件。加大反家暴延伸服务力度,健全家庭暴力受害人人身保护令实施机制。

(二十六)加强知识产权矛盾纠纷源头化解工作。会同知识产权部门,系统分析本地区知识产权领域多发易发纠纷成因特点,推动完善预防性法律法规,加强示范性裁判指引。建立健全知识产权纠纷诉非联动机制,进一步扩大专业性行业性调解队伍,提高在线多元化解质效。创新工作方式方法,推广建立正版图库交易平台等做法,从源头上预防化解互联网著作权等涉网知识产权纠纷。

(二十七)加强互联网纠纷源头治理工作。针对网络金融活动、网络购物等引发的纠纷,会同相关主管部门,构建符合互联网特点的源头治理模式,指导互联网平台建立务实有效的纠纷解决机制,切实降低成诉率。运用区块链技术,将裁判规则、交易规范等嵌入互联网平台,实现风险预警和自动提示,督促诚信履约。加快与互联网平台在线诉非对接,推进源头治理进平台、进网络,形成互联网纠纷分层递进解决机制。

六、强化配套保障

(二十八)加强组织领导。将人民法院参与诉源治理,推动矛盾纠纷源头化解作为"一把手"工程统筹谋划部署。成立院领导牵头、各有关部门参与的领导小组,抓好贯彻落实、重大事项协调、成效评估、对下监督指导等工作。高级人民法院要加强对本辖区法院矛盾纠纷源头治理工作指挥指导,并为地方平安建设工作考核中万人起诉率指标评估提供数据支持。参与诉源治理工作进展情况应当及时向本地区党委政法委进行报告。

（二十九）加强工作保障。在基层诉讼服务站点配备电脑、视频设备等，加强对老年人等特殊群体的指导辅导，方便群众就近办理诉讼事务，就地开展跨区域远程视频调解。在源头预防和多元化解工作中投入更多人员力量。主动争取当地财政部门为特邀调解组织和调解员开展工作提供可持续的经费保障。加大对一站式多元解纷工作宣传，引导更多群众选择多元化方式解决纠纷。

（三十）加强工作管理。严格落实纠纷预防化解工作领导责任制，明确纠纷化解工作的人员、制度和必要条件，完善工作机制和监督评价体系。以"把非诉讼纠纷解决机制挺在前面"为导向，建立科学考核评价机制，将源头预防化解纠纷、诉前调解成功案件量等作为业绩考核评价内容。加强人员管理和培训，提升预防化解矛盾纠纷能力水平。各级人民法院立案信访部门要密切关注最高人民法院诉讼服务指导中心信息平台诉源治理多元解纷质效评估情况，及时督促改进工作。

（三十一）加强信息化保障。加强人民法院调解平台建设，加快与其他相关平台系统对接和数据共享，创新全流程在线源头治理模式，分层递进、"一站式"预防化解纠纷。积极运用大数据、人工智能等信息化手段，实现人民法院参与诉源治理工作数据化、可视化，为促进审判体系和审判能力现代化，辅助党委政府领导科学决策提供支持。

（三十二）加强理论研究和规则提炼。深入开展新时代矛盾纠纷和解决机制体系化研究。各级人民法院应当围绕本地区多发易发纠纷诉源治理中的理论和实践问题，开展多层次、多维度研究，进一步总结我国矛盾纠纷源头预防和多元化解实践成果，进行规则提炼，推动国家层面多元化解相关法律的立法进程，构建体现我国社会主义性质，具有鲜明中国特色、实践特色、时代特色的纠纷解决理论体系和制度体系。

附：

2021年9月份报国务院备案并予以登记的地方性法规、自治条例、单行条例和地方政府规章目录

地方性法规

法规名称	公布日期	备案登记编号
北京市禁毒条例	2021年7月30日	国司备字［2021004597］
北京市人民代表大会常务委员会关于修改《北京市实验动物管理条例》的决定	2021年7月30日	国司备字［2021004598］
天津市实施《中华人民共和国红十字会法》办法	2021年5月26日	国司备字［2021004533］
天津市地方粮食储备管理条例	2021年5月26日	国司备字［2021004534］
白洋淀生态环境治理和保护条例	2021年2月22日	国司备字［2021004579］
唐山市人民代表大会常务委员会关于修改《唐山市房地产交易管理条例》等四部地方性法规的决定	2021年4月6日	国司备字［2021004578］
山西省一枚印章管审批条例	2021年3月31日	国司备字［2021004563］
山西省慈善事业促进条例	2021年3月31日	国司备字［2021004564］
山西省人民代表大会常务委员会关于废止《山西省人民代表大会代表视察办法》的决定	2021年3月31日	国司备字［2021004565］
晋城市沁河流域生态修复与保护条例	2021年6月1日	国司备字［2021004621］

续表

法规名称	公布日期	备案登记编号
忻州市杂粮产业发展促进条例	2021年4月9日	国司备字［2021004566］
长治市城市照明管理条例	2021年4月13日	国司备字［2021004567］
长治市沁河流域生态修复与保护条例	2021年6月9日	国司备字［2021004620］
临汾市沁河流域生态修复与保护条例	2021年6月12日	国司备字［2021004619］
朔州市文明行为促进条例	2021年4月9日	国司备字［2021004568］
朔州市养犬管理条例	2021年4月9日	国司备字［2021004569］
内蒙古自治区促进民族团结进步条例	2021年1月30日	国司备字［2021004527］
内蒙古自治区公共信用信息管理条例	2021年3月30日	国司备字［2021004528］
内蒙古自治区人民代表大会常务委员会关于修改《内蒙古自治区实施〈中华人民共和国野生动物保护法〉办法》等4件地方性法规的决定	2021年5月27日	国司备字［2021004637］
内蒙古自治区人民代表大会常务委员会关于修改《内蒙古自治区实施〈中华人民共和国全国人民代表大会和地方各级人民代表大会代表法〉办法》的决定	2021年5月27日	国司备字［2021004640］
通辽市饮用水水源保护条例	2021年4月6日	国司备字［2021004530］
鞍山市生活垃圾分类管理条例	2021年4月19日	国司备字［2021004589］
鞍山市工业遗产保护条例	2021年4月19日	国司备字［2021004590］

续表

法规名称	公布日期	备案登记编号
鞍山市城镇燃气管理条例	2021年4月19日	国司备字［2021004613］
辽阳市人民代表大会常务委员会关于修改《辽阳市烟花爆竹销售燃放管理条例》的决定	2021年4月30日	国司备字［2021004591］
大连市人民代表大会常务委员会关于修改《大连市物业管理条例》等5件地方性法规的决定	2021年6月10日	国司备字［2021004659］
盘锦市殡葬管理条例	2021年4月16日	国司备字［2021004661］
盘锦市生活垃圾分类管理条例	2021年4月16日	国司备字［2021004592］
盘锦市城镇绿化管理条例	2021年4月16日	国司备字［2021004593］
盘锦市节约用水条例	2021年4月16日	国司备字［2021004594］
盘锦市机动车停放管理条例	2021年4月16日	国司备字［2021004595］
盘锦市人民代表大会常务委员会关于修改《盘锦市城乡容貌和环境卫生管理条例》的决定	2021年4月16日	国司备字［2021004596］
岫岩满族自治县旅游产业促进条例	2021年6月16日	国司备字［2021004660］
本溪满族自治县河道管理条例（修订）	2021年6月30日	国司备字［2021004627］
本溪满族自治县人民代表大会关于修正《本溪满族自治县矿产资源管理条例》《本溪满族自治县县城市容和环境卫生管理条例》的决定	2021年6月30日	国司备字［2021004628］
上海市非机动车安全管理条例	2021年2月26日	国司备字［2021004614］

续表

法规名称	公布日期	备案登记编号
上海市促进多元化解矛盾纠纷条例	2021 年 2 月 26 日	国司备字［2021004615］
上海市人民代表大会常务委员会关于促进和保障长江流域禁捕工作若干问题的决定	2021 年 2 月 26 日	国司备字［2021004616］
上海市中医药条例	2021 年 3 月 24 日	国司备字［2021004617］
上海市人民代表大会常务委员会关于修改《上海市区县和乡镇人民代表大会代表直接选举实施细则》的决定	2021 年 3 月 24 日	国司备字［2021004618］
浙江省防汛防台抗旱条例	2021 年 5 月 28 日	国司备字［2021004558］
浙江省乡村振兴促进条例	2021 年 7 月 30 日	国司备字［2021004606］
浙江省动物防疫条例	2021 年 7 月 30 日	国司备字［2021004607］
浙江省标准化条例	2021 年 7 月 30 日	国司备字［2021004608］
金华市城市绿化条例	2021 年 4 月 6 日	国司备字［2021004557］
安徽省大数据发展条例	2021 年 3 月 29 日	国司备字［2021004506］
安徽省人民代表大会常务委员会关于促进和保障长江流域禁捕工作若干问题的决定	2021 年 3 月 29 日	国司备字［2021004507］
安徽省人民代表大会常务委员会关于修改和废止部分地方性法规的决定	2021 年 3 月 29 日	国司备字［2021004508］
淮南市停车场建设管理条例	2021 年 4 月 8 日	国司备字［2021004509］
阜阳市人民代表大会常务委员会关于修改《阜阳市城市市容和环境卫生管理条例》的决定	2021 年 3 月 30 日	国司备字［2021004515］

续表

法规名称	公布日期	备案登记编号
福建省人民代表大会常务委员会关于修改《福建省村集体财务管理条例》等三项涉及“放管服”改革的地方性法规的决定	2021年4月6日	国司备字［2021004561］
福建省沿海防护林条例	2021年4月6日	国司备字［2021004562］
江西省公共文化服务保障条例	2021年7月28日	国司备字［2021004623］
鹰潭市建设工地扬尘污染防治管理办法	2021年4月8日	国司备字［2021004556］
山东省乡村振兴促进条例	2021年5月27日	国司备字［2021004500］
青岛市客运出租汽车管理条例	2021年5月27日	国司备字［2021004501］
淄博市人民代表大会常务委员会关于修改《淄博市田庄水库保护管理条例》等四件地方性法规的决定	2021年5月31日	国司备字［2021004502］
潍坊市红色文化资源保护条例	2021年6月1日	国司备字［2021004503］
济宁市人民代表大会常务委员会关于修改《济宁市大气污染防治条例》的决定	2021年5月28日	国司备字［2021004504］
临沂市健康乡村条例	2021年5月27日	国司备字［2021004505］
中国（河南）自由贸易试验区条例	2021年4月2日	国司备字［2021004522］
驻马店市中小学校幼儿园规划建设条例	2021年6月28日	国司备字［2021004626］
漯河市人民代表大会常务委员会关于修改《漯河市城乡规划条例》的决定	2021年4月28日	国司备字［2021004523］
许昌市人民代表大会常务委员会关于修改《许昌市城乡规划条例》的决定	2021年4月29日	国司备字［2021004524］

续表

法规名称	公布日期	备案登记编号
许昌市城市建筑垃圾管理条例	2021年4月28日	国司备字[2021004525]
商丘市城市供水条例	2021年4月28日	国司备字[2021004526]
湖北省人民代表大会常务委员会关于修改《湖北省县乡两级人民代表大会代表选举实施细则》的决定	2021年4月2日	国司备字[2021004547]
湖南省红色资源保护和利用条例	2021年7月30日	国司备字[2021004624]
湖南省洞庭湖保护条例	2021年5月27日	国司备字[2021004545]
湘潭市文明行为促进条例	2021年4月27日	国司备字[2021004546]
广东省工艺美术保护和发展条例	2021年5月26日	国司备字[2021004559]
广东省科学技术普及条例	2021年5月26日	国司备字[2021004560]
广东省数字经济促进条例	2021年7月30日	国司备字[2021004587]
广东省文明行为促进条例	2021年7月30日	国司备字[2021004588]
广州市地名管理规定	2021年8月9日	国司备字[2021004583]
珠海市人民代表大会常务委员会关于镇街综合行政执法的决定	2021年3月31日	国司备字[2021004539]
珠海国际仲裁院条例	2021年3月31日	国司备字[2021004540]
珠海经济特区科技创新促进条例	2021年6月2日	国司备字[2021004541]
珠海市人民代表大会常务委员会关于修改《珠海市渔港管理条例》的决定	2021年6月2日	国司备字[2021004542]

法规名称	公布日期	备案登记编号
珠海经济特区停车场建设与管理条例	2021 年 6 月 7 日	国司备字［2021004543］
珠海经济特区排水管理条例	2021 年 2 月 7 日	国司备字［2021004544］
汕头市人民代表大会常务委员会关于暂时调整适用和暂时停止适用《汕头经济特区行政复议条例》有关规定的决定	2021 年 6 月 2 日	国司备字［2021004549］
揭阳市红色资源保护传承条例	2021 年 8 月 2 日	国司备字［2021004584］
茂名市森林防火联防条例	2021 年 8 月 5 日	国司备字［2021004585］
汕尾市城乡生活垃圾分类管理条例	2021 年 8 月 2 日	国司备字［2021004586］
广西壮族自治区投资促进条例	2021 年 7 月 28 日	国司备字［2021004599］
广西壮族自治区林木种苗条例	2021 年 7 月 28 日	国司备字［2021004600］
广西壮族自治区土壤污染防治条例	2021 年 7 月 28 日	国司备字［2021004601］
巴马瑶族自治县长寿资源保护条例	2021 年 5 月 28 日	国司备字［2021004622］
白沙黎族自治县秸秆露天禁烧和综合利用条例	2021 年 4 月 22 日	国司备字［2021004582］
四川省质量促进条例	2021 年 3 月 26 日	国司备字［2021004550］
成都市古树名木保护管理规定	2021 年 3 月 31 日	国司备字［2021004551］
绵阳市文明行为促进条例	2021 年 4 月 2 日	国司备字［2021004552］
南充市城市景观风貌保护条例	2021 年 4 月 1 日	国司备字［2021004553］

续表

法规名称	公布日期	备案登记编号
宜宾市李庄古镇保护条例	2021年4月7日	国司备字[2021004554]
阿坝藏族羌族自治州人民代表大会关于修改《阿坝藏族羌族自治州生态环境保护条例》的决定	2021年4月8日	国司备字[2021004555]
峨边彝族自治县人民代表大会关于废止《峨边彝族自治县施行〈中华人民共和国继承法〉的补充规定》的决定	2021年4月7日	国司备字[2021004581]
云南省人民代表大会常务委员会关于修改《云南省奖励和保护见义勇为人员条例》的决定	2021年5月28日	国司备字[2021004535]
云南省赤水河流域保护条例	2021年5月30日	国司备字[2021004536]
云南省楚雄彝族自治州养老服务条例	2021年4月26日	国司备字[2021004537]
云南省红河哈尼族彝族自治州建水历史文化名城保护管理条例	2021年4月30日	国司备字[2021004538]
西藏自治区人民代表大会常务委员会关于废止《西藏自治区预防职务犯罪工作条例》的决定	2021年5月28日	国司备字[2021004548]
西藏自治区实施《中华人民共和国种子法》办法	2021年7月29日	国司备字[2021004604]
西藏自治区行政执法监督条例	2021年7月29日	国司备字[2021004605]
山南市红色文化资源保护利用条例	2021年8月4日	国司备字[2021004675]
兰州市人民代表大会常务委员会关于废止《兰州市价格监督检查条例》的决定	2021年4月14日	国司备字[2021004497]
平凉市扬尘污染防治条例	2021年6月30日	国司备字[2021004632]

续表

法规名称	公布日期	备案登记编号
庆阳市机动车停车设施规划建设和停放管理条例	2021年4月26日	国司备字[2021004498]
嘉峪关市养犬管理条例	2021年4月20日	国司备字[2021004499]
临夏回族自治州古树名木保护管理条例	2021年7月9日	国司备字[2021004625]
甘南藏族自治州城镇供热用热条例	2021年8月25日	国司备字[2021004580]
青海省人民代表大会常务委员会关于批准《果洛藏族自治州自治条例(修订)》的决议	2021年7月5日	国司备字[2021004629]
青海省人民代表大会常务委员会关于批准《果洛藏族自治州施行〈中华人民共和国民法典〉结婚年龄的变通规定》的决议	2021年7月5日	国司备字[2021004630]
青海省人民代表大会常务委员会关于批准《海西蒙古族藏族自治州文明行为促进条例》的决议	2021年6月24日	国司备字[2021004631]
宁夏回族自治区人民代表大会常务委员会关于修改《宁夏回族自治区禁毒条例》等七件地方性法规的决定	2021年3月26日	国司备字[2021004531]
宁夏回族自治区非物质文化遗产保护条例	2021年7月30日	国司备字[2021004609]
宁夏回族自治区人民代表大会常务委员会关于修改《宁夏回族自治区城市绿化管理条例》等四件地方性法规的决定	2021年7月30日	国司备字[2021004610]
银川市人民代表大会常务委员会 关于废止《银川市统计管理条例》的决定	2021年5月17日	国司备字[2021004532]
银川市人民代表大会常务委员会关于修改《银川市文明行为促进条例》的决定	2021年8月2日	国司备字[2021004612]

地方政府规章

规章名称	公布日期	备案登记编号
天津市行政调解规定	2021年8月21日	国司备字[2021004529]
山西省人民政府关于修改部分政府规章的决定	2021年8月20日	国司备字[2021004634]
山西省省级储备粮管理办法	2021年8月28日	国司备字[2021004635]
山西省医疗保障基金使用监督管理办法	2021年8月25日	国司备字[2021004636]
大连市人民政府关于废止8件市政府规章的决定	2021年8月25日	国司备字[2021004633]
上海市地方粮食储备安全管理办法	2021年7月29日	国司备字[2021004677]
上海市公共资源交易管理办法	2021年8月26日	国司备字[2021004678]
南京市人民政府关于废止《南京市合同格式条款监督办法》等3件政府规章的决定	2021年8月22日	国司备字[2021004577]
南京市生态保护补偿办法	2021年9月12日	国司备字[2021004646]
杭州市无障碍环境建设和管理办法	2021年8月20日	国司备字[2021004511]
金华市人民政府关废止有关政府规章的决定	2021年7月27日	国司备字[2021004570]
福州市人民政府关于修改《福州市停车场管理办法》的决定	2021年8月6日	国司备字[2021004510]
厦门市行政执法责任制规定	2021年8月24日	国司备字[2021004664]
厦门市人民政府关于废止和修改部分市政府规章的决定	2021年9月3日	国司备字[2021004668]

续表

规章名称	公布日期	备案登记编号
青岛胶东国际机场管理办法	2021年7月30日	国司备字［2021004512］
关于赋予中国（山东）自由贸易试验区青岛片区和中国—上海合作组织地方经贸合作示范区部分行政权力事项的决定	2021年8月29日	国司备字［2021004657］
烟台市重大行政决策程序规定	2021年8月23日	国司备字［2021004571］
烟台市人民政府关于修改部分市政府规章的决定	2021年9月1日	国司备字［2021004676］
三门峡市人民政府规章制定程序规定	2021年8月30日	国司备字［2021004672］
深圳市最低生活保障办法	2021年8月2日	国司备字［2021004514］
梅州市人民政府关于修改部分市政府规章的决定	2021年8月31日	国司备字［2021004667］
江门市人民政府拟定地方性法规草案和制定政府规章程序规定	2021年9月1日	国司备字［2021004669］
广西壮族自治区船闸管理办法	2021年8月9日	国司备字［2021004575］
四川省地方粮食储备管理办法	2021年8月27日	国司备字［2021004573］
成都蓉北商圈管理暂行办法	2021年9月9日	国司备字［2021004670］
成都锦江公园管理暂行办法	2021年9月13日	国司备字［2021004671］
红河哈尼族彝族自治州石屏历史文化名城保护办法	2021年8月25日	国司备字［2021004572］
拉萨市残疾人保障办法	2021年9月7日	国司备字［2021004576］
甘肃省行政规范性文件管理办法	2021年8月9日	国司备字［2021004520］

续表

规章名称	公布日期	备案登记编号
宁夏回族自治区人民政府关于废止和修改部分政府规章的决定	2021 年 8 月 20 日	国司备字［2021004656］
宁夏回族自治区麻黄草管理办法	2021 年 7 月 29 日	国司备字［2021004658］
新疆维吾尔自治区实施《优化营商环境条例》办法	2021 年 8 月 12 日	国司备字［2021004574］

图书在版编目(CIP)数据

中华人民共和国新法规汇编.2021年.第10辑:总第296辑/司法部编.—北京:中国法制出版社,2022.2

ISBN 978-7-5216-2519-6

Ⅰ.①中… Ⅱ.①司… Ⅲ.①法规-汇编-中国-2021 Ⅳ.①D920.9

中国版本图书馆CIP数据核字(2022)第025280号

中华人民共和国新法规汇编

ZHONGHUA RENMIN GONGHEGUO XIN FAGUI HUIBIAN

(2021年第10辑)

编者/司法部

经销/新华书店

印刷/三河市紫恒印装有限公司

开本/850毫米×1168毫米 32开　　印张/12.375 字数/343千

版次/2022年2月第1版　　2022年2月第1次印刷

中国法制出版社出版

书号 ISBN 978-7-5216-2519-6　　定价:18.00元

北京市西城区西便门西里甲16号西便门办公区

邮政编码:100053　　传真:010-63141852

网址:http://www.zgfzs.com　　**编辑部电话:010-63141663**

市场营销部电话:010-63141612　　**印务部电话:010-63141606**

(如有印装质量问题,请与本社印务部联系。)